Der Einfluß des EG-Beihilferechts
auf die Gebührenfinanzierung
der öffentlich-rechtlichen Rundfunkanstalten

STUDIEN UND MATERIALIEN ZUM ÖFFENTLICHEN RECHT

Herausgegeben von Herbert Bethge

Band 14

PETER LANG
Frankfurt am Main · Berlin · Bern · Bruxelles · New York · Oxford · Wien

Markus Ruttig

Der Einfluß des EG-Beihilferechts auf die Gebührenfinanzierung der öffentlich-rechtlichen Rundfunkanstalten

PETER LANG
Europäischer Verlag der Wissenschaften

Die Deutsche Bibliothek - CIP-Einheitsaufnahme

Ruttig, Markus:

Der Einfluß des EG-Beihilferechts auf die Gebührenfinanzierung der öffentlich-rechtlichen Rundfunkanstalten / Markus Ruttig. - Frankfurt am Main ; Berlin ; Bern ; Bruxelles ; New York ; Oxford ; Wien : Lang, 2001
(Studien und Materialien zum öffentlichen Recht ; Bd. 14)
Zugl.: Passau, Univ., Diss., 2000
ISBN 3-631-37290-6

D 739
ISSN 1433-1500
ISBN 3-631-37290-6

www.peterlang.de

Meinen Eltern

Inhaltsverzeichnis

Abkürzungsverzeichnis

A., Anm. .... Anmerkung
aaO. .... am angegebenen Ort
a. A. .... andere Ansicht
Abs. .... Absatz
a. F. .... alte Fassung
ABl. .... Amtsblatt der Europäischen Gemeinschaft
AfP............................ Archiv für Presserecht
AK-GG .... Alternativkommentar Grundgesetz
ALM .... Arbeitsgemeinschaft der Landesmedienanstalten
AöR .... Archiv des öffentlichen Rechts
ARD.......................... Arbeitsgemeinschaft der öffentlich-rechtlichen Rundfunkanstalten der Bundesrepublik Deutschland
Art. .... Artikel
Aufl. .... Auflage
Az. .... Aktenzeichen
BayMG .... Gesetz über die Entwicklung, Förderung und Veranstaltung privater Rundfunkangebote und anderer Mediendienste in Bayern (Bayerisches Mediengesetz)
Bayer. GVBl. .... Bayerisches Gesetz- und Verordnungsblatt
BayVBl. .... Bayerische Verwaltungblätter
BayVerfGH............... Bayerischer Verfassungsgerichtshof
BB............................. Betriebsberater
BBC .... British Broadcasting Corporation
BGBl. I bzw. II .... Bundesgesetzblatt Teil I bzw. II (ab 1951)
BGH.......................... Bundesgerichtshof
BGHZ .... Entscheidungen des Bundesgerichtshofes in Zivilsachen in der amtlichen Sammlung
BLM .... Bayerische Landeszentrale für neue Medien
BK-GG .... Bonner Kommentar zum Grundgesetz
BR............................. Bayerischer Rundfunk
BremLMG .... Bremisches Landesmediengesetz
BR-.Drucks............... Bundesratsdrucksache
bspw. .... beispielsweise
BT.-Drucks. .... Bundestagsdrucksache
BVerfG .... Bundesverfassungsgericht
BVerfGE................... Entscheidungen des Bundesverfassungsgerichts in der amtlichen Sammlung
BVerwG.................... Bundesverwaltungsgericht
BVerwGE .... Entscheidungen des Bundesverwaltungsgerichts in der amtlichen Sammlung
bzw. .... beziehungsweise

CMLR........................ Common Market Law Review
CR............................. Computer und Recht (Zeitschrift)
ders., dies. .... derselbe, dieselbe
DLM .... Direktorenkonferenz der Landesmedienanstalten
DJV........................... Deutscher Journalisten Verband
DÖV .... Die Öffentliche Verwaltung
DVBl. .... Deutsches Verwaltungsblatt
EAGV .... Vertrag zur Gründung der Europäischen Atomgemeinschaft
ebd. .... ebenda
EBU .... European Broadcasting Union
EG............................. Europäische Gemeinschaften
Europäische Gemeinschaft (nach dem EGV)
EGKSV..................... Vertrag zur Gründung der Europäischen Gemeinschaft für Kohle und Stahl
EGMR .... Europäischer Gerichtshof für Menschenrechte
EGV.......................... Vertrag zur Gründung der Europäischen Gemeinschaft
EL .... Ergänzungslieferung
ELR .... European Law Review
EMRK .... Europäische Menschenrechtskonvention
endg. .... endgültig
EP .... Europäisches Parlament
epd medien .... Evangelischer Pressedienst, gegründet 1948 als: Kirche und Rundfunk
EU............................. Europäische Union
EuG........................... Europäisches Gericht erster Instanz
EuGH........................ Europäischer Gerichtshof
EuGRZ...................... Europäische Grundrechte-Zeitschrift
EuR........................... Europarecht (Zeitschrift)
EUV.......................... Vertrag zur Gründung der Europäischen Union
EuZW .... Europäische Zeitschrift für Wirtschaftsrecht
EWG......................... Europäische Wirtschaftsgemeinschaft
EWS.......................... Europäisches Wirtschafts- und Steuerrecht (Zeitschrift)
f., (ff.) .... folgende (mehrere folgende) Seiten
FAZ .... Frankfurter Allgemeine Zeitung
Fn. .... Fußnote
FS.............................. Festschrift
FsRL .... EU-Fernsehrichtlinie - "Fernsehen ohne Grenzen" – Richtlinie 89/552/EWG des Rates zur Koordinierung bestimmter Rechts- und Verwaltungsvorschriften der Mitgliedstaaten über die Ausübung der Fernsehtätigkeit vom 03.10.1989 geändert durch Richtlinie 97/36/EG des Europäischen Parlaments und des Rates vom 19.06.1997

FsÜ .... Europäisches Fernsehübereinkommen über das grenzüberschreitende Fernsehen (Europaratskonvention vom 15.05.1989)
G .... Gesetz
GA .... Generalanwalt
GG .... Grundgesetz für die Bundesrepublik Deutschland
GEZ .... Gebühreneinzugszentrale
GD .... Generaldirektion der Europäischen Kommission
grdl. .... grundlegend
GS .... Gedächtnisschrift
GWB .... Gesetz gegen Wettbewerbsbeschränkungen
HAM .... Hamburgische Anstalt für neue Medien
HdbVerfR .... Handbuch des Verfassungsrechts
HessVGH .... Hessischer Verwaltungsgerichtshof
h. M. .... herrschende Meinung
HmbMG .... Hamburgisches Mediengesetz
HPRG .... Gesetz über den privaten Rundfunk in Hessen (Hessisches Privatrundfunkgesetz)
HR .... Hessischer Rundfunk
Hrsg. .... Herausgeber
hrsg. .... herausgegeben
Hs. .... Halbsatz
HStR .... Handbuch des Staatsrechts
i.e. .... id est (l.), das heißt
IP .... International Press
IuKDG .... Gesetz zur Regelung der Rahmenbedingungen für Informations-und Kommunikationsdienste
i.V.m. .... in Verbindung mit
JöR .... Jahrbuch des öffentlichen Rechts, hrsg. Leibholz, Gerhard/v. Mangoldt, Hermann
JuS .... Juristische Schulung
JZ .... Juristenzeitung
KEF .... Kommission zur Ermittlung des Finanzbedarfs der Rundfunkanstalten
Kom. .... Kommission der Europäischen Gemeinschaft
K&R .... Kommunikation und Recht (Zeitschrift)
KSE .... Kölner Schriften zum Europarecht
LG .... Landgericht
lit. .... littera (l.), Buchstabe
Lit .... Literatur
LfR .... Landesanstalt für Rundfunk
LMedG BW .... Landesmediengesetz Baden-Württemberg
LRG NW .... Rundfunkgesetz für das Land Nordrhein-Westfalen
LRG RP .... Landesrundfunkgesetz für das Land Rheinland-Pfalz

LRG SH .... Rundfunkgesetz für das Land Schleswig-Holstein
MDR .... Mitteldeutscher Rundfunk
MMR .... MultiMedia und Recht
MP .... Media Perspektiven
MStV .... Staatsvertrag über die Zusammenarbeit zwischen Berlin und Brandenburg im Bereich des Rundfunks
m.w.N. .... mit weiteren Nachweisen
LS .... Leitsatz
NDR .... Norddeutscher Rundfunk
NdsLRG .... Niedersächisches Landesrundfunkgesetz
n.F. .... neue Fassung
NJW .... Neue Juristische Wochenschrift
Nr. .... Nummer
NVwZ .... Neue Zeitschrift für Verwaltungsrecht
NWDR .... Nordwestdeutsche Rundfunk
ONP .... Open Network Provision
OLG .... Oberlandesgericht
ORB .... Ostdeutscher Rundfunk Brandenburg
OVG .... Oberverwaltungsgericht
PRG SA .... Gesetz über den privaten Rundfunk in Sachsen-Anhalt
RabelsZ .... Rabels Zeitschrift für ausländisches und internationales Privatrecht, herausgegeben vom Max-Planck-Institut für ausländisches und internationales Privatrecht.
RÄSt .... Rundfunkänderungsstaatsvertrag
RB .... Radio Bremen
RFinStV .... Rundfunkfinanzierungsstaatsvertrag vom 26. August bis 11. September 1996
RGebStV .... Rundfunkgebührenstaatsvertrag vom 26. August bis 11. September 1996
RL .... Richtlinie
Rn. .... Randnummer
Rs. .... Rechtssache
RStV .... Rundfunkstaatsvertrag, Artikel 1 des Staatsvertrages über den Rundfunk im vereinten Deutschland vom 31. August 1991 in der Fassung des Dritten Staatsvertrages zur Änderung rundfunkrechtlicher Staatsverträge vom 26. August bis zum 11. September 1996 RStV 1991 Rundfunkstaatsvertrag vom 31. August 1991, in Kraft getreten zum 1.1.1992
Rspr. .... Rechtsprechung
RTP .... Radiotelevisao Portugesa, SA.
RuF .... Rundfunk und Fernsehen
S. .... Seite
SaarlLRG .... Rundfunkgesetz für das Saarland (Landesrundfunkgesetz)

SächsPRG .... Gesetz über den privaten Rundfunk und neue Medien in Sachsen (Sächsisches Privatrundfunkgesetz)
scil. .... scilicet (l.), nämlich
SDR .... Süddeutscher Rundfunk
SFB .... Sender Freies Berlin
SIC .... Sociedade Independente de Comunicacao SA.
Slg. .... Sammlung
sog. .... sogenannte(r)
SR .... Saarländischer Rundfunk
StV .... Staatsvertrag
TDG .... Gesetz über die Nutzung von Telediensten
TPRG .... Thüringer Rundfunkgesetz
Tz. .... Teilziffer
UA .... Unterabsatz
u a. .... und andere
UAbs. .... Unterabsatz
UFITA .... Schriftenreihe des Archivs für Urheber-, Film-, Funk und Theaterrecht
UNESCO .... United Nations Educational, Scientific and Cultural Organisation
v. .... von
VBlBW. .... Verwaltungsblätter des Landes Baden-Württemberg
VerwArch .... Verwaltungsarchiv
VG .... Verwaltungsgericht
VGH .... Verwaltungsgerichtshof
vgl. .... vergleiche
Vorb. .... Vorbemerkung
VPRT .... Verband Privater Rundfunk und Telekommunikation
VVDStRL .... Veröffentlichungen der Vereinigung Deutscher
.... Staatsrechtslehrer
WDR .... Westdeutscher Rundfunk
z. B. .... zum Beispiel
ZDF .... Zweites Deutsches Fernsehen
ZEuS .... Zeitschrift für Europarechtliche Studien
ZfK .... Zeitschrift für Kulturaustausch
ZGR .... Zeitschrift für Unternehmens- und Gesellschaftsrecht
ZHR .... Zeitschrift für das gesamte Handelsrecht und Wirtschaftsrecht
Ziff. .... Ziffer
ZIP .... Zeitschrift für Wirtschaftsrecht (früher: Zeitschrift für die gesamte Insolvenzpraxis)
ZRP .... Zeitschrift für Rechtspolitik
z. T. .... zum Teil
ZUM .... Zeitschrift für Urheber- und Medienrecht
ZWS .... Zeitschrift für Wirtschafts- und Sozialwissenschaften

A) Einleitung

Die Rundfunkfinanzierung vor allem der öffentlich-rechtlichen Rundfunkanstalten steht seit Mitte der achtziger Jahre, also seit Einführung der dualen Rundfunkordnung in Deutschland, im Mittelpunkt der rundfunkrechtlichen Diskussion.

Europarechtlich hatte die ökonomische Dimension der Rundfunktätigkeit - wenn auch nicht direkt ihre Finanzierung - schon früher zu rechtlichem Disput Anlaß gegeben. Strittig war, ob die Rundfunktätigkeit eine Dienstleistung im Sinne von Art. 49 EGV [alt: 59] darstellte und damit dem Zugriff des Europarechts unterfiele.

In Deutschland führte die wirtschaftliche Bedeutung des Rundfunks besonders deshalb zu rechtlichen Kontroversen, weil seit der Zulassung privater Rundfunkveranstalter fraglich war, in welchem Maße das Wettbewerbs- und Kartellrecht auch auf die öffentlich-rechtlichen Rundfunkanstalten anwendbar ist[1], und weil andererseits bei den wirtschaftlichen Auswirkungen der Rundfunktätigkeit angesetzt wurde, um in Teilbereichen eine bundesstaatliche Regelungskompetenz für den Bereich des Rundfunks zu begründen.[2] Zwar darf sich der Bund nach der Rechtsprechung des Bundesgerichtshofs kartellrechtlicher Probleme auch dort gesetzgeberisch annehmen, wo er eine umfassende Bundeskompetenz nicht besitzt.[3] Doch bleibt es unzulässig, das Kartellrecht gleichsam als Vorwand zu benutzen, um damit ordnenden Einfluß auf das Rundfunkwesen und damit auf eine der Länderkompetenz zugewiesene Materie zu nehmen.[4] Denn bereits im sogenannten 1. Rundfunkurteil hatte das Bundesverfassungsgericht den Rundfunk dem primären Zugriff des Wirtschaftsrechts entzogen, indem es ihn zugunsten der Länder als ein „*auch* kulturelles Phänomen“ charakterisierte.[5]

Mit Gesetzen, die auf Art. 74 Abs. 1 Nr. 16 GG gestützt sind, wie auch mit ihrer Anwendung hat der Bund marktbeherrschende Stellungen von Medienunternehmen zu verhindern; für die Rundfunkgesetzgebung maßgeblich ist in erster Linie jedoch, daß

---

1 Vgl. *Jarass*, Gutachten G zum 56. Deutschen Juristentag, S. 33 Rn. 45; dabei an die Rundfunkgebühr anknüpfend *Grundmann*, Die öffentlich-rechtlichen Rundfunkanstalten im Wettbewerb, S. 106; a. A. *Bethge*, Landesrundfunkordnung und Bundeskartellrecht, S. 44 mit dem Hinweis, daß die Rundfunkgebühr der *Gesamtveranstaltung Rundfunk* dient, deshalb keine kompetenzrechtlich relevante wirtschaftliche Kategorie darstellt und die Gebühren auch nicht für die Berechnung des Merkmals der Marktbeherrschung herangezogen werden dürfen.

2 S. dazu *Gabriel-Bräutigam*, Rundfunkkompetenz und Rundfunkfreiheit, S. 128 ff.

3 BGHZ 110, 371 (376) - Globalvertrag - mit Hinweis auf BVerfGE 73, 118 (174) - Münchener Anzeigenblätter -.

4 Vgl. BVerfGE 83, 238 (305); so auch *Selmer*, Bestands- und Entwicklungsgarantien für den öffentlich-rechtlichen Rundfunk in einer dualen Rundfunkordnung, S. 39, ausgehend vom dem Landesgesetzgeber erteilten Auftrag, die Rundfunkfreiheit gesetzlich auszugestalten.

5 BVerfGE 12, 205 (229), Hervorhebung auch im Original.

der (Landes-)Gesetzgeber auf die Verhinderung von Meinungsmacht und also auf die Einhaltung des publizistischen Wettbewerbs achtet.[6]

Ob man – die Anwendbarkeit des GWB und UWG auf den öffentlichen Rundfunk unterstellt - im Kollisionsfall von nationalem Rundfunk- und Wirtschaftsrecht einen Anwendungsvorrang der bundesrechtlichen Regelung gemäß Art. 31 GG annehmen sollte[7], zu fordern ist, daß bei der Anwendung wirtschaftsrechtlicher Vorschriften die rundfunkverfassungsrechtlich fundierten Grundsätze vom Bund beachtet werden[8], oder im Wege praktischer Konkordanz beide Regelungsziele zu bestmöglicher Wirksamkeit zu führen sind[9], bedarf an dieser Stelle keiner Entscheidung. Gleichwohl ist nach der Entscheidung des Bundesverfassungsgerichts zur Kurzberichterstattung[10] davon auszugehen, daß für die Inanspruchnahme der Gesetzgebungskompetenz auf den Schwerpunkt der Regelung abzustellen ist.[11] Festzuhalten für die Inanspruchnahme der Gesetzgebungskompetenz wie auch der Gesetzesanwendung ist jedoch, daß - einen Kompetenztitel des Bundes unterstellt - eine auf wirtschaftlichen Gründen basierende Erforderlichkeit nach bundesgesetzlicher Regelung oder Entscheidung bestehen muß und daß keine spezifisch rundfunkrechtlichen Ziele mit kartellrechtlichen Eingriffen verfolgt werden dürfen[12], also eine systematische Trennung beider Bereiche nach deutschem Rechtsverständnis besteht.

Auch europarechtlich folgte der Einordnung der Rundfunktätigkeit unter die EG-vertraglichen Grundfreiheiten zu Beginn der neunziger Jahre die Verlagerung der rechtlichen Diskussion auf das gemeinschaftliche Wettbewerbsrecht. Zuerst in der

---

6 Vgl. BVerfGE 97, 228 (251); *Hesse*, Rundfunkrecht, S. 54 Rn. 18 f.; *Eberle/Gersdorf*, Der grenzüberschreitende Rundfunk im deutschen Recht, S. 16 f.; *Bethge*, Landesrundfunkordnung und Bundeskartellrecht, S. 67 mit Hinweis auf BVerfGE 73, 118 (173 f.), der im Streit um die Kompetenzausübung den Anwendungsbereich des GWB sehr eng zieht.

7 Vgl. dazu *Gabriel-Bräutigam*, Rundfunkkompetenz und Rundfunkfreiheit, S. 148 ff.

8 So *Hoffmann-Riem*, Rundfunkrecht neben Wirtschaftsrecht, S. 78 ff.; *Roth*, AfP 1986, S. 287 (295); für eine unterstützende Funktion des Kartellrechts *Wittig-Terhardt*, AfP 1986, S. 298 (301 f.); a. A. *Emmerich/Steiner*, Möglichkeiten und Grenzen der wirtschaftlichen Betätigung der öffentlich-rechtlichen Rundfunkanstalten, S. 135.

9 So *Eberle/Gersdorf*, Der grenzüberschreitende Rundfunk im deutschen Recht, S. 19, die im Zweifel aber auch von einem „Primat der Kommunikationsgrundrechte“ ausgehen.

10 BVerfGE 97, 228 (252), wobei für die Zuordnung des Kompetenzbereichs eines Sachverhalts zu einer Rechtsmaterie [im vorliegenden Fall zum Urheber- oder Rundfunkrecht] insbesondere ins Gewicht falle, „wie eng die fragliche Teilregelung mit dem Gegenstand der Gesamtregelung verbunden ist.“ „Eine enge Verzahnung und ein dementsprechend geringer eigenständiger Regelungsgehalt der Teilregelung spricht regelmäßig für ihre Zugehörigkeit zum Kompetenzbereich der Gesamtregelung.“

11 So auch *Tietje*, JuS 1999, S. 644 (646).

12 *Hess*, Verfassungsrechtliche Probleme der Gebührenfinanzierung im dualen Rundfunksystem, S. 78.

rechtswissenschaftlichen Literatur[13], dann durch die auf Art. 87 f. EGV [alt: Art. 92][14] gestützten Beschwerden privater Rundfunkveranstalter aus Spanien[15], Frankreich[16] und Portugal[17] rückte die Frage in den Vordergrund, ob die Gebührenfinanzierung der öffentlich-rechtlichen Rundfunkanstalten in Deutschland gegen Bestimmungen des EG-Kartell- und Beihilferechts verstößt. Damit wurde vor allem fraglich, ob und inwieweit die Europäische Gemeinschaft in den rundfunkrechtlichen Machtbereich der deutschen Bundesländer, die für die Finanzierung des öffentlich-rechtlichen Rundfunks verantwortlich zeichnen, eindringen kann. Was in Deutschland zwischen Bund und Ländern streitig war, wird seit längerem mit zum Teil identischen Argumentationsmustern im Verhältnis der Mitgliedstaaten und der Europäischen Gemeinschaft kontrovers diskutiert. Äußerungen der Europäischen Kommission zur Medienpolitik führten schließlich dazu, daß sich der damalige Ministerpräsident von Rheinland-Pfalz, Rudolf Scharping, gezwungen sah, in einem Brief vom 27.7.1994 an den Präsidenten der Kommission, Jacques Delors, seine Besorgnis im Namen aller Bundesländer darüber zum Ausdruck zu bringen, daß die Kommission die Finanzierung des öffentlich-rechtlichen Rundfunks in Deutschland in Frage stellen könnte.[18] In seinem Antwortschreiben versicherte der Kommissionspräsident, daß die Kommission nicht die Absicht habe, den Bestand und die Entwicklung des öffentlich-rechtlichen Rundfunks zu gefährden, sondern vielmehr wünsche, zur friedlichen Koexistenz zwischen diesem und den privaten Sendern beizutragen, soweit sie auf dem Fernsehmarkt im Wettbewerb stünden.[19] Ob dieses verträgliche Nebeneinander durch die Bestimmungen des europäischen Wettbewerbsrechts herbeizuführen ist, soll in dieser Arbeit untersucht

---

13 Vgl. *Roth*, AfP 1986, S. 287 (289); *Bullinger*, JZ 1987, S. 257 (263); *Hoffmann-Riem*, Europäisierung des Rundfunks - aber ohne Kommunikationsverfassung?, S. 201 (219), in: ders. (Hrsg.), Rundfunk im Wettbewerbsrecht; die erste rechtsgutachterliche Prüfung legten dann *Selmer/Gersdorf*, Die Finanzierung des Rundfunks in der Bundesrepublik Deutschland auf dem Prüfstand des EG-Beihilferegimes, vor.

14 Die Numerierung richtet sich nach dem Vertrag zur Gründung der Europäischen Gemeinschaften in der konsolidierten Fassung mit den Änderungen durch den Vertrag von Amsterdam vom 2.10.1997, im folgenden: EGV; sowie nach dem Vertrag über die Europäische Union in der konsolidierten Fassung mit den Änderungen durch den Vertrag von Amsterdam vom 2.10.1997, im folgenden: EUV.

15 Beschwerde von Antenna 3 und Tele 5 gegenüber der Kommission 1992; vgl. dazu *Fröhlinger*, RuF 1993, S. 59 (64).

16 „Plainte de TV 1 auprès de la Commission des Communutés Européennes en vertu des Articles 85, 90 et 92 du Traité“, vom 10.3.1993. Darin moniert TV 1, daß France 2 und 3 durch Gebühren und Billigung von Verlusten wettbewerbswidrig begünstigt würden.

17 Beschwerde Nr. IV/34.811 von SIC gegenüber der Kommission; s. dazu die ausführliche Darstellung bei *Simon*, Die Finanzierung des öffentlich-rechtlichen Rundfunks und die EG-Wettbewerbspolitik, S. 61 (62 f.), in: Rechtliche und ökonomische Fragen der Finanzierung des öffentlich-rechtlichen Rundfunks im Lichte des europäischen Rechts, Schriftenreihe des Instituts für Rundfunkrecht an der Universität zu Köln, Band 73, 1998.

18 *Otten*, ZUM 1997, S. 790 (790); *Dörr/Cloß*, ZUM 1996, S. 105 (106).

19 Antwortschreiben (Az.: 9110-1/94 ohne Datum), zitiert nach *Dörr/Cloß*, ZUM 1996, S. 105 (106).

werden. Im Zentrum der rechtlichen Untersuchungen steht deshalb nicht mehr die Kompetenz- sondern vor allem die wettbewerbsrechtliche Konkurrenzfrage. Beide Problemkreise sind jedoch - wie zu zeigen sein wird - eng miteinander verbunden.

Die Kommission hat bislang lediglich auf die portugiesische Beschwerde geantwortet und in der staatlichen Förderung des portugiesischen öffentlichen Rundfunks (RTP) durch Ausgleichsentschädigungen, Steuerbefreiungen, Zahlungserleichterungen für die Benutzung des Fernsehnetzes und durch eine Stundung von Sozialversicherungsschulden keine Anhaltspunkte für eine beihilferechtliche Prüfung gesehen.[20] Vor dem europäischen Gericht erster Instanz hat der privatrechtlich organisierte portugiesische Sender SIC am 3. März 1997 gegen diese Entscheidung Beschwerde eingelegt.[21] Mit Urteil vom 10. Mai 2000 hat das Gericht diese Entscheidung für nichtig erklärt, soweit sie sich auf die vom portugiesischen Staat ergriffenen Maßnahmen zugunsten der RTP bezieht:[22] Die Kommission hätte die Prüfung der Finanzierung der öffentlichen Fernsehkanäle durch den Staat fortsetzen müssen, da es sich bei den Begünstigungen der RTP um finanzielle Vorteile gehandelt habe, die das entscheidende Kriterium für den Begriff der Beihilfe erfüllten.[23] In den übrigen – immer noch anhängigen - Verfahren hat die Kommission bislang keine Entscheidung getroffen. Selbst im Falle der portugiesischen SIC hatte man sich in Brüssel erst geäußert, nachdem vom portugiesischen Beschwerdeführer Untätigkeitsklage gegen die Kommission erhoben worden war.[24] Vom Europäischen Gericht erster Instanz ist die Kommission deshalb auch im Rechtsstreit mit der spanischen Gestevisión Telecino SA wegen nicht rechtzeitigen Tätigwerdens verurteilt worden.[25] Die Generaldirektion IV [jetzt: Generaldirektion Wettbewerb] der Europäischen Kommission hat daraufhin in einem „Diskussionspapier zur Anwendung der Artikel 90 Abs. 2 [neu: Art. 86 Abs. 2], 92 und 93 [neu: 87 und 88] EG-Vertrag im Rundfunksektor", das den beteiligten Kreisen Anfang Oktober 1998 zugestellt worden war, die Kontroverse um den Umfang der „public-service" Funktion im allgemeinen und der Aufgabe der öffentlich-rechtlichen Rundfunkanstalten im besonderen, neu belebt.[26] Das Papier bildete auch den Ausgangspunkt für ein Expertentreffen, das am 19./20. Oktober 1998 in Brüssel stattfand und bei dem sich die große Mehrheit der Mitgliedstaaten ablehnend zum Erlaß von Richtlinien auf diesem Gebiet

---

20 Entscheidung der Kommission SG (96) D/ 9555 vom 7.11.1996, unveröffentlicht.

21 Rs. T-46/97, ABl. EG Nr. C 142 vom 10.5.1997, S. 21.

22 Urteil des EuG vom 10.5.2000 in der Rs. T-46/97, ABl. EG Nr. C 176 vom 24.6.2000, S. 20.

23 So die Pressefassung des Urteils, in: epd medien Nr. 38 vom 13.5.2000, S. 34 f.

24 Rs. T 231/95, ABl. EG Nr. C 77 vom 16.3.1996, S. 14 (15).

25 Rs. T-95/96, EuG, ZUM-RD 1998, S. 477 ff.

26 Zu den Reaktionen vgl. insbesondere: *Kammann*, in: epd medien Nr. 77 vom 3.10.1998, S. 3 ff; *L. Weber*, in: FAZ Nr. 228 v. 1.10.1998, S. 17; FAZ Nr. 234 v. 9.10.1998, S. 28; FAZ Nr. 243 v. 20.10.1998, S. 18, 41; DIE ZEIT Nr. 43 v. 15.10.1998, S. 39; FOCUS Nr. 41, S. 314 f.; Süddeut sche Zeitung Nr. 226 v. 1.10.1998, S. 21; Der Tagesspiegel vom 1.10.1998, S. 8, 30; epd medien Nr. 83 vom 24.10.1998, S. 13 ff.

durch die Europäische Gemeinschaft geäußert hat. Statt dessen befürworteten die Vertreter der Mitgliedstaaten mehrheitlich, daß jeder Fall, in dem Beschwerden gegen mögliche Wettbewerbsverzerrungen geltend gemacht werden, individuell behandelt werden solle.[27] Diesen Standpunkt hat die Kommission nun auch selbst eingenommen. Endgültig ist die Vereinbarkeit von Gebührenfinanzierung und EG-Beihilferecht somit noch nicht geklärt. Vor allem eine gerichtliche Entscheidung steht in dieser Hinsicht nach wie vor aus.

Die Fragestellung dieser Arbeit ist in jüngster Zeit um weitere Aspekte bereichert worden. So könnte zum einen die Veranstaltung der Spartenprogramme von ARD und ZDF neue Argumente für oder gegen eine EG-Rechtswidrigkeit der deutschen Gebührenfinanzierung bieten. Der Verband Privater Rundfunk und Telekommunikation (VPRT) hat bei der Kommission Beschwerde[28] gegen die Bundesrepublik Deutschland wegen der Gewährung gemeinschaftsrechtswidriger Beihilfen für die Veranstaltung der Spartenkanäle „Der Kinderkanal" und „Phoenix" eingelegt. Die Bundesregierung[29] sowie ARD und ZDF[30] haben zu diesen Vorwürfen Stellung genommen. Die jüngst in dieser Sache ergangene unveröffentlichte Entscheidung der Kommission zugunsten der öffentlich-rechtlichen Rundfunkanstalten wird in dieser Arbeit gewürdigt. Dabei ist besonders auf die Anwendung der durch den Maastrichter Vertrag hinzugefügten „Kulturklauseln" innerhalb der Ermessensentscheidung der Kommission sowie darauf zu achten, wie der beihilferechtliche Aspekt der Gebührenfinanzierung zu erfassen ist, um im Falle der Beteiligung der öffentlich-rechtlichen Rundfunkanstalten an den neuen technischen und inhaltlichen Entwicklungen des Mediums nicht erneut den Vorwurf der Wettbewerbswidrigkeit heraufzubeschwören.

In dieser Arbeit weiter zu berücksichtigen sind die politischen Maßnahmen des Europäischen Rats wie der Kommission in bezug auf den öffentlich-rechtlichen Rundfunk in den Mitgliedstaaten: Einerseits bringt der „Vertrag von Amsterdam zur Änderung des Vertrags über die Europäische Union, der Verträge zur Gründung der Europäischen Gemeinschaften sowie einiger damit zusammenhängender Rechtsakte"[31] vom 2.10.1997 durch die dort aufgenommene „Protokollerklärung über den öffentlich-rechtlichen Rundfunk"[32] neue Erkenntnisse über die Anwendbarkeit EG-wettbewerbs-

---

[27] epd medien Nr. 83 v. 24.10.1998, S. 22.

[28] Fall Nr. IV/ 36.522.

[29] Stellungnahme vom 24.10.1997, unveröffentlicht.

[30] Stellungnahme vom 30.9.1997, unveröffentlicht.

[31] 97/C 340/01 veröffentlicht in: ABl. EG Nr. C 340 vom 10.11.1997, S. 1 ff.

[32] ABl. EG Nr. C 340 vom 10.11.1997, S. 109; vgl. auch die Entschließung des Rates und der im Rat Vereinigten Vertreter der Regierungen der Mitgliedstaaten vom 25. Januar 1999 über den öffentlichen Rundfunk, ABl. EG Nr. C 30 vom 5.2.1999, S. 1 sowie die Mitteilung der Kommission „Grundsätze und Leitlinien für die audiovisuelle Politik der Gemeinschaft im digitalen Zeitalter" vom 14.12.1999, KOM(1999), 657 endg., S. 14 f.

rechtlicher Vorschriften. Zum anderen hat sich auch die Generaldirektion X [jetzt: Generaldirektion Bildung und Kultur] mit der Stellung und Bedeutung des öffentlich-rechtlichen Rundfunks in den Mitgliedstaaten sowie mit seiner Finanzierung auseinandergesetzt.[33]

Im ersten Teil der Arbeit werden die Rundfunkordnung in der Bundesrepublik Deutschland, wie sie durch die verfassungsgerichtliche Rechtsprechung Gestalt gewonnen hat, nachgezeichnet und die daraus ableitbaren Finanzierungsgrundsätze dargestellt. Dieser allein an der Maßstabsnorm von Art. 5 Abs. 1 Satz 2 GG ausgerichteten Untersuchung werden die Einflüsse des Europarechts auf die deutsche Rundfunkordnung gegenüber gestellt. Es ist zu zeigen, daß die hier vom Bundesverfassungsgericht gewonnenen Deduktionen sowohl angesichts der technischen Veränderung des Mediums als auch in Anbetracht des europarechtlichen Grundrechtsverständnisses ihre Gültigkeit behalten. Vor diesem Hintergrund soll die Frage beantwortet werden, ob die verfassungsrechtlich abgesicherte Gebührenfinanzierung der öffentlich-rechtlichen Rundfunkanstalten mit Art. 87 Abs. 1 EGV vereinbar ist.[34] Die antithetische Gegenüberstellung von deutschem Rundfunk- und europäischem Wirtschaftsrecht geschieht dabei in der näher zu begründenden Annahme, daß das nationale Verständnis der Rundfunkfreiheit, wie es sich für die Bundesrepublik aus Art. 5 Abs. 1 Satz 2 GG ergibt, sowohl für die Beurteilung der europarechtlichen Einflüsse insgesamt als auch für die Anwendung von Art. 87 EGV von großer Bedeutung ist. Den Urteilen des Bundesverfassungsgerichts folgend wird ein medienbezogener, immanenter Ansatz gewählt, der mit der Untersuchung von Funktion und Wirkungsweise des Rundfunks beginnt und nicht etwa von seiner (auch) wirtschaftlichen Bedeutung ausgeht.[35]

---

33 „Das digitale Zeitalter. Europäische audiovisuelle Politik." Bericht der Hochrangigen Gruppe für audiovisuelle Politik, 1998, S. 25 ff.

34 A. A. *Selmer/Gersdorf*, Die Finanzierung des Rundfunks in der Bundesrepublik Deutschland auf dem Prüfstand des EG-Beihilferegimes, S. 11 für den Ansatz ihrer Untersuchung; wie hier *Oppermann*, Zukunftsperspektiven der Finanzierung des öffentlichen Rundfunks, S. 51 (53 f.), in: Die Finanzierung des Rundfunks nach dem Gebührenurteil des Bundesverfassungsgerichts, Schriftenreihe des Instituts für Rundfunkrecht an der Universität zu Köln, Band 64, München 1996.

35 Anders *Uphoff*, Fernsehmarkt und Grundversorgung; wie hier jetzt auch die Europäische Kommission, die nicht mehr allein davon ausgeht, daß „die audiovisuelle Industrie eine Industrie wie jede andere ist, die nur Waren produziert, die auf dem Markt verkauft werden wie alle anderen", sondern „ohne Zweifel eine Kulturindustrie par excellence", die großen Einfluß darauf hat, „was die Bürger wissen, glauben, fühlen" und eine „entscheidende Funktion bei der Vermittlung, Entwicklung und sogar beim Aufbau kultureller Identität", KOM(1999), 657 endg. vom 14.12.1999, S. 9.

B) Die Rundfunkordnung in der Bundesrepublik Deutschland

I. Bedeutung der Rundfunkfreiheit, Art. 5 Abs. 1 Satz 2, 2. Variante GG

Die Freiheit der Berichterstattung durch Rundfunk ist neben der Pressefreiheit und der Freiheit der Berichterstattung durch Film eines von drei in Art. 5 Abs. 1 Satz 2 GG enthaltenen Grundrechten. Zusammen regelt Art. 5 Abs. 1 Satz 2 GG damit die Freiheit der Massenkommunikationsmittel im Gegensatz zur technisch vermittelten Individualkommunikation, die nicht unter Art. 5 Abs. 1 Satz 2 GG, sondern unter Art. 5 Abs. 1 Satz 1 GG fällt. Genau wie die Presse gehört auch der Rundfunk zu den unentbehrlichen Massenkommunikationsmitteln.[36] Ohne der Frage nach dem Charakter des Grundrechts vorgreifen zu wollen, wird in dieser Arbeit der Auffassung gefolgt, daß im Verhältnis zur Meinungs- und Informationsfreiheit von Art. 5 Abs. 1 Satz 1 GG die Freiheit der publizistischen Vermittlung durch ein Massenmedium ein aliud ist.[37] Dies zeigt sich insbesondere daran, daß der Einzelne zur Äußerung seiner Meinung in Wort, Schrift oder Bild selbst in der Lage und berechtigt ist. Um jedoch massenmediale Verbreitungsfreiheit in Anspruch nehmen zu können, bedarf es der Erfüllung bestimmter (finanzieller, technischer, ausbildungsabhängiger und personeller) Voraussetzungen.[38] Festzustellen ist somit, daß die Inanspruchnahmemöglichkeit der Kommunikationsmittel und damit auch der Grundrechte aus Art. 5 Abs. 1 Satz 2 GG eingeschränkt ist. Es differiert aber nicht nur die individuelle Gebrauchsmöglichkeit der Grundrechte aus Art. 5 GG. Auch die gesamtgesellschaftlichen wie persönlichen Folgen der Inanspruchnahme unterscheiden sich und wirken auf das Grundrechtsverständnis ein. Von der Wirkung des Mediums aus gesehen rücken seine Funktion und damit sozial-, und wirtschaftspolitische sowie staatsrechtliche Aspekte in den Vordergrund. Ihre Rolle bei der Interpretation des Grundrechts der Rundfunkfreiheit, vor allem aber die Feststellung, in welchem Verhältnis soziale und wirtschaftliche Aspekte zueinander stehen, machen eine kurze Schilderung der hierzu gefundenen wissenschaftlichen Ergebnisse erforderlich.

---

36 BVerfGE 12, 205 (260); 35, 202 (222); 59, 231 (257).

37 A. A. *Scholz*, Diskussionsbeitrag, S. 41 (45), in: Stern/Koschnick/Schwarz/Vöth/Scholz/Knies, Rundfunk zwischen Bestand und Neuordnung, in: Schriftenreihe des Instituts für Rundfunkrecht an der Universität zu Köln, Band 31, München 1981.

38 *Hoffmann-Riem*, in: AK-GG, Art. 5 Abs. 1, 2 Rn. 119 ff.; nach *Bullinger*, JZ 1987, S. 257 gilt es, Kommunikationsfreiheit einerseits und kommunikative Chancengleichheit andererseits medienübergreifend zur Koexistenz zu bringen. Zu Recht betont *Bullinger* aber, daß es keine reale Chancengleichheit geben könne, für die Meinungsbildung vielmehr eine wirkungsoffene, liberale Chancengleichheit gegeben sein muß, sowie Zugangsmöglichkeiten für neue Anbieter, S. 257 (260 f.).

1. Sozio-kulturelle Bedeutung

Geht man für die Bestimmung des Grundrechtsgehalts von der medialen und somit wesenstypischen Wirkung des Rundfunks und nicht davon aus, welche Rolle er in ökonomischer Hinsicht spielt, so fällt auf, daß der Rundfunk aufgrund der für ihn typischen Kombination von technischer Fertigkeit und psychologischer Eindringlichkeit und infolge seiner akustisch-visuellen Intensität und Suggestivkraft gefährlicher als jedes andere Massenmedium ist, aber dadurch auch gefährdeter.[39] Kein anderes Medium vermag Realität und Authentizität und damit letztlich auch Objektivität und Wahrheit so zu transportieren, wie vor allem das Fernsehen es zu können vorgibt. Obwohl die Informationen nicht vom Rezipienten selbst ausgewählt wurden, suggerieren sie, daß eine unvoreingenommene eigene Meinungsbildung möglich ist. Dabei wird nicht nur außer Acht gelassen, daß die Auswahl der Bilder fremdbestimmt ist, sondern vor allem, daß diese nicht notwendig einen Ausschnitt der Wirklichkeit darstellen müssen, sondern gestellt oder sogar rein fiktional sein können. Vermittelt wird somit nur der Anschein von Realität und Authentizität. Der Befund, daß der Rundfunk und hier insbesondere das Fernsehen zu einer Mediatisierung der Wirklichkeit führt, die die Grenze von „ästhetischem Schein" und „empirischer Realität" fließend werden läßt[40], kann in verschiedene Richtungen wirken. Es lassen sich zum einen die Einflüsse auf die individuelle Bewußtseins- und Verhaltenswelt untersuchen wie zum anderen das massenpsychologische Phänomen des Rundfunks. Letzteres wiederum läßt sich unterteilen in die Bedeutung, die der Rundfunk für die Willenslenkung und damit - staatsrechtlich gesehen - in der Demokratie für das Staatsganze und die Kontrolle von Macht besitzt, sowie für das - auch sozialwissenschaftlich erklärbare - gesamtgesellschaftliche Denken und Verstehen von Welt. Für die Willensbildung ist maßgebend, daß dem Rezipienten via Rundfunk „Meinungen in einer fast persönlich zu nennenden Weise" nahegebracht werden können, „ohne daß dieser reagieren und sie deshalb unmittelbar reflektieren könnte."[41] Die andere Seite derselben Medaille stellt die „agenda-setting function" dar, die den Medien die Wirkung zuschreibt, Themen zu setzen und die allgemeine Aufmerksamkeit auf sie zu lenken.[42] Der Rundfunk ist aufgrund seiner schnellen und ununterbrochen fortdauernden Verbreitungsart oftmals das Massenmedium, das als erstes ein Thema aufgreifen oder es sogar selbst hervorbringen und sich dann auch noch mit ihm beschäftigen und es selbst kommentieren kann.

---

[39] *A. Arndt*, JZ 1965, S. 337 (339).

[40] *Adorno/Horkheimer*, Das Schema der Massenkultur, Kulturindustrie, in Th. W. Adorno, Gesammelte Schriften, Bd. 3, S. 299, 302 f.; sowie *Luhmann*, Die Realität der Massenmedien, S. 8, der meint, daß die Massenmedien eine Realität konstruieren müssen und zwar im Unterschied zur eigenen noch eine andere.

[41] *Sparr*, Kulturhoheit und EWG-Vertrag, S. 158.

[42] *Noelle-Neumann*, Medienwirkung und Medienpolitik, S. 495 (497), in: Mestmäcker (Hrsg.), Offene Rundfunkordnung unter Hinweis auf *McCombs/Shaw*, The agenda-setting function of mass media, in: Public Opinion Quarterly, Vol. 36, 1972, S. 176-187.

Diese individuelle und gesellschaftliche Bedeutung der Rundfunkwirkung spiegelt sich im Gesamtgefüge von Art. 5 GG wider. Im Mittelpunkt der Norm steht die Freiheit der Meinungsäußerung als unmittelbarer Ausdruck der menschlichen Persönlichkeit und als Lebenselement der freiheitlich-demokratischen Grundordnung.[43] Herausragender Charakterzug des sozialen Aspekts von Rundfunk in der Grundrechtsdogmatik ist seine kulturelle Funktion.[44] Als kulturelle Institution vermittelt der Rundfunk ein Bild der Gesellschaft, der in ihr vorherrschenden Meinungen und Lebensbilder[45] wie auch ihrer Aktivitäten insgesamt.[46] Aber auch die Rolle, die der Rundfunk durch eine gewisse normative Orientierung bei der Sozialisation spielt, ist bedeutsam[47], wiewohl individuelle und gesellschaftliche Implikationen hier besonders fließend sind. Über die bloße Vermittlung von konkretem „Orientierungs- und Qualifikationswissen" hinaus beeinflussen die Medien die in der Bevölkerung akzeptierten Werte, die „Plausibilitätsstrukturen", die „wahrgenommenen Bedürfnisse", wodurch auch scheinbar apolitische Sendungen mit bloß unterhaltendem Inhalt politische Bedeutung gewinnen.[48] Diese versteckte Art der Beeinflussung ist vorwiegend dem Fernsehen eigen, jedenfalls was die Intensität der Beeinflussung angeht. Zwar verfügt der Fernsehzuschauer ebenso wie der Zeitungsleser, von dessen Leseverhalten und -neigungen es zu allererst abhängt, für welches Blatt er sich entscheidet und damit welche Inhalte ihn überhaupt erreichen, über eine im Wachstum befindliche Auswahlmöglichkeit. Seine Grundeinstellung gegenüber dem Medium ist jedoch passiver Natur. Der Zuschauer will informiert, bzw. vor allem unterhalten *werden*. Deshalb ist neben der Wirkungsintensität auch ein Unterschied im Konsumentenverhalten zwischen Hörfunk (als reinem Begleitmedium) und Fernsehen einerseits und der Presse andererseits festzustellen.[49]

2. Staatsrechtliche Bedeutung

Schon bei der Darstellung der sozialen, kulturellen Funktion des Rundfunks wurden Bezüge zur staatsrechtlichen Dimension des Rundfunks ersichtlich. Beide Wirkungsweisen lassen sich ebenso wie die individuellen und gesellschaftlichen Effekte nur

---

43 BVerfGE 7, 198 (208); 57, 295 (319, 323); 90, 60 (87); *Mahrenholz*, ZUM Sonderheft 1995, S. 508 (509); zur Bedeutung der Mediennutzung und insbesondere des Fernsehens für die Herausbildung politischer Einstellungen s. *Brettschneider/Vetter*, RuF 1998, S. 463 (468 ff.).

44 S. dazu statt vieler *D. Grimm*, VVDStRL 42 (1984), S. 46 (68 ff.).

45 *Kübler*, Kommunikation und Verantwortung, S. 7, spricht insofern von einem kollektiven Bewußtsein.

46 S. *Blumler/Hoffmann-Riem*, MP 1992, S. 402 (412) zu den daraus sich zwangsläufig ergebenden programmlichen Konsequenzen für die öffentlich-rechtlichen Rundfunkanstalten.

47 *Hoffmann-Riem*, JZ 1975, S. 469 (472).

48 *Hoffmann-Riem*, AöR 1984 (109), S. 304 (336 ff.).

49 Statt vieler *Wieland*, Der Staat (23) 1984, S. 245 (248); *W. Schmidt*, Die Rundfunkgewährleistung, S. 80 ff.

schwer voneinander trennen. Vor allem bei den „Mediengrundrechten“ ist jedoch die gesteigerte Bedeutung für das Staatsganze und hier insbesondere für die Staatsform der Demokratie, die für ihr Funktionieren auf die Bildung wechselnder Mehrheiten angewiesen ist, gesondert herauszustellen. Dem Rundfunk kommt dabei die Besonderheit zu, daß er die Möglichkeit bietet, sich an ein größeres, mehrheitliches Forum zu wenden und damit gerade dort meinungsbildend zu wirken, wo es für die Demokratie am wichtigsten ist. Medien „verschaffen dem Bürger die erforderliche umfassende Information über das Zeitgeschehen und über Entwicklungen im Staatswesen und im gesellschaftlichen Leben.”[50] Andererseits stellen sie an die Macht drängenden oder bereits an dieser partizipierenden Kräften das wirksamste Mittel zur Verbreitung ihrer Ideen zur Verfügung. Grundlegend für dieses Verständnis ist die Integrationslehre *Rudolf Smends*, die die öffentliche Meinung als Band zwischen Staat und Gesellschaft begreift und als bedeutendsten Motor dieser öffentlichen Meinung den Rundfunk ansieht.[51] Denn vor allem das Fernsehen ist in der Lage, Themen zu setzen und aufzugreifen und damit der öffentlichen Auseinandersetzung einerseits Konturen zu verleihen und durch die zeitnahe Berichterstattung auch nachhaltig zu beeinflussen.[52] Auch ist es dem Rundfunk möglich, zur Findung eines Konsenses beizutragen.

Es ist festgestellt worden, daß nicht nur der Einfluß des Rundfunks auf die individuelle und öffentliche Meinungsbildung am größten, sondern auch seine Inanspruchnahme unter den Medien am schwierigsten und nur wenigen möglich ist. Das Bundesverfassungsgericht stellt in seiner ständigen Rechtsprechung deshalb die „schlechthin konstituierende Bedeutung“ der Meinungsfreiheit für die freiheitlich-demokratische Grundordnung heraus.[53]

3. Schlußfolgerung: Rundfunkwirkung und Pflichtenbindung

Tritt zu der spezifisch individuellen und massenhaften Wirkungsweise des Rundfunks in tatsächlicher Sicht auch noch ein Mangel an Sendefrequenzen und somit ein inhaltlich begrenztes Angebot hinzu, so folgt vor allem aus der demokratischen Funktion des Rundfunks die gesteigerte Pflicht der Veranstalter, nicht nur ein ausreichendes Maß an Programmen anzubieten, sondern vor allem, sich an bestimmten inhaltlichen Standards

---

[50] BVerfGE 35, 202 (222) - Lebach -.

[51] *R. Smend*, Verfassung und Verfassungsrecht, S. 18, 34; ders., Integrationslehre, in: Staatsrechtliche Abhandlungen und andere Aufsätze, S. 475 (477), wonach die Integrationslehre alles isolierte Verstehen der Norm einerseits und der Wirklichkeit andererseits ablehnt. So auch BVerfGE 73, 118 (154): Funktionale Integrationsvorgänge im staatlichen Leben, dessen Sinn den Geltunsgrund der Norm bestimmt, sind vor allem solche der Willlensbildung.

[52] *Eberle*, ZUM 1995, S. 763 (764).

[53] BVerfGE 5, 85 (134, 205); 7, 198 (208); 10, 118 (121); 12, 205 (259); 20, 56 (97); 27, 71 (81 f.); 35, 202 (221); 59, 231 (265 f.); *Bullinger*, AöR 1983 (108), S. 161 (190 f.) betont das „anarchische“ Prinzip der Meinungsbildung.

messen zu lassen.[54] Es ist zu zeigen, daß an einer Pflichtenbindung, die an einen idealen Vielfältigkeitsmaßstab gekoppelt ist, auch im Falle einer größeren Anbieterzahl festzuhalten ist. Die Wirkungsweise des Mediums ändert sich durch die Vergrößerung des Angebots allenfalls dergestalt, daß der Einfluß des Mediums insgesamt noch zunehmen wird. Die nicht mit juristischen Mitteln, sondern durch empirische Forschung belegbare und hier vorangestellte These einer nach wie vor bestehenden „publizistischen Sondersituation“[55] für den Rundfunk ist nicht nur dem Grundrechtsverständnis von Art. 5 Abs. 1 Satz 2 GG zu unterlegen, sondern sie beansprucht auch auf europäischer Ebene Geltung, da mangels eines gemeinschaftlichen Rundfunksystems auf die Struktur und damit die Funktion des Mediums in den Mitgliedstaaten abgestellt werden muß.

In welchem Ausmaß inhaltliche Standards für die einzelnen Anbietergruppen formuliert werden können, hängt vom Grundrechtsverständnis und davon ab, welche Wirkung des Mediums man stärker gewichtet, den individuellen oder den gesamtgesellschaftlichen Einfluß. Dabei ist stets zu beachten, daß die wirtschaftliche Bedeutung des Rundfunks nichts mit der originären Wirkungsweise des Mediums und seiner Funktion gemein hat. Sie ist zwar ein Faktor, der auch für das Grundrechtsverständnis eine Rolle spielen kann. Die Rundfunkfreiheit ist aber originär und aus sich heraus als Teil einer Kommunikations- und Staatsstrukturordnung zu begreifen und nicht als ausschließlich den Marktgesetzlichkeiten unterworfenes Wirtschaftsgut. Besonders bei den europarechtlichen Fragen dieser Arbeit wird auf den Unterschied zwischen Wirkungsintensität und staatsrechtlicher Bedeutsamkeit des Rundfunks einerseits und seiner ökonomischen „Nebenwirkung“, die in der Möglichkeit besteht, Rundfunk auch aus Erwerbsgründen zu veranstalten, zu achten sein.

II. Gewährleistung des Art. 5 Abs. 1 Satz 2 GG

Seit Bestehen des Grundgesetzes ist umstritten, wie der Gewährleistungsbereich des Grundrechts der Rundfunkfreiheit genau zu verstehen ist. Die sich gegenüberstehenden Auffassungen beruhen auf einem unterschiedlichen Verständnis von Grundrechtstheorie und Grundrechtsauslegung. Das sich heute dem Betrachter bietende Bild der Rundfunkfreiheit ist maßgeblich durch die Rechtsprechung des Bundesverfassungsgerichts gekennzeichnet. In vielen allein mit dem Rundfunk sich beschäftigenden Urteilen ist dabei die Kontur des Grundrechts nachgezeichnet worden. Der in der Literatur bis heute geführte Streit vor allem um den Umfang der „status negativus“-Funktion stand politisch zunächst im Zeichen der Einführung des privaten Rundfunks. Er ist sowohl hinsichtlich der Privatisierung als auch in bezug auf einen originären Zulassungsan-

---

[54] So auch *Mestmäcker*, Wege zur Rundfunkfreiheit in Europa, S. 9 (14), in: ders. (Hrsg.), Offene Rundfunkordnung, der für diese Auffassung schon W. v. Humboldt zitiert.

[55] *Stock*, Allgemeine Kommunikationsfreiheit durch Medienfreiheit, S. 59 (66 ff.), in: Schwartländer/Riedel (Hrsg.), Neue Medien und Meinungsfreiheit im nationalen und internationalen Kontext.

spruch der privaten Rundfunkveranstalter obsolet geworden. Die zum Grundrechtsverständnis von Art. 5 Abs. 1 Satz 2 GG vertretenen Ansichten sind vorab dennoch darzustellen und zu gewichten, weil das hervorzuhebende funktionale Element der Rundfunkfreiheit innerhalb des europäischen Verständnisses wie auch für die einsetzende Diskussion um den Funktionsauftrag des öffentlich-rechtlichen Rundfunks in Deutschland von Bedeutung ist.

1. Die Urteile des Bundesverfassungsgerichts zur Rundfunkfreiheit

Das Bundesverfassungsgericht hat schwerpunktmäßig in bislang zehn Urteilen[56] zur Situation des Rundfunks Stellung genommen, wobei bislang nur die ersten acht Entscheidungen von der Literatur numerisch als erstes bis achtes Rundfunkurteil gekennzeichnet und charakterisiert worden sind. Neben diesen sog. Rundfunkurteilen hat sich das Bundesverfassungsgericht auch in anderen Entscheidungen mit dem Thema Rundfunk befaßt.[57]

a) Individual-abwehrrechtliches Grundrechtsverständnis

Der individual-abwehrrechtliche Charakter des Grundrechts wird von der Rechtsprechung grundsätzlich anerkannt, auch wenn in den ersten Rundfunkurteilen im Schwerpunkt darauf abgestellt wird, die institutionelle Freiheit des Rundfunks zu sichern.[58] Nach der Rechtsprechung des Bundesverfassungsgerichts enthält Art. 5 GG mehr als nur das individuelle Grundrecht des Bürgers gegen den Staat auf Respektierung einer Freiheitssphäre, innerhalb welcher er seine Meinung ungehindert äußern kann.[59] Dieses „Mehr" setzt aber logisch einen subjektiven Gehalt des Art 5 Abs.1 Satz 2 GG voraus. Der individualrechtliche Freiheitsaspekt bedeutet vor allem, daß es der Rundfunk selbst ist, der aufgrund seiner professionellen Maßstäbe bestimmen darf, was der gesetzliche Rundfunkauftrag in publizistischer Hinsicht verlangt.[60] Außerdem gebietet

---

[56] 1. Rundfunkurteil: BVerfGE 12, 205 ff. - Deutschland-Fernsehen-GmbH -; 2. Rundfunkurteil: BVerfGE 31, 314 ff. - Umsatzsteuer -; 3. Rundfunkurteil: BVerfGE 57, 295 ff. - FRAG -; 4. Rundfunkurteil: BVerfGE 73, 118 ff. - Niedersachsen -; 5. Rundfunkurteil: BVerfGE 74, 297 ff. - Baden-Württemberg -; 6. Rundfunkurteil: BVerfGE 83, 238 ff. - Nordrhein-Westfalen -; 7. Rundfunkurteil: BVerfGE 87, 181 ff. - HR 3 -; 8. Rundfunkurteil: BVerfGE 90, 60 ff. - Gebühren -; mitgezählt wurden außerdem BVerfGE 92, 203 ff. - EG-Fernsehrichtlinie -, sowie BVerfGE 97, 228 ff. - Kurzberichterstattung -.

[57] Z. B. BVerfGE 35, 202 (222 f.) - Lebach -; BVerfGE 60, 53 (64); BVerfGE 89, 144 ff.; 95, 163 ff. - DSF -; BVerfGE 97, 298 ff. – Extra Radio -.

[58] BVerfGE 12, 205 (260 f.); 31, 314 (326).

[59] BVerfGE 12, 205 (259 f.).

[60] BVerfGE 90, 60 (87).

die freie individuelle und öffentliche Meinungsbildung durch den Rundfunk die Freiheit des Mediums von staatlicher Beherrschung und Einflußnahme.[61]

Im Unterschied zu anderen Freiheitsrechten des Grundgesetzes handelt es sich bei der Rundfunkfreiheit primär aber nicht um ein Grundrecht, das seinem Träger zum Zwekke der Persönlichkeitsentfaltung oder Interessenverfolgung eingeräumt ist.[62] Besonders der öffentlich-rechtliche Rundfunk ist „Sache der Allgemeinheit", da er in voller Unabhängigkeit überparteilich betrieben und von jeder Beeinflussung freigehalten werden muß.[63] In einer jüngeren Entscheidung hat das Bundesverfassungsgericht jedoch zu Recht betont, daß die „objektivrechtliche Verpflichtung des Gesetzgebers auch der Sicherung der grundrechtlichen Position der Rundfunkveranstalter im Rahmen der vom Gesetzgeber zulässigerweise geschaffenen Rundfunkordnung dient; ihr Sicherungszweck wäre gefährdet, hätten die Betroffenen keine Möglichkeit, eine Pflichtverletzung geltend zu machen"[64]. Dieses Judikat deutet an, daß sich der Schwerpunkt der verfassungsgerichtlichen Betrachtung in Zukunft zu einer stärkeren Betonung der individual-abwehrrechtlichen Sicht verschieben könnte, vorausgesetzt es bleibt bei der derzeitigen Form der dualen Rundfunkordnung und der Funktionserfüllung wenigstens durch die öffentlich-rechtlichen Rundfunkanstalten.

b) Objektives Grundrechtsverständnis

Die Rundfunkfreiheit ermächtigt nicht zu beliebigem Gebrauch. Im Mittelpunkt der verfassungsgerichtlichen Anschauung des Grundrechts steht nicht der status negativus: Die Garantie der Freiheit der Presse betrachtend deduziert das Bundesverfassungsgericht, daß die institutionelle Freiheit des Massenkommunikationsmittels Rundfunk zwar als mindestens genauso bedeutsam einzustufen ist wie das printmediale Pendant. Beide Kommunikationsmittel bedürften aber in unterschiedlichem Maße der Sicherung ihrer Freiheit. Dies bedinge die Sondersituation des Rundfunks, die durch einen Mangel an Übertragungskapazitäten und einen hohen Kostenaufwand zur Realisierung des Grundrechts gekennzeichnet sei.[65] Selbst bei Fortfall der durch die Knappheit der Sendefrequenzen und den hohen finanziellen Aufwand für die Rundfunkveranstaltung bedingten Sondersituation könne nicht mit hinreichender Sicherheit erwartet werden, daß das Programmangebot in seiner Gesamtheit kraft der Eigengesetzlichkeit des Wettbewerbs den Anforderungen der Rundfunkfreiheit entsprechen werde.[66] Die Freiheitsgarantie des Art. 5 Abs. 1 Satz 2 GG sei auf plurale Informationsvermittlung ge-

---

[61] BVerfGE 57, 295 (320).

[62] BVerfGE 87, 181 (197).

[63] BVerfGE 31, 314 (327); zuletzt BVerfG, NJW 2000, S. 1711 (1711 f.).

[64] BVerfGE 97, 298 (313) - Extra Radio - mit Hinweis auf BVerfGE 87, 181 (198).

[65] BVerfGE 12, 205 (261); 31, 314 (326 f.).

[66] BVerfGE 57, 295 (322).

richtet, weil medial vermittelte Information nicht lediglich Abbild der Wirklichkeit, sondern stets Ergebnis eines Auswahl-, Deutungs- und Aufbereitungsprozesses ist, das nur durch konkurrierende Auswahl-, Deutungs- und Aufbereitungsmuster relativiert werden kann.[67] Für den öffentlich-rechtlichen wie für den privaten Rundfunk verlangt das Bundesverfassungsgericht vom Gesetzgeber daher Regelungen, in denen „Vorkehrungen zur Gewährleistung der Freiheit des Rundfunks zu treffen sind."[68] Der Gesetzgeber hat insbesondere darauf zu achten, daß das Gesamtangebot der inländischen Programme der bestehenden Meinungsvielfalt im wesentlichen entspricht und er Leitgrundsätze verbindlich zu machen, die ein Mindestmaß an inhaltlicher Ausgewogenheit, Sachlichkeit und gegenseitiger Achtung gewährleisten.[69] An diesen „objektiven" Vorgaben hat sich der individuelle Freiheitsgebrauch des Grundrechts zu orientieren.

Auch dürfe der Rundfunk weder vom Staat noch von einer gesellschaftlichen Gruppe beherrscht werden.[70] Gerade bei einem Medium von der Bedeutung des Rundfunks müßten die Möglichkeiten der Konzentration von Meinungsmacht und die Gefahr des Mißbrauchs zum Zwecke einseitiger Einflußnahme auf die öffentliche Meinung in Rechnung gestellt werden.[71] Bei dieser Sachlage würde es dem verfassungsrechtlichen Gebot, die Freiheit des Rundfunks zu gewährleisten, nicht gerecht werden, wenn nur staatliche Einflüsse ausgeschlossen würden und der Rundfunk dem freien Spiel der Kräfte überlassen bliebe[72], dies um so weniger, als einmal eingetretene Fehlentwicklungen - wenn überhaupt - nur bedingt und nur unter erheblichen Schwierigkeiten rückgängig gemacht werden könnten. Auch diesbezüglich liege es vielmehr in der Verantwortung des Gesetzgebers, daß ein Gesamtangebot bestehe, in dem die für die freiheitliche Demokratie konstitutive Meinungsvielfalt zur Darstellung gelange.[73]

c) Bezug zur Meinungsfreiheit: Dienende Funktion der Rundfunkfreiheit

Zentrum der Gewährleistung von Art. 5 Abs. 1 GG insgesamt ist das Grundrecht der freien Meinungsäußerung, das vom Bundesverfassungsgericht als unmittelbarer Ausdruck der menschlichen Persönlichkeit, als Lebenselement der freiheitlich demokratischen Staatsordnung und in gewissem Sinn auch als die Bedingung jeder Freiheit

---

[67] BVerfGE 97, 228 (258).

[68] BVerfGE 57, 295 (1. LS).

[69] BVerfGE 57, 259 (325).

[70] BVerfGE 12, 205 (262).

[71] BVerfGE 73, 118 (160, 172); 57, 295 (323) unter Hinweis auf BVerwGE 39, 159 (167); BayVerfGH 30, 78 (97); in jüngster Zeit die Gefahr konzentrierter Meinungsmacht betonend BVerfGE 95, 163 (172 f.); 97, 228 (258).

[72] BVerfGE 57, 295 (323) unter Hinweis auf BVerfGE 31, 314 (325); BVerfGE 73, 118 (158).

[73] BVerfGE 57, 295 (323).

überhaupt eingeordnet wird.[74] Der Rundfunk wird - aus grundrechtlicher Sicht - als „Medium und Faktor"[75] in den Prozeß der individuellen und öffentlichen Meinungsbildung gestellt, mit der Folge, daß Rundfunkfreiheit nicht primär als ein Unterfall der Meinungsfreiheit in ihren subjektiven und objektiven Elementen anzusehen, sondern als dieser *dienende* Freiheit zu verstehen ist.[76] Der Rundfunk ist insofern „Sache der Allgemeinheit"[77], als er zur „konstitutiven Meinungsvielfalt"[78] beizutragen hat. Innerhalb des von Art. 5 Abs. 1 GG geschützten Prozesses der freien Meinungsbildung durch Kommunikation ist es die Aufgabe der Rundfunkfreiheit, freie Meinungsbildung zu ermöglichen und zu schützen.[79]

Diese Aufgabe bestimmt die Eigenart und die Bedeutung der Rundfunkfreiheit: „Freie individuelle und öffentliche Meinungsbildung durch den Rundfunk verlangt zunächst die Freiheit des Rundfunks von staatlicher Beherrschung und Einflußnahme. [..] Doch ist damit das, was zu gewährleisten ist, noch nicht sichergestellt. Denn bloße Staatsfreiheit bedeutet noch nicht, daß freie und umfassende Meinungsbildung durch den Rundfunk möglich wird; dieser Aufgabe läßt sich durch eine lediglich negatorische Gestaltung nicht gerecht werden. Es bedarf dazu vielmehr einer positiven Ordnung, welche sicherstellt, daß die Vielfalt der bestehenden Meinungen im Rundfunk in möglichster Breite und Vollständigkeit Ausdruck findet und daß auf diese Weise umfassende Information geboten wird. Um dies zu erreichen, sind materielle, organisatorische und Verfahrensregeln erforderlich, die an der Aufgabe der Rundfunkfreiheit orientiert und deshalb geeignet sind zu bewirken, was Art. 5 Abs. 1 GG gewährleisten will."[80] Die geforderte rechtliche Ausgestaltung unterstellt das Bundesverfassungsgericht dem Vorbehalt des (Landes-)Parlamentsgesetzes, da es sich einerseits um für die Verwirklichung des Grundrechts wesentliche Entscheidungen handele und andererseits die Rundfunkfreiheit Kollisionspunkt der Informationsfreiheit der Rezipienten und der Meinungsfreiheit der Veranstalter sei.[81] Die zur Ausgestaltung und Konkretisierung des Grundrechts erforderlichen Rechtsakte sind von den Rechtssätzen zu unterscheiden, die das Grundrecht der Rundfunkfreiheit beschränken, indem sie etwa die Programmautonomie der Veranstalter beschneiden. Während letztere der Schrankentrias

---

74 BVerfGE 7, 198 (208) - Lüth -.

75 BVerfGE 12, 205 (260); 83, 238 (296).

76 BVerfGE 12, 205 (260); 57, 295 (319 f.); 73, 118 (152); 74, 297 (323); 83, 238 (296 f.); 87, 181 (197 f.); 90, 60 (87 f.).

77 BVerfGE 31, 314 (327).

78 BVerfGE 57, 295 (323).

79 BVerfGE 74, 297 (332); 87, 181 (198).

80 BVerfGE 57, 295 (320).

81 BVerfGE 57, 295 (320).

des Art. 5 Abs. 2 GG zu unterwerfen sind[82], gilt die Schrankentrias für ausgestaltende Gesetze nicht.

d) Programmlicher Umfang der Gewährleistung

Dem Wortlaut von Art. 5 Abs. 1 Satz 2, 2. Variante GG folgend gewährleistet das Grundrecht lediglich die Freiheit der Berichterstattung durch Rundfunk. Diese Formulierung besagt allerdings nicht, daß nur Tatsachenmitteilungen vom Gewährleistungsbereich umfaßt sind.[83] Sinn und Zweck des der Meinungsfreiheit dienenden Rundfunks erfordern ein weiteres Verständnis, denn der Rundfunk wirkt auch mit Sendungen außerhalb des Bereichs der eigentlichen Information und politischen Unterrichtung an der Meinungsbildung mit. Diese Mitwirkung an der öffentlichen Meinungsbildung beschränkt sich auch keineswegs auf Nachrichtensendungen, politische Kommentare, Sendereihen über politische Probleme der Gegenwart, Vergangenheit oder Zukunft; Meinungsbildung geschieht ebenso in Hörspielen und musikalischen Darbietungen.[84] Sogar für den Bereich des Sports hat das Bundesverfassungsgericht entschieden, daß sich seine Bedeutung nicht im Unterhaltungswert erschöpft. Indem der Sport Identifikationsmöglichkeiten im lokalen und nationalen Rahmen bietet und Anknüpfungspunkt für eine breite Kommunikation in der Bevölkerung ist, erfüllt er eine gesellschaftliche Funktion.[85]

Auch die Art der Auswahl und der Gestaltung dessen, was gesendet werden soll, ist geeignet, den Teilnehmer in eine bestimmte Richtung zu lenken. Das Sendeprogramm kann infolgedessen nicht in einzelne Teile zerlegt werden.[86] Geschützt ist jede Vermittlung von Information und Meinung.[87] Entgegen dem Wortlaut von Art. 5 Abs. 1 Satz 2 GG schützt das Grundrecht nicht nur die Freiheit der Berichterstattung, sondern darüber hinaus prinzipiell das gesamte Rundfunkprogramm.[88] Denn auch die scheinbar unpolitische Unterhaltung ist geeignet, gesellschaftliche und individuelle Verhaltensmuster zu schaffen und zu beeinflussen und somit Lebensentwürfe durch Bereitstellung eines spezifischen Wertesystems zu prägen.[89] Diesem inhaltlich weiten Verständ-

---

[82] BVerfGE 57, 295 (321); 83, 238 (296); 97, 228 (258); 97, 298 (314).

[83] Ganz h. M., vgl. statt aller *Jarass/Pieroth*, GG, Art. 5 Rn. 30; *v. Mangoldt/Klein/Starck*, Das Bonner Grundgesetz, Art. 5 Abs. 1, 2 Rn. 100 f. m. w. N.

[84] Sondervotum der Richter Geiger, Rinck, Wand, in: BVerfGE 31, 314 (342); BVerfGE 59, 231 (257 f.); 73, 118 (152).

[85] BVerfGE 97, 228 (257).

[86] BVerfGE 12, 205 (260); 31, 314 (326); 35, 202 (222); 59, 231 (258).

[87] BVerfGE 57, 295 (319); 60, 53 (63 f.); BVerwGE 75, 67 (70 f.).

[88] So auch *Stern/Bethge*, Öffentlich-rechtlicher und privatrechtlicher Rundfunk, S. 44.

[89] *Kresse/Heinze*, AfP 1995, S. 574 (578); *Schellhaass*, Ist die Rundfunkgebühr eine unzulässige Beihilfe? - Eine ökonomische Analyse, S. 41 (45), in: Rechtliche und ökonomische Fragen der Finanzierung des öffentlich-rechtlichen Rundfunks im Lichte des europäischen Rechts, Schriften-

nis des Umfangs der Rundfunkfreiheit korrespondieren die einleitend dargestellte Wirkungsweise und Bedeutung des Mediums und der individualrechtliche Grundrechtsgehalt in Gestalt der Programm- und Veranstaltungsautonomie.

e) Zusammenfassung

Zu Recht ist festgestellt worden, daß das Bundesverfassungsgericht insgesamt einen rechtspositivistischen Ansatzpunkt wählt, indem es vom Normbereich des Art. 5 Abs. 1 GG ausgeht, und daß sowohl subjektiv- als auch objektivrechtliche Elemente der Grundrechtsinterpretation in seiner Rechtsprechung enthalten sind.[90] Vorrangig arbeitet das Bundesverfassungsgericht ein institutionelles Verständnis von Art. 5 Abs. 1 Satz 2 GG in dem Sinne heraus, daß der demokratischen Ordnung ein bestimmter „Grundstandard" in der Art der Ausübung der Rundfunktätigkeit eigen sein muß.

Nicht nur der Grundrechtsträger selbst kann einen Verstoß gegen das Grundrecht mittels der Verfassungsbeschwerde geltend machen. Ebenso können die ausgestaltenden Gesetze im Wege der abstrakten Normenkontrolle daraufhin überprüft werden, ob sie das Institut der Rundfunkfreiheit verletzen, etwa dadurch, daß sie die verfassungsgerichtlich aufgezeigten Anforderungen (Ausgewogenheit und Vielfalt des Programms, Beteiligung der gesellschaftlichen Gruppen, Verhinderung von Meinungsmonopolen) vom Gesetzgeber nicht schaffen oder einhalten.[91] Ein Verstoß gegen den institutionellen Kern der Rundfunkfreiheit wiegt besonders schwer, weil damit auch die „Vermittlerfunktion"[92], die der Rundfunk im Kommunikationsprozeß von Informieren und Informiertwerden einnimmt, betroffen und somit ein der Demokratie wesensmäßiges Proprium verletzt wird. Die Rundfunkfreiheit besteht nicht vorrangig im Interesse der personellen Autonomie des Einzelnen; vielmehr genießt der einzelne Kommunikationsträger aufgrund seiner Funktion[93] im Rahmen des verfassungsrechtlichen Prozesses freier individueller und öffentlicher Meinungsbildung den Schutz von Art. 5 Abs. 1 Satz 2 GG. Die subjektiv-rechtliche Dimension der Rundfunkfreiheit wird dadurch zwar nicht negiert, aber im Vergleich zur Meinungsäußerungsfreiheit des Art. 5 Abs. 1 Satz 1 GG inhaltlich auf eigene Füße gestellt.[94]

---

reihe des Instituts für Rundfunkrecht an der Universität zu Köln, Band 73, München 1998 spricht von „nicht-marktfähigen Sozialbotschaften."

90 *Brugger*, Rundfunkfreiheit und Verfassungsinterpretation, S. 34 f., 51.

91 BVerfGE 73, 118 (160).

92 BVerfGE 59, 231 (258); 83, 238 (296); 87, 181 (201); 90, 60 (87).

93 Zur Funktionsgebundenheit der Freiheitsgrundrechte vgl. *Böckenförde*, Der Staat, Bd. 29 (1990), S. 1 (17).

94 *Eberle/Gersdorf*, Der grenzüberschreitende Rundfunk im deutschen Recht, S. 36; *Hoffmann-Riem*, in: Benda/Maihofer/Vogel (Hrsg.), HdbVerfR, § 7 Rn. 31; a. A. *Starck*, NJW 1992, S. 3257 (3261).

2. Kritik der Literatur

Hinter der Ansicht, die zu Beginn der achtziger Jahre und hier insbesondere nach Erlaß des 3. Rundfunkurteils[95] eine stärkere Betonung des abwehrrechtlichen Grundrechtscharakters forderte, verbarg sich zum einen der Wunsch, rechtlich der Einführung des privaten Rundfunks den Weg zu ebnen: Rundfunkfreiheit als klassisches Abwehrrecht verstanden, enthalte an erster Stelle ein Zugangsrecht für die Veranstaltung von Rundfunk, soweit dies nach den gegebenen (technischen, organisatorischen, etc.) Voraussetzungen machbar sei.[96]

Außerdem wurde befürchtet, daß die vom Bundesverfassungsgericht geforderte, legislatorisch zu sichernde Funktionsverantwortung des Gesetzgebers zu Lasten der Rundfunkfreiheit selber gehe. Freiheitssichernde Normsetzung könne in freiheitshemmende Gesetzgebung umschlagen.[97] Diese Skepsis entwickelte sich vor dem Hintergrund zunehmender Übertragungsmöglichkeiten und einem damit möglich erscheinenden Ende der Mangelsituation an faktischen Grundrechtsvoraussetzungen in Form von knappen Übertragungsfrequenzen. Die Folge dieser tatsächlichen Veränderungen sei, daß es neben dem Gesichtspunkt der organisationsrechtlich zu sichernden chancengleichen Grundrechtsentfaltung einer weiteren, neuen Legitimationsfigur bedürfe, um die Tätigkeit des das Grundrecht ausgestaltenden Gesetzgebers zu begründen.[98] Fragen nach der genauen Unterscheidung von Grundrechtsausgestaltung und -eingriff, dem Scheidepunkt der unterschiedlichen Grundrechtstheorien, schlossen sich an[99].

a) Grundrechtsausgestaltung und Grundrechtseingriff

Nach wie vor wird bezweifelt, daß eine systematisch exakte Trennung zwischen Gesetzen, die den Schutzbereich des Art. 5 Abs. 1 Satz 2 GG verkürzen, und solchen, die den Gewährleistungsbereich ausgestalten, überhaupt möglich ist. Vielmehr sollten jegliche, von der objektiv-rechtlichen Seite der Rundfunkfreiheit ausgehenden Belastungen für die personale Freiheit als Grundrechtseingriffe an Art. 5 Abs. 2 GG gemessen

---

[95] BVerfGE 57, 295 ff.

[96] *Herrmann,* Fernsehen und Hörfunk in der Verfassung der Bundesrepublik Deutschland, S. 117 ff., 135 f.; *H. H. Klein,* Die Rundfunkfreiheit, S. 41 f.; *Starck*, NJW 1980, S. 1359 ff.; *Kull*, AfP 1981, S. 378 (380); unklar *Scheuner,* Das Grundrecht der Rundfunkfreiheit, S. 44 ff.

[97] Statt vieler s. *Degenhart*, DÖV 1981, S. 960 (961); *Eberle/Gersdorf*, Der grenzüberschreitende Rundfunk im deutschen Recht, S. 40, die von „topischer" Verfassungsinterpretation sprechen; *Kull*, AfP 1981, S. 378 (382).

[98] Vgl. *Scholz*, JuS 1974, S. 299 (301 ff.), der Art. 5 Abs. 1 Satz 2 GG sogar die Tendenz zum sozialen Teilhaberecht attestiert, um darauf einen Zulassungsanspruch privater Rundfunkveranstalter zu begründen; *Starck*, NJW 1980, S. 1359.

[99] Dazu *H. H. Klein*, Die Rundfunkfreiheit, S. 62 ff.

werden.[100] Als besonders problematisch wird empfunden, daß der Gesetzgeber sowohl für die grundgesetzliche Ausgestaltung zuständig sein solle und daß diese Kompetenz - gleichsam vorgelagert - auch die Zulassung privater Rundfunkveranstalter enthalten solle.[101] Damit werde die Art. 5 Abs. 1 Satz 2 GG prägende Grundrechtskollision von Rundfunkfreiheit einerseits und Informationsfreiheit andererseits nicht präventiv vorweggenommen, sondern es komme de facto zu einer materiellen Einschränkung der Zugangsfreiheit zum Rundfunk. Kollisionslösende Gesetzgebung könne es aber nur auf der Stufe der Grundrechtsausübung geben, keinesfalls dagegen vorher.[102] Die massenmediale Äußerung von Meinung sei nur ein unselbständiger Unterfall der individuellen Meinungsäußerungsfreiheit und müsse daher denselben Charakter als Abwehrrecht teilen sowie eine gleichberechtigte Grundrechtsaktualisierung zur Folge haben. Der Bezug zum Grundrecht der Informationsfreiheit der Rezipienten mache deutlich, daß das Ziel der Informationsfreiheit aus Art. 5 Abs. 1 Satz 1 GG, das in der Schaffung möglichst vieler Informationen und Meinungen bestehe, am besten durch eine Vielzahl unabhängiger Presse- und Rundfunkorgane erreicht werden könne. Nur im Rahmen des Art. 5 Abs. 2 GG habe der Gesetzgeber dafür Sorge zu tragen, daß die Konkurrenzsituation unter den Rundfunkveranstaltern möglich und offen bleibe.[103]

Überspitzt wurde formuliert, daß es dem Bundesverfassungsgericht nicht um den Schutz der individuellen Rundfunkfreiheit gehe, sondern um den Schutz vor ihr.[104] Die - angebliche - „Weimarisierung" des Grundrechts wurde kritisiert; Art. 5 Abs. 1 Satz 2 GG verkomme zum „Maßgabegrundrecht": Die Grundrechtsdogmatik auf den Kopf stellend ziehe das Gericht aus Art. 5 Abs. 2 GG einen Umkehrschluß und statuiere einen allgemeinen Gesetzesvorbehalt, den die Verfassung für die Rundfunkfreiheit gerade nicht vorsehe.[105] Der Staat sei aber - außerhalb der Mangelverwaltung der Frequenzvergabe - nur berechtigt, Rahmenbedingungen für die Sicherung individueller Freiheit zu schaffen.[106] Die Individualfunktion der Grundrechte dürfe nicht durch eine verselbständigte „überhöhende Objektivierung"[107] verschüttet werden.[108] Bereits in

---

100 *Eberle/Gersdorf*, Der grenzüberschreitende Rundfunk im deutschen Recht, S. 40 f.; *Bremer/ Esser/Hoffmann*, Der Rundfunk in der Verfassungs- und Wirtschaftsordnung in Deutschland, S. 42.

101 *Degenhart*, DÖV 1981, S. 960 (962).

102 *Scholz*, JZ 1981, S. 560 (566).

103 *Scholz*, JZ 1981, S. 560 (566); ähnlich *Ricker*, Privatrundfunk-Gesetze im Bundesstaat, S. 22; für eine publikums- und nicht medienzentrierte Interpretation *Scholz*, AfP 1995, S. 357 (359).

104 *Pestalozza*, NJW 1981, S. 2158.

105 *Pestalozza*, NJW 1981, S. 2158 (2160 ff.); *Oppermann*, JZ 1981, S. 721 (726); *Scholz*, JZ 1981, S. 560 (565 f.).

106 *Ricker*, NJW 1981, S. 849 (851).

107 *Starck*, NJW 1980, S. 1359 (1360).

108 *Oppermann*, JZ 1981, S. 721 (726).

seinem ersten Rundfunkurteil[109] habe das Bundesverfassungsgericht zu schnell auf den institutionellen Charakter der Rundfunkfreiheit abgehoben, ohne vorher den Umfang der individuellen Garantie zu klären.[110] Wenn die Rundfunkfreiheit dagegen als privates Grundrecht funktionsfähig werde, stelle sich die Frage nach einer fortdauernden Legitimation der treuhänderischen Rundfunkzuständigkeiten neu.[111] Aus der dienenden Funktion der Rundfunkfreiheit folge dann für die öffentlich-rechtlichen Rundfunkanstalten, daß sie sich in die Rolle des Ausgleichs und der Komplementärin fügen müßten.[112]

b) Wirtschaftlicher Bezug der Rundfunkfreiheit

Die mit der Zulassung privater Rundfunkveranstalter entstandene Konkurrenzsituation führte dazu, wirtschaftliche Gesichtspunkte in die Interpretation des Grundrechts selbst einzubeziehen oder sie als kollidierende Werte gegen Art. 5 Abs. 1 Satz 2 GG in Stellung zu bringen. Dieser Gedankengang kulminierte in dem Begriff der „Rundfunkunternehmerfreiheit“.[113] Wurde mit Hilfe dieses Begriffs vormals noch der aus dem Grundrecht aus Art. 5 Abs. 1 Satz 2 GG folgende originäre Anspruch auf Gründung und Betrieb von Rundfunkunternehmen abgeleitet, so wurde er später herangezogen, um der verfassungsgerichtlichen Rechtsprechung vorzuwerfen, die Rundfunkfreiheit primär auf die Meinungsfreiheit zu beziehen: Die Rechtsprechung verkenne den in jüngster Zeit gewachsenen wirtschaftlichen Charakter der Veranstaltung Rundfunk.[114] Mit dem Auftreten der privaten Rundfunkveranstalter sei zur Meinungsfreiheit auch die wirtschaftliche Freiheit hinzugekommen, die, wenn nicht von Art. 5 Abs. 1 Satz 2 GG selbst, so doch von Art. 12, 14 und 2 Abs. 1 GG geschützt werde.[115] Das vom Bundesverfassungsgericht vertretene Konzept einer positiven Ordnung widerspreche der ökonomischen individualistischen Ordnungstheorie, behindere die Kreati-

---

109 BVerfGE 12, 205 ff.

110 *Bettermann*, DVBl. 1963, S. 41 (42); a. A. *Oppermann*, JZ 1981, S. 721 (726), der schon im ersten Rundfunkurteil eine Betonung des subjektiv-menschenrechtlichen Grundrechtscharakters sieht.

111 *Scholz*, JZ 1981, S. 560 (563).

112 *Scholz*, JZ 1981, S. 560 (564).

113 *Herrmann*, Fernsehen und Hörfunk in der Verfassung der Bundesrepublik Deutschland, S. 117 ff.

114 *Bleckmann*, Öffentlich-rechtliche Spartenprogramme als Bestandteil der Grundversorgung?, S. 39.

115 *Biedenkopf/Glotz/Groebel/Gross/Lahnstein/Mestmäcker/Mohn/Stolte/Wössner*, Kommunikationsordnung 2000, Grundsatzpapier der Bertelsmann Stiftung zu Leitlinien der zukünftigen Kommunikationsordnung, S. 14.; *Bleckmann*, Öffentlich-rechtliche Spartenprogramme als Bestandteil der Grundversorgung?, S. 39.

vität des Einzelnen und könne letztlich die vielfältigen Bedürfnisse der Gesellschaft nicht voraussehen (Wissensanmaßung).[116]

Die Einbeziehung ökonomischer Denkmuster in die Gestaltung der Rundfunkordnung führt zu einer Verknüpfung von Kommunikations- und Erwerbsinteressen. Das Marktmodell von Angebot und Nachfrage wird auf Leistungen medialer Art übertragen. Es wird argumentiert, daß ebenso wie beim Wettbewerb zwischen den Herstellern von Waren der Wettbewerb von Medienunternehmen besser in der Lage sei als die Bevormundung durch staatliche (Planungs-) Behörden, die Präferenzen der Konsumenten zu erkennen und zu bedienen und gleichzeitig Meinungsvielfalt herzustellen.[117] Der Meinungsmarkt ist danach der Ort, „an dem die einander gegenüberstehenden Geistesinhalte aufeinander abgestimmt und miteinander ausgeglichen werden. Die Rezipienten bevorzugten diejenigen Geistesinhalte, die ihre Bedürfnisse am besten befriedigen."[118] Diese in der rechtswissenschaftlichen Literatur aufkommende Ansicht konnte sich auf das Verständnis über die marktwirtschaftlichen Grundfreiheiten der Europäischen Union stützen[119], deren Ansatzpunkt ebenfalls kein eigenes rundfunksystematisches Verständnis ist. Letzteres führt bis heute zu Kollisionen von deutschem und europäischem Recht, wofür die Themenstellung dieser Arbeit ein weiteres Exempel ist.

3. Gründe für ein funktionales Grundrechtsverständnis

a) Mängel eines nur ökonomischen Rundfunkverständnisses

Der Fundamentalkritik an der verfassungsgerichtlichen Rechtsprechung ist zu entgegnen, daß vor allem ihr marktgesetzlicher Ansatz nicht überzeugt. Er beruft sich zu einseitig auf die ökonomische Bedeutung des Rundfunks und läßt die gesellschaftlichen Implikationen des Mediums gänzlich außer Betracht. Die als notwendiges Ziel erkannte und zu verwirklichende Meinungsvielfalt kann durch die allein liberale

---

116 *Bremer*, Freiheit durch Organisation?, in: Mestmäcker (Hrsg.), Kommunikation ohne Monopole II, S. 311 (320 f.); *Engelke*, Die Interpretation der Rundfunkfreiheit des Grundgesetzes: Eine Analyse aus ökonomischer Sicht, S. 95 f., 221 zieht im Ergebnis aber die objektiv-rechtliche der subjektiv-rechtlichen Interpretation vor, weil nur letztere das Ziel einer größtmöglichen Vielfalt der bestehenden Meinungen mit der Gründungsfreiheit von Rundfunkanstalten in Einklang bringen kann, a.a.O., S. 225; weitere Nachweise bei *Hoffmann-Riem*, in: Benda/Maihofer/Vogel (Hrsg.), HdbVerfR, § 7 Rn. 76, Fn. 247.

117 *Engel*, AfP 1994, S. 185 (187 f.), der dieses Modell allerdings nur für operationabel hält, wenn die Medienunternehmen ihre politische Meinung gleich mit verkaufen müssen.

118 *B. Klein*, Konkurrenz auf dem Markt der geistigen Freiheiten, S. 52; für eine Gleichsetzung von Meinungsmarkt und wirtschaftlichem Wettbewerb auch *Uphoff*, Fernsehmarkt und Grundversorgung, S. 103.

119 Vgl. statt vieler *Eberle*, AfP 1993, S. 422 ff.; *Hoffmann-Riem*, Europäisierung des Rundfunks – aber ohne Kommunikationsverfassung?, in: ders. (Hrsg.), Rundfunk im Wettbewerbsrecht, S. 201 ff.

Grundrechtstheorie nicht erreicht werden. Das freie Spiel der Kräfte bzw. der bloß ökonomisch gesteuerte Rundfunkmarkt garantieren den freien Meinungsmarkt gerade nicht.[120] Zum einen ist kommerzieller Rundfunk immer darauf angewiesen, Programme massenattraktiv zu gestalten, denn letztlich verkauft er nicht Programme an sein Publikum, sondern eine möglichst hohe Publikumsresonanz an die werbende Wirtschaft.[121]

Zum anderen läßt sich der Meinungsmarkt im Rundfunk nicht mit dem Pressemarkt vergleichen; Sender sind daran gehindert, nur eine spezifische Tendenz zu verfolgen. Sie sind deshalb auch nicht wie „Richtungszeitungen" zu kategorisieren.[122] Die duale Rundfunkordnung ist vielmehr eine regulierte Form der Koordination und Konkurrenz, in der es auf die Erhaltung der Vielfalt im einzelnen und insgesamt ankommt.[123] Berücksichtigung von Meinung läßt sich privaten Rundfunkveranstaltern aber nur begrenzt verordnen, ohne sich dem Vorwurf der Planwirtschaft oder Programmplanung und damit der Grundrechtsverletzung auszusetzen, weswegen die öffentlich-rechtlichen Rundfunkanstalten viel stärker dem Pluralitätsgebot unterworfen werden als die private Konkurrenz.[124] Besonders *Engel* widerspricht sich daher selbst, wenn er einerseits das an der Massenattraktivität orientierte Programm der privaten Rundfunkveranstalter als Folge der bundesverfassungsgerichtlichen Rechtsprechung darstellt und somit unterstellt, die vollständige Liberalität würde auch den Randgruppengeschmack bedienen, andererseits aber den Egoismus des Menschen und damit das bereits gegenwärtig betriebene Profit- und Quotenstreben der Unternehmen als markttreibende Kraft einschätzt.[125]

Die Vorstellung von der Rundfunkfreiheit als einer gesetzesfreien, ausschließlich individual-grundrechtlich orientierten Freiheit, die der Beliebigkeit, Willkür und Autonomie des einzelnen Grundrechtsbürgers eröffnet ist, mitsamt den daraus resultieren-

---

120 *W. Schmidt*, DVBl. 1981, S. 920 (922); *Bethge*, Rundfunkfreiheit und privater Rundfunk, S. 17; *Bullinger*, AöR 1983 (108), S. 161 (193 ff.) unterstellt dem BVerfG aber, daß es den freien Meinungsmarkt mit einer staatlichen Meinungsausstellung verwechsle.

121 *Böckenförde/Wieland*, AfP 1982, S. 77 (80); *Goerlich/Radeck*, JZ 1989, S. 53 (57) halten neben der Einschaltquote die Einschaltdemographie für das bestimmende Merkmal hinsichtlich des inhaltlichen Standards der privaten Programme.

122 So auch *Engel*, AfP 1994, S. 185 (188 f.); zur publizistischen Tendenzfreiheit im Pressewesen s. BVerfGE 52, 283 (296); dagegen zur Tendenzbeschränkung im Rundfunk BVerfGE 59, 231 (258).

123 *Ladeur*, AfP 1998, S. 141 (146).

124 Vgl. zur wesensmäßigen Unvereinbarkeit von grundrechtsverbürgender Freiheit und normativem Ausgestaltungsvorbehalt des Inhalts von Freiheitsrechten *Burmeister*, „Dienende" Freiheitsgewährleistungen – Struktur und Gehalt eines besonderen Grundrechtstypus, in: ders. (Hrsg.), FS für Stern, S. 835 (847, 862 ff.).

125 *Engel*, AfP 1994, S. 185 (190).

den Konsequenzen ist allein aus wirtschaftlichen Gesichtspunkten nicht haltbar.[126] So kann die soziale, kulturelle Wirkung des Mediums überhaupt nicht gewürdigt werden, wenn einzig Vermarktungschancen für die Rundfunkveranstalter von Interesse sind. Die Erscheinung Rundfunk würde nicht aus sich selbst heraus interpretiert, sondern allein von den selbst erzeugten Begleitumständen bestimmt. Eine gleichsam „freiwüchsige" kommerzielle Rundfunkunternehmerfreiheit kann Art. 5 Abs. 1 Satz 2 GG aber nicht entnommen, geschweige denn vom Gesetzgeber eingeräumt werden.[127] Sie hätte das falsche Schutzgut zum Ziel.

Statt dessen ist der verfassungsgerichtlichen Ansicht zu folgen, wonach die Entfaltungsinteressen der Rundfunkunternehmen einer „treuhänderischen Bindung" unterliegen und einer übergreifenden pluralitätsstiftenden Ordnung unterstellt sind. Hinsichtlich der individual-abwehrrechtlichen Freiheitsgewährung kennt das Grundgesetz eine solch immanente Dialektik nicht nur bei Art. 5 Abs. 1 Satz 2 GG, sondern auch beim Erziehungsrecht der Eltern aus Art. 6 Abs. 2 GG, dem das allgemeine Persönlichkeitsrecht des Kindes gegenübersteht[128] sowie der nicht allein Eigeninteressen dienenden Wissenschaftsfreiheit des verbeamteten Hochschullehrers aus Art. 5 Abs. 3 GG.[129] Die Rundfunkfreiheit wird also zur Freiheit „um zu". Ihre subjektiv-rechtlichen Elemente werden anhand der objektiv-rechtlichen zugeschnitten, um zu verhindern, daß subjektiv beliebiger Gebrauch zum gleichheitswidrigen und damit das Meinungsspektrum verfälschenden Gebrauch wird.[130] Der individualrechtliche Schutz im Bereich von Art. 5 Abs. 1 Satz 2 GG ist auch bei den privaten Rundfunkveranstaltern in den Dienst der demokratischen Kommunikationsverfassung gestellt.[131] Auch hier unterliegt die Rundfunkfreiheit der Ausgestaltung durch den Gesetzgeber, so daß es sich

---

126 *Bethge*, Rundfunkfreiheit und privater Rundfunk, S. 15.

127 *W. Schmidt*, Die Rundfunkgewährleistung, S. 97; ähnlich *Wieland*, Der Staat, 23 (1984), S. 245 (271).

128 *Ossenbühl*, DÖV 1977, S. 381 (383 f.); *Bethge*, DVBl. 1983, S. 369 (371).

129 Vgl. dazu *Burmeister*, „Dienende" Freiheitsgewährleistungen – Struktur und Gehalt eines besonderen Grundrechtstypus, in: ders. (Hrsg.), FS für Stern, S. 835 (867 ff.), wonach eine individuelle Handlungsbefugnis, die sich gegenständlich auf eine öffentliche Aufgabe bezieht und deshalb in ihrem Inhalt rechtlich auf die Verwirklichung eines spezifischen „Gutes" der Allgemeinheit gerichtet ist, niemals Ausfluß der dem Einzelnen um seiner selbst willen zustehenden Freiheit sein kann, a.a.O., S, 847.

130 *Hoffmann-Riem*, in: Benda/Maihofer/Vogel (Hrsg.), HdbVerfR, § 7 Rn. 12 ff.; *Jarass*, Die Freiheit der Massenmedien, S. 131, der im übrigen zu Recht darauf hinweist, daß dem immanentbestimmten Grundrechtsverständnis eine teleologische Auslegung gänzlich verschlossen ist und damit auch die Verfassung nicht auf ein einheitliches Ziel ausgerichtet werden kann, a.a.O., S. 128.

131 *Burmeister*, „Dienende" Freiheitsgewährleistungen – Struktur und Gehalt eines besonderen Grundrechtstypus, in: ders. (Hrsg.), FS für Stern, S. 835 (864 f.); dagegen *Bremer/Esser/ Hoffmann*, Der Rundfunk in der Verfassungs- und Wirtschaftsordnung in Deutschland, S. 42; vermittelnd *Seelmann-Eggebert*, ZUM 1992, S. 79 ff.

auch insoweit um eine akzessorische Rundfunkveranstalterfreiheit handelt. Dies schließt indes nicht aus, daß der Privatfunk auch eigene individualrechtliche Grundlagen hat.[132]

b) Bezug von Rundfunk- und Meinungsfreiheit

Das hier so bezeichnete institutionelle bzw. funktionale Grundrechtsverständnis, das ein individual-abwehrrechtliches Verständnis nicht völlig ausschließt[133], aber eben in einen erweiterten Zusammenhang stellt, baut auf einem Interpretationsansatz von Art. 5 Abs. 1 GG auf, der als Sinn und Zweck der Norm den Prozeß der Meinungsbildung ansieht und qualitativ zwischen Individual- und Massenkommunikation unterscheidet. Der Unterschied zur nur das Individualrecht betonenden Ansicht liegt darin, daß diese die Rundfunkfreiheit systematisch aus der Meinungsfreiheit entwickelt und im Hauptpunkt als das Recht ansieht, sich zur Verbreitung seiner Meinung auch der Fernmeldetechnik zu bedienen.[134] Dadurch wandelt sich die Freiheit des Rundfunks unversehens in das Recht, seine Meinung durch den Rundfunk zu äußern.

Ebenfalls fragwürdig ist es, die Rundfunkfreiheit gleichsam als Rezipientengrundrecht auf Schaffung von Informationsquellen zu interpretieren, da damit die Sicht auf den bestehenden Freiheitsgehalt (scil. Programmgestaltungsfreiheit) versperrt wird.[135] Zuzugeben ist zwar, daß die Rundfunkfreiheit aus der Kommunikationsfreiheit hervorgeht; sie erfährt jedoch eine funktionale Differenzierung, die zu einem verselbständigten und funktionell spezialisierten Mediengrundrecht führt. „Die Rundfunkfreiheit ist zwar von der Meinungsfreiheit her formuliert, aber um der Informationsfreiheit willen konzipiert."[136] Nur so kann die Rundfunkfreiheit gesellschaftlich-öffentliches Substrat und damit Bindeglied einer *allgemeinen* Kommunikationsfreiheit bleiben.[137] Ohne Blick auf den Kommunikationsvorgang insgesamt läßt sich weder von der Meinungsfreiheit her kommend noch auf die Rezipientenfreiheit verweisend der individualrechtliche Kern von Art. 5 Abs. 1 Satz 2, 2. Variante GG verschieben: Abwehrrecht ist die

---

132 *Bethge*, NVwZ 1997, S. 1 (4); so jetzt auch BVerfGE 97, 298 (313) mit Hinweis auf BVerfGE 95, 220 (234).

133 Für ein rein objektiv-rechtliches Verständnis: *Böckenförde/Wieland*, AfP 1982, S. 77 ff; *Stern*, Funktionsgerechte Finanzierung der Rundfunkanstalten durch den Staat, S. 32 ff., sich selbst aber revidierend in: *Stern*, DVBl. 1982, S. 1109 (1114).

134 So vor allem *H. H. Klein*, Die Rundfunkfreiheit, S. 33, 38, 96; *Herrmann*, Fernsehen und Hörfunk in der Verfassung der Bundesrepublik Deutschland, S. 60; vgl. auch *Bullinger*, AöR 1983 (108), S. 161 (190 f.); *Starck*, NJW 1980, S. 1359 (1369).

135 *Badura*, Verfassungsrechtliche Bindungen der Rundfunkgesetzgebung, S. 28 f.; *W. Schmidt*, Die Rundfunkgewährleistung, S. 64 f., 70; a. A. *Scholz*, AfP 1995, S. 357 (359 f.).

136 *W. Schmidt*, Die Rundfunkgewährleistung, S. 86; *Bethge*, DVBl. 1983, S. 369 (372).

137 *Stock*, Allgemeine Kommunikationsfreiheit durch Medienfreiheit, S. 59 (63), in: Schwartländer/ Riedel (Hrsg.), Neue Medien und Meinungsfreiheit im nationalen und internationalen Kontext.

Rundfunkfreiheit immer, wenn es um die Programmgestaltung geht. Subjektiv-öffentliche Rechte lassen sich aus der Rundfunkfreiheit auch ableiten, wenn es um Zulassungsfragen geht, sofern hier die objektiven Kriterien der Ausgewogenheit des Programms und der Meinungsvielfalt berücksichtigt werden. Dagegen würde der objektive Gehalt von Art. 5 Abs. 1 Satz 2 GG ausgeblendet, wenn versucht würde, mit dem Recht auf Informationsverschaffung die Gewährleistung der Rundfunkfreiheit zu verkürzen, um so etwa originäre Zulassungsansprüche zu begründen. Die Rundfunkfreiheit ist kein Unterfall der Meinungsfreiheit und kein Komplementärgrundrecht der Informationsfreiheit, sondern vereint beide Grundrechtsaspekte in ihrem objektiven Gehalt, wobei sowohl die Informations- als auch die Meinungsfreiheit als Leitzielbestimmungen für den gesetzgeberischen Ausgestaltungsauftrag dienen.

c) Grundlage der institutionell-funktionalen Grundrechtsinterpretation

Der Begriff des „Institutionellen" ist im Rahmen der Grundrechtsinterpretation weiter zu verstehen als bei *Carl Schmitt*, der die Institutsgarantie auf rechtlich anerkannte Institutionen bezieht, die immer etwas Umschriebenes und Umgrenztes, bestimmten Aufgaben und bestimmten Zwecken Dienendes, also die Garantie eines bestehenden Zustandes sind, wie etwa die Ehe.[138] Hier geht es jedoch nicht allein um die Bestehensgarantie etwa des öffentlich-rechtlichen Rundfunks[139], sondern um die verfassungsrechtliche Gewährleistung freiheitlich geordneter und ausgestalteter Lebensbereiche und konkret um die Sicherung bestimmter Strukturelemente der Rundfunkfreiheit. Die fundamentale Bedeutung des Rundfunks für den der Meinungsfreiheit zugrunde liegenden Meinungsbildungsprozeß im allgemeinen und der Demokratie im besonderen rechtfertigt es, den Bereich der massenhaften Informationsverbreitung als besonderen Lebens- und Rechtsbereich anzusehen, zu dessen Gestaltung und Erhaltung es Maßnahmen bedarf, die über ein reines Interventionsverbot für den Staat hinausreichen. Dieses Rollenverständnis von Rundfunk-Selbständigkeit bedingt die Schaffung eines eigenen Ordnungssystems, welches sich vom marktwirtschaftlichen Wirtschaftsmodell, wie es Art. 2 Abs. 1, 14 Abs. 1, 12 Abs. 1 GG zugrunde liegt, unterscheidet. Der „Lösung" der Rundfunkfreiheit von den wirtschaftlichen Grundrechten entspricht die Bindung an das Sozialstaatsgebot, die sich in dem Gedanken äußert, daß die Freiheit aus Art. 5 Abs. 1 Satz 2 GG „kommunikative Chancengleichheit"[140] vermitteln soll. Zu Recht stellt *Häberle* in seiner grundrechtstheoretischen Untersuchung zur Wesensgehaltsgarantie des Art. 19 Abs. 2 Grundgesetz fest, daß die Ausgestaltungs- und Umgrenzungsbedürftigkeit eines Freiheitsrechts umso größer ist, je intensiver der So-

---

138 *Carl Schmitt*, Freiheitsrechte und institutionelle Garantien in der Reichsverfassung, in: Verfassungsrechtliche Aufsätze, S. 40 (155); ders., Verfassungslehre, S. 170 f.

139 Dagegen schon die Abgeordneten *Heuß* und *Süsterhenn* in der 32. Sitzung des Generalausschusses, die die Möglichkeit eines privaten und kirchlichen Rundfunks nicht ausgeschlossen sehen wollten, zitiert nach JöR N. F. 1 (1951), S. 86.

140 *Hoffmann-Riem*, in: AK-GG, Art. 5 Abs. 1, 2 Rn. 129.

zialbezug der betreffenden Freiheit ist.[141] Der Scheidepunkt von institutionell-funktionaler und individuell-abwehrrechtlicher Grundrechtstheorie liegt für die Rundfunkfreiheit dabei in der grundrechtsprägenden Organisationsgesetzgebung, die nicht an den Schranken von Art. 5 Abs. 2 GG zu messen ist[142] und zu der der Gesetzgeber nach einer nur abwehrrechtlichen Grundrechtsinterpretation nicht befugt wäre.

Die Duplizität und scheinbare Widersprüchlichkeit der grundrechtssystematischen Auslegung von Art. 5 Abs. 1 Satz 2 GG in Gestalt des subjektiven Abwehrrechts einerseits und der institutionellen Ausrichtung der Norm an objektiven Maßstäben andererseits beruht auf der Annahme, daß die Grundrechte eben auch objektive Werte beinhalten, daß die Verfassung eine Werteordnung kennt[143] und daß der Gesetzgeber aufgefordert ist, diese Werte durch Gesetze gewisser Güte zu gewährleisten und aufrechtzuerhalten. Das Bundesverfassungsgericht selbst hat den objektiven Gehalt der Grundrechte mittlerweile so weit ausgedehnt, daß es sogar an einigen Stellen von Schutz- und Fürsorgepflichten des Staates für bestimmte Rechtsgüter ausgeht.[144] All diese objektiv-rechtlichen Gehalte beruhen auf der staatstheoretischen Idee, daß es der Staat als selbstverfaßte Friedens- und Ordnungsmacht ist, der den Inhabern der grundrechtlichen Freiheiten die rechtlichen Voraussetzungen für ihre Ausübung schuldet.[145] Grundrechtliche Freiheit ist nicht nur beliebige Freiheit, „rechtlich eingefaßtes Normvakuum oder selbstzweckhafte Abwehr von Ordnung“[146]. Als Abwehrrechte allein könnten die Grundrechte heute keinen ausreichenden Schutz mehr bieten. Daher ist es unumgänglich, auch ihre institutionelle Seite anzuerkennen und als Stärkung, nicht als Gefährdung ihres individualrechtlichen Gehalts zu begreifen.[147] Als „Freiheit innerhalb einer Ordnung“ ließe sich das rundfunkspezifische Grundrechtsverständnis deshalb am trefflichsten kennzeichnen, gewährleistet durch organisatorische und verfahrensrechtliche Grundrechtsausgestaltung.[148] Das Grundrecht wird also nicht im eigentlichen Sinne ausgestaltet - einen abwehrrechtlichen Gehalt besitzt es ohnehin -

---

[141] *Häberle*, Die Wesensgehaltsgarantie des Art. 19 Abs. 2 Grundgesetz, S. 182 f.

[142] So auch *Lerche*, Rundfunkmonopol, S. 77 ff., 98 ff.

[143] *Scheuner*, Das Grundrecht der Rundfunkfreiheit, S. 52 ff.; ausdrücklich den Satz anerkennend, daß Grundrechte beides sein können, Ansprüche auf staatliche Aktion und auf deren Negation, jetzt auch *H. H. Klein*, DVBl. 1994, S. 489, Fn. 2.

[144] BVerfGE 69, 315 (355) - Brokdorf - mit Hinweis auf BVerfGE 53, 30 (65 f., 72 f.); 56, 216 (236); 65, 76 (94); 65, 1 (44, 49).

[145] BVerfGE 49, 24 (56 f.); *Isensee*, Das Grundrecht auf Sicherheit, S. 32; *H. H. Klein*, DVBl. 1994, S. 489 (491, 493).

[146] *Isensee*, DÖV 1982, S. 609 (615).

[147] So vor allem *Häberle*, Die Wesensgehaltsgarantie des Art. 19 Abs. 2 Grundgesetz, S. 98 ff.

[148] Vgl. dazu BVerfGE 35, 79 (120 ff.) - Hochschul-Urteil -; Sondervotum der Richter Simon und Heußner, in: BVerfGE 53, 30 (71 ff.) - Mühlheim-Kärlich -; dazu allgemein *K. Hesse*, EuGRZ 1978, S. 427 (434 ff.); *Bethge*, NJW 1982, S. 1 (2 ff.).

sondern eingerahmt[149], wobei der Rahmen[150] selbst auch Grundrechtsschutz bedeutet. Das erweiterte Grundrechtsverständnis bildet sich bei Art. 5 Abs. 1 Satz 2 GG in einem diversifizierten Normenprogramm für den öffentlichen und den privaten Rundfunk ab, da beide in unterschiedlichem Maße an der funktionellen Ausrichtung teilhaben.

Angreifbar wären diese Überlegung dann, wenn der individual-abwehrrechtliche Grundrechtsgehalt es alleine vermöchte, einen größeren Gehalt der institutionellen Rundfunkfreiheit herzustellen. Darauf läuft die Ansicht hinaus, die die wirtschaftliche Seite der Rundfunkfreiheit stärker betont.[151] Ihr ist jedoch - wie gezeigt - entgegenzuhalten, daß Markt- und Meinungsmacht voneinander zu unterscheiden und nicht gleichförmige Zielrichtungen der verschiedenen Grundrechtsgehalte sind. Die am Ziel einer freien Meinungsbildung ausgerichteten und für diese essentiellen Werte führen aber kein Eigenleben, das den ursprünglichen, Freiheit gewährenden Charakter der Grundrechte zurücktreten ließe, sondern müssen sich vielmehr am freiheitsverbürgenden Gehalt orientieren. Die Rundfunkfreiheit ist wie die Pressefreiheit sinnvoll nur denkbar in einem auf Kommunikation zielenden Prozeß. Eine Freiheitsgewährung zugunsten des Einzelnen nur um ihrer selbst willen ginge deshalb ins Leere. Da somit der gesellschaftliche Bezug eine Voraussetzung für die Inanspruchnahme des Freiheitsrechtes ist, ja seine Inanspruchnahme erst sinnvoll erscheinen läßt, ist bei Betätigung der Freiheit auch auf die Verfaßtheit dieser Gesellschaft Rücksicht zu nehmen. In der Demokratie bedeutet dies, daß die Rundfunkfreiheit einen demokratischen, vielfältigen Kommunikationsprozeß gewährleisten muß.

Ähnlich der Diskussion zur (un)mittelbaren Wirkung der Grundrechte oder der Idee der staatlichen Schutzpflicht[152] liegt auch dem Gedanken vom funktionalen Charakter der Rundfunkfreiheit die Überlegung zugrunde, daß individuelle Freiheit, wie sie künftig vom Bundesverfassungsgericht für Art. 5 Abs. 1 Satz 2 GG sicher noch genauer spezifiziert werden muß[153], nicht nur durch staatlichen Einfluß, sondern auch durch gesellschaftliche Kräfte gefährdet ist. Die ethischen Grundpflichten, die das freiheitli-

---

149 So auch *Ricker*, NJW 1981, S. 849 (851); *Pestalozza*, NJW 1981, S. 2158 (2164) will dem Gesetzgeber insofern die „Beweislast“ auferlegen.

150 BVerfGE 90, 60 (94) spricht vom Rahmen, den Art. 5 Abs. 1 Satz 2 GG dem Gesetzgeber vorgibt; zur Notwendigkeit staatlicher Rahmenbedingungen auch W. *Harms*, AfP 1981, S. 244 (249).

151 *Bleckmann*, Öffentlich-rechtliche Spartenprogramme als Bestandteil der Grundversorgung?, S. 100 ff.; *Engel*, AfP 1994, S. 185 (190).

152 Vgl. *Stern*, Das Staatsrecht der Bundesrepublik Deutschland, III/1, § 76 III 4 b, S. 1560, IV 5, S. 1572 m.w.N., der das Drittwirkungsproblem als Unterfall der staatlichen Schutzpflicht ansieht.

153 Dazu *Ory*, ZUM 1998, S. 484 (485).

che Gemeinwesen konstituieren, gelten im wesentlichen zwischen den Grundrechtsträgern[154], worauf der Staat, wie auch die Verfassungsauslegung, reagieren müssen.

Der Kritik am funktionalen Grundrechtscharakter ist insoweit Recht zu geben, als sie bemängelt, daß das Bundesverfassungsgericht die für die grundrechtseinschränkenden Gesetze geltenden rechtsstaatlichen Kriterien der Erforderlichkeit und Verhältnismäßigkeit im engeren Sinne für die „Ausgestaltungsregelungen" nicht konsequenter als Prüfungsmaßstab heranzieht[155], sondern dem Gesetzgeber im Gegenteil einen weiten Ermessensspielraum zubilligt.[156] Der Verhältnismäßigkeitsgrundsatz muß jedoch auch für die Idee vom Grundrechtsschutz durch Verfahrensregelungen[157] gelten.[158]

Dem Einwand, daß Grundrechtsschutz erst im Kollisionsfall, keinesfalls aber bereits präventiv betrieben werden dürfe[159], hält das Bundesverfassungsgericht zu Recht entgegen, daß prozeduraler Grundrechtsschutz dort geboten sei, wo eine Ergebniskontrolle an materiellen Maßstäben zwar noch denkbar sei, aber erst zu einem Zeitpunkt stattfinden könnte, in dem etwaige Grundrechtsverletzungen nicht mehr korrigierbar seien. Dann sei es erforderlich, den Grundrechtsschutz in den Prozeß der Entscheidungsfindung vorzuverlagern und nicht erst auf das Entscheidungsergebnis zu beziehen.[160]

Ein weiteres Argument sei zur Verteidigung der verfassungsrechtlichen Konzeption angefügt: Die institutionelle Idee der Rundfunkfreiheit ist neben dem Individualrecht aus Art. 5 Abs. 1 Satz 2 GG auch im Hinblick auf die negative Grundrechtsausübung angezeigt. Da der rundfunkspezifische Pluralismus sich nicht einfach als Summe vieler positiv oder negativ in Anspruch genommener Kommuniktionsfreiheiten addieren läßt, muß ein gesamtgesellschaftlicher Standard unterstellt werden. Ohne eine solche idealtypische Vorgabe mangelte es dem Gesetzgeber an der Grundlage, gewisse, erst die Pluralität herstellende Inhalte zu fordern, die sonst im Programmspektrum aufgrund

---

154 *Isensee*, DÖV 1982, S. 609 (615).

155 *Bremer/Esser/Hoffmann*, Der Rundfunk in der Verfassung- und Wirtschaftordnung in Deutschland, S. 44 f.; *Eberle/Gersdorf*, Der grenzüberschreitende Rundfunk im deutschen Recht, S. 39; *Jarass*, Gutachten G zum 56. Deutschen Juristentag, S. 26 f., Rn. 36.

156 BVerfGE 57, 295 (321 f.); 73, 118 (153); 74, 297 (324); 83, 238 (296); 87, 181 (198); anders dagegen BVerfGE 74, 297 (334) und den Gesetzgeber sogar als „Gefahrenquelle" bezeichnend BVerfGE 90, 60 (89 f.), kritisch auch *Stern*, DVBl. 1982, 1109 (1116).

157 So für die Rundfunkfreiheit BVerfGE 90, 60 (96) mit Hinweis auf BVerfGE 53, 30 (65) und die Ausführungen der abweichenden Voten von Richter *Simon* und *Heußner*, in: BVerfGE 53, 30 (73 ff.).

158 *Bremer*, Freiheit durch Organisation?, in: Mestmäcker (Hrsg.), Kommunikation ohne Monopole II, S. 311 (313, 316); in diesem Sinne jetzt auch BVerfGE 97, 228 (258 ff.).

159 *Scholz*, JZ 1981, S. 560 (566).

160 BVerfGE 90, 60 (96).

negativen Grundrechtsgebrauchs bzw. Grundrechtsverzichts fehlen könnten.[161] Ein Eingriff in die negative Rundfunkfreiheit wäre ohne die Idee der objektiven Rundfunkfreiheit nicht zu rechtfertigen. Die Informationsfreiheit der Rezipienten allein könnte dies auch nicht leisten.[162]

4. Zusammenhang von Grundrechtsinterpretation und Grundrechtsverständnis

Obwohl schon auf die Werteordnung des Grundgesetzes und auf die Notwendigkeit einer urteilenden und gewichtenden Systematisierung hingewiesen worden ist, soll die Methodik der Grundrechtsinterpretation zur Unterstützung des objektiv-rechtlichen Verständnisses der Rundfunkfreiheit kurz angesprochen werden.

a) Wortlautinterpretation und Historie

Aufschlußreich für eine Stützung des objektiven Grundrechtsverständnisses durch die Grundrechtsinterpretation sind vor allem Wortlaut und Historie[163] von Art. 5 Abs. 1 Satz 2 GG: Anders als etwa in den USA, wo sich der Rundfunk aus zahlreichen zunächst kleineren Unternehmen zu einem eigenen Wirtschaftszweig entwickelte, in den der Staat später nur noch ordnend eingriff, ist der Rundfunk entwicklungsgeschichtlich in Deutschland nie als Raum der persönlichen Entfaltung des Bürgers angesehen worden.[164] Die Entstehungsgeschichte von Art. 5 Abs. 1 Satz 2 GG scheint dies zu bestätigen: Art. 7 des Verfassungsentwurfs von Herrenchiemsee enthielt in Abs. 1 noch die Formulierung, daß „jeder das Recht hat, seine Meinung frei und öffentlich zu äußern und sich über die Meinung anderer zu unterrichten. Beschränkungen des Rundfunkempfangs und des Bezugs von Druckerzeugnissen sind unzulässig".[165] Daraus ließe sich zwar schließen, daß es dem Verfassungsgeber hauptsächlich aus Sicht des Rezipienten auf eine freie Rundfunkorganisation angekommen sei, doch ist diese ursprüngliche Fassung gerade nicht in das Grundgesetz übernommen worden. Stattdessen fand im Grundgesetz nur die „Pressefreiheit" ausdrücklich Erwähnung und wurde im Gegensatz dazu vom Wortlaut her im Grundgesetz nur die Freiheit der Berichterstattung, nicht aber die „Rundfunkfreiheit" gewährleistet. Daraus folgt: Das objektive Moment

---

161 So auch *Bethge*, Rundfunkfreiheit und privater Rundfunk, S. 83; *Stern/Bethge*, Öffentlichrechtlicher und privatrechtlicher Rundfunk, S. 49; *Ladeur*, AfP 1998, S. 141 (144).

162 A. A. *Lerche*, NJW 1982, S. 1676 (1678).

163 Zur historischen Entwicklung des Rundfunks s. *Hartstein/Ring/Kreile/Dörr/Stettner*, Rundfunkstaatsvertrag, C-0.3, S. 5 ff.; *Herrmann*, Rundfunkrecht, S. 57-111; *Ricker/Schiwy*, Rundfunkverfassungsrecht, S. 1-41.

164 *Böckenförde/Wieland*, AfP 1982, S. 77 (80).

165 Vgl. zum Wortlaut des Art. 5 GG [alt: 7] im Verfassungsentwurf von Herrenchiemsee den Bericht über den Verfassungskonvent von Herrenchiemsee, Dokument Nr. 14, S. 504 (580 f.), in: Bucher, Der Parlamentarische Rat 1948-1949, Bd. 2.

wird dadurch deutlich, daß statt von der Freiheit *zur* Berichterstattung von der Freiheit *der* Berichterstattung die Rede ist.[166] Auch aus der Tatsache, daß der Grundrechtsträger in Art. 5 Abs. 1 Satz 2 GG nicht und von dem einschlägigen Schutzbereich nur der Teil der Berichterstattung genannt ist, können Schlußfolgerungen gegen die klassische Grundrechtseigenschaft gezogen werden.

b) Grenzen der Grundrechtsinterpretation: Erforderlichkeit einer Wertung

Schon die unterschiedlichen Interpretationsversuche anhand der Entstehungsgeschichte und des Wortlauts der Norm lassen erkennen, daß mit einer an den herkömmlichen Mitteln ausgerichteten Grundrechtsauslegung abschließend weder die individualrechtliche noch die funktionale Grundrechtsinterpretation als die einzig richtige erkannt werden kann.[167] So ließe sich auch mit Blick auf die ursprüngliche Fassung der Norm auf eine andere, eher individualrechtliche Intention des Gesetzgebers schließen. Eine Orientierung an Wortlaut, Historie, Sinn und Zweck oder Regelungszusammenhang der Rundfunkfreiheit kann ebenso nur bedingt erfolgreich sein wie die Berufung auf die Präjudizien der verfassungsgerichtlichen Rundfunkurteile, weil die juristische Methodenlehre keine detaillierte Regel für die Richtigkeit des Grundrechtsverständnisses an die Hand gibt, sobald es tatsächlich um eine System- oder Wertefrage geht. Die Auslegungstechnik wie auch die Präjudizien verschieben jedoch die Argumentationslast.[168] Da das Bundesverfassungsgericht in seiner Rechtsprechung neben dem funktionalen auch dem Gesichtspunkt der freiheitlichen Grundrechtstheorie Rechnung getragen hat[169], ist dieser ganzheitliche Ansatz nur äußerst schwer angreifbar.

Wünschenswert wäre an dieser Stelle eine Antwort darauf, inwieweit im Rahmen der Verfassungsordnung des Grundgesetzes die Grundrechtstheorien frei wählbar sind oder ob diesbezüglich Vorentscheidungen durch die Verfassung selbst getroffen werden.[170] Nur wenn verbindlich feststünde, welche Grundrechtstheorie (liberal, institutionell, sozialstaatlich oder demokratisch-funktional) heranzuziehen ist, wäre unstreitig, welche Grundrechtsinterpretation die richtige für die Auslegung von Art. 5 Abs. 1

---

166 *Böckenförde/Wieland*, AfP 1982, S. 77 (78); *Ladeur*, AfP 1998, S. 141; *Stern*, DVBl. 1982, S. 1109 (1115); kritisch gegenüber der Auslegung anhand des Wortlauts *Hesse*, Rundfunkverfassungsrecht, S. 66 Rn. 29.

167 *Brugger*, Rundfunkfreiheit und Verfassungsinterpretation, S. 54: „Die Bestimmung des Rundfunkauftrags ist eine Angelegenheit, die eng mit der „Auslegung" von Verfassungsnormen verknüpft ist und deswegen institutionell am besten beim BVerfG aufgehoben ist, auch wenn das Auslegungsergebnis [...] nicht nur methodisches Vorgehen, sondern auch Gemeinwohlüberlegungen und einen gehörigen Schuß Dezision zugunsten einer egalitär kulturell und demokratisch ausgerichteten gesellschaftlichen Meinungsbildung repräsentiert."

168 *Alexy*, Theorie der juristischen Argumentation, S. 366 ff.

169 Vgl. BVerfGE 12, 205 (259 f.); 57, 295 (320); 90, 60 (87); 97, 298 (313).

170 *Böckenförde*, NJW 1974, S. 1529 (1530).

Satz 2 GG ist. Da dies aber nicht verbindlich möglich ist, besteht die Gefahr, daß im Wege eines hermeneutischen Zirkelschlusses die sich gegenüberstehenden Rechtsmeinungen versuchen, bei der grundrechtlichen Interpretation der Rundfunkfreiheit im Wege der klassischen Methodenlehre ihre auf die Rundfunkfreiheit anzuwendende Grundrechtstheorie zu rechtfertigen. Ausschlaggebend werden letztendlich aber die bereits vorgestellten wertenden Momente sein, soweit es um die Bedeutung und die Auswirkungen des Kommunikations- und Meinungsbildungsprozesses in der Demokratie geht.[171] Doch auch hier darf nicht übersehen werden, daß sich diese Werte teilweise bereits aus einem gewissen grundgesetzlichen System- und Interpretationsverständnis ergeben.[172]

c) Abhängigkeit der Wertungen vom Sozialbereich des Grundrechts

Der Verfassungsgeber ist der „relativen Blindheit der liberalen Grundrechtstheorie gegenüber den sozialen Voraussetzungen der Realisierung grundrechtlicher Freiheit“[173] durch die Verankerung des Sozialstaatsprinzips begegnet. Die mit diesem Prinzip verbundenen Regelungs- und Eingriffsbefugnisse sind erforderlich, um die grundrechtliche Freiheit des einen nicht nur mit der gleichen rechtlichen Freiheit des anderen, sondern auch mit deren Realisierungsmöglichkeit kompatibel zu halten und ihrer Ausdehnung von daher Maß und Grenzen zu setzen.[174] Die Pflicht des Gesetzgebers, konfligierende Interessen durch eine Rundfunkordnung zu einem Ausgleich zu bringen, rührt aus dem Umstand, daß sich im Bereich des Rundfunks „menschliche Freiheit erst als gesellschaftliche Freiheit verwirklichen läßt“.[175] Grundrechtliche Freiheit wird so zum normativen Ziel, das näher bestimmt und eingefaßt und zu anderen Rechtsgütern in Beziehung gesetzt werden muß. Das ausschlaggebende wertende Moment zur Unterstützung der institutionellen Grundrechtstheorie liegt damit in der Berücksichtigung der tatsächlichen, also sozialen Situation des Grundrechts, also dessen, was der Normbereich erfassen soll. Die Bedeutung, die das Bundesverfassungsgericht der Meinungsfreiheit zugesprochen hat, vor allem ihrer Wirkung als Bewahrer

---

171 Für eine besondere Bedeutung der „Grundrechtserwartungen“ auch *Burmeister*, „Dienende“ Freiheitsgewährleistungen – Struktur und Gehalt eines besonderen Grundrechtstypus, in: ders. (Hrsg.), FS für Stern, S. 835 (859 ff.); auch *Lerche*, in: Isensee/Kirchhof (Hrsg.), HStR, Bd. V, § 121 Rn. 35 vertritt, daß „einige der Grundrechte schon von Hause aus nur in einem gewissen staatlich-organisatorischen Rahmen gedacht werden können.“

172 So auch *Böckenförde*, NJW 1976, S. 2089 (2090 f.); zur Notwendigkeit von Wertungen und ihrer erforderlichen rationalen Kontrolle s. *Alexy*, Theorie der Grundrechte, S. 489 f., 502; sowie allg. zur Bedeutung von Prinzipien- und Werttheorien bei der Verfassungsinterpretation und –anwendung, ders., a.a.O., S. 125 ff., 156.

173 *Böckenförde*, NJW 1974, S. 1529 (1538).

174 *Böckenförde*, NJW 1974, S. 1529 (1538); so auch *Kröger*, NJW 1979, S. 2537 (2543), der aber alle Ausgestaltungsbestimmungen an Art. 5 Abs. 2 GG messen will.

175 *W. Schmidt*, Die Rundfunkgewährleistung, S. 67.

vor geistiger Erstarrung[176] und als Vorformung des politischen Willens[177], entspringen einem weitsichtigen Demokratie- und Staatsverständnis, das durch die gegenwärtig sich vollziehende technische Revolution auf dem Medienmarkt einer ständigen Relationsprüfung der tatsächlichen Umstände und der Zielbestimmung bedarf.

Der Zusammenhang von Meinungs- und Rundfunkfreiheit, ihr zweckgebundenes Abhängigkeitsverhältnis, machen eine diesbezügliche Ausrichtung der Rundfunkfreiheit geradezu unausweichlich. Spricht das Bundesverfassungsgericht von den demokratischen und kulturellen Aufgaben des Rundfunks[178], stellt es den funktionalen Bezug zum Demokratieprinzip und zur Kulturstaatlichkeit her und verankert damit weitere, den Gesetzgeber bindende Prinzipien, eine Leistung, die eine rein liberale Grundrechtsinterpretation nicht zu leisten vermag, weil für sie die teleologische Grundrechtsauslegung von vornherein unstatthaft ist.[179] Die rein individual-abwehrrechtliche Sichtweise beläßt diese sozialen Funktionen zu Unrecht im Bereich des Faktischen, ohne ihnen einen normativen Gehalt beizumessen und sie dadurch zum Bestimmungsmerkmal für Inhalt und Grenzen grundrechtlicher Freiheitsbetätigung avancieren zu lassen.[180] Indem die streng subjektiv-rechtliche Grundrechtstheorie nur die Freiheit selbst als Prinzip anerkennt, muß sie zumindest in Gestalt dieses einen Prinzips eine Wertung vornehmen. Gänzlich aus sich selbst heraus ist also auch dieser Interpretationsansatz nicht zu erklären. Kann somit insgesamt nicht auf wertende Momente bei der Grundrechtsinterpretation verzichtet werden, so stellt es einen Nachteil der individuell-abwehrrechtlichen Grundrechtstheorie dar, daß sich eine Werteordnung oder -beziehung mit ihrer Hilfe dem Grundgesetz nicht entnehmen läßt.

d) Beispiele für die Notwendigkeit eines objektiven Verständnisses von Art. 5 Abs. 1 Satz 2 GG

Im Ergebnis wendet sich niemand gegen die Überlegung, daß es gilt, Meinungsmacht zu verhindern.[181] Der damit hergestellte Bezug der Rundfunk- zur Meinungsfreiheit und damit auch die Vorgabe eines „objektiven" Wertes werden aber noch offenbarer, wenn gleichfalls anerkannt wird, daß sich allein mit den ordoliberalen Mitteln des Wettbewerbs- und Kartellrechts ein ausgewogener und vielfältiger Rundfunk nicht herstellen läßt. Auch zu einem Zeitpunkt, in dem der Sprung vom analogen zum digitalen Kabel- bzw. Satellitenfernsehen und damit eine abermalige Ausweitung der Programmvielfalt unmittelbar bevorsteht, ist der Rundfunk nicht dem freien Spiel der

---

176 BVerfGE 5, 85 (205).

177 BVerfGE 20, 56 (98).

178 BVerfGE 73, 118 (158); 74, 297 (324); 90, 60 (90).

179 *Jarass*, Die Freiheit der Massenmedien, S. 128.

180 *Eberle/Gersdorf*, Der grenzüberschreitende Rundfunk im deutschen Recht, S. 33.

181 *W. Schmidt*, Die Rundfunkgewährleistung, S. 85 f.

Kräfte zu überlassen: Die ordnungspolitische Vielfaltsfrage wird durch die Frage des für alle offenen und angemessenen Zugangs ergänzt werden. Kartellrechtliche Überlegungen allein reichen als Eingriffsinstrument dafür nicht aus; sie greifen nur repressiv, wo Ordnungsvorschriften angebracht wären.

Außerdem ist es möglich, Meinungsmacht zu erlangen, ohne gegen kartellrechtliche Vorschriften zu verstoßen. Daß diese Vorstufe zur Meinungsführerschaft bedrohlich wirken kann, zeigt das Beispiel der Übertragung wichtiger Ereignisse ausschließlich im Pay-TV. Daß in diesem Fall Einschränkungen des Exklusivrechts aus sozialstaatlichen wie aus Gründen des Meinungsbildungsprozesses und des Integrationsprinzips angezeigt sind, ist vor allem auf europäischer Ebene durch Art. 3 a FsRL anerkannt worden[182] und mittlerweile auch im Vierten Rundfunkänderungsstaatsvertrag umgesetzt worden.

Der Wert der institutionellen Betrachtung zeigt sich - um ein weiteres Beispiel anzuführen - auch, wenn es darum geht, den wirtschaftlich motivierten Überlegungen der regionalen und lokalen Kabelnetzbetreiber entgegenzutreten, die selbst darüber bestimmen wollen, wen sie in ihr Kabelbouquet aufnehmen und wen nicht.[183] Auch hier ist das der Rundfunkfreiheit vorgegebene Prinzip der meinungsmäßigen Ausgewogenheit und Pluralität, welches die eigentumsrechtlichen Interessen in die Schranken weist.

Für den Schrankenvorbehalt aus Art. 5 Abs. 2 GG gilt, daß sich ordnende Gesetze besser aus dem Sozialstaatsgebot, dem Gleichheitsprinzip oder dem Grundrechtscharakter als Teilhaberecht[184] rechtfertigen lassen als mittels der Schrankentrias des Art. 5 Abs. 2 GG. Der Rundfunkbezug von Organisationsgesetzen müßte jegliche ordnend eingreifenden Gesetze zu Sondergesetzen machen, die unzulässig wären.[185] Anders könnte eine Bindung privatrechtlicher Rechtssubjekte an objektiviertes Verfassungsrecht nur erreicht werden, wenn man die „allgemeinen Gesetze“ in Art. 5 Abs. 2 GG sehr weit auslegte oder wenn man beim Merkmal der Erforderlichkeit des Grundrechtseingriffs die als funktional bezeichneten Überlegungen einfließen ließe. Eine Verletzung der Rundfunkfreiheit würde jedoch auch unter diesen Voraussetzungen weiter

---

182 Vgl. jetzt auch BVerfGE 97, 228 (256), das die Gefahr der Einschränkung der Informationsfreiheit durch die Vergabe von Exklusivrechten durchaus sieht; zur Bestimmung selbst s. *Schmitt-Vockenhausen*, ZUM 1998, S. 377 (378); allgemein *Dörr*, MP 1996, S. 87 (88 f.).

183 Siehe dazu *Gersdorf*, Regelungskompetenzen bei der Belegung digitaler Kabelnetze, S. 75 f.; sowie OLG Hamburg, AfP 1985, S. 604 ff. zur Kostenpflichtigkeit der Durchleitung von Rundfunkprogrammen in Großgemeinschaftsantennenanlagen.

184 Zu den Zielvorgaben auch *Oppermann*, JZ 1981, S. 721 (729); dazu *Jarass*, Die Freiheit der Massenmedien, S. 124 ff.

185 Daher ist auch *H. H. Klein*, Die Rundfunkfreiheit, S. 74 f. gezwungen, den Begriff der allgemeinen Gesetze zu modifizieren.

vorliegen, wenn landesgesetzliche Regelungen weder der Wahrung oder Förderung des Meinungspluralismus, der Ausgewogenheit noch der Herstellung von Chancengleichheit und der Vermeidung von Staatsdirigismus dienten.

III. Konkretisierung des verfassungsrechtlichen Postulats zur Schaffung einer positiven Rundfunkordnung

Es ist dargelegt worden, daß der Funktionsgebundenheit der Rundfunkfreiheit die Pflicht des parlamentarischen Gesetzgebers entspringt, eine Kommunikationsordnung zu errichten, die diejenigen Vorgaben erfüllt, die das Grundrecht des Art. 5 Abs. 1 GG an sie stellt. Das Bundesverfassungsgericht hat den Staat somit als Garanten der Rundfunkfreiheit eingesetzt. In Wahrnehmung dieser Aufgabe ist eine „positive Rundfunkordnung" zu schaffen, die es vor allem den öffentlich-rechtlichen Rundfunkanstalten erlaubt, in ausreichendem Maße ihrer Funktion für die Meinungsbildung gerecht zu werden.[186] Da die Hüter der Verfassung dem Art. 5 Abs. 1 Satz 2 GG jedoch auch das Gebot der Staatsferne entnommen haben und Art. 5 Abs. 2 GG Eingriffe in die Rundfunkfreiheit nur durch allgemeine Gesetze zuläßt, steht die Hüterfunktion in einem Zwiespalt zwischen Beeinflussungsverbot und Regelungsgebot. An dieser Stelle setzt sich die gleiche scheinbar unauflösliche Widersprüchlichkeit fort, wie sie bereits bei der Untersuchung des subjektiv- und objektiv-rechtlichen Grundrechtscharakters zu Tage getreten war. Sie wird dadurch aufgelöst, daß auch hier der Gesetzgeber von Art. 5 Abs. 2 GG nur insoweit entbunden ist, als er bei der Schaffung der positiven Rundfunkordnung die Rundfunkfreiheit gewährleistet.[187]

Im Gegensatz zu den privaten Rundfunkveranstaltern ist die Gesetzesorientierung für den öffentlich-rechtlichen Rundfunk ein Phänomen, das bereits dem Wesen der Anstalten eigen ist: Ihre Gründung als juristische Person des öffentlichen Rechts ist schließlich nur durch oder aufgrund eines Gesetzes möglich.[188] In Zeiten der Abwesenheit privater Rundfunkveranstalter wurden gerade für die öffentlich-rechtlichen Anstalten aus Art. 5 Abs. 1 GG Gesetze gefolgert, die gewährleisten, daß im öffentlich-rechtlichen Rundfunk alle in Betracht kommenden Kräfte in ihren Organen Einfluß haben und im Gesamtprogramm zu Wort kommen können, sowie (gesetzliche) Leitsätze, die ein Mindestmaß von inhaltlicher Ausgewogenheit, Sachlichkeit und gegenseitiger Achtung gewährleisten.[189] Der Parlamentsgesetzgeber[190] wurde aufgeru-

---

[186] BVerfGE 57, 295 (320); 83, 238 (296); 87, 181 (198); 90, 60 (88).

[187] BVerfGE 57, 295 (321); *Herzog*, in: Maunz/Dürig, Grundgesetz, Art. 5 Abs. I, II Rn. 216; zur Rolle der Systemkonsistenz in diesem Zusammenhang s. *Lerche*, Grundrechtlicher Schutzbereich, Grundrechtsprägung, Grundrechtseingriff, in: Isensee/Kirchhof, (Hrsg.), HStR, Bd. V, § 121 Rn. 35.

[188] *Bethge*, Der verfassungsrechtliche Standort des öffentlichen Rundfunks, S. 34 m.w.N.

[189] BVerfGE 12, 205 (263 f.).

[190] Zum Vorbehalt des Gesetzes unter dem Gesichtspunkt der Grundrechtskollision BVerfGE 57,

fen, materielle, organisatorische[191] und prozedurale Regelungen zu erlassen, die an der Aufgabe des Rundfunks orientiert sind und erreichen können, was Art. 5 Abs. 1 Satz 2 GG in seiner Gesamtheit bewirken will.[192] Die Rundfunkurteile des Bundesverfassungsgerichts haben die Funktionsgebundenheit also bereits organisatorisch und konzeptionell konkretisiert und so dem Organisationsgesetzgeber weitere Bedingungen vorgegeben, die dieser bei der Rechtsetzung zu beachten hat. Als unbedingt erforderlich erachtet die Rechtsprechung außerdem Regelungen für den Jugendschutz, die Normierung einer begrenzten Staatsaufsicht sowie Zulassungs- und Zugangsregelungen für private Veranstalter.[193]

1. Anforderungen an eine duale Rundfunkordnung

Zwar obliegt es dem Ermessen des Gesetzgebers, wie er seine Aufgabe erfüllen will; das Grundgesetz jedenfalls schreibt ihm keine bestimmte Form der Rundfunkorganisation vor.[194] Es kommt allein darauf an, daß freie, umfassende und wahrheitsgemäße Berichterstattung und damit Meinungsbildung gewährleistet ist.[195] Entscheidet sich der Gesetzgeber aber für eine duale Rundfunkordnung, in der öffentlich-rechtliche und private Veranstalter nebeneinander bestehen, muß er dafür sorgen, daß die verfassungsrechtlichen Anforderungen gleichgewichtiger Vielfalt in der Berichterstattung im Ergebnis durch das Gesamtangebot aller Veranstalter erfüllt wird.[196] Da die Programme privater Anbieter der Aufgabe umfassender Information jedoch nicht in vollem Maße gerecht zu werden vermögen[197], ist es in der vom Gesetzgeber gewählten dualen Rundfunkordnung Sache der öffentlich-rechtlichen Anstalten die „unerläßliche Grundversorgung“ zu erbringen, zu der sie u. a. deshalb im Stande sind, weil sie nicht in gleicher Weise wie private Veranstalter auf hohe Einschaltquoten angewiesen und mithin zu einem inhaltlich umfassenden Programmangebot in der Lage sind.[198] Dieses Funktionsverständnis des öffentlich-rechtlichen Rundfunks deckt sich mit dem wirkungsbezogenen Interpretationsansatz von Art. 5 Abs. 1 Satz 2 GG. Der Indienststellung des öffentlich-rechtlichen Rundfunks zu Zwecken der Meinungsfreiheit entspricht

---

295 (320 f.).

191 Vgl. das Minderheitsvotum der Richter *Geiger, Rinck, Wand*, in: BVerfGE 31, 314 (340 f.), die fordern, daß der Gesetzgeber durch die Organisationsform die Gewähr dafür bieten muß, daß die gesellschaftlich relevanten Gruppen in ausgewogenem Verhältnis an der Darbietung von Rundfunk teilnehmen.

192 BVerfGE 12, 205 (225, 263); 57, 295 (320); 74, 297 (324); 83, 238 (296); 87, 181 (198); 90, 60 (88).

193 So ausdrücklich BVerfGE 57, 295 (326 f.); 73, 118 (153 f.); 83, 238 (322 f.).

194 BVerfGE 57, 295 (321).

195 BVerfGE 57, 295 (321); 74, 297 (324).

196 BVerfGE 83, 238 (296 f.).

197 BVerfGE 73, 118 (153).

198 BVerfGE 73, 118 (157); 83, 238 (297).

die angebotsorientierte Beurteilung seiner Programme am Maßstab der Funktionserfüllung. Aus dieser für die öffentlich-rechtlichen Rundfunkanstalten in gesteigertem Maße geltende wirtschaftsferne Verortung folgt eine weitere, unumstößliche Konsequenz der dualen Rundfunkordnung im Hinblick auf die Finanzgarantie für Programme des öffentlich-rechtlichen Rundfunks: Aus Gebührenmitteln sind unbedingt solche Programme zu finanzieren, „deren Veranstaltung ihrer [gemeint sind die öffentlich-rechtlichen Rundfunkanstalten] spezifischen Funktion nicht nur entspricht, sondern auch zur Wahrnehmung dieser Funktion erforderlich ist."[199]

a) Der Auftrag der Grundversorgung

In die rechtswissenschaftlichen Diskussion wurde der Begriff der Grundversorgung durch die Habilitationsschrift von *Herrmann* eingeführt.[200] Danach ist Grundversorgung eine aus dem Demokratieprinzip und dem Sozialstaatsgebot abgeleitete rundfunkspezifische Erscheinungsform der Daseinsvorsorge.[201] Charakterisiert wird sie als ein gleichmäßiges, möglichst alle interessierten Bürger erreichendes Rundfunkprogramm zu sozialen Bedingungen. Durch den Programmbezug untrennbar mit dem Grundversorgungsbegriff verbunden ist die Frage nach der Funktion der öffentlich-rechtlichen Rundfunkanstalten. Durch die Grundversorgung werden die Aufgaben und Befugnisse des öffentlich-rechtlichen Rundfunks umschrieben, die in jedem Fall in der deutschen Rundfunklandschaft vorhanden sein müssen. Der Begriff der Grundversorgung stellt damit einen Rechtsbegriff dar und nicht etwa nur eine Zustandsbeschreibung.[202]

Es ist die dienende Funktion der Rundfunkfreiheit, die überhaupt erst die Voraussetzung schafft für die Zuweisung der Grundversorgung in den pflichtigen Grundrechtsbereich der Anstalten.[203] Ohne den Begriff der Grundversorgung an dieser Stelle detailgenau mit Inhalt füllen zu können - zumal dies überhaupt unmöglich sein dürfte - konkretisiert die Grundversorgung einerseits die Funktion des öffentlich-rechtlichen Rundfunks. Andererseits schafft sie für die Anstalten im Vergleich zu den privaten Rundfunkveranstaltern eine unterscheidbare Legitimationsbasis im dualen Rundfunksystem.

---

199 BVerfGE 74, 297 (342, 347).

200 So der Hinweis von *Starck*, NJW 1992, S. 3257 (3257).

201 *Herrmann*, Fernsehen und Hörfunk in der Verfassung der Bundesrepublik Deutschland, S. 322, 332 f.

202 *Dörr*, Die Rolle des öffentlich-rechtlichen Rundfunks in Europa, S. 19.

203 *Bethge*, Die verfassungsrechtliche Position des öffentlich-rechtlichen Rundfunks in der dualen Rundfunkordnung, S. 25 f.; ders., MP 1996, S. 66 (67).

Den Unterschied der Systeme hat *Mahrenholz* treffend formuliert: „Das Systemziel des privaten Rundfunks ist grundsätzlich der Gewinn und nicht das Programm. Das Programm ist das Mittel, um das Systemziel zu erreichen. Im öffentlich-rechtlichen Rundfunk ist das Systemziel das Programm, und das Mittel, um dieses System zu erreichen, sind die Gebühreneinnahmen."[204] Ergänzen ließe sich diese Gleichung, wenn man hinzufügte, daß der private Rundfunk sich über die Quote und der öffentlich-rechtliche sich über die Grundversorgung als Spezifizierung der Art des Programmangebots definiert. Doch ist dies nur bedingt richtig, da auch die Privaten Grundversorgungsaufgaben erfüllen, wie auch die öffentlich-rechtliche Konkurrenz in einem gewissen Maße auf eine hohe Programmquote angewiesen ist.

aa) Konkretisierung des Grundversorgungsbegriffs: Grundversorgung nach den Urteilen des Bundesverfassungsgerichts

Das Bundesverfassungsgericht nahm den von der Literatur geformten Terminus auf und verwendete ihn erstmals 1986 in seinem 4. Rundfunkurteil.[205] Da die Richter zu dieser Zeit bereits davon ausgingen, daß sich auf der Grundlage der neuen Mediengesetze eine duale Rundfunkordnung herausbilden würde, wiesen sie die „unerläßliche Grundversorgung" den öffentlich-rechtlichen Rundfunkanstalten zu, weil diese nicht in gleicher Weise wie die privaten Veranstalter auf hohe Einschaltquoten angewiesen, mithin zu einem inhaltlich umfassenden Programmangebot in der Lage seien.[206]

aaa) Übertragung der Grundversorgung auf die öffentlich-rechtlichen Rundfunkanstalten

Die grundrechtliche Konzeption des Bundesverfassungsgerichts von Art. 5 Abs. 1 Satz 2 GG als funktionalem, der Meinungsfreiheit dienendem Grundrecht findet sich im Grundversorgungsbegriff konzentriert auf den öffentlich-rechtlichen Rundfunk wieder: Die durch das umfassende Programmangebot gestellte Aufgabe umfaßt die essentiellen Funktionen des Rundfunks für die demokratische Ordnung ebenso wie für das kulturelle Leben in der Bundesrepublik.[207] Bemerkenswert ist auch, daß das Bundesverfassungsgericht „namentlich unter dem Gesichtspunkt des sich entwickelnden und an Bedeutung gewinnenden europäischen Rundfunkmarktes" den Schwerpunkt bereits 1986 darauf legte, daß der klassische Auftrag des Rundfunks durch die öffent-

---

204 *Mahrenholz*, in: Hallermann/Hufnagel/Schatz/Schatz, Grundversorgung Pflichten und Rechte, S. 216; vgl. auch *Biedenkopf/Glotz/Groebel/Gross/Lahnstein/Mestmäcker/Mohn/Stolte/Wössner*, Kommunikationsordnung 2000, Grundsatzpapier der Bertelsmann Stiftung zu Leitlinien der zukünftigen Kommunikationsordnung, S. 24, wonach der öffentlich-rechtliche Rundfunk danach streben sollte, das „Gesellschaftsgespräch" anzustoßen; außerdem BVerfGE 73, 118 (155).

205 BVerfGE 73, 118 (LS 1a, 157).

206 BVerfGE 73, 118 (157).

207 BVerfGE 73, 118 (157 f.).

lich-rechtlichen Anstalten erfüllt wird. Von diesem Auftrag sehen die Richter neben der Rolle des Rundfunks für die Meinungs- und politische Willensbildung, neben Unterhaltung und über laufende Berichterstattung hinausgehender Information auch seine kulturelle Verantwortung mitumfaßt.[208] Aus dieser Verantwortung rechtfertige sich auch die Finanzierung durch Gebühren. Gegenüber den Privaten erlaube es die Sicherung der Rundfunkfreiheit - also die Bewahrung ihrer dienenden Funktion für die Meinungsfreiheit - nicht, die Entwicklung im Wege der Deregulierung den Kräften der Marktes zu überlassen.[209] Die Erfüllung des Grundversorgungsauftrags durch die öffentlich-rechtlichen Rundfunkanstalten dispensiere den Gesetzgeber aber davon, hinsichtlich der Programmvielfalt an die privaten Veranstalter gleich hohe Anforderungen zu stellen, wie an die öffentlich-rechtlichen.[210] Treffend ist daher das Verhältnis von öffentlich-rechtlichen und privaten Rundfunkveranstaltern als „funktionell akzessorisch“[211] und die duale Rundfunkordnung mit einem funktionsbeladenen öffentlichen und von inhaltlichen Vorgaben weitgehend entbundenen privaten Rundfunk als „hinkende Rundfunkordnung“[212] beschrieben worden.

bbb) Essentialia der Grundversorgung

Ohne weitere Ausführungen zum Inhalt der öffentlich-rechtlichen Programme zu machen, hat das Bundesverfassungsgericht versucht, den Grundversorgungsbegriff zu präzisieren. Zur Grundversorgung gehören danach im wesentlichen drei Elemente[213]:

- Eine Übertragungstechnik, bei der ein Empfang der Sendungen für alle sichergestellt ist, also bis auf weiteres die terrestrische Technik.

- Ein inhaltlicher Standard der Programme im Sinne eines Angebots, das nach seinen Gegenständen und der Art ihrer Darbietung oder Behandlung dem Auftrag des Rundfunks nicht nur zu einem Teil, sondern voll entspricht.

- Die wirksame Sicherung gleichgewichtiger Vielfalt in der Darstellung der bestehenden Meinungsrichtungen durch organisatorische und verfahrensrechtliche Vorkehrungen.

---

208 BVerfGE 73, 118 (158, 196); 74, 297 (324); 90, 60 (90).

209 BVerfGE 73, 118 (158) unter Hinweis auf BVerfGE 57, 295 (323).

210 BVerfGE 83, 238 (297, 316); 74, 297 (325); 73, 118 (159), 57, 295 (324).

211 *Goerlich/Radeck*, JZ 1989, S. 53 (55, 57 f.).

212 *Bethge*, ZUM 1991, S. 337 (338).

213 BVerfGE 74, 297 (326).

Welche Programme im einzelnen zu der unerläßlichen Grundversorgung gehören, lasse sich nicht isoliert für die einzelnen Programme oder Programmteile der Anstalten beantworten, weil die Grundversorgung stets eine Mehrzahl von Programmen voraussetze.[214] Dieser Mangel an inhaltlichen oder qualitativen Vorgaben in der verfassungsgerichtlichen Rechtsprechung ist ebenso bedauerlich wie unvermeidbar. Er hat dazu geführt, daß der Argumentationstopos „Grundversorgung" sowohl zu Gunsten als auch zu Lasten der öffentlich-rechtlichen Rundfunkanstalten eingesetzt wird.[215] Fest steht jedoch, daß auch nach Herstellung ausreichender Pluralität im Gesamtangebot des Rundfunks den öffentlich-rechtlichen Rundfunkanstalten die Aufgabe verbleiben wird, durch Nachrichtensendungen, aber auch durch politische, kulturelle und Unterhaltungssendungen von hohem Niveau, was durchaus mit hoher Publikumswirksamkeit verbunden sein kann, ein Kontrastprogramm zu Programmen anderer Rundfunkeinrichtungen zu schaffen.[216]

ccc) Grundversorgung als Teil des klassischen Programmauftrags

Die Figur der Grundversorgung ist Teil des klassischen Programmauftrags. Dieser geht in seiner Breite über die Grundversorgung hinaus.[217] „Darin (scil. dem klassischen Auftrag für die Meinungs- und politische Willensbildung, Unterhaltung, laufende Berichterstattung, Information und kulturelle Verantwortung) und in der Gewährleistung der Grundversorgung für alle finden der öffentlich-rechtliche Rundfunk und seine besondere Eigenart, namentlich die Finanzierung durch Gebühren, ihre Rechtfertigung."[218] Dem Bundesverfassungsgericht ist darin zu folgen, daß die Verbindung des klassischen Programmauftrags mit der Grundversorgung darin besteht, daß sie einen „Grundstandard gleichgewichtiger Vielfalt" bei der Erfüllung des Auftrags gewährleisten muß[219]. Auch hat das Bundesverfassungsgericht zu Recht klargestellt, daß aus dem Begriff der Grundversorgung - wie auch aus dem des klassischen Programmauftrags - nicht geschlossen werden kann, daß lediglich eine Mindestversorgung gemeint ist, „auf die der öffentliche Rundfunk beschränkt ist oder ohne Folgen für die an pri-

---

214 BVerfGE 74, 297 (326).

215 Die mangelnde Präzision beklagend: *Niewiarra*, ZUM 1991, S. 351 (352 f.); *Adelt*, Grundversorgung als Expansionsgarantie? - Verfassungsrechtliche Vorgaben und aktuelle Rechtsprechung, S. 69 ff., in: VPRT (Hrsg.), Privater Hörfunk in Deutschland; *Lück*, Der Begriff der Grundversorgung aus der Sicht eines privaten Veranstalters, S. 5, in: Die Finanzierung des Rundfunks nach dem Gebührenurteil des Bundesverfassungsgerichts, Schriftenreihe des Instituts für Rundfunkrecht an der Universität zu Köln, Band 64, München 1996; *Starck*, NJW 1992, S. 3257 (3262).

216 *Bullinger*, Kommunikationsfreiheit im Strukturwandel der Telekommunikation, S. 94.

217 *Kresse*, ZUM 1995, S. 178 (180); s. dazu auch *Libertus*, Grundversorgungsauftrag und Funktionsgarantie, S. 89 ff.

218 BVerfGE 73, 118 (158).

219 BVerfGE 73, 118 (160).

vaten Rundfunk zu stellenden Anforderungen reduziert werden könnte".[220] Auch eine Grenzziehung oder Aufgabenteilung in der Weise, daß der öffentlich-rechtliche Rundfunk nur Programme der Grundversorgung zu senden hat, alle übrigen Programme aber dem privaten Bereich zuzuordnen sind, kann nicht gemeint sein. Es ist dem Gesetzgeber überlassen, wie genau er die Aufteilung vornehmen will. Ihm steht dabei ein Gestaltungsspielraum zu, der durch die vorgestellten verfassungsrechtlichen Vorgaben begrenzt wird. Dazu gehört, daß eine Übertragung der Grundversorgung auf private Rundfunkveranstalter ausgeschlossen ist. Um gegenüber den privaten Veranstaltern konkurrenzfähig zu bleiben, ist den öffentlich-rechtlichen Rundfunkanstalten deshalb nicht nur zu gestatten, sondern sogar von ihnen zu fordern, auch künftig breite und umfassende (Voll-) Programme zu senden.[221]

bb) Resümee

Zusammenfassend lassen sich damit als Eckwerte der verfassungsgerichtlichen Grundversorgungsdogmatik die flächendeckende Verbreitung, ein inhaltlich umfassendes Programm sowie eine demokratie- und kulturstaatliche Funktion ausmachen[222], wobei die beiden letzten Merkmale auch zur Begrenzung des Begriffs des klassischen Programmauftrags herangezogen werden. Es muß dafür Sorge getragen sein, daß für die Gesamtheit der Bevölkerung Programme angeboten werden, welche umfassend und in der vollen Breite des klassischen Rundfunkauftrags informieren, und es muß beachtet werden, daß Meinungsvielfalt in der verfassungsrechtlichen Weise gesichert ist.[223]

b) Grundversorgung und Integrationsfunktion

Die Schaffung eines integrierenden Moments als besonderes Ziel der Meinungsbildung obliegt dem Rundfunk allgemein, den öffentlich-rechtlichen Rundfunkanstalten durch die Verpflichtung zur Grundversorgung jedoch in einem besonderem Maße. Die Pflicht der öffentlich-rechtlichen Rundfunkanstalten, die Integrationsfunktion wahr- und anzunehmen, findet sich im ersten und zweiten Element der Grundversorgung, der Erfüllung des flächendeckend zu erbringenden, klassischen Programmauftrags wieder. Ein integrierendes Programmangebot setzt schon begrifflich voraus, daß ein wesentlicher Teil der Allgemeinheit von ihm erreicht wird. Insoweit ist es nicht nur legitim,

---

220 BVerfGE 74, 297 (326); 83, 238 (297 f.); 87, 181 (199); a. A. *Bleckmann*, Öffentlich-rechtliche Spartenprogramme als Bestandteil der Grundversorgung?, S. 56 ff.; *Kull*, AfP 1987, S. 462 (463 f.); *Seemann*, DÖV 1987, S. 129 (135); *Schmitt-Glaeser*, DÖV 1987, S. 837 (839).

221 So auch *Ricker*, AfP 1998, S. 437 (439), wenn auch im Bemühen, Argumente gegen eine weitere Verspartung vorzubringen; a. A. *Bullinger*, Kommunikationsfreiheit im Strukturwandel der Telekommunikation, S. 94.

222 *Libertus*, Grundversorgungsauftrag und Funktionsgarantie, S. 54.

223 BVerfGE 73, 118 (157 f.); 74, 297 (325).

daß die öffentlich-rechtlichen Rundfunkanstalten auf eine hohe Programmquote achten, es ist sogar unumgänglich.[224] Auch die verfassungsgerichtliche Rechtsprechung erachtet im Rahmen der dualen Rundfunkordnung die Erhaltung der Wettbewerbsfähigkeit der öffentlich-rechtlichen Rundfunkanstalten als wesentlich für die Erfüllung des Grundversorgungsauftrags.[225]

Auch auf europäischer Ebene hat das Integrationsmoment Beachtung gefunden. So bekräftigt der Europäische Rat, daß die öffentlich-rechtlichen Rundfunkanstalten imstande sein müssen, „weiterhin ein großes Programmspektrum im Einklang mit ihrem von den Mitgliedstaaten definierten Auftrag bereitzustellen, um die Gesellschaft insgesamt anzusprechen", wobei es in diesem Zusammenhang legitim sei, „wenn die öffentlich-rechtlichen Rundfunkanstalten danach streben, hohe Einschaltquoten zu erzielen."[226]

Aus nationaler Sicht ließe sich des weiteren - je nach rechtlicher Einordnung der Rundfunkgebühren - aus dem abgabenrechtlichen Äquivalenzprinzip oder aus Gründen der politisch notwendigen Rechtfertigung[227] argumentieren, daß eine gewisse Attraktivität für die Mehrheit der zahlenden Zuschauer bestehen sollte.[228] Die Ausrichtung des öffentlich-rechtlichen Rundfunks an der Quote, die eigentlich charakteristisch für den gewinnorientierten Privatfunk ist, darf sich wegen der Wirkbezogenheit des Gesamtprogramms aber nicht nur auf spezielle Programmformate wie etwa Informationssendungen konzentrieren. Denn nur ein attraktives, Qualitätsgrundsätzen folgendes Gesamtangebot wird dazu führen, daß auch die Nachrichten- oder Magazinsendungen eines Vollprogramms, denen in besonders hohem Maße integrierende Momente innewohnen, angenommen werden. Insoweit ist es durchaus angebracht, von einer notwendig anzustrebenden Identifikation mit dem Sender zu sprechen.

aa) Integrationsfunktion und Verspartung

Am besten entspricht der Integrationsfunktion die Wiedergabe des gesamten Programmspektrums in einem Vollprogramm. Eine Auslagerung von Angeboten der Grundversorgung in Spartenprogramme wäre deshalb ebenso unzulässig wie eine weitgehende Zergliederung der öffentlich-rechtlichen Vollprogramme in eine Vielzahl

---

224 So ausdrücklich auch *Kresse*, ZUM 1995, S. 178 (182).

225 BVerfGE 74, 297 (332); 90, 60 (93).

226 Entschließung des Rates und der im Rat vereinigten Vertreter der Regierungen der Mitgliedstaaten vom 25.1.1999 über den öffentlich-rechtlichen Rundfunk, ABl. EG Nr. C 30 vom 5.2.1999, S. 1, sowie zuvor der Bericht der Hochrangigen Gruppe für audiovisuelle Politik der GD Bildung und Kultur, S. 26.

227 *Dittmers*, MP 1990, S. 390 (398).

228 So auch der ehemalige EU-Kultur-Kommissar *Oreja*, in: epd medien Nr. 86 vom 4.11.1998, S. 25.

von Spartenprogrammen. Als Bereicherung und Ergänzung des Vollprogramm- und insbesondere des Informationsangebots erscheint die Verspartung der Integrationsfunktion dagegen nicht abträglich zu sein. Zu einem Bestandteil der unverzichtbaren Grundversorgung avancieren die öffentlich-rechtlichen Spartenprogramme damit aber wohl nicht.[229]. Entscheidend für die rechtliche Zulässigkeit von Spartenprogrammen ist dabei, daß öffentlich-rechtliche Angebote dieser Art Beiträge enthalten, „die von privaten Anbietern nicht zu erwarten sind“[230], damit der Meinungsanteil sonst vernachlässigter Gesellschaftsteile aufgewertet, i.e. dem Pluralismusgebot nachgekommen wird.

Die Entwicklung von Spartenprogrammen allgemein deutet aber bereits an, daß der Integrationsfunktion natürliche Grenzen gesetzt sind: Als Kennzeichen der heraufziehenden „Wissensgesellschaft“ scheint sich durchzusetzen, „daß diese unterschiedliche Wahrnehmungen von der Gesellschaft produziert, die nicht mehr ohne weiteres über dritte Größen wie „Staat“ oder „Nation“ in eine höherstufige Identität überführt werden können“ und deshalb impermeable soziale Milieus schafft.[231] Diese Entwicklung darf jedoch nicht zu einer „Atomisierung der Gesellschaft“[232] führen. Fernsehen muß dergestalt als Gemeinschaftserlebnis erfahrbar bleiben, daß es für die Zuschauermehrheit berechenbar und über bedeutende Sendungen ein gesellschaftlicher Diskurs (auch in anderen Medien) möglich bleibt. In den Mittelpunkt der Aufgabe des öffentlich-rechtlichen Rundfunks sollte daher die „Darstellung der Komplexität der Probleme gegenüber einer zunehmenden Tendenz, sowohl unser Umfeld wie auch die Welt nur noch segmenthaft wahrzunehmen“[233] rücken. Mit Spartenprogrammen allein könnte dies nicht geleistet werden.

Mit dem Programm einerseits den inhaltlichen Anforderungen des umfassenden Rundfunkauftrages zu genügen und andererseits für eine Mehrheit der Rezipienten

---

229 So aber *Bethge*, MP 1996, S. 66 (69); ders., Die verfassungsrechtliche Position des öffentlich-rechtlichen Rundfunks in der dualen Rundfunkordnung, S. 57.

230 BVerfGE 74, 297 (346); vgl. auch den Schlußbericht der Enquete-Kommission des Deutschen Bundestages: Zukunft der Medien in Wirtschaft und Gesellschaft - Deutschlands Weg in die Informationsgesellschaft zum Thema „Deutschland auf dem Weg in die Informationsgesellschaft“ vom 22.6.1998, BT.-Drucks. 13/11004, S. 12, wonach Spartenprogramme nur insoweit zuzulassen sind, als sie vor allem auf dem Gebiet der Kultur und der Versorgung von Minderheiten mit Rundfunk eine besondere Funktion erfüllen.

231 *Holznagel/Vesting*, Sparten- und Zielgruppenprogramme im öffentlich-rechtlichen Rundfunk, insbesondere im Hörfunk, S. 21.

232 *Ricker*, AfP 1998, S. 437 (438), ähnlich *Kresse*, ZUM 1995, S. 178 (183); daß die „einordnende Tätigkeit“ der Journalisten in der Fülle der digitalisierten Programmwelt noch wichtiger werden wird, glaubt auch *Voß*, epd medien Nr. 86 vom 4.11.1998, S. 17 f.; ders., in: FAZ vom Nr. 4 vom 4.1.1999, S. 30.

233 *Mahrenholz*, ZUM Sonderheft 1995, S. 508 (512); zustimmend *Lerche*, in: Ziemske/Langheid/Wilms/Haverkate (Hrsg.), FS für Kriele, S. 357 (366); *Meier*, ZUM 1997, S. 249 (253 f.).

attraktiv zu bleiben, ist folglich der Balanceakt, den die öffentlich-rechtlichen Rundfunkanstalten mit der Erfüllung der Grundversorgungsaufgabe bewältigen müssen.[234] Dabei sind die Öffentlich-Rechtlichen von zwei Seiten her angreifbar, je nachdem in welche Schieflage die Programmgestaltung zu geraten droht. Entweder kann ihnen vorgeworfen werden, sich zu sehr der Massenattraktivität zu verschreiben oder aber ihnen wird vorgehalten, den Geschmack der Mehrheit zu vernachlässigen.

bb) Integrationsfunktion und Meinungsvielfalt

Die Integrationsfunktion bedeutet nicht allein, daß alle oder so viele Personen wie möglich dieselben Programme sehen, ihr ist auch dadurch Genüge getan, daß sich die Programme gegenüber der Vielfalt der bestehenden Meinungen offen zeigen und diese in hinreichender Breite abbilden und miteinander in Beziehung setzen.[235] Nicht zuletzt können die Informationen den Einzelnen befähigen, die Meinungen anderer kennenzulernen, sie gegeneinander abzuwägen und damit Vorurteile beseitigen und Verständnis für Andersdenkende wecken.[236] Das Integrationsgebot soll verhindern, daß sich die potentiell auseinanderstrebenden Interessengruppen im Staatsganzen nicht mehr wiederfinden.[237] Notwendig ist dazu nach einer neueren Formulierung des Bundesverfassungsgerichts ein Rundfunk, der die „Pluralität von Sichtweisen und Darbietungen" sichert und damit die „informationellen Voraussetzungen der Meinungsbildung" gewährleistet.[238] Es muß eine Quelle bestehen, aus der sich im Zweifel alle Rundfunkteilnehmer zu gleichen Bedingungen informieren können und dies auch wollen, weil sie sich im Programm wiederfinden. Letzteres beinhaltet die Prämisse, daß die Grundversorgung über die notwendige gegenständliche und meinungsmäßige Vielfalt verfügen muß.

Die rein zahlenmäßige Bereitstellung von Informations- oder Meinungsangeboten im Programm ist dabei aber nicht per se gleichbedeutend mit dem Grad an Informiertheit und damit an gemeinsamem Diskurs und gemeinsamer Willensbildung. Zu beachten ist auch, daß eine Verlagerung bestimmter Programmangebote in schwächer genutzte Sendezeiten die Nutzungschance minimiert und diejenigen privilegiert, die gezielt nach ihnen suchen. Auch auf diese Weise können sich „soziale Kommunikationsbarrie-

---

[234] *Oppermann/Kilian*, Rechtsgrundsätze der Finanzierung öffentlich-rechtlichen Rundfunks in der dualen Rundfunkverfassung der Bundesrepublik Deutschland, S. 81 ff. fordern daher eine Konzentration auf die „Programmverpflichtung" und die Vermeidung einer Selbstkommerzialisierung; kritisch ist daher die Ansicht von *Stolte*, Bleibt Fernsehen Fernsehen?, S. 25 zu hinterfragen, der das Bild eines Wandels vom Vollprogramm zum „Vollangebot" als programmliche Gesamtleistung zeichnet.

[235] *Blumler/Hoffmann-Riem*, MP 1992, S. 402 (414).

[236] BVerfGE 27, 71 (82).

[237] *Kresse*, ZUM 1995, S. 178 (182).

[238] BVerfGE 97, 228 (257).

ren“[239] bilden. Die Integrationsfunktion wird auch dadurch zerstört, indem man massenunattraktive Programme grundsätzlich in entlegene Sendeplätze oder -kanäle auslagert. Der klassische Rundfunkauftrag ist somit nicht nur flächendeckend, sondern auch gleichmäßig und zu einem gewissen Teil in der besten Sendezeit zu erfüllen. Nur so ist eine öffentliche Diskussion mit notwendiger Breitenwirkung überhaupt möglich; nur so erfüllt der öffentlich-rechtliche Rundfunk seinen Programmauftrag und die damit verbundenen Funktionen. Die Erhaltung der Wettbewerbsfähigkeit der öffentlich-rechtlichen Rundfunkanstalten ist daher immer mit dem Zweck der Pluralismussicherung verbunden. Die Wettbewerbsfähigkeit ist nicht Selbstzweck[240] und auch nicht geeignet, die Imitation privat angebotener Programmformen zu legitimieren.[241] Es diente nicht der Erhöhung der Vielfalt des publizistischen Angebots und somit dem Funktionsauftrag, wenn zusätzliche Programme öffentlich-rechtlicher Anstalten lediglich eigene kommerzielle Interessen bedienten oder mit ihrer Hilfe kommerzielle Konkurrenzprodukte vom Markt verdrängt werden sollten.[242]

cc) Integrationsfunktion und private Rundfunkveranstalter

Die Integrationsaufgabe *obliegt* allein den öffentlich-rechtlichen Rundfunkanstalten.[243] Es ist daher berechtigt, von einem „öffentlich-rechtlichen Integrationsrundfunk“[244] zu sprechen, zumindest, solange an die Privaten hinsichtlich der Breite des Programmangebots und der Sicherung gleichgewichtiger Vielfalt nicht gleich hohe

---

239 *Bonfadelli*, Die Wissenskluftforschung, in: Schenk (Hrsg.), Medienwirkungsforschung, S. 305 (306 f.).

240 So auch BVerfGE 83, 238 (301); VGH Mannheim, AfP 1995, S. 426 (428); a. A. *Lück*, Der Begriff der Grundversorgung aus der Sicht eines privaten Veranstalters, S. 5, in: Die Finanzierung des Rundfunks nach dem Gebührenurteil des Bundesverfassungsgerichts, Schriftenreihe des Instituts für Rundfunkrecht an der Universität zu Köln, Band 64, München 1996, sowie *Beucher*, Grundversorgung ohne Ende?, S. 87 ff., in: VPRT (Hrsg.), Privater Hörfunk in Deutschland; *Ory*, Grundversorgung und Programmsegmentierung: die Vorgaben des Bundesverfassungsge richts, S. 77 ff., in: VPRT (Hrsg.), Privater Hörfunk in Deutschland, zum Spartenformat N-Joy des NDR; dagegen *Sommer*, MP 1997, S. 418 ff., der das Familienradio durch die „Programmfamilie“ ersetzen will.

241 Zur Konvergenz von öffentlich-rechtlichen und privaten Veranstaltern s. die Untersuchung von *Hallermann/Hufnagel/Schatz/Schatz*, Grundversorgung Pflichten und Rechte, Eine Langzeit-Inhaltsanalyse zum Informationsangebot von ARD und ZDF, S. 208 ff., die zusätzliche Normen im Rahmen des Rundfunkbegriffs verlangen, um den „Aufgabenbereich der öffentlich-rechtlichen Rundfunkanstalten mit Leben zu erfüllen, ihn transparent zu machen.“

242 *Giehl*, Der Wettbewerb zwischen öffentlich-rechtlichen und privaten Rundfunkveranstaltern, S. 87 f.; *Stammler*, AfP 1987, S. 659 (668); *Oppermann/Kilian*, Rechtsgrundsätze der Finanzierung öffentlich-rechtlichen Rundfunks in der dualen Rundfunkverfassung der Bundesrepublik Deutschland, S. 82 halten zu Recht auch das „Austrocknen“ der zentralen Finanzierungsquelle des Privatfunks (scil. der Werbeeinnahmen) durch übermäßige Kofinanzierung für unstatthaft.

243 BVerfGE 47, 198 (225) unter Hinweis auf BVerfGE 31, 314 (329).

244 *Hoffmann-Riem*, in AK-GG, Art. 5 Rn. 183.

Anforderungen gestellt werden. Eine Befrachtung ihres Programms mit der Grundversorgung durch Erteilung eines besonderen Programmauftrags ist verfassungsrechtlich unzulässig. Denn wesensgemäßes Proprium der Grundversorgung ist ihre rechtliche Erscheinung als Pflichtaufgabe.[245] In dieser unabänderlichen Gestalt kann sie nicht in die der Beliebigkeit gehorchenden Obhut der privaten Programmveranstalter überstellt werden.[246] Der Gesetzgeber, der zur Schaffung einer positiven Rundfunkordnung aufgerufen ist, mit deren Hilfe er die Einhaltung der Grundversorgung durch die öffentlich-rechtlichen Rundfunkanstalten zu gewähren hat, könnte diese Hüterfunktion gegenüber den Privaten nicht in gleichem Maße erfüllen. Den privaten Rundfunkveranstaltern Vorgaben hinsichtlich des Ob oder der Art und Weise zu machen, wie sie den Grundversorgungsauftrag zu erfüllen haben, verstieße gegen ihre Rundfunkfreiheit, die deshalb in viel größerem Maße Programmfreiheit bedeutet, als dies bei der öffentlich-rechtlichen Konkurrenz der Fall ist.

Im europäischen Kontext werden diese verfassungsrechtlichen Determinanten vor allem durch das Diskussionspapier der Generaldirektion Wettbewerb außer acht gelassen, wenn darin vorgeschlagen wird, im Wege eines Ausschreibungsverfahrens für Programme der Grundversorgung („Informations- und Kulturbeiträge") auch die privaten Rundfunkveranstalter in den Genuß von Gebührenmitteln kommen zu lassen.[247] Nach deutschem Verfassungsrecht ist eine Übertragung der Grundversorgungsaufgabe auf private Rundfunkveranstalter ausgeschlossen.

c) Öffentlich-rechtlicher Rundfunk als meritorisches Gut

Nicht nur mittels juristischer Argumentation kann versucht werden, die Position und Funktion der öffentlich-rechtlichen Rundfunkanstalten in der dualen Rundfunkordnung näher zu bestimmen. Auch in der Finanzwissenschaft gibt es Modelle, mit deren Hilfe sich erklären läßt, warum der Staat bestimmte Güter einfordern oder aber sie selbst zur Verfügung stellen sollte. Für den Rundfunk ist der finanzwissenschaftliche Ansatz der meritorischen Güter deshalb von besonderem Interesse, weil die Rundfunkordnung zunehmend mit dem Hinweis auf seine ökonomische Bedeutung zu erklären versucht wird.

Allgemein betrachtet folgt die Existenzberechtigung eines öffentlich-rechtlich organisierten Unternehmens daraus, daß Aufgaben der öffentlichen Daseinsvorsorge erfüllt

245 *Bethge*, Die verfassungsrechtliche Position des öffentlich-rechtlichen Rundfunks in der dualen Rundfunkordnung, S. 46 f.; ders., MP 1996, S. 66 (67).

246 A. A. *Starck*, NJW 1992, S. 3257 (3262 f.).

247 Diskussionspapier zur Anwendung der Artikel 90 Absatz 2, 92 und 93 EG-Vertrag im Rundfunksektor, S. 4 f.; zum Diskussionspapier im besonderen; ebenso Zwölftes Gutachten der Monopolkommission, Zusammenfassung in: epd medien Nr. 71 vom 12.9.1998, S. 15 f.; *Hartwig/Schröder*, Bei uns zahlen Sie in der ersten Reihe, in: FAZ vom 14.11.1998, S. 15.

werden, derer sich bei Orientierung am Gewinnstreben die Privatwirtschaft überhaupt nicht oder nicht in ausreichendem Maße annehmen könnte.[248] Das gilt grundsätzlich auch hinsichtlich des Programmauftrags für die öffentlich-rechtlichen Anstalten im Gegensatz zu den privaten Veranstaltern von Rundfunkprogrammen. Die Funktionsgebundenheit beim Grundrechtsverständnis, die sich bei der Gestaltung der dualen Rundfunkordnung fortsetzt, führt zur Existenzberechtigung der öffentlich-rechtlichen Anstalten. Daß die Marktkräfte allein diese Struktur nicht aufrecht erhalten und es deshalb ausnahmsweise der Vorgabe eines staatlichen Angebots bedarf, erklärt die Finanzwissenschaft mit der Theorie der „meritorischen Güter".[249] Im finanzwissenschaftlich strengen Sinne bezeichnen meritorische Güter Budgetentscheidungen, die der Staat unabhängig von den Präferenzen der Bürger trifft, in der Absicht, die individuelle Konsumwahl zu korrigieren.[250] Solche öffentlichen Güter dienen der Befriedigung von gesellschaftlich besonders hoch bewerteten Bedürfnissen. Die Produktion solcher Güter ist in erster Linie gesellschaftlich erwünscht, ihre Bereitstellung erfolgt deshalb zwar auf Kosten, aber ohne Rücksicht auf die individuellen Konsumenteninteressen und -entscheidungen, weshalb Produktion und Konsum ein optimales Niveau nicht erreichen können. Die Theorie der meritorischen Güter ist vor allem wegen der Unterbewertung der individuellen Entscheidung unter Ökonomen nicht unumstritten.[251] Vor allem stellt sich bei ihr - vergleichbar mit der Grundrechtsinterpretation - das Problem,

---

248 *Kiefer*, RuF 1996, S. 7 (8); s. auch *Schellhaass*, Ist die Rundfunkgebühr eine unzulässige Beihilfe? Eine ökonomische Analyse, S. 41 (44 f.), Rechtliche und ökonomische Fragen der Finanzierung des öffentlich-rechtlichen Rundfunks im Lichte des europäischen Rechts, Schriftenreihe des Instituts für Rundfunkrecht an der Universität zu Köln, Band 73, 1998, der den öffentlich-rechtlichen Rundfunk als „Kuppelprodukt aus nicht-marktfähigen und marktfähigen Komponenten" beschreibt und zu Recht folgert, daß „Sozialisation nur als Kuppelprodukt mit marktfähigen Programmen angeboten werden kann", selbst wenn diese ineffizient produziert werden, a.a.O., S. 49.

249 Dazu erstmals *R. A. Musgrave*, A Multiple Theory of Budget Determination, in: Finanzarchiv, Band 17 (1956), S. 333 ff.; vgl. jetzt auch *Musgrave/Musgrave/Kullmer*, Die öffentlichen Finanzen in Theorie und Praxis, Band 1, S. 73 ff. sowie den Überblick bei *Andel*, Finanzarchiv, Band 42 (1984), S. 630 ff.

250 *Priddat*, ZWS 112 (1992), S. 239 f.

251 Dazu allgemein *Andel*, Finanzarchiv, Band 42 (1984), S. 630 (638 ff.); *Musgrave/Musgrave/Kullmer*, Die öffentlichen Finanzen in Theorie und Praxis, Band 1, S. 76, warnen, daß die Theorie als Vehikel für totalitäre Regelungen dienen kann; *Buttler*, ZWS 93 (1973), S. 129 (131) weist darauf hin, daß das individuelle Interesse insofern berücksichtigt wird, als auch die Präferenzen des Bürgers Ergebnis eines fortlaufenden gesellschaftlichen Wertbildungsprozesses sind. Speziell für den Rundfunk meinen *Hartwig/Schröder*, Bei uns zahlen Sie in der ersten Reihe, in: FAZ v. 14.11.1998, S. 15, daß der Staat erst gefordert ist, wenn Markt wie Wettbewerb versagen. Zudem sei die Bereitstellung einer gesellschaftlich erwünschten, vom Markt aber nicht genügend erbrachten Leistung nicht zwingend mit der Herstellung gleichzusetzen. Hinzutreten müßte ein Risiko für die Gesellschaft, das beim Fernsehen nicht auszumachen sei; dagegen *Stolte*, Fernsehen ist ein Kulturgut eigener Art, in: FAZ v. 25.11.1998, S. 18: „Ein Produkt, das von einem gesellchaftlichen Auftrag her definiert ist, und der Gesellschaft ein Angebot unterbreitet, kann nicht alleine von den Marktkriterien der Nachfrage her beurteilt werden."

wer die gesellschaftlichen Bedürfnisse überhaupt definiert und in welchem Umfang.[252] Die Antwort der Finanzwissenschaft tendiert dahin, von einer angebotsorientierten Theorie auszugehen, und sieht die politischen Akteure und Gruppen im Recht, die Interessen nicht nur zu konstatieren, sondern sie sogar selbst zu formen.[253] Darüber hinaus muß der demokratisch legitimierte Gesetzgeber das meritorische Gut jedoch in einen staatszielkonformen Regelungszusammenhang stellen, es also an den demokratischen Bedürfnissen ausrichten. Interessanterweise greift auch die Finanzwissenschaft zur Absicherung dieser Forderung auf verfahrenstechnische Ausgestaltungsgebote zurück[254], was beim öffentlich-rechtlichen Rundfunk auf die binnenplurale Organisation und Kontrolle durch den Rundfunk- oder Fernsehrat hinausläuft. Die Pflicht des Rundfunks, dem Prozeß freier individueller und öffentlicher Meinungsbildung zu dienen, führt somit dazu, das Rundfunkprogramm als meritorisches Gut primär öffentlich-rechtlichen Unternehmen zuzuweisen, da nur sie marktunabhängig und sachzielorientiert handeln können.[255]

Auch mittels einer Spezifizierung des Rundfunks als „Erfahrungs- oder Vertrauensgut", dem es an Qualitätstransparenz fehlt[256], gelingt es zu erklären, warum die Marktgesetzlichkeiten allein die Grundversorgung nicht garantieren können. Notwendig ist mangels die Nachfrage konkretisierender Merkmale ein Qualitätsgarant, der dem Konsumenten nicht nur eine Vergleichsmöglichkeit anbietet, sondern vor allem die Tendenz der Anbieter bricht, sich nicht mehr um die Qualität zu bemühen, die teuer und für den Konsumenten nur schwer zu erkennen ist. Diese - ebenfalls den Finanzwissenschaften entnommene - Charakterisierung ist sowohl von der rundfunkrechtlichen Theorie in Deutschland als Funktionselement der öffentlich-rechtlichen Anstalten in Form der Vorbildfunktion[257] als auch in gleicher Form auf europäischer Ebene[258] anerkannt worden.

---

252 Der EuGH bspw. weigert sich, Zweckmäßigkeitsgesichtspunkte und Zielvorstellungen des meritorischen Guts, die der Mitgliedstaat bestimmt, zu überprüfen, vgl. EuGH Slg. 1998, I-1303 (1321) - FFSA -.

253 *K. Schmidt*, ZWS 108 (1988), S. 383 (391); für die Idee, meritorische Bedürfnisse über Verfassungspräferenzen zu interpretieren vgl. auch *Priddat*, ZWS 112 (1992), S. 239 (243).

254 *K. Schmidt*, ZWS 108 (1988), S. 383 (396).

255 *Kiefer*, RuF 1996, S. 7 (23).

256 *J. Heinrich*, Medienökonomie Bd. 1, S. 101, der die Gefahr des Marktversagens in bezug auf die Produktqualität sehr hoch einschätzt, eben weil die Kunden die Qualität der Medienprodukte kaum kontrollieren können und daher die Produzenten versucht sein könnten, in ihrem Bemühen um bessere Qualität nachzulassen.

257 Vgl. *Bullinger*, Die Aufgaben des öffentlichen Rundfunks, S. 16 f.; ZDF-Schriftenreihe, Band 54, Aufgabe und Wert des öffentlich-rechtlichen Rundfunks für die Gesellschaft, S. 18 mit Hinweis auf die Studie der Unternehmensberatung *Booz Allen & Hamilton*, Fernsehen auf dem Prüfstand. Aufgaben des dualen Rundfunksystems, hrsg. von Ingrid Hamm, Gütersloh: Bertelsmann Stiftung 1998, S. 28, wonach der Anteil der Programme, die zum „Kernbereich" mit besonderem gesellschaftlichem Interesse gehören, bei ARD und ZDF 53 Prozent, bei RTL, SAT 1 und Pro

Die finanzwissenschaftliche Theorie stützt somit mit ökonomischen Argumenten, die die Marktgesetzlichkeiten berücksichtigen, die verfassungsgerichtliche Erkenntnis, den öffentlich-rechtlichen Rundfunkanstalten eine Sonderrolle in der dualen Rundfunk(markt)ordnung zuzuweisen.

d) Ersetzbarkeit der Grundversorgung

Fraglich ist, ob die Aufgaben der öffentlich-rechtlichen Rundfunkanstalten nicht durch den gesellschaftlichen und/oder technischen Wandel überholt worden sind bzw. durch diesen noch obsolet werden können. Die Entwicklung der digitalen Datenkompression und -verarbeitung könnte dazu führen, daß die exponentielle Steigerung des Programmangebots den Rundfunkmarkt Schritt für Schritt an den Markt für Zeitungen und Zeitschriften angleicht. Die Folgen wären, daß einerseits das binnenpluralistische Modell durch einen Pluralismus von außen abgelöst und andererseits die Forums- und Vorbildfunktion der öffentlich-rechtlichen Anstalten durch die Zersplitterung der Programme aufgelöst werden könnte. Die Finanzierung eines öffentlichen Rundfunks, der nur noch von einer Minderheit in Anspruch genommen würde, ließe sich mit der Integrations- aber auch mit der Vorbildfunktion nicht mehr rechtfertigen.[259] Die Erfüllung der Grundversorgung nur für eine Minderheit kann auch aus Gründen der Sozialverträglichkeit nicht um jeden Preis erfolgen.

aa) Grenzenlose Individualisierung der Rundfunknutzung?

Die Grundversorgung durch die öffentlich-rechtlichen Rundfunkanstalten könnte dadurch in Frage gestellt werden, daß das Programm der Anstalten innerhalb einer durch die Digitalisierung bedingten „Angebotsflut“ nicht mehr als spezifisch öffentlich-rechtlich wahrgenommen würde. Der Trend zur Verspartung der Programme wird dadurch angetrieben, daß durch diese mediale Angebotsform Special-Interest Gruppen am besten angesprochen werden. Dies wiederum ist besonders interessant für die finanzierende Werbewirtschaft, da die Zuschauer ihr spezifisches Konsuminteresse bereits durch die Wahl des Special-Interest Programms zum Ausdruck gebracht haben.[260] Bei der Programmvermehrung ist für die Konkurrenzsituation außerdem zu

---

Sieben dagegen nur 21 Prozent des Programmangebots ausmachen.

258 Diskussionspapier zur Anwendung der Artikel 90 Absatz 2, 92 und 93 [neu: 86, 87 und 88] EG-Vertrag im Rundfunksektor, S. 10; auf die Qualität abstellend auch Ziff. 6 der Entschließung des Rates und der im Rat vereinigten Vertreter der Regierungen der Mitgliedstaaten vom 25.1.1999, ABl. EG Nr. C 30 vom 5.2.1999, S. 1.

259 So auch *Oppermann*, Zukunftsperspektiven der Finanzierung des öffentlichen Rundfunks, S. 51 (55), in: Die Finanzierung des Rundfunks nach dem Gebührenurteil des Bundesverfassungsgerichts, Schriftenreihe des Instituts für Rundfunkrecht an der Universität zu Köln, Band 64, München 1996.

260 So *Kiefer*, RuF 1996, S. 7 (15) für den Zeitschriftenmarkt; vgl. auch *Eberle*, Die Rundfunkgebühr - Verfassungsrechtlicher Anspruch und gesellschaftsrechtliche Funktion, S. 15 (17 f.), in:

beachten, daß der Vermehrung der Programme keine komplementäre Erhöhung der Zuschauerzahlen folgen wird[261], daß Marktneulinge also Zuschauer von bestehenden Programmen „abwerben“ müssen. Diesem erwerbswirtschaftlichen Antrieb zur Entwicklung neuer Spezialangebote steht in tatsächlicher Hinsicht gegenüber, daß Hauptkonkurrenten der öffentlich-rechtlichen Anstalten in der Zuschauergunst bislang nicht etwa die kleineren Spartenkanäle, sondern die Vollprogramme RTL und SAT 1 sind. Um im bildlichen Vergleich mit dem Zeitungsmarkt zu bleiben, stellt sich die Konkurrenzsituation im Rundfunkmarkt für die öffentlich-rechtlichen Anbieter augenblicklich eher so dar, als konkurrierten die Vollprogramme wie „Zeitungskioske“ um die Zuschauer. Auch könnten die Vollprogramme als „Magazine mit inhaltlicher Vielfalt“ oder überregionale Tageszeitungen Spezialzeitschriften gegenüber gestellt werden.[262] Der öffentlich-rechtliche Rundfunk ist im Verhältnis zu anderen Voll- wie auch Spartenprogrammen bislang als solcher erkennbar geblieben. Seine Aufgabe wird darin bestehen, diese Stellung auch nach der Digitalisierung zu behaupten.

Ob das Internet die Individualisierung der Rundfunknutzung bis zu einem Maß vorantreiben wird, in dem eine Grundversorgung durch die öffentlich-rechtlichen Rundfunkanstalten aus tatsächlichen Gründen unmöglich wird, muß bezweifelt werden. Da bei der Installation neuer „Elementarmedien“[263] in der Vergangenheit lediglich wirtschaftliche Neustrukturierungen und keine völlige Verdrängung der herkömmlichen Medien zu beobachten waren, ist auch nicht zu befürchten, daß die neuen Informationstechniken bestehende Formen der Kommunikation verdrängen werden.[264] Sowohl von öffentlich-rechtlicher als auch von privater Seite wird berechtigterweise daran erinnert, daß das Spezifische der Fernsehunterhaltung gerade nicht das aktive Eingreifen in Programme sei, sondern das passive Unterhaltenwerden.[265] Wahrscheinlicher er-

---

Die Finanzierung des Rundfunks nach dem Gebührenurteil des Bundesverfassungsgerichts, Schriftenreihe des Instituts für Rundfunkrecht an der Universität zu Köln, Band 64, München 1996.

261 *Giehl*, Der Wettbewerb zwischen öffentlich-rechtlichen und privaten Rundfunkveranstaltern, S. 29 f.; vgl. auch die jährlichen Berichte zu den Tendenzen im Zuschauerverhalten und die dabei erforschten Gründe für die Präferenz bestimmter öffentlich-rechtlicher Programmangebote von *Darschin/Frank*, zuletzt in: MP 1997, S. 174 (182 ff.), sowie in: MP 1998, S. 154 (160 ff., 165).

262 Für diesen Vergleich *Ricker*, AfP 1998, S. 437 (439).

263 *Faul*, ZfK 1990, S. 139 (143).

264 So auch *Biedenkopf/Glotz/Groebel/Gross/Lahnstein/Mestmäcker/Mohn/Stolte/Wössner*, Kommunikationsordnung 2000, Grundsatzpapier der Bertelsmann Stiftung zu Leitlinien der zukünftigen Kommunikationsordnung, S. 9; *Eberle*, EBU diffusion 1997, S. 49 ff.

265 *Eberle*, Die Rundfunkgebühr - Verfassungsrechtlicher Anspruch und gesellschaftsrechtliche Funktion, S. 15 (22 f.), in: Die Finanzierung des Rundfunks nach dem Gebührenurteil des Bundesverfassungsgerichts, Schriftenreihe des Instituts für Rundfunkrecht an der Universität zu Köln, Band 64, München 1996; ders., Zerschlägt die europäische Informationsgesellschaft bestehende Rundfunkordnungen?, in: Europäische Gespräche, 2/96, S. 80 (87), weist auf den Unterschied zwischen „deskviewing“ und „couch-viewing“ hin. Zustimmend *H. Thoma*, ebd., S. 80

scheint es dagegen, daß das Internet das Fernsehen ergänzen und durch eine Rückkoppelungsmöglichkeit optimieren wird.

bb) Bewertung der Entwicklung

Die noch junge Erfolgsgeschichte des Privatfernsehens läßt vermuten, daß es den öffentlich-rechtlichen Rundfunkanstalten nur durch ein qualitativ hochwertiges und inhaltlich ausgeglichenes Programm künftig möglich sein wird, der Tendenz der Individualisierung im Rezeptionsverhalten entgegenzuwirken. Um seine Existenzberechtigung zu behalten, muß der öffentlich-rechtliche Rundfunk ein Ort zuverlässiger Orientierung bleiben.[266] Der Umfang der bislang stattgefundenen Verspartung hat jedenfalls weder an der Notwendigkeit noch an der Effizienz der Grundversorgung etwas geändert. Da die Vervielfältigung des Programmangebots und auch die Ausweitung des Medienangebots insgesamt nicht per se vor der Gefahr der Meinungsmacht einzelner Anbieter schützen, ist die Anwesenheit des öffentlich-rechtlichen Rundfunks, die mit einer Vielfaltsgarantie verbunden ist, grundsätzlich auch für die Teilnahme an den neuen Erscheinungsformen des Rundfunks zu fordern.

Die Unverzichtbarkeit der Grundversorgung und die gesteigerte Bedeutung der öffentlich-rechtlichen Anstalten als Orientierungsangebote inhaltlicher und qualitativer Art übersieht, wer die funktionsgebundene Grundversorgung als „Zwangsvolkshochschule" abzutun gedenkt.[267] Die Zahl oder Unterschiedlichkeit der verwendeten Dien-

---

(88 f.), der interaktives Fernsehen plastisch mit einem Restaurant vergleicht, in dem man selber kochen müsse und hinsichtlich der zunehmenden Vielfalt der Programme das Beispiel der USA anführt, wo trotz großer Verspartung 60% bis 70% Marktanteil auf die Vollprogramme entfallen; vgl. auch *Bullinger/Mestmäcker*, Multimediadienste, S. 192; *Kresse/Heinze*, AfP 1995, S. 574 f.; *Reiter*, MP 1997, S. 410 (411).

266 Der Schlußbericht der Enquete-Kommission des Deutschen Bundestages Zukunft der Medien in Wirtschaft und Gesellschaft - Deutschlands Weg in die Informationsgesellschaft zum Thema „Deutschland auf dem Weg in die Informationsgesellschaft" vom 22.6.1998, BT.-Drucks. 13/11004, S. 98 geht ebenfalls davon aus, daß bei einer weiteren Segmentierung in kleine Publika die Bedeutung des Journalismus und seine Funktion der Nachrichtenauswahl, -einordnung und -aufbereitung zunehmen wird. Politische Bedeutung werden jedoch nur Themen gewinnen, die den Weg in die traditionellen Medien finden, weil nur sie eine hinreichende Reichweite besitzen.

267 *Engel*, Multimedia und das deutsche Verfassungsrecht, in: Hoffmann-Riem/Vesting (Hrsg.), Perspektiven der Informationsgesellschaft, S. 155 (160); viel zu einseitig und visionär auch *Depenheuer*, AfP 1997, S. 669 (673), der sich selbst jedoch wieder zurücknimmt, indem er den öffentlich-rechtlichen Rundfunkanstalten die Funktion zuerkennt, die „informationelle Hyperkomplexität" in Zeiten von Multimedia zu justieren und so dem Zuschauer Orientierung zu bieten. In diesem Sinne auch *Biedenkopf/Glotz/Groebel/Gross/Lahnstein/ Mestmäcker/Mohn/Stolte/ Wössner*, Kommunikationsordnung 2000, Grundsatzpapier der Bertelsmann Stiftung zu Leitlinien der zukünftigen Kommunikationsordnung, S. 37, die außerdem die Förderung „konstruktiver" Vorbilder als in einer neuen Kommunikationsordnung vorrangig ansehen, um Normbeliebigkeit zu verhindern; *Reiter*, Die Strategie der ARD im digitalen Zeitalter, in: MP 1997, S. 410 (412 f.).

ste ändert nichts daran, daß der Rundfunk seine Funktion für die öffentliche Meinungsbildung behalten, ja durch die Attraktivitätssteigerung des Mediums mittels neuer Angebote wahrscheinlich sogar noch erhöhen wird. Wie die Bestrebungen bei der Entwicklung des Bezahlfernsehens und der damit verbundenen Exklusivrechte zeigen, wird gleichzeitig die Notwendigkeit von wettbewerbs- und pluralitätssichernden Regelungen noch zunehmen, vor allem um die Offenheit des Mediums zu gewährleisten.[268] Rundfunk wird deshalb auch in Zukunft nicht als ein Dienst unter anderen zu verstehen sein, weil nur bei einem solchen Verständnis alle Marktteilnehmer zu ihrem Recht kommen und die Bedürfnisse der Zuschauer befriedigt werden könnten.[269] Für die Beurteilung der künftigen Verfassungswirklichkeit, dem Funktionsbereich der Norm von Art. 5 Abs. 1 Satz 2 GG, ist wegen der fortschreitenden technischen Entwicklung jedoch ständig zu beobachten, wie sich das Nutzungsverhalten der Rezipienten entwickelt. Die Funktion der Grundversorgung ist an diesen Entwicklungen zu messen und diesen gegebenenfalls anzupassen.

cc) Rundfunkrecht im Zeichen der Konvergenz der Medien

Die zunehmende Ähnlichkeit und Kompatibilität von Rundfunk und Telekommunikation in tatsächlicher, technischer Hinsicht hat dazu geführt, daß einige Stimmen in der Literatur die Politik der Deregulierung, wie sie aus dem Bereich der Telekommunikation bekannt ist[270], auf den Rundfunk ausdehnen wollen, um damit grundrechtlich fundierte Argumentationsmuster des Rundfunkrechts anzugreifen.[271] Betroffen von einem solchen Regelungsmodell wäre auch die werteabhängige und an der Rundfunkwirkung orientierte Figur der Grundversorgung. Dabei ist schon fraglich, ob aus der technischen Konvergenz zwangsläufig die Notwendigkeit einer rechtlichen Gleichbehandlung von Rundfunk, neuen Diensten und Telekommunikationsangeboten folgt.[272]

---

268 So auch *Tietje*, JuS 1999, S. 644 (649), der darin auch eine Ausweitung der funktionalen Interpretation von Art. 5 Abs. 1 Satz 2 GG vom Verhältnis Staat-Rundfunkveranstalter auf den privaten Wirtschaftsverkehr erblickt.

269 So aber *A. Hesse*, BayVBl. 1997, S. 165 (172).

270 Vgl. dazu *Kluth*, Telekommunikation als Regelungsgegenstand des Europäischen Gemeinschaftsrechts, S. 57 ff.

271 So *Schoch*, AfP 1998, S. 253 (257); ders., VVDStRL 57 (1998), S. 158 (182 ff.); *Trute*, VVDStRL 57 (1998), S. 216 (241); differenzierend KOM(97), 623 endg., S. 23: „..werden rechtliche Maßnahmen bei diesen Diensten auf unterschiedliche, spezifische Wesensmerkmale zugeschnitten bleiben, auch wenn diese Dienste auf denselben technischen (Übertragungs-) Prinzipien aufgebaut sind.“ Die Forderung nach einem Grundrecht der „allgemeinen Kommunikationsfreiheit" erhoben zuvor schon *Bullinger*, Kommunikationsfreiheit, S. 81; *H. Bismark*, Neue Medientechnologien und grundgesetzliche Kommunikationsverfassung, S. 152 ff; vgl. auch *Depenheuer*, AfP 1997, S. 669 (670, 673), der lapidar unterstellt, daß es keinen notwendigen Massenkonsum an gleicher Information mehr geben wird, weil jeder senden und empfangen kann.

272 Die Zwangsläufigkeit verneinend der Bericht der Enquete-Kommission des Deutschen Bundestages, Zukunft der Medien in Wirtschaft und Gesellschaft - Deutschlands Weg in die Informationsgesellschaft, BT.-Drucks. 13/11004, S. 33 ff.

aaa) Zugangsfreiheit und Mangel an Übertragungskapazitäten

Zum einen spricht gegen eine rechtliche Gleichbehandlung von Rundfunk und Telekommunikation vor allem, daß die anfangs von den Vertretern dieser Meinung gestellten Prognosen und Erwartungen an die technischen Neuerungen schon nach kurzer Zeit revidiert werden mußten. So steht beispielsweise im Gegensatz zum vorhergesagten Kanalüberschuß zu erwarten, daß der mit der Datenkompression überwunden geglaubte Engpaß an Übertragungskapazitäten im Breitband-Kabelnetz durch Angebote wie video-on-demand[273] oder near-video-on-demand[274] schnell wieder aufleben wird.[275] Die Exekutive sieht sich folglich weiter in der Situation der „Mangelverwaltung", die auch deshalb fortdauert, weil neben Rundfunkveranstaltern künftig vermehrt auch sog. Mediendienste, wie beispielsweise Teleshoppingkanäle[276], aber auch Internetdienste die Einspeisung ins Kabel beantragen werden. Der Expansion an Übertragungsmöglichkeiten steht somit nach wie vor ein noch größeres Bedürfnis an Übertragungswegen gegenüber. Zur Lösung dieses Problems ist es bis zur flächendeckenden Etablierung terrestrischer Digitalübertragung erforderlich, auf das der Rundfunkfreiheit entstammende Prinzip der meinungsmäßigen Ausgewogenheit und Pluralität zu setzen.

bbb) Notwendige Gleichheit von tatsächlicher und rechtlicher Konvergenz?

Auch ist es fragwürdig, ob von der tatsächlichen Konvergenz ohne weiteres auf die rechtliche geschlossen werden kann.[277] Das Grünbuch der Europäischen Kommission zur Konvergenz der Branchen Telekommunikation, Medien und Informationstechnologie scheint diese Deduktion auch nicht übernehmen zu wollen und nennt drei Optionen, um auf die Herausforderungen der schnellen technischen Entwicklung und steigenden Kompatibilität der genannten Medien zu reagieren. Als zu ehrgeizig wird dabei

---

273 Video-on-demand ist ein Dienst, bei dem Rundfunkangebote (vor allem Spielfilme) zu jeder beliebigen Zeit abgefragt werden können. Für jeden Film müßte dabei ein TV-Kanal freigehalten werden. Video-on-demand stellt damit eine virtuelle Videothek dar.

274 Bei near-video-on-demand können Rundfunkangebote nur zu bestimmten Anfangszeiten, die allerdings in kurzen Intervallen angeboten werden, abgerufen werden. Auch hier ist für jeden in einem bestimmten Intervall laufenden Film ein TV-Kanal erforderlich.

275 So auch *Hesse*, Rundfunkrecht, S. 86 Rn. 17; vgl. dagegen noch *Bullinger/Mestmäcker*, Multimediadienste, S. 2, 16; *Kresse/Heinze*, AfP 1995, S. 574; *Stammler*, ZUM 1995, S. 104 (106), der auch die Wirkungsintensität des Rundfunks - wenn auch paradoxerweise durch die gesteigerte Auswahlmöglichkeiten an Programmen - schwinden sieht.

276 Vgl. den Beschluß des VG Berlin v. 12.8.1997, MMR 1998, S. 164 ff. mit Anm. von *Müller-Using/Lücker*, S. 168.

277 So auch *Dörr*, MP 1996, 87 (89); vgl. auch die abgestimmte Bund-Länder-Stellungnahme zum „Grünbuch Konvergenz", dokumentiert in: epd medien Nr. 33 v. 2.5.1998, S. 1 (2, 13): „Desweiteren ist zu berücksichtigen, daß technische Konvergenz nicht zwingend zum Zusammenwachsen von unterschiedlichen Arten von Angeboten und Diensten führt."

die weitestreichende Option charakterisiert, nach der sukzessive ein neues, alle Dienste umfassendes Regulierungsmodell geschaffen werden könnte. Als wahrscheinlicher sieht die Kommission es an, daß entweder der bestehende Rechtsrahmen durch Eingliederung der neuen Dienste erweitert wird oder aber - dem deutschen Ansatz folgend - ein separates Regulierungsmodell geschaffen wird, das parallel zu den Regelungen für Rundfunk und Telekommunikation bestehen soll.[278] Die Kommission selbst scheint die Option einer bereichsspezifischen rechtlichen Erfassung zu bevorzugen. Für die Erfassung der wirtschaftlichen Tätigkeit im Internet hat die Kommission deshalb den Vorschlag einer eigenen Richtlinie, also ein separates Regulierungsmodell, unterbreitet (sog. e-commerce Richtlinie).[279] Das Grünbuch enthält zudem keinerlei Hinweise darauf, wie mit dem Erfordernis einer unterschiedlichen Regelungsdichte für Individual- und Massenkommunikation umgegangen werden soll.[280] Das Europäische Parlament hat sich in seiner Stellungnahme vom 22. Oktober 1998 ebenfalls für einen einheitlichen Regelungsrahmen nur für die *Infrastruktur* der elektronischen Kommunikation ausgesprochen sowie dafür, Fragen der Infrastruktur von denen mit Bezug zum übermittelten Inhalt zu trennen.[281] Auch die mit dem Erlaß der FsRL verbundene Auffassung von Europäischem Parlament[282] und Europäischer Kommission[283], mit der Richtlinie einen ersten Schritt auf dem Weg zu einer *umfassenden* Medienpolitik zu unternehmen, darf nicht dahingehend verstanden werden, daß damit ein universeller

---

278 Grünbuch zur Konvergenz der Branchen Telekommunikation, Medien und Informationstechnologie und ihren ordnungspolitischen Auswirkungen - Ein Schritt in Richtung Informationsgesellschaft, KOM(97) 623 endg. vom 3.12.1997, S. 41 f.; nach der Mitteilung der Kommission an das Europäische Parlament und den Minsterrat „Die Politik der Gemeinschaft im audiovisuellen Bereich. Künftiges Vorgehen", KOM(1998) 446 endg. vom 14.7.1998, S. 10 ist der derzeitige Regelungsbedarf im audiovisuellen Sektor [...] abgedeckt.

279 Vorschlag für eine Richtlinie „über bestimmte rechtliche Aspekte des elektronischenGeschäftsverkehrs im Binnenmarkt", KOM(98) 586 endg. vom 18.11.1998; s. dazu *Waldenberger*, EuZW 1999, S. 296 ff.

280 *Schmittmann/Stolz*, AfP 1998, S. 40 (41).

281 Ziff. 19 der Entschließung des Europäischen Parlaments zur Mitteilung der Kommission: Grünbuch zur Konvergenz der Branchen Telekommunikation, Medien und Informationstechnologie und ihren ordnungspolitischen Auswirkungen (KOM(97) 623 endg.) vom 22.10.1998, ABl. EG Nr. C 341 v. 9.11.1998, S. 136 (139); vgl. auch die Mitteilung der Kommission „Die Konvegenz der Branchen Telekommunikation, Medien und Informationstechnologie und ihre ordnungspolitischen Auswirkungen." Ergebnisse der öffentlichen Konsultation zum Grünbuch, KOM(1999) 108 endg. v. 9.3.1999, S. 8.

282 So Ziff. 2 der Entschließung des Europäischen Parlaments zu einer Rahmenordnung für eine europäische Medienpolitik auf der Grundlage des Grünbuchs der Kommission der EG über die Errichtung des gemeinsamen Marktes für Rundfunk v. 10.10.1985, ABl. EG Nr. C 288 vom 11.11.1985, S. 113 (114).

283 EG-Kommission „Vollendung des Binnenmarktes", Weißbuch der Kommission an den Europäischen Rat, KOM(85), 310 endg., vom 14.6.1985, Rn. 117 spricht von einem „Bündel von Maßnahmen".

Regelungsansatz gemeint ist.[284] In den Schlußverhandlungen zur Fernsehrichtlinie wurde dieser ursprünglich vom Parlament angestrebte Erwägungsgrund im übrigen ersatzlos gestrichen.[285] Für ein solches Gesetzeswerk fehlte es der Union im übrigen auch an der Kompetenz.[286] Auf europäischer wie auf nationaler Ebene sind somit Zweifel an der notwendigen Gleichheit von rechtlicher und tatsächlicher Konvergenz festzustellen. Auch zeigt sich, daß das rundfunkrechtliche Instrumentarium zur Lösung auftretender Konflikte geeignet und erforderlich ist. Solange der Rundfunk danach seine Eigenständigkeit als Medium bewahrt, müßte auch eine einheitliche rechtliche Kommunikationsordnung dem Bedürfnis der Grundversorgung zumindest auf diesem Gebiet Rechnung tragen.

e) Bestands- und Entwicklungsgarantie

Der Unverzichtbarkeit der Grundversorgung korrespondiert die Statuierung einer Bestands- und Entwicklungsgarantie, wie sie zuerst im WDR-G sowie in der Präambel zum RStV 1987 festgeschrieben und dann vom Bundesverfassungsgericht im 6. Rundfunkurteil für den öffentlich-rechtlichen Rundfunk bestätigt worden ist:[287] „Diese Bestands- und Entwicklungsgarantie bedeutet nichts anderes, als die Sicherung der Voraussetzungen, die die Grundversorgung der Bevölkerung möglich machen.“[288] Hinsichtlich der technischen Neuentwicklungen billigt das Bundesverfassungsgericht den öffentlich-rechtlichen Rundfunkanstalten zu, auch neue Übertragungsformen zu nutzen: „Eine auf den gegenwärtigen Zustand bezogene Garantie würde nicht ausreichen, die Wahrnehmung der Grundversorgungsaufgabe sicherzustellen.“[289] Das Gericht erweitert damit den ersten Parameter des dreigliedrigen Grundversorgungsbegriffs. Doch auch hinsichtlich des Programmangebots, also des zweiten Elements, gilt, daß es für neue Publikumsinteressen oder neue Formen und Inhalte offen bleiben muß.[290] Diese Offenheit, die das Bundesverfassungsgericht zuvor schon dem Rundfunkbegriff attestiert hatte, entlehnt es in folgerichtiger Konsequenz der Funktion des Grundrechts: „Gegenständlich und zeitlich offen und dynamisch ist der Begriff der Grundversorgung allein an die *Funktion* gebunden, die der Rundfunk im Rahmen des von Art. 5 Abs. 1 GG geschützten Kommunikationsprozesses zu erfüllen hat.“[291] Die

---

284 So aber *Petersen*, Rundfunkfreiheit und EG-Vertrag, S. 23.

285 *Möwes/Schmitt-Vockenhausen*, EuGRZ 1990, S. 121 (129).

286 So auch *Bullinger/Mestmäcker*, Multimediadienste, S. 109, 142; *Zuleeg*, ZUM 1997, S. 778 (782); *Bartosch*, ZUM 1998, S. 209 (216); *Hoffmann-Riem*, Erosionen des Rundfunkrechts, S. 50.

287 BVerfGE 83, 238 (298).

288 BVerfGE 83, 238 (299).

289 BVerfGE 83, 238 (299).

290 BVerfGE 83, 238 (299).

291 BVerfGE 83, 238 (299), Hervorhebung auch im Original; *Libertus*, Grundversorgungsauftrag und Funktionsgarantie, S. 132 ff. sieht die Entwicklungsgarantie ebenfalls als Element der Funk-

verfassungsgerichtliche Judikatur hielt es sogar für notwendig, dem öffentlich-rechtlichen Rundfunk eine Anpassung an veränderte (tatsächliche) Umstände auch dann zu ermöglichen, wenn sich die Aufgabe der Grundversorgung nicht in den Bereich neuer rundfunkähnlicher Dienste verlagern sollte, da dies zur Breite und Vielfalt des Angebots dieser Dienste beitrage. Allerdings müßten die öffentlich-rechtlichen Anstalten in diesem Fall auch den klassischen Auftrag umfassender Rundfunktätigkeit wahrnehmen.[292] Ein genereller Ausschluß der öffentlich-rechtlichen Rundfunkanstalten von den rundfunkähnlichen Kommunikationsdiensten wäre deshalb in jedem Falle unzulässig.[293]

Die Bestands- und Entwicklungsgarantie ist damit zugleich auch Finanzierungsgarantie, da ohne die notwendigen finanziellen Mittel eine Teilnahme weder an technischer noch an inhaltlicher Innovation möglich ist. Es ist die Pflicht des Gesetzgebers, die Finanzierung der öffentlich-rechtlichen Rundfunkanstalten zu gewährleisten. Der Finanzierungsgarantie „entspricht ein ebenfalls aus Art. 5 Abs. 1 Satz 2 GG folgendes Recht der Anstalten, die zur Erfüllung ihrer Funktion nötigen Mittel zu erhalten“.[294] Der finanzielle Teil der Bestands- und Entwicklungsgarantie hat durch die Aufnahme in § 11 Abs. 1, 2. HS. RStV auch eine positiv-rechtliche Normierung erfahren.

f) Grenzen der Bestands- und Entwicklungsgarantie

Grenzen der auf die Grundversorgung bezogenen Bestands- und Entwicklungsgarantie ergeben sich für das Bundesverfassungsgericht zu Recht allein aus der Funktion des Rundfunks. Vor diesem Hintergrund ist die Aussage zutreffend, daß mit Hilfe der Figur der Bestands- und Entwicklungsgarantie allein keine Erweiterung des Programmangebots jenseits der Grundversorgung legitimiert werden kann.[295] Davon zu unterscheiden ist jedoch die Frage, ob die Grundversorgungsaufgabe auch auf die neuen Dienste auszudehnen ist. Dies hängt von der Entwicklung der tatsächlichen Umstände ab und davon, inwieweit die Teilnahme an diesen Diensten die Meinungsbildung und die Chancengleichheit im Wettbewerb beeinflußt, da dadurch Rückwirkungen auf die Erfüllbarkeit des Grundversorgungsauftrags entstehen.

Die Bindung an die Funktion gleicht einer „Verantwortungsbeziehung gegenüber der Allgemeinheit“.[296] Die Interessen der öffentlich-rechtlichen Veranstalter auch hin-

---

tionsgarantie.

292 BVerfGE 74, 297 (354).

293 So auch schon *Stern* DVBl. 1982, S. 1109 (1117).

294 BVerfGE 87, 181 (198); 90, 60 (91).

295 So *Bleckmann*, Öffentlich-rechtliche Spartenprogramme als Bestandteil der Grundversorgung?, S. 64; vgl. auch BVerfGE 83, 238 (302).

296 BVerfGE 83, 238 (300).

sichtlich einer Programmerweiterung oder Veränderung sind insoweit treuhänderisch an die Allgemeinheit gebunden und müssen deren Interessen dienen. Soweit dies der Fall ist und nicht allein wirtschaftliche Ziele verfolgt werden, bleibt auch die durch technischen Fortschritt induzierte Erweiterung des klassischen Rundfunkauftrags möglich und nötig. Für den gegenüber der Grundversorgung „überschießenden Teil" können die Anstalten jedoch keine Entwicklungs*garantie* in Anspruch nehmen. Sie stehen hier in Abhängigkeit zur Relevanz des sich entwickelnden Programmangebots und seiner Auswirkungen auf die Meinungsfreiheit.

2. Ergebnis

Die Darstellung der Konzeption „Grundversorgung" hat gezeigt, daß es nicht darauf ankommen kann, diese durch Aufzählung einzelner Sendungen detailscharf zu präzisieren. Wesenselement der Grundversorgung ist vielmehr die Möglichkeit, die öffentlich-rechtlichen Rundfunkanstalten auf die Einhaltung eines kulturellen und verfassungsrechtlichen Kriterien folgenden Programmauftrags zu verpflichten. Mit dieser Einbindung der Rundfunkanstalten in das Verfassungsganze geht ihre Herausnahme aus den Zwängen der Marktgesetzlichkeit einher.[297] Systematisch entspricht diesem Dispens die Freistellung der öffentlich-rechtlichen Rundfunkanstalten vom Diktat der Quote und eine Beschränkung der Werbetätigkeit, wodurch wiederum dem Privatfunk die bessere Akquisition von Werbung ermöglicht wird. Das Herauslösen aus den Zwängen der Marktgesetzlichkeit bedeutet jedoch nicht, daß die öffentlich-rechtlichen Rundfunkanstalten gänzlich vom Wettbewerb ausgenommen sind. Der öffentlich-rechtliche Rundfunk bleibt schon dadurch an den Markt gebunden, daß er im Rahmen des Integrationsauftrags gezwungen ist, eine tendenzielle Breitenwirkung zu entfalten. Die dadurch entstehende Konkurrenzsituation unter gleichzeitiger Wahrung der marktwirtschaftlichen „Ungebundenheit" wird von der privaten Konkurrenz zu Unrecht als Freiheitsbeschränkung empfunden.

Diese der Grundversorgungskonzeption im Vergleich zur Marktgesetzlichkeit innewohnende Dialektik, die die öffentlich-rechtlichen Rundfunkanstalten als Marktteilnehmer nicht nur unangetastet, sondern in gewissem Umfang auch „freier" erscheinen läßt, führt im deutschen wie europäischen Recht dazu, bei der Anwendung einzelner wettbewerbsrechtlicher Vorschriften den Zusammenhang mit der grundrechtlichen Bindung des öffentlich-rechtlichen Rundfunks genau zu überprüfen. Besonders gilt es darauf zu achten, Widersprüche zu verhindern, die dadurch entstehen können, daß ein auf gleichwertige Marktteilnehmer zugeschnittenes und damit unterschiedslos anwendbares Wettbewerbsrecht auf die öffentlich-rechtlichen Rundfunkanstalten angewendet wird, die in Teilbereichen ihrer Tätigkeit von Verfassungs wegen nicht marktkonform agieren können.

---

297 So zutreffend auch *Holzer*, ZUM 1996, S. 274 (279).

IV. Die Finanzierung des öffentlich-rechtlichen Rundfunks

Die Finanzierung des öffentlich-rechtlichen wie auch des privaten Rundfunks hängt unmittelbar mit der Pflicht des Gesetzgebers zur verfassungsrechtlichen Konkretisierung des Schutzbereichs von Art. 5 Abs. 1 Satz 2 GG und der Schaffung einer positiven Rundfunkordnung zusammen. Dieser Zusammenhang, der sich vor allem zwischen der Finanzierung und der Erfüllung der Grundversorgung auswirkt, wurde bereits angedeutet, als die nur sehr eingeschränkte Quotenabhängigkeit der öffentlich-rechtlichen Rundfunkprogramme erläutert wurde.

1. Finanzierungsgrundsätze des öffentlich-rechtlichen Rundfunks

Die Verfassungsmäßigkeit der Rundfunkgebühren bemißt sich an Art. 5 Abs. 1 i.V.m. Art. 20 Abs. 1 GG und damit an dem Recht auf ungehinderten Zugang zur Informationsquelle Rundfunk[298] einerseits sowie dem Sozialstaatsprinzip[299] andererseits. Die Informationsfreiheit darf deshalb aber nicht etwa mit einem Recht auf unentgeltliche Unterrichtung gleichgesetzt werden. Die Teilnahme am Programm des öffentlich-rechtlichen Rundfunks muß für die Bevölkerung zu erschwinglichen Konditionen möglich sein, und sie muß die Gegenleistung bleiben für die „Gesamtveranstaltung Rundfunk“[300]. Als Kehrseite zur beschränkten Höhe der Kosten für die Rezipienten folgt aus dem Sozialstaatsprinzip auch, daß die Finanzierung den Grundsätzen der Wirtschaftlichkeit und Sparsamkeit genügen muß.

Es entspricht der Konsequenz der verfassungsgerichtlichen Rechtsprechung, daß sie das Leitbild der Zweckgebundenheit des die Meinungsbildung beeinflussenden und dieser Freiheit dienenden Rundfunks auch zum bestimmenden Motiv für die Finanzierung des öffentlich-rechtlichen Rundfunks macht.[301] Diese Austarierung einer gesamten Teilrechtsordnung an einer Aufgabenstellung zieht sich wie ein roter Faden durch die Rundfunkurteile der die Verfassung konkretisierenden Rechtsprechung. Sie ist auch hinsichtlich der Finanzierung der öffentlich-rechtlichen Rundfunkanstalten nachzuzeichnen, bevor dieser Ansatz in speziell auf das Beihilferecht bezogener Form dem europäischen Recht gegenübergestellt wird.

---

298 *Hartstein/Ring/Kreile/Dörr/Stettner*, Kommentar zum Rundfunkstaatsvertrag, § 12 Rn. 4, 7.

299 So auch *Ricker/Schiwy*, Rundfunkverfassungsrecht, S. 209 f. Rn. 96.

300 BVerfGE 31, 314 (329 f.); 73, 118 (157).

301 BVerfGE 87, 153 (200, 202) unter Hinweis auf BVerfGE 74, 297 (342); 90, 60 (90 ff.).

a) Art der Finanzierung

Die finanzielle Sicherung der Programme der Grundversorgung ist nach dem Bundesverfassungsgericht Bestandteil des Schutzes durch die Rundfunkfreiheit.[302] Der Grund für diese Finanzierungsgarantie liegt zum einen darin, daß nur so die Erfüllung der Funktion des Mediums überhaupt gewährleistet ist. Zum anderen böte die Möglichkeit des Finanzentzugs dem Staat einen direkten Einfluß auf den Inhalt der Programme, was es jedoch gemäß dem Gebot der Staatsferne zu verhindern gilt. Zwar hat das Bundesverfassungsgericht den Grundrechtsschutz nicht soweit präzisiert, daß eine bestimmte Art der Finanzierung daraus ableitbar wäre.[303] Verfassungsrechtlich geboten sei nur die allgemeine Sicherung einer funktionsgerechten Finanzierung der Programme des öffentlich-rechtlichen Rundfunks[304], doch hielt schon das Sondervotum der Richter *Geiger*, *Rinck* und *Wand*[305] die Gebührenfinanzierung explizit für die einzig verfassungsgemäße: Eine Finanzierung aus den öffentlichen Haushalten der Länder wäre im Hinblick auf die von Art. 5 Abs. 1 Satz 2 GG geforderte Freiheit und Unabhängigkeit aller potentiellen Grundrechtsträger - auch der Rundfunkanstalten - vom Staat ebenso unzulässig wie die unbegrenzte oder überwiegende Finanzierung der politischen Parteien aus den öffentlichen Haushalten.[306] Im 7. Rundfunkurteil haben die Verfassungsrichter die Gebührenfinanzierung dann einstimmig als die dem öffentlich-rechtlichen Rundfunk gemäße Art der Finanzierung bezeichnet.[307]

Zur Art der Finanzierung gehört auch die Frage, inwiefern es den Anstalten gestattet werden kann, sich ihre Mittel auf dem Markt selber zu beschaffen, also die Kofinanzierung aus Werbeeinnahmen und sonstigen Tätigkeiten, die mit der Rundfunktätigkeit verbunden sind. Unter Berücksichtigung der dienenden Freiheitsgewährung hebt das Bundesverfassungsgericht zu Recht hervor, daß die Mischfinanzierung durch Gebühren einerseits und Werbung andererseits am besten geeignet ist, einseitige Abhängigkeiten zu lockern und die Programmfreiheit der Rundfunkveranstalter zu stärken.[308]

---

302 BVerfGE 74, 297 (342); 83, 238 (310).

303 BVerfGE 83, 238 (310); 90, 60 (90).

304 BVerfGE 74, 297 (347); 87, 181 (198).

305 BVerfGE 31, 314 (344 f.).

306 BVerfGE 31, 314 (344 f.) unter Hinweis auf BVerfGE 20, 56 (97-112).

307 BVerfGE 87, 181 (199); vgl. auch BVerfGE 90, 60 (90); a. A. *Hansmeyer*, Der Wandel des öffentlich-rechtlichen Rundfunks vom gruppenspezifischen zum kollektiven Gut, S. 33 (34, 47), in: Die Finanzierung des Rundfunks nach dem Gebührenurteil des Bundesverfassungsgerichts, Schriftenreihe des Instituts für Rundfunkrecht an der Universität zu Köln, Band 64, München 1996, der die Gebühren durch eine Steuerfinanzierung aus allgemeinen Haushaltsmitteln ersetzen will, weil er annimmt, daß es sich bei der Rundfunkgebühr tatsächlich um eine solche handelt, hinsichtlich des gebührenrechtlichen Äquivalenzprinzips aber übersieht, daß diesem bereits in der Frühphase des Rundfunks durch die notwendigen technischen Verbesserungen nicht entsprochen wurde.

308 BVerfGE 83, 238 (310 f.).

Die einseitige Abhängigkeit von der Quote und damit von der Werbewirtschaft wäre sogar verfassungswidrig, da es dadurch zu vielfaltsverengenden Zwängen kommen müßte. Die einzig zulässige Abhängigkeit der Finanzierung besteht in ihrer Koppelung an die Funktion des Rundfunks.[309] Auch hier gibt das Grundgesetz dem Gesetzgeber das Ergebnis also nicht im einzelnen vor, sondern schränkt das Ermessen nur dergestalt ein, daß in keinem Falle die Funktionsfähigkeit des Mediums in Mitleidenschaft gezogen werden darf. Die Gestaltungsfreiheit des Gesetzgebers endet damit dort, „wo entweder der öffentlich-rechtliche Rundfunk an der Erfüllung seiner Grundversorgungsaufgabe gehindert oder der private Rundfunk Bedingungen unterworfen wäre, die ihn erheblich erschwerten oder gar unmöglich machten.“[310]

b) Bestimmung des Finanzierungsumfangs

Für den Finanzierungsumfang bedeutet die Finanzierungsgarantie zunächst, daß der Gesetzgeber den Rundfunkanstalten die Finanzierung derjenigen Programme zu ermöglichen hat, deren Veranstaltung ihrer spezifischen Funktion nicht nur entspricht, sondern auch zur Wahrung dieser Funktion erforderlich ist.[311] Der Umfang der finanziellen Gewährleistungs*pflicht* bestimmt sich somit von der Funktion der öffentlich-rechtlichen Anstalten, also von der entwicklungsoffenen Grundversorgung und dem klassischen Programmauftrag her.[312] Dem entspricht das Diktum des Bundesverfassungsgerichts im Hessen-3-Beschluß, wonach die Finanzierungspflicht über den Bereich der Grundversorgung hinausgeht.[313]

Der Gesetzgeber ist keineswegs verpflichtet, die Finanzierung beliebiger Programmerweiterungen im Rahmen des klassischen Rundfunkauftrags zu gewährleisten. Sonst müßte, da unter den klassischen Programmauftrag auch die Unterhaltung fällt, den Anstalten der Kauf umfassender Senderechte, wie beispielsweise für Sportveranstaltungen oder US-Spielfilme, ermöglicht werden. Die Finanzierungspflicht und damit der Finanzierungsumfang wäre grenzenlos. Das 8. Rundfunkurteil sieht sich mit diesem Dilemma konfrontiert: Es führt aus, daß gesetzliche Programmbeschränkungen mit der Verfassung von vornherein unvereinbar sind, aber doch nicht jede Programmentscheidung einer Rundfunkanstalt finanziell zu honorieren ist.[314]

---

309 BVerfGE 83, 238 (311); 87, 181 (199).

310 BVerfGE 83, 238 (311).

311 BVerfGE 87, 181 (209) mit Hinweis auf BVerfGE 73, 118 (158); 74, 297 (324 ff.); 83, 238 (310).

312 BVerfGE 87, 181 (200).

313 BVerfGE 87, 181 (203); a. A. *Ricker/Schiwy*, Rundfunkverfassungsrecht, S. 211; *Bleckmann*, Öffentlich-rechtliche Spartenprogramme als Bestandteil der Grundversorgung?, S. 83.

314 BVerfGE 90, 60 (92); so auch schon BVerfGE 87, 181 (201).

Als Beschränkung des Finanzierungsumfangs verweist das Bundesverfassungsgericht auf eine Erforderlichkeitsprüfung[315], die anhand bestimmter Verfahrensregeln zu erfolgen hat. Zu Recht betrachtet die Verfassungsjudikatur als Bezugsgröße für die Bestimmung des Erforderlichen das gesamte Programm einer Rundfunkanstalt und legt sich nicht auf die Kategorisierung jeder einzelnen Sendung fest. Diese Einschätzung stimmt mit der These überein, daß Grundversorgung und klassischer Rundfunkauftrag in einem Verhältnis zweier konzentrischer Kreise zueinander stehen.[316] Bei der Erforderlichkeitsprüfung ist weiter zu beachten, daß das Maß des Erforderlichen von den tatsächlichen Umständen und also davon abhängt, welche Mittel zur Partizipation am Prozeß der Meinungsbildung gehören.

aa) Programmautonomie und Finanzgarantie

Verlangt das Kriterium der Erforderlichkeit nicht, daß für jede Sendung gesondert festzustellen ist, ob diese zur Erfüllung des Grundversorgungs- oder des klassischen Programmauftrags erforderlich ist,[317] so liefe der gegenteilige Ansatz darauf hinaus, Rundfunkgebühren nur für die Finanzierung solcher Programme einzusetzen, die sich nicht oder nicht ausreichend aus Werbeeinnahmen finanzieren lassen.[318] Eine Pflicht zur bereichsspezifischen Verwendung des Gebührenaufkommens erkennt die Judikatur aber nicht an, sondern nur eine Pflicht zum funktionsspezifischen Einsatz.

Damit spitzt sich die Problematik des Finanzierungsumfangs auf die Frage zu, wer darüber entscheidet, was das zur Funktionserfüllung Erforderliche ist. Als Delegatar dieser Aufgabe kommen der Gesetzgeber, die Anstalten selbst oder eine unabhängige dritte Instanz in Betracht. Die bundesverfassungsgerichtliche Lösung sieht einen Mittelweg vor. Danach bleibt es im Rahmen der verfassungsrechtlichen Zielsetzungen und landesrechtlichen Konkretisierungen primär der Entscheidung der öffentlich-rechtlichen Rundfunkanstalten überlassen, wie sie ihre Funktion erfüllen.[319] Diese Kompetenz folgt aus der grundrechtlich verankerten Programmfreiheit: „Es ist Sache der Rundfunkanstalten, aufgrund ihrer professionellen Maßstäbe zu bestimmen, was der Rundfunkauftrag in publizistischer Weise verlangt."[320] Da es damit aber auch in der

---

[315] BVerfGE 74, 297 (342); 87, 181 (202); 90, 60 (91).

[316] S. oben B) III. 1. a) aa) ccc), S. 57; so auch *Giehl*, Der Wettbewerb zwischen öffentlich-rechtlichen und privaten Rundfunkveranstaltern, S. 79, der darauf hinweist, daß eine verfasungsrechtliche Finanzierungspflicht bedingt wird durch die Begründung publizistischer Pflichten. Ohne Pflichtenstellung könne es auch keine Finanzierungspflicht geben.

[317] So ausdrücklich BVerfGE 87, 181 (204), die fünfte Rundfunkentscheidung korrigierend.

[318] *Selmer/Gersdorf*, Die Finanzierung des Rundfunks in der Bundesrepublik Deutschland auf dem Prüfstand des EG-Beihilferegimes, S. 15; *Oppermann*, Deutsche Rundfunkgebühren und europäisches Beihilferecht, S. 23.

[319] BVerfGE 87, 181 (201); 90, 60 (91 f.).

[320] BVerfGE 87, 181 (201); 90, 60 (87).

Macht der öffentlich-rechtlichen Rundfunkanstalten liegt, über die Kosten der Programme (und Sender) mittelbar auch über den Finanzierungsumfang zu bestimmen,[321] hat es das Bundesverfassungsgericht selbst als strukturelles „Dilemma" bezeichnet, daß den Anstalten nicht ein von Dritten - etwa dem Gesetzgeber - berechneter Rahmen vorgegeben werden kann, der nur noch auszufüllen wäre.[322] Die Rundfunkfreiheit, die dies verbietet, kann jedoch andererseits nicht so weit gehen, dem „Selbstbehauptungs- und Ausweitungsinteresse" der öffentlich-rechtlichen Rundfunkanstalten gänzlich nachzugeben, da dies die Gefahr birgt, daß diese sich gegenüber der auferlegten Funktion verselbständigen und die Interessen der Gebührenzahler vernachlässigen.[323] An dieser Stelle konfligiert der in der Grundrechtsinterpretation angelegte bipolare Charakter der Rundfunkfreiheit als Freiheits- und als funktionales Grundrecht mit sich selbst.

Um einen schonenden Ausgleich von Funktionsbindung und Programmfreiheit herbeizuführen, genügt eine nur nachträgliche Kontrolle durch den Gesetzgeber oder eine andere Institution nicht. Im Gebührenurteil verlangt das Bundesverfassungsgericht zu Recht, daß bereits eine Vorfeldkontrolle eingerichtet werden muß, „die bei der Gefahrenquelle ansetzt und die Möglichkeit rechtswidriger Kompetenzwahrnehmung so weit wie möglich ausschließt."[324]

Ist aus Gründen der Rundfunkfreiheit beim „Ermessen" der Rundfunkanstalten hinsichtlich der Programmgestaltung anzusetzen, so bleibt im Anschluß daran nur, die inhaltlichen Entscheidungen am verfassungsrechtlichen und gesetzlichen Rundfunkauftrag zu messen und auf ihre Verhältnismäßigkeit mit der Funktionserfüllung zu überprüfen.[325] Da aber auch innerhalb der Verhältnismäßigkeitsprüfung in die Rundfunkfreiheit der Anstalten eingegriffen werden kann, verlangt das Bundesverfassungsgericht, daß der Grundrechtsschutz im Bereich der Rundfunkfreiheit in angemessener Art und Weise durch Verfahrensschutz gewahrt wird.[326]

bb) Grundrechtsschutz durch Verfahrensregelungen

Im Gebührenurteil hat das Bundesverfassungsgericht die Konsequenz aus der Tatsache gezogen, daß auch der parlamentarische Gesetzgeber dem Wunsch erliegen kann, über die Finanzierung oder ihre Kontrolle Einfluß auf das Rundfunkprogramm zu

---

321 Vgl. dazu die Kritik von *Engel*, Europarechtliche Grenzen für öffentlich-rechtliche Spartenprogramme, S. 8.

322 BVerfGE 90, 60 (95).

323 BVerfGE 87, 181 (202); 90, 60 (92, 94).

324 BVerfGE 90, 60 (96).

325 BVerfGE 87, 181 (201 ff.); 90, 60 (92 ff.).

326 BVerfGE 90, 60 (96 ff.).

nehmen. Jede politische Instrumentalisierung des Rundfunks sollte ausgeschlossen, zugleich aber eine Kontrolle des Rundfunks durch das Parlament möglich bleiben.[327] Die Rechtsprechung greift zum Mittel des prozeduralen Grundrechtsschutzes, der insbesondere dort geboten sei, wo die Grundrechte ihre materielle Schutzfunktion nicht hinlänglich erfüllen könnten.[328] Um auch die potentielle Abhängigkeit von Seiten des die Rundfunkfreiheit verwirklichenden Gesetzgebers so gering wie möglich zu halten, entschieden sich die Verfassungsrichter dafür, dem Gesetzgeber detaillierte Vorgaben für die Art der Verfahrensregelungen zu machen. Das im 8. Rundfunkurteil ausgebreitete gestufte und kooperative Verfahren soll die Bindungen des Staates aus Art. 5 Abs. 1 Satz 2 GG am besten effektuieren.[329] Der Gesetzgeber hat sich an den Vorgaben des Bundesverfassungsgerichts orientiert und das Diktum im RFinStV 1996 umgesetzt:

aaa) Rechtsgrundlage und Anknüpfungspunkt für die Gebührenzahlung

Im Rundfunkstaatsvertrag von 1991 ist in Art. 4 der bereits erwähnte „Rundfunkgebührenstaatsvertrag" enthalten. In ihm ist im wesentlichen das Verhältnis zwischen den Rundfunkteilnehmern als Gebührenschuldnern und den Rundfunkveranstaltern als Gebührengläubigern geregelt. Bestimmungen über die Höhe der Rundfunkgebühr, die sich aus einer Grundgebühr für den Empfang von Hörfunk sowie einer Fernsehgebühr zusammensetzt, sind dagegen im „Rundfunkfinanzierungsstaatsvertrag" (Art. 5 RStV 1991) festgehalten. Gemäß § 12 Abs. 2 RStV, § 2 Abs. Satz 1 RGebStV muß derjenige Rezipient Rundfunkgebühren zahlen, der in Deutschland ein Rundfunkempfangsgerät (Fernseher oder Radio) bereithält.

Ursprünglich wurde die Rundfunkgebühr als Postgebühr gemäß § 2 Fernmeldeanlagengesetz (FAG) eingestuft, die für die Erlaubnis zur Errichtung und zum Betrieb eines Rundfunkgeräts zu entrichten war (Verleihungsgebühr).[330] Im Jahre 1968 stellte das Bundesverwaltungsgericht dagegen ausdrücklich fest, daß schon die Notwendigkeit eines Verleihungsaktes mit Art. 5 Abs. 1 Satz 1 GG schwer zu vereinbaren sein dürfte und daß nicht die Post, sondern die Rundfunkanstalten eine Gegenleistung für die Gebührenzahlung erbrachten.[331] Der Zurverfügungstellung der fernmeldetechnischem Einrichtung oder der Bekämpfung der Schwarzhörer durch die Post komme demgegenüber nur eine untergeordnete Bedeutung zu. Die Finanzierungsverantwor-

---

327 BVerfGE 90, 60 (88 ff.); vgl. auch schon BVerfGE 83, 238 (323) unter Hinweis auf BVerfGE 73, 118 (182).

328 BVerfGE 90, 60 (96).

329 BVerfGE 90, 60 (102).

330 Vgl. die Nachweise in BVerwGE 29, 214 (215).

331 BVerwGE 29, 214 (216), das überdies die vom Kläger vorgenommene Einordnung der Rundfunkgebühr als Benutzungsgebühr unbeanstandet ließ, BVerwG, a.a.O., S. 217.

tung der Länder für den öffentlich-rechtlichen Rundfunk konnte damit nicht mehr an den fernmeldetechnischen Vorgang des Rundfunkempfangs anknüpfen; sie verlagerte sich auf die bloße Empfangsmöglichkeit des öffentlichen Rundfunks, die mangels Auswahlmöglichkeit zwingend mit dem Besitz eines Rundfunkgerätes verbunden war. Das Bundesverfassungsgericht hält diese in der Empfangsmöglichkeit gründende Leistungspflicht der Rundfunkempfänger dem Grunde nach für gerechtfertigt, „denn sie dient der Aufrechterhaltung eines Rundfunkangebots, das von Art. 5 Abs. 1 Satz 2 GG gefordert ist und im Gesamtinteresse liegt."[332]

Da die Defizite des privaten Rundfunks an gegenständlicher Breite und thematischer Vielfalt nur hingenommen werden können, soweit und solange der öffentlich-rechtliche Rundfunk in vollem Umfange funktionstüchtig bleibt, erachtet das Bundesverfassungsgericht es auch innerhalb der dualen Rundfunkordnung für rechtens, die Gebührenpflicht ohne Rücksicht auf die Nutzungsgewohnheiten der Empfänger allein an den Teilnehmerstatus zu knüpfen, der durch die Bereithaltung des Rundfunkgeräts begründet wird.[333] Die Rundfunkgebühr ist somit keine Gegenleistung für eine einzelne, vom Rundfunkteilnehmer in Anspruch genommene, konkret meßbare Leistung der Rundfunkanstalten, sondern Finanzierungsmittel für die Gesamtveranstaltung des (öffentlich-rechtlichen) Rundfunks.[334] Indem die Gebührenfinanzierung der öffentlich-rechtlichen Rundfunkanstalten den privaten Rundfunk von den für den öffentlichen Rundfunk geltenden, an der publizistischen Funktion des Rundfunks ausgerichteten Programmanforderungen entlastet, ermöglicht sie den Privaten erst eine vorrangig ökonomischer Rationalität folgende Existenz[335] und bezieht diese so in die Gesamtveranstaltung mit ein. Insoweit ist es berechtigt, den Rundfunk im dualen System öffentlicher und privater Anbieter als Einheit zu begreifen.

Die von der Gebühreneinzugszentrale (GEZ) eingezogenen Rundfunkgebühren fließen gemäß § 7 RGebStV an die jeweils örtlich zuständige Landesrundfunkanstalt und bilden gemäß § 12 Abs. 1 RStV neben Werbung, Sponsoring und dem Finanzausgleich die vorrangige Finanzierungsquelle des öffentlich-rechtlichen Rundfunks. § 11 Abs. 1 RStV stellt somit eine Adaption verfassungsrechtlicher Rechtsprechung

---

332 BVerfGE 87, 181 (201).

333 BVerfG, NJW 2000, S. 649 (649); BVerfGE 90, 60 (91) unter Hinweis auf BVerfGE 87, 181 (201); so auch *Oppermann/Kilian*, Rechtsgrundsätze der Finanzierung öffentlich-rechtlichen Rundfunks in der dualen Rundfunkverfassung der Bundesrepublik Deutschland, S. 89; a. A. *Wenzel*, ZUM 1990, S. 497 (498), der meint, daß die Ergänzungsfunktion, „die dem privaten Fernsehen im Verhältnis zur öffentlich-rechtlichen Grundversorgung zukommt", allein das Verhältnis zwischen den verschiedenen Anbietern bzw. zwischen den privten Veranstaltern und ihrer Genehmigungsbehörde betreffe, woraus folge, daß der Zuschauer dann keine Rundfunkgebühr entrichten müsse, wenn er nur private Programme in Anspruch nimmt.

334 BVerfGE 31, 314 (329 f.).

335 *Eberle*, AfP 1995, S. 559 (560).

dar, als die Norm dem öffentlich-rechtlichen Rundfunk eine Finanzausstattung zubilligt, mit deren Hilfe er in der Lage ist, seine verfassungsmäßigen und gesetzlichen Aufgaben zu erfüllen.

bbb) Feststellung der Gebührenhöhe

Bis zum 8. Rundfunkurteil des Bundesverfassungsgerichts hatte die am 20. Februar 1975 durch Beschluß der Ministerpräsidenten gegründete „Kommission zur Ermittlung des Finanzbedarfs der Rundfunkanstalten" (KEF) die Aufgabe, den von den Rundfunkanstalten angemeldeten Finanzbedarf zu überprüfen und auf dieser Grundlage gegenüber den Regierungschefs der Länder Empfehlungen über die Höhe der Rundfunkgebühr abzugeben.[336] Das Bundesverfassungsgericht kam in seinem 8. Rundfunkurteil vom 22. Februar 1994 zu dem Ergebnis, daß dieses Verfahren zur Festsetzung der Rundfunkgebühr den Anforderungen des Schutzes der Rundfunkfreiheit nicht in vollem Umfange genüge, da die Gebührenentscheidung durch die Parlamente in dieser Form als rein politische Entscheidung ausgestaltet sei und sich folglich für Parlamente und Regierungen die Möglichkeit ergebe, medienpolitische Ziele mit dem Mittel der Gebührenentscheidung zu verfolgen.[337] Zwar sah es das Bundesverfassungsgericht als sachdienlich an, daß die Aufgaben der Überprüfung und Ermittlung des Finanzbedarfs an ein sachverständiges Gremium übertragen worden waren, doch sei der Gesetzgeber verpflichtet, Aufgaben, Zusammensetzung und Verfahren des Gremiums gesetzlich zu regeln, was jetzt in § 13 RStV und §§ 2 bis 7 RFinStV geschehen ist.[338] Dabei habe er vor allem die Unabhängigkeit der Gremiumsmitglieder gesetzlich zu sichern (§ 4 Abs. 3 und 4 RFinStV); nicht nur rundfunkanstalts- sondern auch politikfrei müsse das Gremium zusammengesetzt sein.[339] Außerdem müsse das Überprüfungsergebnis der KEF mit einer Bindungswirkung ausgestattet werden, die einer Gebührenanpassung aus rein politischer Opportunität den Boden entzieht: Der von der KEF überprüfte und festgestellte Finanzbedarf der Rundfunkanstalten dürfe bei der Gebührenfestsetzung nur aus (nachprüfbaren) Gründen unterschritten werden, die vor der Rundfunkfreiheit Bestand haben.[340] Dazu gehören namentlich die Interessen der Gebührenzahler.[341]

---

336 Vgl. nur den 11. Bericht der KEF vom März 1998, S. 1, Tz. 1.

337 BVerfGE 90, 60 (100 ff.), wobei schon die Einrichtung der KEF durch Beschluß und ihre Stellung als „Hilfsorgan der Ministerpräsidenten" gerügt wurde; vgl. heute die gesetzliche Verankerung der KEF in § 2 RFinStV, sowie die Statuierung der Aufgaben und Befugnisse in § 3 RFinStV.

338 BVerfGE 90, 60 (100, 103); vgl. dazu den 11. Bericht der KEF vom März 1998, S. 1, Tz. 4 und 5.

339 Zur Weisungsunabhängigkeit und Neubesetzung der KEF vgl. *Hümmerich/Heinze*, ZUM 1994, S. 488 (493 ff.).

340 § 7 Abs. 2 Satz 2 RFinStV verlangt, daß die Rundfunkkommission der Länder im Falle einer beabsichtigten Abweichung vom Vorschlag der KEF dies vorher mit der KEF erörtert.

341 BVerfGE 90, 60 (103 f.).

Ausgangspunkt des Verfahrens bleibt auch nach dem 8. Rundfunkurteil die auf der Programmentscheidung der Rundfunkanstalten basierende Bedarfsanmeldung durch die öffentlich-rechtlichen Rundfunkanstalten.[342] Die KEF kontrolliert, ob sich die Programmentscheidungen im Rahmen des rechtlich umgrenzten Rundfunkauftrags halten und ob der aus ihnen abgeleitete Finanzbedarf im Einklang mit den Grundsätzen von Wirtschaftlichkeit und Sparsamkeit ermittelt worden ist. Der Gebührenvorschlag der KEF bildet somit die Grundlage für die Entscheidung der Landesregierungen und Parlamente über die Gebührenhöhe. Die Entscheidungsmacht selbst hat sich aber von der Legislative in Richtung KEF verschoben, wodurch der Grundrechtsschutz der Rundfunkanstalten verstärkt wurde.

Es ist bemängelt worden, daß der KEF über die Auslegung der Begriffe „Wirtschaftlichkeit und Sparsamkeit“ ein erheblicher Bewertungsspielraum eröffnet wird, der zu einem Eindringen in den grundrechtlich geschützten Bereich der Anstalten führen könnte. Eine verfassungskonforme Interpretation der Prüfungsbefugnis müsse daher eine Einschätzungsprärogative hinsichtlich des Finanzbedarfs zugunsten der Rundfunkanstalten unterstellen.[343] Zu bedenken ist bei aller Kritik aber, daß nicht die KEF sondern die Parlamente abschließend über das Maß der erreichten Wirtschaftlichkeit entscheiden und daß der KEF im Falle einer negativen Abweichung von den anstaltlichen Bedarfsvorgaben eine erhöhte Begründungslast auferlegt ist, die sich an der Vereinbarkeit mit der Funktionserfüllung messen lassen muß. Grundrechtswidrige Abweichungen, die den Funktionsauftrag gefährden würden, könnten immer noch vom Parlament moniert und letztlich von den Gerichten korrigiert werden[344], während für Verstöße gegen das Wirtschaftlichkeitsgebot in Gestalt der Rechnungshöfe eine weitere Kontrollinstanz bereitsteht.[345] Grundsätzlich ist hinsichtlich des Verfahrens zur Ermittlung des Finanzbedarfs den Ausführungen *Libertus*` zuzustimmen, nach denen in einem grundrechtlich geschützten Bereich der Eingriff (scil. ein im Betrag nach unten abweichender KEF-Vorschlag) der Rechtfertigung bedarf, nicht aber umgekehrt der Grundrechtsträger sich für die Wahrnehmung des geschützten Freiraums rechtfertigen muß.[346]

---

342 BVerfGE 90, 60 (102); vgl. auch § 13 Abs. 1 Satz 1 RStV.

343 *Goerlich*, ZUM 1996, S. 390 (391); *Libertus*, ZUM 1996, S. 947 (951) will die wirtschaftliche non-liquet Situation über das Maß der getroffenen Rationalisierungen ebenfalls zu Lasten der KEF gewichten.

344 Kritisch zum nur ungenügenden Rechtsschutz gegen den KEF-Bericht *Goerlich*, ZUM 1996, S. 390 (392); *Libertus/Hans/Marci*, ZUM 1998, S. 961 (963 ff.).

345 S. dazu *Jarass*, Reichweite der Rechnungsprüfung bei Rundfunkanstalten, S. 17 ff.

346 *Libertus*, ZUM 1996, S. 947 (951).

c) Verteilung der Gebühren

Der Schlüssel für die Gebührenverteilung zwischen ARD und ZDF findet sich ebenso wie die Festlegung der Gebührenhöhe im Rundfunkfinanzierungsstaatsvertrag. Danach sind gemäß § 9 Abs. 2 RFinStV i.V.m. § 29 ZDF-StV 63,9878 % für die ARD-Anstalten und 36,0122 % des Gesamtgebührenaufkommens für das ZDF vorgesehen. § 10 Abs. 1 Satz 1 RFinStV sieht i.V.m. § 40 Abs. 1 RStV darüber hinaus vor, daß zwei Prozent des Gebührenaufkommens den Landesmedienanstalten zufließen. Gemäß § 11 Abs. 2 Satz 1 RStV ist auch der Finanzausgleich unter den Landesrundfunkanstalten Bestandteil des Finanzierungssystems der ARD, das insbesondere eine funktionsgerechte Aufgabenerfüllung der Anstalten Saarländischer Rundfunk, Radio Bremen und des Sender Freien Berlin sichern soll. Auf dieser Grundlage regelt § 14 RFinStV, daß die Finanzausgleichsmasse jährlich mindestens 186,17 Mio. DM beträgt, der SR mindestens 94,71 Mio. DM, RB mindestens 81,46 Mio. DM und der SFB 10 Mio. DM erhalten.

2. Rechtsnatur der Rundfunkgebühr

In der Rundfunkgebühr sind Elemente aller drei überkommenen Abgabenarten - Steuer, Gebühr, Beitrag - enthalten. In der wissenschaftlichen Diskussion reicht die Palette der vertretenen Ansichten, worunter die Rundfunkgebühr zu subsumieren ist, deshalb sehr weit. Vor allem wird behauptet, es handle sich bei der Rundfunkgebühr um eine Abgabe mit Beitragscharakter[347], bzw. um einen reinen Beitrag.[348] Die letztgenannte Ansicht kann sich zumindest insofern auf die höchstrichterliche Rechtsprechung stützen, als die Abgabepflicht bereits durch das „Bereithalten" des Rundfunkempfangsgeräts ausgelöst wird.[349] Andere Literaturstimmen sehen in der Rundfunkgebühr eine zweckgebundene Verbrauchsteuer.[350] Mit der Feststellung des Bundesverfassungsgerichts[351], daß die Rundfunkgebühr der Gesamtveranstaltung Rundfunk dient, ist es sicherlich unvereinbar, die Rundfunkgebühr als privatrechtliches Entgelt oder als Gebühr im abgabenrechtlichen Sinne zu verstehen.[352] Dafür spricht auch, daß das abgabenrechtliche Äquivalenzprinzip für die Bestimmung der Gebührenhöhe nicht

---

347 VGH Kassel, ZUM 1991, S. 213 (214); *Ipsen*, Die Rundfunkgebühr, S. 62 ff.; *Badura*, Rundfunkfreiheit und Finanzautonomie, S. 18; *Oppermann/Kilian*, Rechtsgrundsätze der Finanzierung öffentlich-rechtlichen Rundfunks in der dualen Rundfunkverfassung der Bundesrepublik Deutschland, S. 43; *Hesse*, Rundfunkrecht, S. 177 Rn. 125.

348 OVG Berlin, ZUM 1991, S. 212 (213); *Gall*, ZUM 1991, S. 167 (173); *Herrmann*, Rundfunkrecht, § 31 Rn. 44 f.

349 Zuletzt BVerfG, NJW 2000, S. 649 (649) mit Hinweis auf BVerfGE 90, 60 (91); s. auch BVerwG, ZUM 1999, S. 496 ff.

350 *Hümmerich/Beucher*, AfP 1989, S. 708 (715 f.).

351 BVerfGE 90, 60 (91) unter Hinweis auf BVerfGE 87, 181 (201).

352 *Hartstein/Ring/Kreile/Dörr/Stettner*, Kommentar zum Rundfunkstaatsvertrag, § 12 Rn. 9.

gelten soll, sondern für die Überprüfung der gesetzlichen Abgrenzung des Kreises der Gebührenpflichtigen allein Art. 3 Abs. 1 GG maßgebend ist.[353]

Um dem Gebot der staatsfernen Organisation gerecht zu werden, nimmt die wohl heute herrschende Ansicht an, daß die herkömmliche verwaltungsrechtliche Abgabenkategorie keine Lösung bereithält. Vielmehr sei die Rundfunkgebühr unter die von der bundesverfassungsgerichtlichen Judikatur[354] entwickelte Figur der Sonderabgabe zu subsumieren.[355] Die Einordnung der Rundfunkgebühr, die trotz allem auch im weiteren so bezeichnet werden soll, paßt – trotz Bedenken wegen der Allgemeinwohlbezogenheit der Finanzierung - am ehesten auch unter die materiellen Kriterien der Kategorie Sonderabgabe: Die Rundfunkteilnehmer stellen eine homogene Gruppe dar. Diese Gruppe läßt sich auch von derjenigen der Steuerzahler abgrenzen.[356] Weiter ist auch die besondere Sachnähe der Abgabenpflichtigen zum Abgabenzweck anzunehmen, woraus umgekehrt die besondere Gruppenverantwortung der öffentlich-rechtlichen Rundfunkanstalten für die Sicherstellung der spezifischen Funktionen folgt. Die gruppennützige Verwendung steht ebenfalls außer Zweifel, weil die Rundfunkgebühr der Gesamtveranstaltung Rundfunk dient, da der Rezipient nicht nur die öffentlich-rechtlichen Programme empfangen kann, sondern auch einen inhaltlichen Anforderungen nur eingeschränkt unterworfenen privaten Rundfunk. Selbst das Erfordernis der Kontrolle in regelmäßigen Abständen wird durch die periodischen KEF-Berichte erfüllt.

Bedeutung hat die Kontroverse über die rechtliche Einordnung der Rundfunkgebühr nicht mehr. Für die Frage der Vereinbarkeit der Gebührenfinanzierung mit dem europäischen Beihilferecht wird sich als entscheidend die allen abgabenrechtlichen Kategorien innewohnende Zweckgerichtetheit der Verwendung erweisen, so daß eine abschließende Entscheidung über die Rechtsnatur hier entbehrlich ist. Dem Vorschlag der Monopolkommission, der eine „allgemeine, nutzungsunabhängige Abgabe" fordert, um rechtliche Probleme zu vermeiden, die künftig durch die Austauschbarkeit von Computer und Fernsehen entstehen können, werden mit Ausnahme der reinen Gebühren- und Entgelttheorie ebenfalls alle Theorien gerecht.[357] Da als Grund für die

---

353 BVerwG, ZUM 1999, S. 496 (497); a. A. noch BVerwGE 79, 90.

354 Vgl. BVerfGE 55, 274 (297 ff.); 67, 256 (274 ff.); 82, 159 (179 ff.).

355 *Badura*, ZUM 1988, S. 155 (163); *Schmidt*, Die Rundfunkgebühr in der dualen Rundfunkordnung, S. 59; zustimmend auch *Bethge*, AöR 1991, S. 521 (529); *Hess*, Verfassungsrechtliche Probleme der Gebührenfinanzierung im dualen Rundfunksystem, S. 107.

356 *Hess*, Verfassungsrechtliche Probleme der Gebührenfinanzierung im dualen Rundfunksystem, S. 108.

357 Vgl. Zwölftes Hauptgutachten der Monopolkommission, Zusammenfassung in: epd medien Nr. 71 vom 12.9.1998, S. 15 (16), sowie den neuen § 5 a von Art. 5 (RGebStV) des 4. RfÄStV, in dem vorgesehen ist, daß bis zum 31. Dezember 2003 für Rechner, die Rundfunkprogramme ausschließlich über Programme im Internet wiedergeben können, Gebühren nicht zu entrichten sind.

Entrichtung der Rundfunkgebühr das Bereithalten eines Empfangsgerätes allgemein anerkannt ist, müßte lediglich der Computer zu den Empfangsgeräten gerechnet werden.

V. Finanzierungsgrundsätze des privaten Rundfunks

Die Finanzierung des privaten Rundfunks unterliegt einem weiteren Ermessensspielraum des Gesetzgebers als dies bei den öffentlich-rechtlichen Anstalten der Fall ist, weil die privaten Anbieter nur eingeschränkt an den Funktionsauftrag des Rundfunks gebunden sind.[358] Da das Bundesverfassungsgericht den Parlamentsgesetzgeber verpflichtet hat, im Falle der Einführung privaten Rundfunks dessen Verwirklichung nicht erheblich zu erschweren oder gar unmöglich zu machen[359], sind die Bundesländer gehalten, auch dem Privatfunk die für seine Existenz notwendigen Finanzierungsmöglichkeiten[360] zu verschaffen.

Neben dem Kapital der Gesellschafter fungiert die Wirtschaftswerbung als bedeutendste Finanzquelle der privaten Rundfunkveranstalter. Die privatrechtlich organisierten Veranstalter von Rundfunk unterliegen hinsichtlich der Wirtschaftswerbung nicht dem für die öffentlich-rechtliche Konkurrenz gemäß § 15 Abs. 1 RStV geltenden Werbeverbot in der besten Sendezeit nach 20 Uhr, so daß vor allem diese Zeit im Binnenwettbewerb der Privaten zur Eigenfinanzierung genutzt werden kann. Die privaten Sender können jedoch nicht in unbegrenztem Maße werben: Im Verhältnis zu ihrem Gesamtprogramm ist die Werbung gemäß § 45 Abs. 1 RStV anteilsmäßig auf insgesamt 20 Prozent, die der Spotwerbung auf 15 Prozent der täglichen Sendezeit beschränkt. Im 4. Rundfunkänderungsstaatsvertrag wurden die Modalitäten für die Werbung der Privaten noch weiter gelockert:[361] Mit § 7 Abs. 4 RÄStV wurde die bislang umstrittene[362] Trennung des Bildschirms für Werbung und Programm ausdrücklich für zulässig erklärt; § 7 Abs. 6 des RÄStV gestattet es den privaten TV-Veranstaltern zudem das Einfügen virtueller Werbung.[363]. Eine weitere Lockerung der Werbemodalitäten findet sich in § 44 Abs. 3 Satz 1 RStV, der bisher eine Muß-Vorschrift für den Abstand der Werbeblöcke enthielt und künftig als Folge der Umsetzung der europäischen Fernsehrichtlinie als Soll-Vorschrift gefaßt wird.

---

358 *Ricker/Schiwy*, Rundfunkverfassungsrecht, S. 212 Rn. 97.

359 BVerfGE 73, 118 (157); 83, 283 (296).

360 BVerfGE 83, 283 (311); vgl. auch Präambel zum RStV, die davon spricht, daß öffentlich-rechtlicher wie privater Rundfunk in der Lage sein müssen, den Anforderungen des nationalen und des internationalen Wettbewerbs zu entsprechen.

361 Dokumentation in epd medien Nr. 36 vom 12.5.1999, S. 3 ff.

362 S. dazu den Beschluß des VG Berlin vom 17.12.1998 zur Laufbahnwerbung bei n-TV, in: ZUM 1999, S. 165 ff.

363 Unter virtueller Werbung versteht man die redaktionelle Einfügung von Werbung durch den Sender in ein übertragenes Bild.

Eine Finanzierung des privaten Rundfunks durch Gebührenmittel ist dagegen ausgeschlossen, da die privaten Rundfunkveranstalter weder Beliehene noch sonst Delegatare hoheitlicher Aufgaben sind.[364] Wesenseigenschaft der Finanzierung des privaten Rundfunks ist somit die fehlende Bindung von Programminhalt und Finanzierung und eine im Vergleich zu den öffentlich-rechtlichen Programmen deutlich reduzierte Werbebeschränkung.

VI. Ausblick

Die Betrachtung der für die Rundfunkfinanzierung wesentlichen Elemente der deutschen Rundfunkordnung hat deutlich gemacht, daß das Rundfunkwesen und in ihm besonders die Stellung des öffentlich-rechtlichen Rundfunks einem stringenten verfassungsrechtlichen Systemverständnis unterliegt. Mittelpunkt des verfassungsrechtlichen Koordinatensystems in der Bundesrepublik Deutschland ist die Auffassung von der Funktionsgebundenheit des Rundfunks, seine Bedeutung für die demokratische Grundordnung und nicht in erster Linie seine wirtschaftlichen Erwerbsmöglichkeiten. Diese Auffassung wirkt sich auf das Grundrechtsverständnis des Art. 5 Abs. 1 Satz 2 GG selbst aus und erstreckt sich vom Inhalt bis zur Finanzierung der Programme. Im folgenden ist zu zeigen, welchen Einfluß europarechtliche Regelungen auf die so gewachsene Rundfunkordnung in Deutschland nehmen können und welche Folgerungen aus den Interdependenzen von europäischem Wirtschafts- und nationalem Rundfunkverfassungsrecht zu ziehen sind.

---

[364] Dazu *Bethge*, Rundfunkfreiheit und privater Rundfunk, S. 107; ausdrücklich außerdem § 43 Satz 2 RStV alter und geplanter Fassung.

C) Die deutsche Rundfunkordnung und das Europarecht

Die deutsche Rundfunkordnung steht unter wachsendem Einfluß der europäischen Politik und des Europarechts. Einwirkungen erfolgen nicht nur durch das Sekundärrecht, also durch den Erlaß von Verordnungen oder Richtlinien[365], sondern auch durch die Anwendung des Primärrechts, d. h. der EG-Verträge. Hinsichtlich der dualen Rundfunkordnung in Deutschland und der auf diese ausgerichteten Gebührenfinanzierung ist zu prüfen, ob das funktional-objektive Grundrechtsverständnis von Art. 5 Abs. 1 Satz 2 GG vor dem hauptsächlich vom Marktgedanken getragenen Europarecht Bestand haben kann. Es ist daher zu untersuchen, welcher Einfluß den europäischen primär- und sekundärrechtlichen Bestimmungen auf die nationalen rundfunkrechtlichen Prinzipien zukommt bzw. überhaupt zukommen darf, welche Grenzen also den für die Auslegung und Anwendung des Europarechts zuständigen Gerichten, der Legislative sowie der Exekutive gezogen sind.

Auch wenn eine Trennung von Legislative und Exekutive weder in den Gemeinschafts- noch in den Unionsverträgen vorgenommen worden ist und der Versuch einer Einordnung der einzelnen Organe auf europäischer Ebene in diese nationalverfassungsrechtlichen Kategorien dem Gemeinschaftsgefüge nicht gerecht würde[366], so werden doch im folgenden die verwaltende Tätigkeit der Kommission als exekutivische und der Erlaß von Sekundärrechtsnormen als legislative oder rechtsetzende Tätigkeit bezeichnet, ohne damit die Europäische Kommission im verfassungsrechtlichen Gewaltenteilungsschema genau verorten zu wollen.

I. Einflüsse auf die deutsche Rundfunkordnung durch die europäische Rechtsprechung

Modifikationen könnte das Grundrechtsverständnis von Art. 5 Abs. 1 Satz 2 GG dadurch erfahren, daß es durch ein europäisches Grundrecht der Rundfunkfreiheit und seine Konkretisierung oder andere Vorschriften des EG-Vertrages, wie etwa Art. 49 ff. EGV überlagert wird. Prägend für die rechtliche Einordnung des Rundfunks sind bislang die Urteile des Europäischen Gerichtshofs und die Spruchpraxis des Europäischen Gerichtshofs für Menschenrechte gewesen. Von ihren Urteilen hängt es ab, wie weit die Mitgliedstaaten das Grundrecht der Rundfunkfreiheit ausgestalten dürfen und welche rundfunkbezogenen Eingriffe die Mitgliedstaaten durch europäische Organe zu dulden haben. Die Jurisdiktionshoheit über das Gemeinschaftsrecht, die der EuGH für sich in Anspruch nimmt[367], führt in – in noch bestehender - Ermangelung eines EG-

---

365 Vgl. dazu die Zusammenfassung bei *Dörr*, NJW 1995, S. 2263 ff. und NJW 1997, S. 1341 ff.

366 *Pechstein/Koenig*, Die Europäische Union, Rn. 555 f.

367 Zum Auslegungsmonopol des Europäischen Gerichtshofs vgl. Art. 164, 173 i.V.m. Art. 219

vertraglich statuierten Grundrechts auf Rundfunkfreiheit dazu, daß nationales Rundfunkrecht in erster Linie über die Konkretisierung von wirtschaftsbezogenen Primärrechtsnormen wie Art. 49 ff., 81 ff. und 87 f. EGV sowie über die Auslegung und Anwendung der Fernsehrichtlinie[368] konturiert wird. Davon zu unterscheiden ist die Spruchpraxis des EGMR zu Art. 10 EMRK, die sich einzig an einem rundfunkbezogenen Grundrecht orientiert. Doch finden sich Ausführungen zu Art. 10 EMRK auch in Urteilen des EuGH[369], da über Art. 6 Abs. 2 EUV der grundrechtliche Gehalt der EMRK insgesamt von der Gemeinschaft zu beachten ist. Der richterrechtliche Einfluß auf die nationalen Rundfunkordnungen und damit auf die Gebührenfinanzierung des öffentlich-rechtlichen Rundfunks hängt vor allem davon ab, von welchem Grundrechtsverständnis der Rundfunkfreiheit die europäischen Gerichte ausgehen, welche Bedeutung sie dem Rundfunk allgemein und den öffentlich-rechtlichen Rundfunkanstalten im besonderen beimessen und nicht zuletzt von der Frage, bis zu welchem Grad die Judikative Kommissionsentscheidungen für überprüfbar hält.

1. Unterschiede im Grundrechtsgehalt von Art. 10 EMRK und Art. 5 Abs. 1 Satz 2 GG

Im Europarecht ist die Rundfunkfreiheit bislang ausdrücklich nur in Art. 10 Abs. 1 EMRK verbürgt. Gemäß Art. 10 Abs. 1 Satz 1 EMRK – der Art. 15 des Konventsvorschlags zur Ausarbeitung einer europäischen Grundrechtscharta entspricht - hat jeder das Recht auf freie Meinungsäußerung, einschließlich der Freiheit der Meinung und der Freiheit zum Empfang und zur Mitteilung von Nachrichten oder Ideen. Vom EGMR wird Art. 10 EMRK in Bezug auf den Rundfunk aus der Sicht der Informations- und Meinungsfreiheit gedeutet und zuvörderst als individuelles Abwehrrecht verstanden, das dem Einzelnen ein Recht auf Meinungsäußerung unter Umständen auch mit Mitteln des Rundfunks einräumt.[370] Der Schutzbereich von Art. 10 Abs. 1 EMRK beinhaltet folglich die Garantie eines umfassenden Rechts auf Meinungsäußerungsfreiheit, das nicht zwischen Meinungsäußerungen verschiedener Arten oder durch verschiedene Träger differenziert.[371]

EGV; Art. 136 i.V.m. Art. 193 EAGV; Art. 31 i.V. m. Art. 87 EGKSV; EuGH Slg. 1977, S. 741 (761 f.) – Gutachten 1/76 -; EuGH, Slg. 1991, I-6079 (6105) – Gutachten 1/91 -; sowie *E. Klein*, VVDStRL 50 (1991), S. 56 (67).

368 Richtlinie 89/552/EWG des Rates zur Koordinierung bestimmter Rechts- und Verwaltungsvorschriften der Mitgliedstaaten über die Ausübung der Fernsehtätigkeit vom 3.10.1989, ABl. EG Nr. L 298 v. 17.10.1989, S. 23 ff., geändert durch Richtlinie 97/36/EG des Europäischen Parlaments und des Rates v. 30.6.1997, ABl. EG Nr. L 202 v. 30.7.1997, S. 60 ff.

369 Vgl. dazu EuGH Slg. 1974, S. 491 (507) - Nold -; EuGH Slg. 1975, S. 1219 (1232) - Rutili -; *Astheimer*, Rundfunkfreiheit - Ein europäisches Grundrecht, S. 35; *E. Klein*, AfP 1994, S. 9 (10).

370 Urteil des EGMR v. 25.3.1985 - Barthold -, in: EuGRZ 1985, S. 170 (173); Urteil des EGMR vom 28.3.1990 - Groppera -, in: EuGRZ 1990, S. 255 (256); Urteil v. 22.5.1990 - Autronic -, in: EuGRZ 1990, S. 261 (262); *Dörr*, ZUM 1995, S. 14 (17).

371 *Astheimer*, EWS 1991, S. 275 (276); *Gornig*, Äußerungsfreiheit und Informationsfreiheit als

Dieser individuell-abwehrrechtliche Ansatz unterscheidet sich grundlegend von dem Verständnis, das der Rundfunkfreiheit nach Art. 5 Abs. 1 Satz 2 GG zugrunde liegt.[372] Erst auf der Ebene der Menschenrechtsbeschränkung kann der EGMR deshalb nachholen, was das Bundesverfassungsgericht dem deutschen Gesetzgeber mit der Schaffung einer positiven Rundfunkordnung bereits auf der Tatbestandsebene aufgegeben hat.

Eine Einschränkung von Art. 10 Abs. 1 EMRK ist nicht unter Berufung auf beliebige Ziele statthaft. Insbesondere das Einschränkungsziel der „öffentlichen Ordnung" in Art. 10 Abs. 2 EMRK darf nicht im Sinne eines Totalvorbehalts der staatlichen Rechtsordnung verstanden werden.[373] Maßstab für die Geeignetheit des Beschränkungsziels ist vielmehr die Frage, ob die Einschränkung „in einer demokratischen Gesellschaft notwendig" ist.[374] Bei der Ermittlung dieser gemeinsamen demokratischen Überzeugungen ist rechtsvergleichend vorzugehen[375]. Indem sich mit dem Ordnungsvorbehalt des Art. 10 Abs. 2 EMRK aber der Schutz demokratischer Institutionen rechtfertigen läßt, könnte in Betracht gezogen werden, auch demokratische Strukturen unter den Ordnungsvorbehalt zu fassen. Dann erlaubte es die Rechtsprechung des EGMR sogar, den öffentlich-rechtlichen Rundfunkanstalten im Wettbewerb mit den privaten eine funktional begründete Sonderstellung einzuräumen.[376] Da rechtsvergleichend zu ermitteln ist, welche pluralismussichernden Strukturelemente in den Rechtsordnungen anderer Unterzeichnerstaaten vorhanden sind, muß desweiteren auch das deutsche Grundrechtsverständnis der funktionalen Ausrichtung der Rundfunkfreiheit an der Meinungsfreiheit berücksichtigt werden. Dann aber sind die nach deutschem Verfassungsrecht die Rundfunkfreiheit ausgestaltende Gesetze auch im Rahmen von Art. 10 Abs. 2 EMRK nicht als Eingriffe zu werten, sondern als der Aufrechterhaltung des demokratischen Meinungs- und Willensbildungsprozesses dienend anzusehen und somit gerechtfertigt.

Menschenrechte, S. 290 f.; *Herrmann*, EWS 1991, S. 269 (270).

372 Vgl. oben B) II. 3. S. 39 ff.

373 So zu Recht *Engel*, Privater Rundfunk vor der Europäischen Menschenrechtskonvention, S. 80 f., 455; ders., AfP 1994, S. 1 (2).

374 *E. Klein*, AfP 1994, S. 9 (14); *Bröhmer*, Die innerstaatliche und europarechtliche Bedeutung von Art. 10 EMRK für die Medienordnung, S. 79 (92), in: Europäisches Medienrecht: Fernsehen und seine gemeinschaftsrechtliche Regelung.

375 *Gornig*, Äußerungsfreiheit und Informationsfreiheit als Menschenrechte, S. 302, 304; sowie *Hailbronner*, in Bernhardt/Geck/Jaenicke/Steinberger (Hrsg.), FS für Mosler, S. 359 (370), der zu Recht bestimmte zweckgerichteter Grundrechtstheorien mit dem liberal-individuellen Ansatz für vereinbar hält.

376 *Engel*, Privater Rundfunk vor der Europäischen Menschenrechtskonvention, S. 84 ff., 374, der die Ansicht vertritt, daß es *unvermeidlich* sei, die öffentlich-rechtlichen Sender gegenüber den privaten zu privilegieren; ders., AfP 1994, S. 1 (3).

Der EGMR selbst hat dagegen Art. 10 Abs. 1 Satz 3 EMRK nicht als immanente Schranke der Grundrechte aus Satz 1 und 2 anerkannt.[377] Zwar können über den Genehmigungsvorbehalt aus Art. 10 Abs. 1 Satz 3 EMRK auch nicht-technische Aspekte berücksichtigt werden[378], doch müssen auch von Art. 10 Abs. 2 EMRK differierende Einschränkungsziele in einer demokratischen Gesellschaft notwendig sein.

Trotz der Unterschiedlichkeit im Grundrechtsverständnis ist der vom Bundesverfassungsgericht gewählte funktionale Ansatz daher mit Art. 10 Abs. 1 EMRK vereinbar und bedarf die deutsche Rundfunkordnung keiner Modifikation, um der Menschenrechtskonvention zu entsprechen.[379] Sie wird sogar in besonderer Weise der Forderung gerecht, wonach es unerläßlich ist, „daß die Mitgliedstaaten dafür Sorge tragen, daß Handlungen unterbleiben, die [...] die Entstehung beherrschender Stellungen begünstigen könnten, welche zu Beschränkungen des Pluralismus und der Freiheit der Fernsehinformation sowie der Information in ihrer Gesamtheit“ führen würden.[380]

2. Rundfunk als Dienstleistung im Sinne von Art. 49 ff. EGV

Anders als der Europäische Gerichtshof für Menschenrechte hat sich der Europäische Gerichtshof in seinen Urteilen mit Rundfunkbezug vor allem mit der wirtschaftlichen Bedeutung der Rundfunktätigkeit beschäftigt. Zur Rundfunkfreiheit im europarechtlichen Sinne hat er nicht unmittelbar Stellung genommen, weil der EG-Vertrag ein solches Grundrecht nicht beinhaltet und die Jurisdiktionshoheit des EuGH gemäß Art. 220 [alt: 164] EGV auf die Auslegung des Vertrages beschränkt ist. In nunmehr ständiger Rechtsprechung ordnet das Gericht die Rundfunktätigkeit aber als Dienstleistung gemäß Art. 49 ff. EGV ein. Zum ersten Mal urteilte der EuGH im Rechtsstreit *Sacchi*, daß es sich beim Verkauf von eigenproduzierten Programmen nicht um Güter im Sinne der Warenverkehrsfreiheit handele[381], sondern diese Tätigkeit als Dienstleistung immaterieller Art einzustufen sei, wie es auch Generalanwalt *Reischl* und die stellungnehmende Kommission vertreten hatten.[382] In der seit diesem Urteil unverändert fort-

---

377 Urteil des EGMR v. 24.11.1993, - Lentia -, in: EuGRZ 1994, S. 549; *Frowein/Peukert*, Europäische Menschenrechtskonvention, Art. 10 Rn. 19; *Engel*, AfP 1994, S. 1 (3).

378 EGMR, EuGRZ 1994, S. 549; anders wohl noch EGMR, EUGRZ 1990, S. 255 (257) - Groppera -.

379 A. A. *Schmittmann*, K&R 1998, S. 393 (394).

380 Vgl. den 16. Erwägungsgrund der FsRL 1989, sowie den Gedanken im 44. Erwägungsgrund der FsRL 1997.

381 EuGH Slg. 1974, S. 409 (428) - Sacchi -.

382 EuGH Slg. 1974, S. 409 (440 f., 416 f.); GA *Reischl* begründet die Einordnung der Rundfunktätigkeit als Dienstleistung damit, daß hier meist urheberrechtliche Vorgänge im Vordergrund stünden und ihr Hauptzweck die Projektion sei, EuGH Slg. 1974, S. 409 (441).

geführten Rechtsprechung des EuGH faßten die Richter „in Ermangelung ausdrücklich entgegenstehender Vertragsbestimmungen“ die Ausstrahlung von Fernsehsendungen als solchen, einschließlich derjenigen zu Werbezwecken, in Abgrenzung zum Handel mit Materialien wie Ton- oder Bildträgern unter den Anwendungsbereich von Art. 50 [alt: 60] EGV.[383] Zwar sei es nicht ausgeschlossen, daß Leistungen, die in der Regel gegen Entgelt erbracht werden, unter die Bestimmungen über den freien Warenverkehr fallen, doch sei dies gemäß Art. 50 EGV nur dann der Fall, soweit sie diesen Bestimmungen unterstellt sind.[384]

Die Rechtssache *Debauve* gestattete es dem Gerichtshof, auf sein sechs Jahre zurückliegendes Urteil Bezug zu nehmen und es dahingehend auszuweiten, daß neben der Ausstrahlung von Fernsehsendungen, einschließlich jener zu Werbezwecken auch die „Übertragung derartiger Mitteilungen im Wege des Kabelfernsehens“ als Dienstleistung eingestuft wurde.[385] In einer weiteren Entscheidung[386] arbeitete der EuGH dann ein klares Prüfungsschema heraus, dem zufolge vorab festgestellt werden müsse, um welche Dienstleistungen es bei der Rundfunktätigkeit überhaupt gehe. So sei zwischen der Veranstaltung selbst und der „Weiterleitung“ zu differenzieren, bevor untersucht werden könne, ob die Dienstleistung überhaupt grenzüberschreitenden sowie entgeltlichen Charakter besitze. Sowohl die Weiterleitung als auch die Sendetätigkeit der Anstalten subsumierte der EuGH unter Art. 50 EGV; er attestierte beiden Tätigkeiten auch grenzüberschreitenden und entgeltlichen Charakter.

Im Urteil *ERT* gingen die Luxemburger Richter auf die Subsumtion unter Art. 50 EGV dann gar nicht mehr gesondert ein.[387] Das Augenmerk lag in diesem Fall auf dem griechischen Fernsehmonopol und seiner Vereinbarkeit mit den Art. 81, 82 EGV [alt: 85, 86] sowie Art. 49 ff. EGV. Auf das Urteil in der Rechtssache *Sacchi* verweisend stellten die Richter fest, daß der Vertrag die Mitgliedstaaten in keiner Weise daran hindere, aus im öffentlichen Interesse liegenden Gründen nicht-wirtschaftlicher Art Fernsehsendungen dem Wettbewerb zu entziehen.[388] Ein Monopol sei überdies nicht per se mit Art. 49 EGV unvereinbar, es sei denn, es wäre so ausgestaltet, daß dadurch aus anderen Mitgliedstaaten stammende Fernsehsendungen diskriminiert würden.[389]

---

383 EuGH Slg. 1974, S. 409 (428).

384 EuGH Slg. 1974, S. 409 (428).

385 EuGH Slg. 1980, S. 833 (855) - Debauve -; implizit auch EuGH Slg. 1980, S. 881 (903 f.) - Coditel -.

386 EuGH Slg. 1988, S. 2085 (2130) - Bond van Adverteerders -.

387 EuGH Slg. 1991, I-2925 ff. - ERT -.

388 EuGH Slg. 1991, I-2925 (2957).

389 EuGH Slg. 1991, I-2925 (2959).

In zwei weiteren Urteilen aus dem selben Jahr wird die Systematik der Dienstleistungsfreiheit im Rundfunksektor insbesondere im Hinblick auf die Rechtfertigung von Eingriffen präzisiert und erweitert; die Rundfunktätigkeit wird erneut ohne besondere Begründung unter Art. 49 ff. EGV gefaßt.[390]

Die weiteren Rundfunk-Urteile[391] des EuGH beschäftigen sich ab 1995 nicht mehr schwerpunktmäßig mit den Vorschriften über die Dienstleistungsfreiheit, sondern mit der Anwendung und Auslegung der sogenannten Fernsehrichtlinie. Diese der Harmonisierung der mitgliedstaatlichen Rechts- und Verwaltungsvorschriften im Rundfunksektor dienende Regelung zeigt zum einen, daß in der Gemeinschaft der richterrechtlichen Einordnung der Rundfunktätigkeit unter Art. 49 ff. EGV gefolgt wurde. Die durch die Auslegung der Bestimmung entstehenden Rechtsstreitigkeiten belegen zudem, daß ein Rekurs auf die allgemeinen Vorschriften der Art. 49 ff. EGV für die Rundfunktätigkeit weitgehend überflüssig geworden war und mit der Rechtsangleichung auf diesem Gebiet die wichtigsten grenzüberschreitenden Fragen eine Regelung erfahren hatten.

a) Kritik an der Einordnung der Rundfunktätigkeit als Dienstleistung

Aus europarechtlicher Sicht wurde der Subsumtion des Rundfunks unter Art. 49 ff. EGV entgegengehalten, daß die Einschätzung als Dienstleistung einen gegenseitigen privatrechtlichen Vertrag voraussetze, der bei der Ausstrahlung von Fernsehsendungen, insbesondere von solchen öffentlich-rechtlicher Veranstalter, zwischen Veranstalter und Rezipient aber gerade nicht zustande komme.[392] Beim Kabelfernsehen fehle eine synallagmatische Beziehung überhaupt, weil die Kabelgebühr nicht an den Programmhersteller gezahlt werde.[393] Der EuGH hat diesbezüglich aber schon früh entschieden, daß Art. 50 EGV nicht verlange, daß die Dienstleistung von demjenigen bezahlt wird, dem sie zugute kommt.[394] Auch müsse das Merkmal der Grenzüberschreitung nicht mit der Entgeltlichkeit der Tätigkeit zusammenfallen; hier reiche es aus, wenn ein Zusammenhang zwischen dem grenzüberschreitenden Vorgang und dem die Entgeltzahlung rechtfertigenden Vertragsverhältnis bestehe.[395] Als Entgelt sollen

---

390 EuGH Slg. 1991, I-4007 (4040 ff.) - Stichting Collectieve Antennevoorziening Gouda -; EuGH Slg. 1991, I-4069 (4092 ff.) - Kommission/Niederlande -.

391 EuGH Slg. 1995, I-179 (209 ff.) - Leclerc-Siplec -; EuGH Slg. 1995, I-4025, (4060 ff.) - British Broadcasting Act -; EuGH Slg. 1996, I-4115 (4154 ff.) - Kommission/Belgien -; EuGH Slg. 1997, I-3845 (3878 ff.) - de Agostini -.

392 *Börner*, ZUM 1985, S. 577 (580), so auch *Jarass*, Gutachten G für den 56. Deutschen Juristentag, S. 39 Rn. 54 für die Finanzierung grenzüberschreitender Sendungen.

393 *Börner*, ZUM 1985, S. 577 (584).

394 EuGH Slg. 1988, S. 2085 (2138 ff.) - Bond van Adverteerders -; *Fuhr/Rudolf/Wasserburg* (Hrsg.), Recht der Neuen Medien, S. 207.

395 Vgl. Mitteilung der Kommission an den Rat „Fernsehen ohne Grenzen“ - Grünbuch über die

deshalb die Zahlungen der Werbewirtschaft an die Rundfunkveranstalter als Gegenleistung für die Ausstrahlung von Werbespots sowie die Zahlung der Zuschauer für den Kabelanschluß bzw. die Bereithaltung eines Rundfunkgeräts für die Annahme der Gegenleistung ausreichend sein.[396] Unzutreffend ist demnach die Prämisse, derzufolge die Rundfunkveranstaltung in einen mehrgliedrigen Dienstleistungsvorgang aufzuteilen sei, von dem jeder einzelne entgeltlich und grenzüberschreitend sein müsse. Rundfunk mag zwar ein mehrgliedriger Vorgang sein. Er muß aber einer einheitlichen Dienstleistungstätigkeit zugeordnet werden, wobei es ausreicht, daß ein Dienstleistungsabschnitt entgeltlich ist, der jeweilige Rundfunkveranstalter, bzw. Kabelbetreiber für seine Leistung also überhaupt ein Entgelt erhält.[397] Nur so kann der Finalität der Rundfunkveranstaltung insgesamt Rechnung getragen werden.[398]

Sind die im europäischen Primärrecht wurzelnden Zweifel an der Tatbestandsmäßigkeit der unterschiedlichen Tätigkeiten im Rundfunkbereich durch die Rechtsprechung des EuGH weitgehend geklärt, so bestehen aus nationaler Sicht allgemeine Zweifel hinsichtlich der Dienstleistungseigenschaft der Rundfunktätigkeit. Kritisiert wird insbesondere die „Anmaßung" europäischer Regelungskompetenz auf dem Gebiet des Rundfunkrechts. Ausgangspunkt der Kritik ist dabei ein Verständnis von Rundfunk, welches alle wirtschaftlichen Elemente ausblendet und den Fokus einzig auf das kulturelle Moment richtet.[399] Bezweifelt wird damit eine europäische Zuständigkeit etwa im Hinblick auf den Erlaß von Sekundärrechtsnormen, aber auch bezüglich der die Rundfunkfreiheit betreffenden Entscheidungen, denn gemäß Art. 2 [alt: 2] EGV verstehe sich die Europäische Gemeinschaft als Wirtschafts- und nicht als Kulturgemein-

---

Errichtung des Gemeinsamen Marktes für den Rundfunk, insbesondere über Satellit und Kabel -, KOM(84) 300 endg. vom 14.6.1984, S. 111 f.

396 *Deringer*, ZUM 1986, S. 627 (636); *Kugelmann*, Der Rundfunk und die Dienstleistungsfreiheit des EWG-Vertrages, S. 82, 117; *I. Schwartz*, Rundfunk und EWG-Vertrag, in: Schwarze (Hrsg.), Fernsehen ohne Grenzen, S. 45 (65); a. A. *Jarass*, Gutachten G für den 56. Deutschen Juristentag, S. 39 Rn. 55, der von einem grenzüberschreitenden Wirtschaftsverkehr nur dann ausgeht, wenn gerade der grenzüberschreitende Vorgang entgeltlichen Charakter hat, weshalb die FsRL auch nicht auf die öffentlich-rechtlichen Rundfunkanstalten anwendbar sein soll, solange diese nicht per Satellit senden; ähnlich *Delbrück*, Die Rundfunkhoheit der deutschen Bundesländer im Spannungsfeld zwischen Regelungsanspruch der EG und nationalem Verfassungsrecht, S. 38; *Roth*, ZHR 149 (1985), S. 679 (686 f.), der jedoch von einer analogen Anwendung der Dienstleistungsvorschriften ausgeht.

397 *Mestmäcker*, Wege zur Rundfunkfreiheit in Europa, S. 9 (25), in: ders. (Hrsg.), Offene Rundfunkordnung, der zu Recht auch das Erfordernis einer „Gezieltheit" der Dienstleistung ablehnt; *Bux*, EG-Kompetenzen für den Rundfunk, S. 119 ff.; *Meinel*, Grenzen europäischer Rundfunkrechtsetzung, S. 69 m.w.N.; vgl. auch die Schlußanträge von GA *Warner*, in: EuGH Slg. 1980, S. 860 (876) - Debauve -.

398 *Bullinger*, VBlBW. 1989, S. 161 (168); *Bueckling*, ZUM 1988, S. 164 (168).

399 *Ossenbühl*, Rundfunk zwischen nationalem Verfassungsrecht und europäischem Gemeinschaftsrecht, S. 24 ff.; *Hoffmann-Riem*, Erosionen des Rundfunkrechts, S. 49 ff.

schaft. Kulturelle Belange seien daher aus der (Gesetzgebungs)Zuständigkeit ausgeblendet.[400]

Die bayerische Landesregierung hat hinsichtlich der in der FsRL enthaltenen Programmquote einen Antrag vor dem Bundesverfassungsgericht gestellt, den zustimmenden Kabinettsbeschluß der Bundesregierung vom 8. März 1989 wegen Verstoßes gegen Art. 30 GG für unwirksam zu erklären. Damit hat sie indirekt die Fernsehrichtlinie mit der Begründung angegriffen, daß es der Europäischen Gemeinschaft in diesem Bereich an einer ausdrücklichen, die Kultur einbeziehenden Regelungskompetenz fehle.[401] Insbesondere die in der Richtlinie enthaltene Quotenregelung greife in die Programmgestaltungsfreiheit der Rundfunkveranstalter ein und betreffe den Rundfunk in seiner ureigenen Funktion als rein kulturelle Angelegenheit.[402] Sieben weitere Bundesländer schlossen sich der Klage des Freistaates Bayern an.

aa) Urteil des Bundesverfassungsgerichts zur Fernsehrichtlinie

In seinem Urteil zur Fernsehrichtlinie[403] geht das Bundesverfassungsgericht nicht direkt auf die Frage ein, welche Regelungskompetenzen der Europäischen Gemeinschaft im Bereich des Rundfunks zustehen und inwieweit sie insbesondere die Harmonisierungsbestimmungen der Art. 47 Abs. 2, 55 i.V.m. Art. 49 ff. EGV nutzen darf, um in die eigentlich nationale Rundfunkhoheit vorzustoßen. Hervorgehoben wird jedoch - wie im Maastricht-Urteil[404] - die Geltung des Prinzips der begrenzten Einzelermächtigung. Nicht jede Betätigung mit wirtschaftlichem Gehalt sei den Regeln des Vertrags zu unterwerfen; vielmehr sei im EG-Vertrag eine tatbestandlich umgrenzte Zuweisung von Aufgaben, Kompetenzen und Befugnissen vorausgesetzt, die grundsätzlich zu beachten sei. Einer langfristigen Entwicklung, bei der durch schrittweise sich ausdehnende Inanspruchnahme der Gemeinschaftskompetenzen verbliebene Sachkompetenzen der Mitgliedstaaten und damit auch Länderrechte beeinträchtigt werden, sei entgegenzuwirken.[405]

---

400 *Delbrück*, Die Rundfunkhoheit der deutschen Bundesländer im Spannungsfeld zwischen Regelungsanspruch der EG und nationalem Verfassungsrecht, S. 39 ff.; *Bethge*, ZUM 1991, S. 337 (344); *L. Seidel*, NVwZ 1991, S. 120 (125).

401 So auch *Knothe/Wanckel*, ZUM 1995, S. 20 (22); *Ossenbühl*, Rundfunk zwischen nationalem Verfassungsrecht und europäischem Gemeinschaftsrecht, S. 13 ff., 49 ff.; a. A. *I. Schwartz*, ZUM 1989, S. 381 ff.

402 *Frohne*, ZUM 1989, S. 390 (393 f.).

403 BVerfGE 92, 203 (226 ff.); zum Antrag auf Erlaß einer einstweiligen Anordnung vgl. BVerfGE 80, 74 ff.

404 BVerfGE 89, 155 ff.

405 BVerfGE 92, 203 (239) mit Hinweis auf BVerfGE 89, 155 (187 f., 191 ff.).

Indem das Bundesverfassungsgericht der Bundesregierung bescheinigt, das Prinzip der begrenzten Einzelermächtigung hinsichtlich der in der FsRL enthaltenen Quotenregelung grundsätzlich korrekt ausgelegt zu haben, indem die Zuständigkeit der Gemeinschaft negiert wurde, verneinen auch die Richter indirekt eine europäische Zuständigkeit auf diesem Gebiet. Die Zweifel der Bundesregierung bezüglich der Gesetzgebungskompetenz der Gemeinschaft sind aus Sicht des Bundesverfassungsgerichts berechtigt; anderenfalls hätte sich das Urteil mit dem Abstimmungsverhalten der Bundesregierung in dieser Frage gar nicht beschäftigen müssen. Diese Einschätzung wird auch dadurch gefestigt, daß sich das Bundesverfassungsgericht ganz anders, nämlich unkritischer, zur Regelungskompetenz der Gemeinschaft für das Recht der Gegendarstellung sowie für die Bereiche von Werbung, Sponsoring und Jugendschutz und dem diesbezüglichen Abstimmungsverhalten der Bundesregierung äußert. Hier verweisen die Richter unkommentiert auf die Rechtsprechung des EuGH zur Dienstleistungsfreiheit im Rundfunksektor und bescheinigen der Bundesregierung, durch eine entsprechende Bezugnahme rechtmäßig gehandelt zu haben.[406] Fragen zur Vereinbarkeit der europäischen Regelungskompetenz in diesem Bereich mit dem Prinzip der begrenzten Einzelermächtigung werden nicht mehr gestellt. Der Bundesregierung wird zugestanden, bei den Beratungen zum Erlaß der FsRL zu Recht davon ausgegangen zu sein, daß der Kernbereich der Landeskompetenzen zur Regelung der organisatorischen sowie politisch-kulturellen Materien des Rundfunkwesens hinsichtlich der genannten Regelungsbereiche nicht berührt werde.[407] Im Gegensatz zum Abstimmungsverhalten bei der Quotenregelung hielt es das Bundesverfassungsgericht in dieser Frage auch nicht für erforderlich, daß der Bund die Länder über etwaige Verhandlungsergebnisse unterrichtete.

Anlaß für weitere Spekulationen, welchen Raum das Bundesverfassungsgericht der europäischen Regelungszuständigkeit zubilligt, bietet die Aussage, wonach Rundfunk „jedenfalls *auch* ein kulturelles Phänomen“ sei.[408] Die Rüge der Antragsteller, die Bundesregierung lasse mit einer ausdehnenden Handhabung der Richtlinienermächtigung der Art. 55, 47 Abs. 2 EGV eine ins Grenzenlose weisende Regelungskompetenz für die Europäische Gemeinschaft zu, die letztlich jede grenzüberschreitende entgeltliche Leistung dem Tatbestand des „freien Dienstleistungsverkehrs“ zuordne, sei im Ergebnis unbegründet.[409] Für die Regelungsmaterie Kultur verweist das Bundesverfassungsgericht ausdrücklich auf Art. 151 EGV, weshalb nach Ansicht des Bundesverfassungsgerichts nicht anzunehmen sei, daß der Rundfunk uneingeschränkt den Ermächtigungen der Art. 49 ff. EGV unterstehe.

---

406 BVerfGE 92, 203 (241).

407 BVerfGE 92, 203 (241, 242).

408 BVerfGE 92, 203 (238); so auch schon BVerfGE 12, 205 (229); BVerfGE 31, 314 (329), ausführlicher BVerfGE 73, 118 (158, 196); 74, 297 (324); 90, 60 (90).

409 BVerfGE 92, 203 (238).

Die Aussagen über die Zuständigkeitsverteilung sind eingebettet in der Entscheidung über die prozedurale Absicherung der Länderinteressen, wenn die nationale Gesetzgebungskompetenz der Länder durch europäische Rechtsakte tangiert wird: Grundsätzlich sei es Sache des Bundes, die Rechte der Bundesrepublik Deutschland gegenüber der Gemeinschaft und ihren Organen zu vertreten, wenn die Gemeinschaft eine Rechtsetzungskompetenz beanspruche[410], eine Aussage, die mit Erlaß von Art. 23 Abs. 6 Satz 1 GG nicht länger aufrecht erhalten werden kann. Die auf Art. 24 a. F. GG beruhende Entscheidung hebt für die Vertretung der Ländern bei der Gemeinschaft jedoch zu Recht verstärkt auf ein vom Gebot der Bundestreue[411] geprägtes Kooperationsverhalten zwischen Bund und Ländern ab, wie es zur Zeit der Urteilsfindung im Gesetz zur Einheitlichen Europäischen Akte (EEAG) ausgeformt war. Hinsichtlich der Beziehungen der Bundesrepublik zur Europäischen Gemeinschaft kann das Diktum des Bundesverfassungsgerichts jedoch als Mahnung verstanden werden, daß die Zuständigkeit der Europäischen Gemeinschaft ihre Grenzen an Verfassungsprinzipien der Mitgliedstaaten findet. Das Bundesverfassungsgericht jedenfalls führt unter Hinweis auf die Maastricht-Entscheidung aus, daß die Bundesregierung bei Verhandlungen auf europäischer Ebene einerseits dazu verpflichtet sei, „das aus der Gemeinschaftstreue folgende Gebot wechselseitiger Rücksichtnahme zur Geltung zu bringen“[412], andererseits aber darauf hinzuwirken habe, daß die bestimmbar festgelegten Gemeinschaftskompetenzen nicht an Voraussehbarkeit verlieren und ihre Begrenzungsfunktion einbüßen.[413] Dem Bundesverfassungsgericht scheint somit auch im Verhältnis der Mitgliedstaaten zur Europäischen Gemeinschaft ein föderales Konzept vorzuschweben, aus dem sich vor allem durch das Prinzip der begrenzten Einzelermächtigung Kompetenzgrenzen ableiten lassen. Wenn schon das Prinzip der Bundestreue am Interesse des Gesamtstaates ausgerichtet ist und sich damit immer eine wechselseitige Verpflichtung ergibt, ist diese Reziprozität auch im Verhältnis der Gemeinschaft zu den Mitgliedstaaten anzunehmen.

bb) Rezeption des Urteils

Ein Ansatzpunkt der rechtswissenschaftlichen Rezensionen des Urteils zur Fernsehrichtlinie ist die Aussage des Bundesverfassungsgerichts, daß „Rundfunk jedenfalls *auch* ein kulturelles Phänomen“ sei.[414] Dies mache implizit deutlich, daß Rundfunk

---

410 BVerfGE 92, 203 (230).

411 Vgl. dazu und zur Bedeutung im deutschen Kartellrecht, *Jarass*, Kartellrecht und Landesrundfunkrecht, S. 46 f.

412 BVerfGE 92, 203 (237) mit Hinweis auf BVerfGE 89, 155 (184), wo das aus der Gemeinschaftstreue folgende Gebot wechselseitiger Rücksichtnahme an die Verfassungsprinzipien und elementaren Interessen der Mitgliedstaaten geknüpft wird, um das gemeinschaftliche Mehrheitsprinzip zu relativieren.

413 BVerfGE 92, 203 (238 f.).

414 *Lerche*, AfP 1995, S. 632 (637).

gerade keine ausschließlich wirtschaftliche Erscheinung darstelle; vielmehr bestätige das Judikat die Einordnung der Verbreitung von Fernsehsendungen als Dienstleistung im Sinne von Art. 49 ff. EGV auf der Grundlage der entsprechend gefestigten Rechtsprechung des EuGH nur insoweit, als der Europäischen Gemeinschaft damit keine Kompetenz-Kompetenz im Mediensektor zuwachse.[415] Rundfunk werde vom Bundesverfassungsgericht aber dennoch als Wirtschaftsfaktor behandelt, womit der EuGH als der eigentliche Gewinner des Urteils bezeichnet werden müsse.[416] Damit einher gehe die Überlappung von Wirtschaftsinteressen, Industriepolitik und kulturellen Zielsetzungen, die sich zu einem nur schwer zu entwirrenden „Interessenknäuel" verstricken würden.[417] Von der Vorstellung einer integralen Rundfunkhoheit müßten die Bundesländer Abschied nehmen, weil das Karlsruher Diktum indirekt mit Hinweis auf die gefestigte Vertragsauslegung durch den EuGH anerkannt habe, daß der Kernbereich der Länderkompetenzen zur Regelung der organisatorischen sowie politisch-kulturellen Materie durch die Verhandlungsführung der Bundesregierung nicht betroffen sei.[418] Positiv vermerkt die Kommentierung des Urteils zur Fernsehrichtlinie, daß das Bundesverfassungsgericht die Bemühungen der Bundesregierung lobenswert anerkennt, gegen die schrittweise Ausdehnung der gemeinschaftsrechtlichen Querschnittskompetenzen vorgegangen zu sein. Zu hoffen sei, daß die Kommission diese Warnung verstanden habe und ihre Mitarbeiter bei aller Integrationsfreudigkeit auf dem Boden der politischen Wirklichkeit blieben.[419]

b) Mögliche Beschränkungen der Dienstleistungsfreiheit im Rundfunksektor

Die kulturelle Bedeutung des Rundfunks und seine Funktion für den Prozeß der Meinungsbildung kann der EuGH nicht auf der Tatbestandsebene würdigen, wenn er vorrangig die Vereinbarkeit der Tätigkeiten im Rundfunksektor mit der Dienstleistungsfreiheit untersucht. Erst auf der Stufe der Schranken der Dienstleistungsfreiheit können andere als wirtschaftliche Überlegungen in das europäische Rundfunkverständnis einfließen.

---

415 *Lerche*, AfP 1995, S. 632 (637).

416 *Kresse/Heinze*, ZUM 1995, S. 394 (396).

417 *Kresse/Heinze*, ZUM 1995, S. 394 (396).

418 *Deringer*, ZUM 1995, S. 316 (318); so schon vor Erlaß des Urteils in der Hauptsache *W. Hess*, AfP 1990, S. 95 (99), der nur einen Eingriff in den Randbereich der Länderkompetenz hinsichtlich der Quotenbestimmungen für Fernsehwerbung annimmt.

419 *Deringer*, ZUM 1995, S. 316 (318).

aa) Sonderregelungen zum Schutz der öffentlichen Ordnung

Der Europäische Gerichtshof hat in seiner auf den Rundfunk bezogenen Rechtsprechung zur Dienstleistungsfreiheit den Umfang aufgezeigt, innerhalb dessen die Mitgliedstaaten den Gewährleistungsbereich dieser Freiheit verkürzen können. Wenig erfolgversprechend erscheint danach die Berufung auf die vom Wortlaut des Vertrages her primär heranzuziehende Schranke des Art. 46 Abs. 1 EGV [alt: 56] mit der darin enthaltenen Einschränkungsmöglichkeit zugunsten der öffentlichen Ordnung. Der EuGH hat diesen Rechtfertigungsgrund für mögliche Ausnahmen von wesentlichen Grundfreiheiten des Vertrags in seiner Rechtsprechung zu Art. 39 Abs. 3 EGV [alt: 48] eng ausgelegt.[420] Vor allem könne die Tragweite des Begriffs der öffentlichen Ordnung nicht von jedem Mitgliedstaat einseitig ohne Nachprüfung durch die Organe der Gemeinschaft bestimmt werden[421]. Zwar hat der EuGH den Mitgliedstaaten einen Beurteilungsspielraum hinsichtlich der Ausfüllung des Begriffs innerhalb der durch den Vertrag gezogenen Grenzen zugebilligt, doch setze die Bezugnahme auf den Begriff eine tatsächliche und hinreichend schwere Gefährdung eines Grundinteresses der Gesellschaft voraus.[422] Auch aus den eng auszulegenden Einschränkungsgründen in Art. 10 Abs. 2 der Menschenrechtskonvention folgt, daß es sich bei der öffentlichen Ordnung allenfalls nur um die Ordnung im polizei- und strafrechtlichen Sinne handeln kann.[423] Der Begriff ist nicht gleichzusetzen mit dem des ordrepublic aus dem Internationalen Privatrecht, sondern er ist enger gefaßt, indem er den Schutz gegen Bedrohungen eines geordneten menschlichen und staatsbürgerlichen Zusammenlebens umfaßt.[424] Daran muß sich auch der polizeirechtliche Ordnungsbegriff orientieren.

bb) Versteckte Diskriminierung und Umgehungsverbot

Neben der vertraglichen Schranke aus Art. 46 Abs. 1 EGV hat der EuGH ähnlich der zu Art. 28 EGV [alt: 30] ergangenen Judikatur weitere, nicht im EG-Vertrag verankerte Beschränkungsmöglichkeiten entwickelt. Zwar können wirtschaftliche Ziele auch

---

420 EuGH Slg. 1974, S. 1337 (1350) – van Duyn -; EuGH Slg. 1975, S. 1219 (1231) - Rutili -.

421 EuGH Slg. 1975, S. 1219 (1231).

422 EuGH Slg. 1975, S. 1219 (1231); EuGH Slg. 1977, S. 1999 (2013) – Bouchereau -; *Oppermann*, Europarecht, § 23 Rn. 1531.

423 Grünbuch über die Errichtung des Gemeinsamen Marktes für den Rundfunk, insbesondere über Satellit und Kabel; KOM(84) 300 endg. v. 14.6.1984, S. 128, 136; *I. Schwartz*, Rundfunk und EWG-Vertrag, in: Schwarze (Hrsg.), Fernsehen ohne Grenzen, S. 45 (109 f.); kritisch *Hoffmann-Riem*, Europäisierung des Rundfunks - aber ohne Kommunikationsverfassung?, in: ders. (Hrsg.), Rundfunk im Wettbewerbsrecht, S. 201 (209 ff.).

424 *Troberg*, in: Groeben/Thiesing/Ehlermann (Hrsg.), Kommentar zum EU-/EG-Vertrag, 5. Aufl. 1997, Art. 56 [neu: 46] Rn. 10; a. A. *Geiger*, EG-Vertrag, Art. 56 [neu 46] Rn. 1, der aber wirtschaftliche und wohl auch kulturelle Gründe aus dem Begriff der öffentlichen Ordnung ausschließen will.

danach nie Gründe der öffentlichen Ordnung im Sinne von Art. 46 EGV sein.[425] Nach nunmehr ständiger Rechtsprechung des Europäischen Gerichtshofs[426] sind jedoch Sachverhalte, die nicht an die unterschiedliche Nationalität anknüpfen und also für Inländer und Ausländer in gleichem Maße gelten und für Ausländer eine Benachteiligung darstellen, weil sie bereits innerstaatlichen Beschränkungen ähnlicher Art unterliegen, leichter zu rechtfertigen. Als Rechtfertigungsgrund kommen in solchen Fällen der Beschränkung der Dienstleistungsfreiheit auch Allgemeinwohlgründe in Betracht. Dabei ist zu berücksichtigen, ob das Allgemeinwohlinteresse nicht bereits durch Vorschriften des Staates, in dem der Leistungserbringer niedergelassen ist, gewahrt wird. Außerdem darf das Ergebnis nicht durch weniger einschneidende Maßnahmen zu erreichen sein; es schließt sich also eine Verhältnismäßigkeitsprüfung an. Nicht anerkannt hat der EuGH im Bereich der Dienstleistungsfreiheit das Bestehen von immanenten Bereichsausnahmen auf Tatbestandsebene, wie dies bei der Warenverkehrsfreiheit und der Arbeitnehmerfreizügigkeit der Fall ist.[427]

Für zulässig erachtet es der EuGH im Bereich der Dienstleistungsfreiheit dagegen, wenn die Mitgliedstaaten Vorschriften erlassen, die verhindern sollen, daß der Erbringer einer Leistung, dessen Tätigkeit ganz oder vorwiegend auf das Gebiet des Empfangsstaates ausgerichtet ist, sich die durch Art. 49 EGV garantierte Freiheit zunutze macht, um sich den Regelungen zu entziehen, die auf ihn anwendbar wären, wenn er im Gebiet dieses Staates ansässig wäre.[428] Auf den Rundfunk bezogen bedeutet dies, daß eine Hörfunk- oder Fernsehanstalt, die sich in einem anderen Mitgliedstaat niederläßt, um von dort für das Gebiet des ersten Staates bestimmte Dienstleistungen zu erbringen, als inländische Sendeanstalt angesehen werden kann, um zu verhindern, daß unter Berufung auf Art. 49, 50 EGV einheimische Vorschriften umgangen werden.[429]

---

425 EuGH Slg. 1991, I- 4007 (4040) - Stichting Collectieve Antennevoorziening Gouda – unter Hinweis auf EuGH Slg. 1988, S. 2085 (2135), Rn. 34 - Bond van Adverteerders -.

426 EuGH Slg. 1979, S. 35 (52) - van Wesemael -; EuGH Slg. 1980, S. 881 (903) - Coditel -; EuGH Slg. 1981, S. 3305 (3325) - Webb -; EuGH Slg. 1986, S. 3755 (3803) – Kommission/ Deutschland -; EuGH Slg. 1991, I-659 (686) - Kommission/Frankreich -; EuGH Slg. 1991, I-709 (723) - Kommission/Italien -; EuGH Slg. 1991, I-727 (741) - Kommission/Griechenland -; EuGH Slg. 1991, I-4007 (4041) - Gouda -.

427 Vgl. dazu EuGH Slg. 1993, I-6097 (6131) - Keck Mithouard - für Verkaufsmodalitäten; EuGH Slg. 1993, I-6787 (6823) - Hünermund -; so auch *Blanke*, Europa auf dem Weg zu einer Bildungs- und Kulturgemeinschaft, S. 99; *Ress*, Kultur und europäischer Binnenmarkt, S. 28; *Niedobitek*, Kultur und Europäisches Gemeinschaftsrecht, S. 251 bezüglich einer generellen Bereichsausnahme zugunsten der Kultur.

428 EuGH Slg. 1993, I-487 (519) - Veronica - unter Hinweis auf EuGH Slg. 1974, S. 1299 Rn. 13 - van Binsbergen -.

429 EuGH Slg. 1994, I-4795 (4833) - TV 10 SA -.

cc) Aufrechterhaltung eines pluralistischen Rundfunkwesens als Grund des Allgemeinwohls

Bereits in der Rechtssache *ERT* hatte der EuGH auf folgendes hingewiesen: Um eine Regelung zu rechtfertigen, die geeignet ist, die Ausübung der Dienstleistungsfreiheit zu gefährden, ist diese im Gemeinschaftsrecht vorgesehene Rechtfertigung im Lichte der allgemeinen Rechtsgrundsätze und insbesondere im Lichte von Art. 10 EMRK auszulegen.[430] Im Anschluß wurde deshalb die „Aufrechterhaltung eines pluralistischen Rundfunkwesens" als Allgemeinwohlgrund akzeptiert und der Zusammenhang dieses Rechtfertigungsgrundes mit Art. 10 EMRK betont.[431] Die Verbindung des Pluralismuskonzepts mit Art. 10 EMRK ist jedoch nicht so zu verstehen, daß damit allein auf Art. 10 Abs. 2 EMRK abgezielt würde, so daß die dort enthaltene Aufzählung präzisiert und konkretisiert, was unter den „Gründen des Allgemeininteresses" im Sinne des Gemeinschaftsrechts verstanden werden darf.[432] Vielmehr ist der Verweis auf Art. 10 EMRK so zu interpretieren, daß das Grundrecht der Meinungsfreiheit im Pluralismuskonzept enthalten ist und als gemeinschaftlicher Wert auch selbst einen Grund des Allgemeininteresses darstellen kann. Das niederländische Rundfunkgesetz (Mediawet) wurde ausdrücklich als Teil einer Kulturpolitik bezeichnet, die die Meinungsfreiheit der verschiedenen gesellschaftlichen, kulturellen, religiösen und geistigen Stimmungen im audiovisuellen Bereich schützen soll.[433] Danach bezweckt die Aufrechterhaltung des Pluralismus die Wahrung der Meinungsvielfalt und gewährleistet die freie Meinungsäußerung, die die Konvention gerade schützen soll.[434] Außerdem gehöre die Bewahrung des kulturellen Erbes einer Nation ebenso zu den zwingenden Allgemeinwohlinteressen wie die bestmögliche Verbreitung von Kenntnissen über das künstlerische und kulturelle Erbe eines Landes[435], womit der EuGH weitere Einschränkungsmöglichkeiten für rundfunkspezifische Dienstleistungen vorgegeben hat, die nicht direkt in Art. 10 Abs. 2 EMRK enthalten sind.

aaa) Das Konzept der Pluralismussicherung in der europäischen Rechtsprechung

Die Sicherung des Pluralismus sieht der Europäische Gerichtshof als ein zwingendes Erfordernis zur Wahrung der durch Art. 10 EMRK geschützten Meinungsfrei-

---

430 EuGH Slg. 1991, I-2925 (2964) - ERT -.

431 EuGH Slg. 1991, I-4007 (4043); offengelassen in EuGH Slg. 1988, S. 2085 (2136).

432 So aber die Kommission, KOM(84), 300 endg., S. 196 für Art. 86 Abs. 2 Satz 1 EGV.

433 EuGH Slg. 1991, I-4007 (4043); EuGH Slg. 1993 I-487 (518) - Veronica -.

434 EuGH Slg. 1994, I-4795 (4833) - TV 10 SA -.

435 EuGH Slg. 1991, I- 659 ff. - Kommission/Frankreich; EuGH Slg. 1991, I-727 ff. - Kommission/Griechenland -.

heit an.[436] In seiner ständigen Rechtsprechung zur direkten Anwendung von Art. 49 EGV judizierte der Europäische Gerichtshof, daß die Aufrechterhaltung eines pluralistischen Rundfunkwesens in engem Zusammenhang mit der durch Art. 10 EMRK garantierten Meinungsfreiheit steht, die zu den von der Gemeinschaftsordnung geschützten Grundrechten zählt.[437] Damit ist durch den Europäischen Gerichtshof ein erstes objektiv-rechtliches Element in die Grundrechtsdogmatik der Idee einer europäischen Rundfunkfreiheit hineingetragen worden[438]: Eine Garantie, zugunsten der Öffentlichkeit für ein ausreichendes Maß an Informationsvielfalt zu sorgen, wäre einem reinen abwehrrechtlichen Verständnis der Rundfunkfreiheit allein jedenfalls nicht zu entnehmen gewesen.[439] Das Pluralismusgebot, dem die Gebührenfinanzierung in Deutschland u. a dadurch dient, daß sie den öffentlich-rechtlichen Rundfunk von der Bindung an die Einschaltquote befreit, ist nicht nur in Deutschland Grundlage der Rundfunkordnung. In Frankreich und Italien ist dieses Ordnungsprinzip ebenfalls anerkannt[440], wird dort jedoch ebenso wie bei Art. 10 EMRK oder Art. 49 EGV als Schranke zur Rechtfertigung von Eingriffen in die Grundrechte[441] und nicht schon auf der Tatbestandsebene angewendet.

Auch der Europäische Gerichtshof für Menschenrechte hat in seiner jüngsten den Rundfunk betreffenden Entscheidung den Staat als Garanten des Pluralismus bezeichnet.[442] Außerdem könne die Aufgabe, Nachrichten und Meinungen von allgemeinem Interesse zu verbreiten, auf deren Empfang die Öffentlichkeit ein Anrecht habe, nur erfolgreich bewältigt werden, wenn man sich auf den Grundsatz des Pluralismus stütze. Für diese Judikatur des EGMR wie auch des EuGH gilt, daß die von den Richtern konstatierte Notwendigkeit eines bestimmten Informationsgrades der Öffentlichkeit sowie die Anforderungen an den Umfang der Meinungsäußerungsfreiheit aus einem Abwehrrecht allein nicht zu deduzieren gewesen wären.

---

436 Zuletzt EuGH Slg. 1997, I-3689 (3717) - Familiapress -, wo GA *Tesauro* das Pluralismusprinzip als ein Element aus der Konventionsnorm herleitete, I-3706.

437 EuGH Slg. 1991, I-4007 (4043) - Stichting Collectieve Antennevoorziening Gouda -; EuGH Slg. 1991, I-4069 (4097) - Kommission/Niederlande -; EuGH Slg. 1993, I- 487 (518) - Veronica -; EuGH Slg. 1994, I- 4795 (4832) - TV 10 SA -.

438 *Gersdorf*, AöR 119 (1994), S. 400 (412 f.); ihm folgend *Kühling*, EuGRZ 1997, S. 296 (301); vgl. auch *Frey*, Fernsehen und audiovisueller Pluralismus im Binnenmarkt der EG, S. 57 ff., 62.

439 *Selmer/Gersdorf*, Die Finanzierung des Rundfunks in der Bundesrepublik Deutschland auf dem Prüfstand des EG-Beihilferegimes, S. 67 f.

440 *Dörr*, Die Rolle des öffentlich-rechtlichen Rundfunks in Europa, S. 40 ff.

441 *Dörr*, in: Ziemske/Langheid/Wilms/Haverkate (Hrsg.), FS für Kriele, S. 1417 (1425, 1427 f.); *Schellenberg*, AöR (119) 1994, S. 427 (428 ff., 441 f.), der hinsichtlich des Pluralismusprinzips in Italien und Frankreich außerdem auf die Parallelen in der Herleitung aus dem objektiven Grundrechtsgehalt hinweist, a.a.O., S. 446 f.; *Kühling*, EuGRZ 1997, S. 296 (301).

442 EGMR, EuGRZ 1994, S. 549 (550) - Lentia -, in der ein öffentliches Sendemonopol jedoch als unverhältnismäßig zum Zwecke der Pluralismussicherung beurteilt wurde.

bbb) Stellungnahme

Ob sich aus dem teilweisen Anerkenntnis eines objektiv-rechtlichen Grundrechtsverständnisses der Schluß ziehen läßt, Art. 10 EMRK enthalte „eine gemeinschaftsrechtliche Verpflichtung zur Herstellung gleichgewichtiger Vielfalt in den europäischen Kommunikationsräumen" oder eine „Verpflichtung sämtlicher an die Gemeinschaft gebundener Organe, sich schützend und fördernd vor das Schutzgut der Medienvielfalt zu stellen", erscheint zweifelhaft.[443] Es wäre schon wünschenswert, wenn die europäische Rechtsprechung objektiv-rechtliche Elemente wie das Pluralismuskonzept innerhalb der diesem zugeteilten Schrankenfunktion noch stärker akzentuieren würde. Entgegen *Ricker/Schiwy*[444] läßt sich ein zunehmend objektivrechtliches Verständnis des Grundrechts der Rundfunkfreiheit auf europäischer Ebene deshalb auch nicht daraus ableiten, daß der Dienstleistungsfreiheit vermehrt Schranken gezogen worden sind. Der durch die Auslegung europäischen Wirtschaftsrechts geforderte „free flow of information" wird von diesen Autoren mit dem originär rundfunkrechtlichen Pluralitätsgebot verwechselt. Obschon vereinzelt wie selbstverständlich von einer europäischen Rundfunk- oder Medienordnung[445] ausgegangen wird, stellen das wettbewerbsrechtliche Umfeld wie auch die Vertragsfreiheiten für sich genommen kein Äquivalent für eine „positive europarechtliche Rundfunkordnung" dar, die auf Vielfaltsgesichtspunkten aufbaut und außerdem bestimmten Qualitätsmerkmalen verpflichtet ist.

Die Judikatur des EuGH beruht nicht auf einem europäischen Grundrecht der Rundfunkfreiheit. Auch sind Ansätze zu einem gemeinschaftsweiten einheitlichen Verständnis dieses Grundrechts auf der Basis des EG-Vertrages nicht auszumachen. Aus der Einordnung der Rundfunktätigkeit unter die Dienstleistungsvorschriften des EG-Vertrages wie auch aus der Rechtsprechung des Europäischen Gerichtshofes für Menschenrechte folgt keine Änderungen der Funktionsgebundenheit des öffentlich-rechtlichen Rundfunks in der dualen Rundfunkordnung; auch wird keine Modifikation des Grundrechtsverständnisses aus Art. 5 Abs. 1 Satz 2 GG erforderlich. Sowohl der in Art. 10 Abs. 1 Satz 3 EMRK geschaffene Bezug zur Regelungsbefugnis der Mitgliedstaaten als auch das primär subjektiv-rechtliche Grundrechtsverständnis in Europa lassen es von vornherein ausgeschlossen erscheinen,

---

443 So aber *Gersdorf*, AöR 1994, S. 400 (414); wie hier: *Bröhmer*, Die innerstaatliche und europarechtliche Bedeutung von Art. 10 EMRK für die Medienordnung, S. 79 (91), in: Europäisches Medienrecht: Fernsehen und seine gemeinschaftsrechtliche Regelung 1998.

444 *Ricker/Schiwy*, Rundfunkverfassungsrecht, S. 509 Rn. 65 ff.; dagegen *Gersdorf*, AöR 119 (1994), S. 400 (411, 412), der auch in der Rechtsprechung des EuGH „objektiv-rechtlich gespeiste grundrechtliche Funktionsschicht" erblickt.

445 Vgl. statt vieler *Dörr*, MP 1996, S. 87; *Tettenborn*, MMR 1998, S. 18 (19); kritischer *Astheimer/Moosmayer*, ZUM 1994, S. 395; gegen diese Bezeichnung *Herrmann*, Rundfunkrecht, S. 228 Rn. 99; ders., EWS 1991, S. 269.

daß die europäische Judikatur etwa durch eine Adaption des bundesverfassungsgerichtlichen Rechtsverständnisses bezüglich des Gestaltungsauftrags der positiven Rundfunkordnung den Gemeinschaftsorganen eine (grundrechtlich fundierte) Kompetenzgrundlage in Form eines Ausgestaltungsvorbehalts verschaffen könnte.[446] Wenn es um die Gestaltung der nationalen Rundfunkordnungen geht, ist außerdem zu beachten, daß die Konvention gemäß Art. 60 EMRK für ihre Mitglieder bloß einen verbindlichen Mindeststandard garantieren will und deshalb allenfalls innerstaatliche Korrekturen – im Gegensatz zu Neuordnungen - erforderlich werden können, wo das nationale Recht unter dieser Schwelle bleibt.[447]

II. Einflüsse auf die deutsche Rundfunkordnung durch die europäische Legislative

1. Bindung an das Prinzip der begrenzten Einzelermächtigung

Voraussetzung für den Erlaß unmittelbar oder über innerstaatliche Umsetzung wirkender, rundfunkrechtlich relevanter Vorschriften ist, daß den Institutionen und Organen der Gemeinschaft in den Verträgen eine Regelungskompetenz für den Bereich des Rundfunks zuerkannt worden ist. Anders als bei der grundsätzlich gegebenen Verbandskompetenz eines Staates, die sich unmittelbar aus seiner Souveränität und damit voraussetzungslos ergibt, bedarf die Europäische Gemeinschaft zur Ausübung von Hoheitsgewalt einer Ermächtigung durch die Mitgliedstaaten. Die Verträge räumen der Europäischen Gemeinschaft weder eine Kompetenzkompetenz noch eine generelle Verbandskompetenz ein, sondern beruhen gemäß Art. 5 EUV [alt: E], Art. 5 Abs. 1 EGV [alt: 3 b)] sowohl bezüglich des „ob" als auch bezüglich der Rechtsformenwahl auf dem Prinzip der begrenzten Einzelermächtigung.[448] Danach kann die Gemeinschaft die in Art. 249 Abs. 1 EGV [alt: 189] aufgezählten Regelungsinstrumente benutzen, wenn und soweit konkrete Vertragsbestimmungen sie zur Regelung einzelner Materien vorsehen. Der Rechtsanwendungsbefehl des nationalen Zustimmungsgesetzes würde überdehnt und das Bundesverfassungsgericht wäre zum Einschreiten verpflichtet, wenn die Gemeinschaft schwerwiegend und systematisch Grundrechte in ihrem Wesensgehalt verletzte oder die Kompetenzgrenzen überschritte.[449] *Dörr* hat in

---

446 Ebenso *Thorn*, in: Everling/Narjes/Sedemund (Hrsg.), FS für Deringer, S. 585 (599), der zu Recht die Umdeutung von Grundrechten in Handlungsermächtigungen als unvereinbar mit dem Enumerationsprinzip ansieht.

447 *E. Klein*, AfP 1994, S. 9 (10).

448 *Bleckmann*, Europarecht, Rn. 379 ff.; *Streinz*, Europarecht, Rn. 436 ff.; *Schweitzer/Hummer*, Europarecht, Rn. 335 ff.; *Oppermann*, Europarecht, Rn. 513 ff.; *Mestmäcker*, Die Wirtschaftsverfassung in der Europäischen Union, S. 8; gegen einen Schluß von der Aufgabe auf die Befugnis ausdrücklich auch BVerfGE 89, 155 (192 ff., 209) - Maastricht -.

449 *Rodríguez Iglesias*, EuGRZ 1996, S. 125 (127) verlangt „eklatante Zuständigkeitsüberschreitungen"; *Hirsch*, NVwZ 1998, S. 907 (909), der ein Eingreifen des BVerfG erst bei einer offenkun-

einer Stellungnahme zum Maastricht-Urteil zu Recht angemerkt, daß die Europäische Gemeinschaft vor dem Hintergrund der Aussagen des Bundesverfassungsgerichts zur Gewährleistung des grundrechtlichen Mindeststandards darauf achten müsse, daß sie bei ihren rundfunkrechtlichen Regelungen die Rundfunkfreiheit des Grundgesetzes hinreichend beachtet, jedenfalls in ihren Kernaussagen, wie sie in den acht Rundfunkurteilen des Bundesverfassungsgerichts zum Ausdruck gekommen sind.[450] Bereits in früheren Entscheidungen hatte das Bundesverfassungsgericht die „identitätsstiftende Verfassungsordnung" als Grenze von Art. 24 Abs. 1 GG a. F. herangezogen. Materielle Grenzen der Integrationsgewalt bildeten daher auch die „Rechtsprinzipien, die dem Grundrechtsteil zugrunde liegen."[451]

Ausdrücklich findet sich im EG-Vertrag selbst keine Ermächtigung für eine Gesetzgebungskompetenz der Gemeinschaft im Rundfunksektor.[452] Im Vertrag ist weder ein Titel, der die Gemeinschaft zur Schaffung einer gemeinsamen Medien- geschweige denn Rundfunkordnung ermächtigen würde, noch eine Kompetenz enthalten, welche die Gemeinschaft berechtigte, ausschließlich oder nur ergänzend auf die nationalen Rundfunkordnungen Einfluß zu nehmen. Im Gegensatz dazu hat aber beispielsweise die Telekommunikation durch Einfügung des XV. Titels [alt: XII], der die Bezeichnung „Transeuropäische Netze" trägt, Eingang in den EG-Vertrag gefunden. Angesichts dieser Lage faßte *Eberle* den Diskussionsstand 1993 pointiert zusammen, als er konstatierte: „Während aus deutscher Sicht eine Kompetenz der EG beständig bestritten wurde, machte die EG-Kommission von ihr Gebrauch."[453] Im folgenden ist zu zeigen, daß der Europäischen Gemeinschaft zur Gestaltung einer in sich schlüssigen und abschließenden europäischen „Ordnung" des Rundfunks die Kompetenz fehlt.

2. Regelungskompetenz aus Art. 55 i. V. m. Art. 47 Abs. 2 Satz 1 EGV

Zu Beginn der achtziger Jahre setzten in Europa Bestrebungen ein, gestützt auf die Rechtsprechung des Europäischen Gerichtshofes Unterschiede der die Dienstleistung Rundfunk betreffenden Normen in den Mitgliedstaaten aufzuheben.[454] Die Kommissi-

---

digen, schwerwiegenden und systematischen Überdehnung des Integrationsprogramms indiziert sehen und deshalb den Gehalt von Art. 79 Abs. 3 GG als Prüfungsgrenze heranziehen will; so auch *Herrmann*, Rundfunkrecht, S. 217 Rn. 58; *Rupp*, ZRP 1993, S. 211 (213) sieht die Grenzen von Art. 79 Abs. 3 i.V.m. Art. 20 GG durch den Vertrag von Maastricht bereits als überschritten an.

450 *Dörr*, ZUM 1995, S. 14 (17); *Hesse*, Rundfunkrecht, S. 308 Rn. 26.

451 BVerfGE 73, 339 (375 f.) - Solange II - mit Hinweis auf BVerfGE 37, 271 (279 f.) - Solange I -; BVerfGE 58, 1 (30 f.).

452 *H. P. Ipsen*, Rundfunk im Europäischen Gemeinschaftsrecht, S. 40.

453 *Eberle*, AfP 1993, S. 422.

454 Vgl. die Entschließung des Europäischen Parlaments vom 12. März 1982 zu „Rundfunk und Fernsehen in der Europäischen Gemeinschaft", ABl. EG Nr. C 87 v. 5.4.1982, S. 110 (111); sowie die weiteren Entschließungen vom 25.5.1984, ABl. EG Nr. C 172 vom 2.7.1984, S. 212;

on ist der Aufforderung des Europäischen Parlaments, „eine europäische Rundfunk- und Fernsehrahmenordnung unter anderem mit dem Ziel des Jugendschutzes und der Regelung des Einsatzes von Werbung auf Gemeinschaftsebene" zu errichten mit ihrem „Grünbuch über die Errichtung des gemeinsamen Marktes für den Rundfunk, insbesondere über Satellit und Kabel" vom 14. Juni 1984[455] nachgekommen. Fünf Jahre später wurde die Richtlinie „Fernsehen ohne Grenzen"[456] verabschiedet. Der Erlaß dieser Richtlinie (FsRL), die 1997 revidiert wurde[457], wurde auf Art. 55 [alt: 66] i.V.m. Art. 57 [alt: 47] Abs. 2 Satz 1 EGV gestützt.[458] Das Hauptziel der Fernsehrichtlinie, wie es der Europäische Gerichtshof in seiner Rechtsprechung bestätigt hat, besteht darin, die freie Ausstrahlung von Fernsehsendungen sicherzustellen.[459] Weitere Motive sind der Schutz der europäischen kulturellen Identität sowie die Bildung eines europäischen Rundfunkbinnenmarktes.[460]

a) Umfang der Regelung

Trotz des überwiegenden wirtschaftlichen Bezugs der Regelungen in der Fernsehrichtlinie macht der gewählte Ansatz Sinn, zumindest den Jugendschutz und das Recht der Gegendarstellung mitzuregeln. Erstgenanntes Rechtsgebiet wurde nämlich auch in den vor dem EuGH verhandelten Fällen als Rechtfertigungsgrund für die Beschränkung der Sendetätigkeit herangezogen. Beim Recht der Gegendarstellung wäre dies ebenso möglich. Die Novellierung der FsRL unter Aussparung wesentlicher Bereichserweiterungen ist darüber hinaus als Signal zu werten, daß ein praktischer Bedarf an weiterführender Harmonisierung nicht besteht. In technischer Hinsicht, etwa im Hinblick auf die Digitalisierungs- und Verschlüsselungstechnik[461], der Konvergenz von

---

und vom 10.9.1985, ABl. EG Nr. C 288 vom 11.11.1985, S. 113 ff.

455 KOM(84) 300 endg.; zu der darin enthaltenen Kompetenzbeschränkung der Mitgliedstaaten wie auch der EG selbst s. *Hoffmann-Riem*, Europäisierung des Rundfunks – aber ohne Kommunikationsverfassung?, S. 201 (206, 212 f.), in: ders. (Hrsg.), Rundfunk im Wettbewerbsrecht.

456 Richtlinie 89/552/EWG des Rates zur Koordinierung bestimmter Rechts- und Verwaltungsvorschriften der Mitgliedstaaten über die Ausübung der Fernsehtätigkeit vom 3.10.1989, ABl. EG Nr. L 298 v. 17.10.1989, S. 23 ff., geändert durch Richtlinie 97/36/EG des Europäischen Parlaments und des Rates v. 30.6.1997, ABl. EG Nr. L 202 v. 30.7.1997, S. 60 ff.

457 S. dazu *Knothe/Bashayan*, AfP 1997, S. 849 ff.

458 Fraglich ist, ob nach Einführung des Art. 151 EGV nicht das Einstimmigkeitserfordernis im Rat gem. Abs. 5 bei der Revision zu berücksichtigen gewesen wäre, vgl. *Ress*, in: Randelzhofer/Scholz/Wilke (Hrsg.), GS für Grabitz, S. 595 (626), *Hailbronner/Weber*, DÖV 1997, S. 561 (569); ablehnend *Berggreen-Merkel*, Die rechtlichen Aspekte der Kulturpolitik nach dem Maastrichter Vertrag, S. 33.

459 EuGH Slg. 1995, I-179 (219) - Leclerc-Siplec -; EuGH Slg. 1997, I-3845 (3879) - De Agostini -.

460 EuGH Slg. 1996, I-4025 (4075) - Kommission/Großbritannien -.

461 Vgl. RL 95/47/EG des Europäischen Parlaments und des Rates v. 24.10.1995 über die Anwendung von Normen für die Übertragung von Fernsehsignalen, ABl. EG Nr. L 281 v. 23.11.1995, S. 51 ff.

Endgeräten und Übertragungsnetzen, aber auch bei der Fusionskontrolle, werden die Europäische Gemeinschaft und hier besonders die Kommission jedoch weiter gefordert sein.

b) Regelungtechnik

Begrüßenswert ist die gefundene Regelungstechnik, wonach selbst die vom europäischen Sekundärrecht erfaßten Fälle nicht vollständig den Ländergesetzgebern entzogen wurden. Durch Art. 3 Abs. 1 FsRL bleiben sie berechtigt, für die deutschen Rundfunkveranstalter strengere oder ausführlichere Bestimmungen zu verabschieden, bzw. aufrechtzuerhalten. Auch umgekehrt sind die Landesgesetzgeber nicht daran gehindert, von der FsRL erfaßte Regelungsmaterien weniger starken Bindungen zu unterwerfen und damit der Dienstleistungsfreiheit zur weitergehenden Verwirklichung zu verhelfen.

c) Auswirkungen auf die Rundfunkordnung in Deutschland

Die Richtlinie läßt die Konzeption und die Struktur der innerstaatlichen Rundfunkordnungen unangetastet; ihr Grundrechtsgehalt, ihre Identität, kulturelle Eigenart und gesellschaftliche Vielfalt bleiben unberührt.[462] Desweiteren verbleiben Fragen der Programmgestaltung sowie die Finanzierung der öffentlich-rechtlichen Rundfunkanstalten Sache der Mitgliedstaaten[463], so daß die eigentlichen Kernbereiche in der Hand der Bundesländer geblieben sind. Ziel der sekundärrechtlichen Vorschriften und insbesondere der FsRL ist es nicht, einen in allen Belangen einheitlichen Rechtsraum für den Rundfunk zu schaffen. Vielmehr sollen die gegenseitige Marktöffnung durch die Bestimmung von Mindeststandards und des Herkunftslandprinzips gefestigt werden.[464] Dem dient auch das Umgehungsverbot, welches die Inländerdiskriminierung auf „ausländische" Veranstalter erstreckt, die nur zum Zwecke der Umgehung des Art. 2 Abs. 1 FsRL ihren Sitz ins Ausland verlagern.[465] Anders als etwa im Fall der sogenannten „Schweizer Werbefenster" gibt es in Deutschland jedoch (noch) kein Programm, das von außen kommend sich auch oder ausschließlich an deutsches Publikum wendet und seine Werbung entsprechend ausrichtet.[466]

---

462 So auch *I. Schwartz*, ZUM 1989, S. 381 (382 f.); a. A. *Hoffmann-Riem*, Europäisierung des Rundfunks – aber ohne Kommunikationsverfassung?, S. 215, in: ders. (Hrsg.), Rundfunk im Wettbewerbsrecht, der in Art. 3 Abs. 1 FsRL einerseits die Aufforderung sieht, den eigenen Veranstaltern im ökonomisch-publizistischen Wettbewerb Handicaps aufzuerlegen, von denen ausländische Konkurrenten befreit sind, andererseits aber auch eine Aufforderung, die Liberalisierung voranzutreiben.

463 Vgl. 13. Erwägungsgrund der FsRL.

464 *V. Bogdandy*, EuZW 1992, S. 9 (10).

465 *Trautwein*, ZUM 1995, S. 324 (325).

466 Vgl. dazu die Regelungen in Art. 16 FsÜ und § 26 Abs. 4 RStV.

Auch heute noch muß sich die Kommission das von ihr anerkannte Bild eines ausschließlich landesrechtlich geprägten Kernbereichs des Rundfunkrechts entgegenhalten lassen. In ihrem Grünbuch zum „Fernsehen ohne Grenzen“ wog sie hinsichtlich des Regelungsumfangs die nationalen und die gemeinschaftlichen Belange ab: Als Prämisse führte die Kommission an, daß sich das europäische und die nationalen Freiheitssysteme nicht gegenseitig verdrängen, sondern ergänzen. Dies verlange auch im Bereich des Rundfunks, genauer für den Kabelrundfunk, Öffnungen der nationalen Ordnungen füreinander, sowie Respektierung ihrer jeweiligen Identität durch die Gemeinschaft. Letzteres impliziere einerseits besondere Zurückhaltung gegenüber einer Angleichung des Rundfunkprogrammrechts, andererseits ein Verständnis des innerstaatlichen Vorbehalts (der Anwendung von aus Gründen des Allgemeininteresses gerechtfertigten Vorschriften), der die Sendeverkehrsfreiheit und die Informationsfreiheit zwar nur ganz ausnahmsweise im Namen inländischer Ordnungsvorstellungen verdrängen könne und deshalb der Dringlichkeit der Harmonisierung entziehe.[467] Gleichzeitig erkannte die Kommission, daß eine Angleichung der allgemeinen Vorschriften über die Inhalte der Programme (Programmbindung, Programmbeschränkung) Gefahr laufen könne, dem Ausdruck und der Vermittlung der politischen, verfassungsrechtlichen und kulturellen Vielfalt der Gemeinschaft zu schaden. Zu dieser Vielfältigkeit rechnete die Kommission 1984 ausdrücklich auch das unterschiedliche Verständnis der innerstaatlichen Grundrechte und der sich aus letzterer ergebenden Programmvorschriften.

d) Stellungnahme

Die Einordnung der mit dem Rundfunk verbundenen Tätigkeiten als Dienstleistungen durch den EuGH erfolgte zu Recht, vor allem, wenn man den Vertragszweck der Gemeinschaft zugrunde legt, der an der harmonischen und ausgewogenen Entwicklung des Wirtschaftslebens ausgerichtet ist. Der Rundfunk als einer der bedeutendsten Wirtschaftszweige in der Gemeinschaft kann nicht ausgespart bleiben, wenn es darum geht, freie grenzüberschreitend empfangbare Sendungen möglich zu machen. Prinzipiell ist es somit zu begrüßen, daß der EuGH sich sehr früh dafür entschieden hat, den Rundfunk unter Art. 50 EGV zu subsumieren, und daß mit der Fernsehrichtlinie grundlegende Bestimmungen zur Gewährleistung des freien Sendebetriebs entworfen wurden. Bedenken unterliegt die europarechtliche Charakterisierung der Rundfunktätigkeit aber insoweit, als eine mediumsimmanente Interpretation nicht versucht wird. Das Europarecht unterläßt jegliche Deutung des Rundfunks, die sich auf das Medium selbst und seine Wirkung bezieht. Dadurch entsteht – genau umgekehrt zur Rechtslage in Deutschland – ein Bild der Rundfunktätigkeit, in dem die soziale, kulturelle Funktion des Rundfunks von allenfalls zweitrangiger Bedeutung ist.

---

467 KOM(84), 300 endg., S. 179.

Obwohl der EuGH indirekt sogar die Rechtmäßigkeit der Quotenregelung anerkannt zu haben scheint[468], kann der Kritik über die Dienstleistungseigenschaft der Rundfunktätigkeit nicht zugestimmt werden, weil dadurch die Eigenständigkeit der deutschen Rundfunkordnung grundsätzlich nicht berührt wird. Sofern die Kritik auf die Festschreibung der Quotenregelung für Produktion und Ausstrahlung von Programmen zielt, ist ihr zuzugeben, daß die Gemeinschaft an dieser Stelle ihre Kompetenzen überschritten hat[469]. Zum einen ist primär die Programmgestaltungsfreiheit der Rundfunkveranstalter tangiert. Zum anderen stellt die Vorgabe von zu sendenden oder zu fördernden Programmen eher eine Beschränkung der Dienstleistungsfreiheit dar als ein Mittel zur Freiheitssicherung[470] und nimmt sich gegenüber den anderen - lediglich auf Rechtsangleichung zielenden Bestimmungen - wie ein Fremdkörper aus. Abgemildert wird der Zuständigkeitsstreit jedoch dadurch, daß Rat und Kommission auf Antrag der Bundesregierung eine Protokollerklärung zur Fernsehrichtlinie verabschiedet haben, in der Art. 4 und 5 FsRL als *politische* Verpflichtungen bezeichnet werden.[471] Doch werden die durch Art. 4 und 5 FsRL aufgestellten Vorgaben durch die Mitgliedstaaten - vor allem Deutschland - weitestgehend erfüllt.[472] Auch wird die Bedeutung der Quotenregelung für die öffentlich-rechtlichen Rundfunkanstalten überschätzt: Denn diese Sender sind zur Erfüllung ihres Programmauftrags kraft Natur der Sache verpflichtet, den Rezipienten qualitativ hochwertige Eigen- oder Auftragsproduktionen anzubieten, wobei in der Gunst der Zuschauer nationale Produktionen ohnedies den Spitzenplatz einnehmen.[473]

---

468 GA *Lenz* jedenfalls vertrat die Ansicht, daß die Richtlinie mit den Art. 4 und 5 FsRL kulturelle Zwecke verfolge, Schlußanträge von GA *Lenz*, in: EuGH Slg. 1996, I-4115 (4135) – Kommission/Belgien -; vgl. auch den Ersten Bericht über die Berücksichtigung der kulturellen Aspekte in der Tätigkeit der Europäischen Gemeinschaft, KOM(96), 160 endg., vom 17.4.1996, S. 93.

469 Eingehende Kritik durch *Frohne*, ZUM 1989, S. 390 (393); *v. Bogdandy*, EuZW 1992, S. 9 (13 ff.); s. ferner *Niedobitek*, Kultur und Europäisches Gemeinschaftsrecht, S. 208.

470 Kritisch auch *Niedobitek*, Kultur und Europäisches Gemeinschaftsrecht, S. 167 f.; a. A. *Hailbronner/Weber*, DÖV 1997, S. 561 (565).

471 Dazu *Martin-Pérez de Nanclares*, Die EG-Fernsehrichtlinie, S. 163 ff., der dennoch von einer Rechtsverbindlichkeit ausgeht; so auch *v. Bogdandy*, EuZW 1992, S. 9 (13); a. A. *Möwes/Schmitt-Vockenhausen*, EuGRZ 1990, S. 121 (123); für eine nur politische Bedeutung auch *Hess*, AfP 1990, S. 95 (96); differenzierend *Pechstein*, EuR 1990, S. 249 (261 ff.).

472 Vgl. Dritte Mitteilung der Kommission an den Rat und das Europäische Parlament über die Durchführung der Art. 4 und 5 der Richtlinie 89/552/EWG „Fernsehen ohne Grenzen" im Zeitraum 1995 und 1996 mit einer allgemeinen Bewertung der Durchführung im Zeitraum 1991 bis 1996, KOM(98) 199 endg. vom 3.4.1998, S. 49 ff.

473 So übereinstimmend die Geschäftsführer, bzw. Programmchefs von ARD, ZDF und PREMIERE auf der Cologne Conference des 11. Medienforums NRW 1999.

3. Kompetenz aus Art. 151 EGV

Als weiterer, nicht an die wirtschaftliche Bedeutung des Rundfunks anknüpfender Kompetenztitel der Europäischen Gemeinschaft, Fragen des Rundfunkrechts grenzübergreifend zu behandeln, kommt Art. 151 EGV in Betracht. Der durch den „Vertrag über die Europäische Union" vom 7.2.1992[474] eingefügte Art. 151 Abs. 1 EGV bestimmt:

> *Die Gemeinschaft leistet einen Beitrag zur Entfaltung der Kulturen der Mitgliedstaaten unter Wahrung ihrer nationalen und regionalen Vielfalt sowie gleichzeitiger Hervorbringung des gemeinsamen kulturellen Erbes.*

Im Gegensatz zum Regelungsansatz aus Art. 47 Abs. 2 EGV wird hier die Kultur nicht implizit, sondern ausdrücklich angesprochen und erfaßt. Art 151 Abs. 2 EGV scheint darüber hinauszugehen, wenn er die Beitragsleistung aus Abs. 1 präzisiert und anordnet:

> *Die Gemeinschaft fördert durch ihre Tätigkeit die Zusammenarbeit zwischen den Mitgliedstaaten und unterstützt und ergänzt erforderlichenfalls deren Tätigkeit in folgenden Bereichen: (....)*
> *- künstlerisches und literarisches Schaffen, einschließlich im audiovisuellen Bereich.*

Wenn Rundfunk also - wie beschrieben - zur Kultur gehört, so ist mit Einfügung dieser Norm die Frage relevant geworden, ob die Europäische Gemeinschaft nicht doch über einen ausschließlichen Kompetenztitel für den gesamten Rundfunkbereich in den Primärrechtsquellen verfügt. Da die Gemeinschaft auch schon vor Aufnahme dieser Vertragsbestimmung im Kulturbereich tätig war und u. a. die Denkmalpflege und die Bereiche Buch und Lektüre förderte[475], ohne daß dafür eine Regelungsgrundlage existierte, könnte die Einfügung des neuen Titels sogar nur eine rechtliche Absicherung dieser bestehenden, wiewohl teilweise sehr zweifelhaften Praxis darstellen.[476] Äußerungen der Kommission stützen diese Sicht. In den achtziger Jahren betonte die Kommission in zahlreichen die Kulturpolitik betreffenden Mitteilungen, daß es die Aufgabe der Gemeinschaft sei, die wirtschaftlichen und sozialen Aspekte der mitgliedstaatlichen Kulturpolitik wahrzunehmen, und daß dies nicht ausschließe, „neue Politiken" zu

474 BGBl. 1992, II-1253; geändert durch den Beitrittsvertrag vom 24.6.1994, BGBl. 1994, II-2022.

475 Weitere Nachweise bei *Fischer*, in: Lenz (Hrsg.), EG-Vertrag, Art. 151 Rn. 2.

476 *Bohr/Albert*, ZRP 1993, S. 61 (64), die darauf verweisen, daß die Mitgliedstaaten während der Verhandlungen zum „Vertrag über die Europäische Union" wesentlich weitergehende Vorschriften, nämlich eine abschließende Beschreibung der EG-Befugnisse im Bereich der Kultur verlangten, sowie die Streichung von Art. 308 EGV und die Verankerung des Subsidiaritätsprinzips.

entwickeln.[477] Nach Inkrafttreten des Maastrichter Vertrags scheint die Kommission nur noch in ausgewählten Bereichen von einer gemeinschaftlichen Kulturkompetenz auszugehen und sich dabei auf Art. 151 EGV stützen zu wollen.[478]

a) Wortlaut der Vorschrift

Schon der Blick auf den Wortlaut von Art. 151 EGV und seine Untergliederungen läßt indes die Vermutung, hierbei handle es sich um eine übergreifende Kulturkompetenz, fraglich erscheinen. Die verwendeten Verben beschreiben den Tätigkeitsbereich der Gemeinschaft sehr präzise und schränken den gemeinschaftlichen Aktionsradius offensichtlich ein. Wird in Art. 151 Abs. 1 EGV noch allgemein von einem „Beitrag" gesprochen, den die Kommission leistet, so wird dieser Terminus in Abs. 2 verdichtet. Hier ist genauer und enger von einer „fördernden" Tätigkeit die Rede, wobei diese außerdem noch an die Zusammenarbeit zwischen den Mitgliedstaaten gekoppelt ist. Genau dieselbe Regelungsintention findet sich, wenn der Gemeinschaft ebenfalls in Abs. 2 zugestanden wird, „unterstützend" und „ergänzend" tätig zu werden. Eine solche Tätigkeit ist bereits vom Wortsinn her auf eine zumindest parallele, eher aber noch übergeordnete Kompetenzwahrnehmung durch ein weiteres Rechtssubjekt, i. e. die Mitgliedstaaten, angelegt. Art. 151 Abs. 4 EGV schließlich, der davon spricht, daß die „Gemeinschaft den kulturellen Aspekten [...] Rechnung trägt, insbesondere zur Wahrung und Förderung der Vielfalt der Kulturen", richtet die gemeinschaftlichen Handlungsbefugnisse wiederum an dem mehrdimensionalen, durch die Mitgliedstaaten vorgegebenen Kulturverständnis aus. Dieses Interpretationsergebnis wird durch die Verwendung des Plurals „Kulturen", wie er auch in Abs. 1 benutzt wird, gestützt, woraus zu Recht der Schluß gezogen worden ist, daß die Kulturpolitik insgesamt in den Händen der Mitgliedstaaten verbleiben soll.[479] Die Formulierung „Rechnung tragen" ist im übrigen ebenfalls nur so zu verstehen, daß es eine gemeinschaftliche Beschäftigung mit kulturellen Belangen nur auf einer sekundären Ebene geben darf, ohne eine zu starke Beeinträchtigung dieser Materie hervorzurufen. Die Orientierung der Gemeinschaftspolitik an einem kulturell vielfältigen Europa und die Bindung der Handlungsermächtigung daran, daß kulturelle Aspekte nur „berücksichtigt" und nicht selbst Ge-

---

477 Vgl. die detaillierten Nachweise bei *Hochbaum*, BayVBl. 1997, S. 641 (645 ff.).

478 S. die Erwägungsgründe des Vorschlags der Kommission für eine Entscheidung des EP und des Rates für ein Programm zur Förderung künstlerischer und kultureller Aktivitäten mit europäischer Dimension (KALEIDOSKOP 2000) v. 25.20.1994, ABl. EG Nr. C 324 v. 22.11.1994, S. 5 ff. sowie die Mitteilung der Kommission zur Aktion der Europäischen Gemeinschaften zugunsten der Kultur, KOM(94) 356 endg., v. 27.7.1994.

479 *Eberle*, AfP 1993, S. 422 (425); *Everling*, EuR 1990, S. 195 (216 f.) mit Hinweis auf die restriktive Regelungstätigkeit im Bildungsbereich; *Oppermann*, Deutsche Rundfunkgebühren und europäisches Beihilferecht, S. 77; *M. Seidel*, EuR 1992, S. 125 (132); *Häberle*, EuGRZ 1992, S. 429 (433); für den Bereich des Sports s. *Palme*, JZ 1996, S. 238 (239), der von einer „Integrationsklausel" spricht; einschränkend: *Ress*, DÖV 1992, S. 944 (948 f.).

genstand einer allgemeinen europäischen Kulturpolitik sein dürfen, unterstützen den kompetenzbegrenzenden Interpretationsansatz zu Art. 151 EGV.[480]

b) Art. 151 Abs. 4 EGV als Querschnittsklausel

Der Querschnittsklausel des Art. 151 Abs. 4 EGV, nach der die Gemeinschaft „den kulturellen Aspekten bei ihrer Tätigkeit aufgrund anderer Bestimmungen dieses Vertrages Rechnung zu tragen hat", kann weiter entnommen werden, daß die Gemeinschaft die nationale und regionale Vielfalt in den Mitgliedstaaten achten und sie nach Möglichkeit gerade nicht beeinträchtigten soll, wie es durch gemeinschaftsweite und unzureichend differenzierende Aktionen der Fall wäre. Der Amsterdamer Vertragstext bestätigt dieses Auslegungsergebnis. Durch ihn wurde die Maastrichter Fassung präzisiert und Abs. 4 hinzufügt, daß die Gemeinschaft den kulturellen Aspekten „insbesondere zur Wahrung und Förderung der Vielfalt der Kulturen" Rechnung trägt. Der Bezug auf eine Vielfalt der Kulturen schließt eine eigenständige europäische Kulturpolitik aus. Für die Berücksichtigung der kulturellen Aspekte innerhalb der Anwendung der wettbewerbsrechtlichen Vorschriften des Vertrages haben *Ress/Ukrow* zudem aufgezeigt, daß Art. 151 Abs. 4 EGV im Gegensatz zu anderen im Vertrag enthaltenen „Berücksichtigungsklauseln", wie etwa beim Umweltschutz, ausschließlich die Gemeinschaftsorgane und nicht auch die Mitgliedstaaten als Adressaten benennt.[481] Zur Berücksichtigung verpflichtet sind also allein die Gemeinschaftsorgane. Deshalb ist auch die Kommission in ihrer Rolle als Hüterin des EG-Vertrages bei der Anwendung von Art. 87 Abs. 3 lit. d) EGV auf die Gebührenfinanzierung des öffentlich-rechtlichen Rundfunks in Deutschland zur Berücksichtigung der nationalen Kulturen aufgerufen.

Eine andere Meinung scheint Art. 151 Abs. 4 EGV dagegen als Schranken-Schranke zu verstehen. Da sich nach der Rechtsprechung des EuGH zur Arbeitnehmerfreizügigkeit[482] die von der Gemeinschaft gesetzten Ziele auch auf Bereiche auswirken dürfen, für die diese als solche nicht zuständig ist, folge aus der Einbeziehung der „Berücksichtigungsklausel" des Art. 151 Abs. 4 EGV, daß die Gemeinschaft bei ihrer Tätigkeit zur Verwirklichung des Binnenmarktes aufgrund der Art. 47 Abs. 2, 55 EGV dem kulturellen Aspekt Rechnung zu tragen habe. Kulturelle Implikationen, wie sie etwa bei der Regelung zur Medienkonzentration auftreten könnten, seien daher wegen

---

480 *Wemmer*, Die neuen Kulturklauseln des EG-Vertrages, S. 28 kommt zum gleichen Ergebnis und zieht als Argument außerdem heran, daß die Gemeinschaft gem. Art. 151 Abs. 2 EGV nur „erforderlichenfalls" tätig werden kann; so auch *Blanke*, Europa auf dem Weg zu einer Bildungs- und Kulturgemeinschaft, S. 101; a. A. vor Einfügung von Art. 151 und Art. 3 lit. q) EGV *Niedobitek*, Kultur und Europäisches Gemeinschaftsrecht, S. 212 f.

481 *Ress/Ukrow*, ZEuS Sonderdruck 1999, S. 41.

482 EuGH Slg. 1974, S. 773 (779) – Casagrande -; EuGH Slg. 1976, S. 1333 (1340) – Donà -; EuGH Slg. 1983, S. 2323 (2336) – Forcheri -; EuGH Slg. 1985, S. 593 (612) – Gravier -.

Art. 151 Abs. 4 EGV kein „Kompetenzhindernis“. Dank dieser Vorschrift sei es vielmehr möglich, diese Bedenken zu umgehen.[483]

Dieser Auffassung ist zu entgegnen, daß Art. 151 EGV nicht dazu verwendet werden darf, die kulturell unterschiedlichen Traditionen der Mitgliedstaaten einzuebnen, sondern daß der Abs. 4 der Vorschrift mit dem Verweis auf die regionale und nationale Vielfalt nur eine äußerst behutsame Tätigkeit in kulturellen Bereichen erlaubt. Eine Auslegung des Abs. 4 als Schranken-Schranke würde seinen durch den Wortlaut vorgezeichneten Charakter in sein Gegenteil verkehren. „Berücksichtigen“ müßte als „ignorieren“ interpretiert werden. Daß bei der Regelung wirtschafts- und wettbewerbsrechtlicher Fälle kulturelle Einschläge grundsätzlich keinen Hinderungsgrund darstellen, wurde bereits gezeigt, führt hier alleine aber nicht weiter. Art. 151 Abs. 4 EGV macht deutlich, daß es einen Punkt geben kann, an dem die kulturelle Bedeutung eines Sachverhalts in einen solchen Hinderungsgrund umschlagen kann. Die Kommission selbst interpretiert Art. 151 Abs. 4 EGV so, daß ihr mit dieser Norm aufgegeben wird, in Politiken, die sie nach innen wie nach außen führt, die kulturelle Dimension zu integrieren, um zur Verwirklichung der Aufgaben des Vertrages aus Art. 2 und 3 EGV und der Ziele des Art. 151 Abs. 3 EGV beizutragen.[484] Fördermaßnahmen versteht die Kommission im Sinne von finanzieller Unterstützung und technischen Hilfen.[485]

Es ist zutreffend, daß das Gebot der Rücksichtnahme auf den Kompetenzbereich der Mitgliedstaaten nicht so weit verstanden werden darf, daß der Gemeinschaft Kompetenzen entzogen werden, die sie aufgrund anderer Kapitel besitzt.[486] Insbesondere wird der Anwendungsbereich der wirtschaftlichen Grundfreiheiten durch Art. 151 Abs. 4 EGV nicht verkürzt.[487] Die Bestimmung des Art. 151 EGV ist insoweit eine besonders gelungene Ausprägung und Verstärkung des Subsidiaritätsgedankens.[488] Diesem Gedanken scheinen auch die Europäischen Organe zuzustimmen. Als Beispiel sei auf die Erwägungsgründe der Richtlinie über ein Informationsverfahren auf dem Gebiet der Normen und technischen Vorschriften im Bereich der neuen Dienste ver-

---

483 *Kresse/Heinze*, ZUM 1995, S. 394 (396).

484 Die Aktion der Europäischen Gemeinschaft zugunsten der Kultur, KOM(94) 356 endg., vom 27.7.1994, S. 10, wobei Art. 151 Abs. 4 so verstanden wird, daß der Beitrag im Bereich des „künstlerischen und literarischen Schaffens einschließlich des audiovisuellen Sektors“ darauf zu untersuchen ist, ob „die audiovisuellen Techniken zum Aufblühen und zur Verbreitung der Kulturen der Mitgliedstaaten beitragen können“, S. 12.

485 Dieser Auslegung zustimmend die Stellungnahme des Bundesrats zu KOM(94) 356 endg., in: BR-Drs. 885/1/94, S. 2.

486 *Everling*, Buchpreisbindung im deutschen Sprachraum und Europäisches Gemeinschaftsrecht, S. 34; a. A. *Ress*, DÖV 1992, S. 944 (948).

487 EuGH Slg. 1995, I-4921 (5064) - Bosman -.

488 *Dörr*, Die Rolle des öffentlich-rechtlichen Rundfunks in Europa, S. 36; *Berggreen-Merkel*, Die rechtlichen Aspekte der Kulturpolitik nach dem Maastrichter Vertrag, S. 13.

wiesen, in denen es heißt, daß „die Ausweitung des Anwendungsbereichs der Richtlinie die Mitgliedstaaten nicht daran hindern darf, den sozialen, gesellschaftlichen und kulturellen Auswirkungen Rechnung zu tragen, zu denen das Entstehen der Informationsgesellschaft führt."[489] Die technischen Aspekte der Informationsgesellschaft in einem notwendigen Maße regelnd, anerkennt die Gemeinschaft dort zu Recht einen Bereich, in dem sie die Intensität ihres Rechtsumsetzungsbefehls reduziert.

c) Art. 151 Abs. 5 EGV

Einen weiteren Ansatzpunkt für die Interpretation des Kulturartikels 151 EGV bietet Abs. 5 der Vorschrift. Dort ist geregelt, daß Fördermaßnahmen nicht zum Zwecke der Harmonisierung der Rechts- und Verwaltungsvorschriften der Mitgliedstaaten erlassen werden dürfen. Eine Angleichung von auf den Rundfunk bezogenen Rechtsvorschriften darf damit über Art. 151 EGV ausdrücklich nicht erfolgen.[490] Soweit es jedoch um die primäre Durchsetzung der vier Grundfreiheiten geht, die sich ihrerseits auf die Kulturpolitik auswirken können, kann das Harmonisierungsverbot wegen unterschiedlicher Schwerpunktsetzung keine Anwendung finden.[491] Indem der Begriff der Förder-„Maßnahme" verwendet wird, setzt sich Art. 151 Abs. 5 EGV auch von den Rechtstermini in Art. 249 EGV ab und schließt den Erlaß von Richtlinien und Verordnungen ausdrücklich aus. Aus dem so verstandenen Normgehalt von Art. 151 Abs. 5 EGV und aus dem systematischen Zusammenhang wird deshalb zu Recht Art. 151 EGV insgesamt eine kompetentielle Begrenzung bezüglich kultureller Angelegenheiten entnommen.[492] Dieses Ergebnis wird bestätigt durch die Kombination mit dem ebenfalls in Abs. 5 enthaltenen Einstimmigkeitserfordernis für den Rat zur Ergreifung von Fördermaßnahmen und der Subsidiaritätsklausel in Art. 5 EGV.[493]

d) Ergebnis

Eine „Eurokultur" oder auch nur eine eigene „Europäische Kultur" kann und wird es auf der Grundlage von Art. 151 EGV - ebensowenig geben wie beispielsweise eine

---

[489] 4. Erwägungsgrund der Richtlinie 98/48/EG des Europäischen Parlaments und des Rates vom 20. Juli 1998 zur Änderung der Richtlinie 98/34/EG über ein Informationsverfahren auf dem Gebiet der Normen und technischen Vorschriften, ABl. EG Nr. L 217, vom 5.8.1998, S. 18 ff.

[490] *Geiger*, EG-Vertrag, Art. 128 Rn. 10; *Fischer*, in: Lenz (Hrsg.), EG-Vertrag, Art. 151 Rn. 4, 14 ff.; *Knothe/Bashayan*, AfP 1997, S. 849, (854); zweifelnd: *Ress*, DÖV 1992, S. 944 (947).

[491] *Berggreen-Merkel*, Die rechtlichen Aspekte der Kulturpolitik nach dem Maastrichter Vertrag, S. 176; ähnlich *Blanke*, Europa auf dem Weg zu einer Bildungs- und Kulturgemeinschaft, S. 74.

[492] BVerfGE 89, 155 (194); *Berggreen-Merkel*, Die rechtlichen Aspekte der Kulturpolitik nach dem Maastrichter Vertrag, S. 11 f. geht von einer fünffachen Begrenzung durch Art. 151 EGV aus.

[493] *Bohr/Albert*, ZRP 1993, S. 61 (65); *Ress*, DÖV 1992, S. 944 (948 ff.); *Slot*, State aids in the cultural sector, 1994, S. 5; *Astheimer/Moosmayer*, ZUM 1994, S. 395 (396 f.).

EG-Gesundheitspolitik.[494] Im Gegenteil erscheint es durchaus angebracht, einen Grundsatz der Wahrung der nationalen Kulturen unter Verweis auf Art. 6 Abs. 1 EUV [alt: F], wonach die Union die nationale Identität ihrer Mitgliedstaaten achtet, zu proklamieren.[495] Art. 6 Abs. 1 EUV stellt auch keinen bloßen Programmsatz dar, sondern besitzt verpflichtenden Charakter.[496] Da die Kommission selbst erklärt hat, sich bei ihrer Tätigkeit im kulturellen Bereich von den Grundsätzen der Komplementarität und der Subsidiarität leiten zu lassen, wobei als wesentliche Instrumente die finanzielle Unterstützung sowie technische Hilfen zum Zweck der Verbreitung der mitgliedstaatlichen Kulturen genannt werden[497], scheint sich die Ansicht durchgesetzt zu haben, wonach es eine gemeinschaftliche Kulturpolitik nicht gibt. Ob dies bedeutet, daß eine eigene Kulturpolitik der Europäischen Gemeinschaft zumindest subsidiär in Betracht kommen kann, soweit die Mitgliedstaaten von ihrer Befugnis keinen Gebrauch machen[498], ist insofern zu bezweifeln, als eine allgemeine Kompetenz durch Art. 151 EGV gerade nicht implementiert werden sollte. Allenfalls scheint eine ergänzende Tätigkeit in Betracht zu kommen, für die Art. 151 EGV nur eine rechtliche Klarstellung bedeuten würde. Eine Ergänzung der mitgliedschaftlichen Kulturpolitik ist jedoch dort nicht angebracht, wo (fördernde) Kulturpolitik nach dem Willen eines Mitgliedstaates gerade nicht ausgeübt werden soll. Denn in solchen Fällen ist - im Gegensatz etwa zu Fällen finanzieller Unfähigkeit zur Unterstützung der Kultur innerhalb eines Mitgliedstaates - in der Förderung eine Form der Kulturpolitik zu sehen. Insgesamt kann Art. 151 EGV von den Gemeinschaftsorganen nicht zur Regelung kultureller und insbesondere nicht zur Regelung von rundfunkspezifischen Angelegenheiten herangezogen werden. Die Norm stellt keine Kompetenzgrundlage zur Verfügung.

4. Kompetenz aus Art. 3 lit. q) EGV

Auch Art. 3 lit. q) [alt: 3 lit. p)] EGV stellt keine kompetenzbegründende Vorschrift für die Gemeinschaft dar. Dies wird einerseits mit dem Verweis auf das Subsidiaritätsprinzip des Art. 5 Abs. 1 EGV begründet[499], läßt sich aber auch auf den Wortlaut

---

494 *Rittner*, EuR 1998, S. 1 (9).

495 So *Bleckmann*, Europarecht, Rn. 94 f.; *Dörr*, Die Rolle des öffentlich-rechtlichen Rundfunks in Europa, S. 18; *Oppermann*, Zur Finanzierung der öffentlich-rechtlichen Spartenprogramme „Kinderkanal" (KK) und „Phoenix" (PH) durch Rundfunkgebühren im Lichte des Europäischen Beihilferechts, S. 16 f.

496 *Pechstein/Koenig*, Die Europäische Union, S. 61 Rn. 110.

497 KOM(94) 356 endg., S. 5, 6.

498 *Fischer*, in: Lenz (Hrsg.), EG-Vertrag, Art. 151 Rn 10; *I. Schwartz*, AfP 1993, S. 409 (417).

499 *Kopp*, Geistiges Eigentum im Spannungsfeld von nationaler Regelungskompetenz und europäischem Wirtschafts- und Wettbewerbsrechtaus Sicht des öffentlich-rechtlichen Rundfunks, S. 83 (84), in: Schwarze (Hrsg.), Geistiges Eigentum und Kultur im Spannungsfeld von nationaler Regelungskompetenz und europäischem Wirtschafts- und Wettbewerbsrecht.

der Norm stützen. Art. 3 lit. q) definiert die Ziele der Gemeinschaft näher, wenn in ihr ausgeführt wird:

Die Tätigkeit der Gemeinschaft im Sinne des Art. 2 umfaßt nach Maßgabe dieses Vertrages und der darin vorgegebenen Zeitfolge [....]
q) einen Beitrag zu einer qualitativ hochstehenden allgemeinen und beruflichen Bildung sowie zur Entfaltung des Kulturlebens in den Mitgliedstaaten.

Indem auch hier von einem Beitrag zur „Entfaltung des Kulturlebens in den Mitgliedstaaten" gesprochen und damit genau wie bei Art. 151 Abs. 1 und 4 EGV die Pluralform gewählt wird, wird an die vielfältigen Erscheinungen des Kulturlebens in den Mitgliedstaaten angeknüpft. Es ist daher naheliegend, der Vorschrift zu entnehmen, daß die Aufrechterhaltung dieser Vielfalt, die diesbezügliche Ausgestaltung und der Umgang mit ihren Kulturen den Mitgliedstaaten selbst überlassen bleibt.[500] Auch die Formulierung des „Beitrags leisten" an dieser Stelle, die sich ebenfalls in Art. 151 Abs. 1 EGV wiederfindet, ähnelt eher dem Begriff des „Förderns" einer Tätigkeit als etwa der legislativen oder exekutiven Gestaltung. Anknüpfend an die zurückhaltende Wortwahl, die im Gegensatz steht zu Begriffen wie der „Abschaffung der Zölle" in Art. 3 lit. a) EGV, der „gemeinsamen Politik" in Art. 3 lit. b), 3 lit. e), 3 lit. f), oder 3 lit. j) EGV, oder der „Angleichung von Rechtsvorschriften" in Art. 3 lit. h) EGV ist der Gemeinschaft kein Handeln erlaubt, mit dem etwa eine gemeinschaftlich koordinierte Förderpolitik auf dem kulturellen Sektor und damit im Bereich des Rundfunks verfolgt werden dürfte.

Tatsächlich erscheint der Wortlaut sogar noch hinter den Begriff des „Förderns" zurückzufallen, wie ihn die Vertragsparteien in den vorstehenden Vorschriften des Art. 3 lit. m) und 3 lit. n) EGV benutzt haben. Soll aber keine gemeinsame Kulturpolitik durch die Europäische Gemeinschaft betrieben, ja die Kulturpolitik der Mitgliedstaaten nur eingeschränkt gefördert werden, so ist die Zieldefinition in Art. 3 lit. q) EGV so zu verstehen, daß eine Unterstützung kultureller Belange der Mitgliedstaaten allenfalls punktuell und keinesfalls flächendeckend systematisch erfolgen darf.

Ein Kompetenztitel zur Schaffung oder Beeinflussung einer europäischen oder mitgliedstaatlichen Rundfunkordnung ist mit Aufnahme des Art. 3 lit. q) EGV durch den Vertrag von Maastricht folglich nicht intendiert gewesen. Dies zeigt die Einbindung der Norm in die wirtschaftliche Zielsetzung gemäß Art. 2 EGV.

---

500 So auch *Dörr*, Die Rolle des öffentlich-rechtlichen Rundfunks in Europa, S. 27.

5. Kompetenz kraft demokratischer Identitätssicherungs- und Selbstdarstellungsfunktion

In Ermangelung ausdrücklicher vertraglicher Ermächtigungen könnte die Gemeinschaft versuchen, ähnlich der bundesverfassungsgerichtlichen Vorstellung vom integrationsfördernden Rundfunk, mit dem Hinweis auf ihr Selbstdarstellungsrecht eine Regelungskompetenz zu begründen. Da es zu den Zielen, Aufgaben und Zuständigkeiten der Gemeinschaft gehöre, die Demokratie in den Mitgliedstaaten zur Geltung zu bringen und der Rundfunk in seiner grenzüberschreitenden europäischen Dimension dafür ein konstituierendes Instrument sei, wird vertreten, daß dessen Einsatz auch gemeinschaftsrechtlich zu nutzen sei.[501] Da die Gemeinschaft der integrationspolitischen Förderung verpflichtet ist, erscheint die Indienstnahme des Rundfunks zur Fortbildung eines integrationsgerichteten Willensbildungsprozesses besonders geeignet. Zwar ist dieser Vorstellung zuzugeben, daß es durchaus erforderlich ist, eine einheitliche europäische Identität herauszubilden. Aus diesem Postulat kann jedoch keine gemeinschaftsrechtliche Regelungskompetenz abgeleitet werden. Ein solcher Versuch verwechselt die Aufgabe bzw. den Grund für eine gewünschte Ermächtigungsgrundlage mit der Zielsetzung. Hinzu kommt, daß der Indienstnahme der die freiheitlich-demokratische Grundordnung konstituierenden Funktion des Rundfunks für Europa ein entsprechender Bezugspunkt in Form einer hinreichenden demokratischen Legitimation fehlt.[502] Es wurde außerdem dargelegt, daß in erster Linie die Mitgliedstaaten mit ihren Systemen des funktionsgebundenen öffentlich-rechtlichen Rundfunks zuständig und in der Lage sind, das Ziel einer pluralen Rundfunkordnung zu erreichen.

6. Ergebnis

Hinsichtlich der Regelungsbefugnis der Union für den Bereich des Rundfunks ist festzuhalten, daß allenfalls in Art. 55 i.V.m. Art. 47 Abs. 2 EGV eine Ermächtigungsgrundlage zum Erlaß von sekundärem Gemeinschaftsrecht zu erblicken ist. Ein originärer, im Primärrecht verankerter Kompetenztitel, der die Europäische Gemeinschaft ausdrücklich oder über den Oberbegriff der Kultur zur Regelung rundfunkrechtlicher Angelegenheiten ermächtigen würde, findet sich im Vertrag-

---

501 Vgl. zu diesem Ansatz *H. P. Ipsen*, Rundfunk im Europäischen Gemeinschaftsrecht, S. 47 ff.; ders., EuR 1982, S. 205 (209); *M. Seidel*, Europa und die Medien, S. 121 (122), in: Schwarze (Hrsg.), Fernsehen ohne Grenzen, der von einer „Kommunikationsgemeinschaft" spricht, ohne aber daraus eine konkurrierende Ordnungspolitik im Bereich der Medien herleiten zu wollen; ähnlich *Roth*, ZHR 149 (1985), S. 679 (687).

502 So auch *Frey*, Fernsehen und audiovisueller Pluralismus im Binnenmarkt der EG, S. 51 ff.; zur mangelnden demokratischen Legitimation auch *Stauffenberg-Langenfeld*, ZRP 1992, S. 252 (258 f.); *Hoffmann-Riem*, Europäisierung des Rundfunks – aber ohne Kommunikationsverfassung?, S. 201 (204), in: ders. (Hrsg.), Rundfunk im Wettbewerbsrecht.

stext nicht. Die Gemeinschaftsorgane können sich weder auf Art. 3 lit. q) noch auf Art. 151 Abs. 1 EGV stützen, um normativ im kulturellen Bereich des Rundfunks tätig zu werden. Insoweit ist das deutsche Grundrechtsverständnis, die duale Rundfunkordnung und damit auch die Finanzierungsfrage gegenüber gesetzgeberischen Einflüssen in ihrem Kernbereich resistent. Die Grenzen der europäischen Normsetzung werden vorgezeichnet durch ihren Zweck, der in der Vereinheitlichung der Rechts- und Verwaltungsvorschriften im Bereich der Dienstleistungsfreiheit zu sehen ist. Primär kulturelle Fragen darf die Europäische Gemeinschaft nicht regeln. Dazu fehlt es ihr an einer spezifischen Einzelermächtigung. Allenfalls eine Förderung von Einzelfällen und Einzelprojekten ist ihr gestattet.

III. Einflüsse auf die deutsche Rundfunkordnung durch die europäische Exekutive

1. Kontrollfunktion der Europäischen Kommission

Der Europäischen Kommission fällt gemäß Art. 211, 1. Spiegelstrich EGV die Aufgabe zu, sowohl für die Anwendung des EG-Vertrags Sorge zu tragen, als auch darauf zu achten, daß die von den Gemeinschaftsorganen aufgrund des Vertrages getroffenen Bestimmungen eingehalten werden.[503] Zweck der Kontrolle ist es, das ordnungsgemäße Funktionieren und die Entwicklung des Gemeinsamen Marktes zu gewährleisten, weshalb die Kommission auch als „Hüterin des Gemeinschaftsrechts“[504] bezeichnet wird. Doch stellt sich bei dieser Tätigkeit die Frage nach dem Umfang der Kontrollpflicht sowie die Frage danach, in welchem Maße etwa die Sicherung der Dienstleistungs- oder Wettbewerbsfreiheit im Bereich des Rundfunks durch exekutivische Auslegung und Anwendung der Vertragsbestimmungen die Rundfunkfreiheit in den Mitgliedstaaten beeinflußt. Daß es auch hier zu Eingriffen in die nationalen Rundfunkverfassungen und damit zu Kompetenzstreitigkeiten kommen kann, hat beispielhaft die Mahnung des ehemaligen Binnenmarktkommissars *Mario Monti*[505] gezeigt. Bereits zum dritten Mal wurde aus Brüssel die Rechtspraxis der deutschen Kabelbelegung moniert, nachdem die Kommission bereits am 28. Juni und 9. November 1995 im Rahmen eines Vertragsverletzungsverfahrens nach Art. 226 Abs. 1 [alt: 169] EGV die Europarechtskonformität der Rangfolgekriterien angemahnt hatte. Aus dem neusten Schreiben, das der für den Binnenmarkt zuständige Kommissar an den formal zuständigen Bundesaußenmini-

---

503 Vgl. zum Selbstverständnis und zum Kontrollmaßstab im Rundfunksektor das „Diskussionspapier zurAnwendung der Artikel 90 Absatz 2, 92 und 93 [neu: 86, 87 und 88] EG-Vertrag im Rundfunksektor“, S. 2 f.

504 *Streinz*, Europarecht, Rn. 296; *Fischer*, Europarecht, Rn. 64; *Oppermann*, Europarecht, Rn. 365 ff., sowie dazu, daß trotz Anwendung des Gemeinschaftsrechts durch die Mitgliedstaaten von einer Verwaltungstätigkeit der Kommission gesprochen werden kann, a.a.O., Rn. 361.

505 SG (97) D/ 1203, Schreiben v. 12.2.1998, unveröffentlicht.

ster gerichtet hat, wird deutlich, wie ernst es die Kommission hinsichtlich ihrer exekutivischen Kontrollbefugnis bei der Verwirklichung der Dienstleistungsfreiheit meint. Die hierzu ausgetragene Kontroverse verdeutlicht den Konflikt von nationalem Rundfunk- und europäischem Wirtschaftsrecht[506], den es auch bei der Kontrollfunktion der Kommission aufzulösen gilt.

2. Die Europäische Kommission als Hüterin der Dienstleistungsfreiheit

a) Mängel der deutschen Kabelbelegungsbestimmungen

Nach Ansicht der Kommission behindern zahlreiche deutsche Kabelbelegungsregeln die Zugangs- und Wettbewerbsbedingungen ausländischer Fernsehveranstalter in Deutschland. Es stelle eine Diskriminierung dar, daß die Bundesländer Baden-Württemberg (§ 7 Abs. 3 i.V.m. § 10 Abs. 2 LMedG BW), Saarland (§ 7 Abs. 3 lit. a) Kabelbelegungssatzung i.V.m. § 61 SaarlLRG), Sachsen-Anhalt (§ 47 Abs. 1 Nr. 2 LRG SA) und Schleswig Holstein (Leitsatz 6.2.1. der Grundsätze für die Kanalbelegung) deutschsprachige Programme vor fremdsprachigen Angeboten ins Kabel einspeisen.

Als „verschleierte Diskriminierung“ bezeichnet die Kommission Bestimmungen der Mediengesetze in Berlin-Brandenburg (§ 40 Abs. 3 MStV) und Nordrhein-Westfalen (§ 41 Abs. 2, Ziff. 2 lit. c) LRG NW), denen zufolge Programme mit Bezug zu Ereignissen des politischen, wirtschaftlichen, sozialen und kulturellen Lebens im jeweiligen Bundesland mit Vorrang den Weg ins Kabel finden. Dadurch würden Unternehmen begünstigt, die in dem betreffenden Gebiet oder in der Nähe niedergelassen sind, wohingegen ausländische Veranstalter „von Natur aus“ einen weniger engen Bezug zu solchen Ereignissen haben müßten. In dem Schreiben werden auch die Vorschriften gerügt, die Sender mit Niederlassung in Deutschland oder mit hier erteilter Lizenz vorrangig vor sonstigen weiterverbreiteten Programmen ins Kabel einspeisen.[507] Dies führe zu einer Ungleichbehandlung solcher Sender, die ihr Programm von einem anderen Mitgliedstaat aus veranstalten, da diese gezwungen würden, sich einer „zweiten Prüfung“ zu unterziehen, obwohl sie bereits das Lizenzierungsverfahren im Heimatstaat durchlaufen haben.

Die Kommission erkennt in Übereinstimmung mit der europarechtlichen Judikatur durchaus an, daß ein „durch das Allgemeininteresse gerechtfertigtes Ziel“ vorliegt,

---

506 Vgl. *Rüggeberg*, VerwArch 83 (1992), S. 330 (338), der die „zwingende Herstellung praktischer Konkordanz“ zwischen Rundfunk- und Wettbewerbsfreiheit auf EG-Ebene vermißt.

507 Art. 28 ff. BayMG; §§ 19 ff. LMedG BW; §§ 7 ff. BremLMG; §§ 22 ff. HambMG; §§ 4 ff. HPRG; §§ 7 ff. NdsLRG; §§ 5 ff. LRG RP; §§ 4 ff. PRG SA; §§ 5 ff. SächsPRG; §§ 9 ff. LRG SH; §§ 4 ff. TPRG, abgedruckt bei *Bauer/Ory*, Recht in Hörfunk und Fernsehen, Band 2 und 3.

wenn eine pluralistische, am deutschen Verfassungsgebot der Meinungsvielfalt orientierte Medienordnung aufrechterhalten werden soll. Die Aufrechterhaltung eines pluralistischen Rundfunksystems sei schon wegen Art. 10 EMRK als ein zwingender Grund des Allgemeininteresses zur Einschränkung der Dienstleistung grundsätzlich als zulässig anzusehen, doch müßten diese Einschränkungen den Grundsätzen der Erforderlichkeit und Verhältnismäßigkeit entsprechen.[508]

b) Stellungnahme

Die Rügen der Kommission greifen trotz ihrer Orientierung an der Rechtsprechung des EuGH zur Dienstleistungsfreiheit im Rundfunksektor[509] bereits in der Sache nur teilweise. Hinsichtlich des Rangfolgekriteriums der Sprache ist zu berücksichtigen, daß das Sprachkriterium nicht an eine bestimmte Staatsangehörigkeit anknüpft, da Deutsch auch in Österreich, Luxemburg, Belgien und Dänemark gesprochen wird. Die Kommission selbst hat auch zuvor „die Möglichkeit anerkannt, daß die Mitgliedstaaten bestimmte einzelstaatliche Maßnahmen mit Bezug auf sprachpolitische Ziele beibehalten können".[510] Zu diesem Standpunkt setzt sich die Kommission mit ihrer Beschwerde in Widerspruch. Entscheidend ist jedoch, daß die Herstellung von Meinungsvielfalt im Rundfunkwesen nicht abstrakt verstanden werden darf[511], sondern es zu bedenken gilt, daß die ins Kabel eingespeisten Programme nur dann wirklich einen Beitrag zur Meinungs- und Willensbildung in Deutschland leisten können, wenn möglichst viele Zuschauer nicht nur potentiell erreicht werden, sondern wenn sie das Programm auch akzeptieren. Dazu aber ist es erforderlich, die Kabelnetze primär mit deutschsprachigen Veranstaltern zu bestükken, da fremdsprachige Programme nur von einem sehr geringen Zuschaueranteil verstanden werden und in der Regel nicht zur nationalen Willensbildung beitragen, die für die Demokratie so ausschlaggebend ist.[512] Aus dem gleichen Grund sind auch diejenigen Bestimmungen als mit der Dienstleistungsfreiheit vereinbar anzusehen, die eine bevorzugte Kabeleinspeisung an die regionale Verbundenheit des Senders knüpfen. Der ohnedies in den national verbreiteten Programmen - im Gegensatz zur Presseberichterstattung - zu kurz kommenden regionalen Schwerpunktsetzung kann durch solche Belegungsgrundsätze entgegengewirkt werden. Auch damit wird dem Meinungspluralismus gedient. In einem föderalistischen Staatswesen wie der Bundesrepublik ist die Willens- und Meinungsbildung über lokale oder

---

508 S. 8 des Kommissions-Schreibens v. 12.2.1998.

509 EuGH Slg. 1988, S. 2085 (2130) - Bond van Adverteerders -; EuGH Slg. 1991, I-2925 ff. - ERT -; EuGH Slg. 1993 I-487 (518) - Veronica -; EuGH Slg. 1994, I-4795 (4833) - TV 10 SA -.

510 KOM(96) 160 endg., v. 17.4.1996, S. 93.

511 *Ricker*, ZUM 1992, S. 521 (525); *Castendyk*, ZUM 1993, S. 464 (470) mit Hinweis auf BVerfGE 73, 118 (159); 57, 259 (327).

512 So auch die Mitteilung der Bundesregierung v. 3.7.1998, S. 22.

regionale Ereignisse sehr hoch einzuschätzen, so daß sie einen zwingenden Grund des Allgemeininteresses darstellt, der weder auf weniger einschneidende Art und Weise erreicht werden kann, noch durch bereits vorhandene Bestimmungen in anderen Mitgliedstaaten gewahrt wird.

Lediglich beim Junktim von Niederlassung oder Nationalität einerseits und Lizenzierung andererseits sind tatsächlich Zweifel an der Europarechtskonformität angebracht. Daran vermag auch eine Sichtweise nichts zu ändern, die eine bevorzugte Einspeisung landesrechtlich zugelassener Programme damit zu begründen sucht, daß die Einspeisung Grundvoraussetzung für die Weiterverbreitung und damit für die Veranstaltertätigkeit überhaupt ist.[513] Denn damit ist nicht erklärt, warum die Zulassung selbst nur solchen Veranstaltern erteilt werden soll, die ihren Sitz/Wohnsitz in Deutschland haben. Beim Niederlassungskriterium handelt es sich folglich um eine echte Diskriminierung, da ausländische Veranstalter schlechter als inländische behandelt werden. Solche Diskriminierungen sind aber nur aufrechtzuerhalten, wenn sie unter Art. 46 Abs. 1 EGV zu subsumieren sind; die Grenze des zwingenden Allgemeinwohls kommt hier nicht mehr zur Anwendung.[514] Die betreffenden Regelungen sind deshalb europarechtswidrig.

Die Rügen der Kommission greifen generell weder die Zuständigkeit der Mitgliedstaaten für die Organisation des Rundfunks an, noch berühren sie die Finanzierung der Sendungen oder die Programminhalte der Rundfunkanstalten; die Kommission hält sich bei der Anwendung des europäischen Wirtschaftsrechts in den Schranken, die der Gemeinschaft auch bei rechtsetzenden Tätigkeit vorgegeben sind. Demgegenüber geht die in der Literatur zu findende Ansicht zu weit, welche die Einschätzungen des für den Binnenmarkt zuständigen Kommissars als einen Angriff auf den Rundfunkbegriff[515] oder als „Regimentsübernahme der Europäischen Kommission über die deutsche Rundfunkpolitik“[516] empfindet. Grundsätzlich muß für die exekutivische Tätigkeit der Kommission als Hüterin der Dienstleistungsfreiheit das gleiche gelten wie für die Initiativtätigkeit im legislativen Bereich. Die Zielsetzung des einheitlichen Marktes und einer in diesem geltenden Dienstleistungsfreiheit läßt keine Bereichsausnahmen zu, auf die sich die Aufsichtstätigkeit nicht dem Grundsatz nach erstreckte. Nicht nur zu eng, sondern grundsätzlich falsch hätte die Kommission die Grenzen der Dienstleistungsfreiheit eingeschätzt, wenn sie das Kriterium der Meinungs- und Programmvielfalt angegriffen hätte, welches eben auch die Bestimmungen über die Kabelallokation beherrscht. Auf der Ebene der Rechtfertigung der vermeintlichen Eingriffe bleibt der Viel-

---

513 *Ricker*, ZUM 1997, S. 1 (3); a. A. VG Hannover AfP 1993, S. 691.

514 *Roth*, in: *Dauses* (Hrsg.), Handbuch des EG-Wirtschaftsrechts, E. I Rn. 125.

515 So der DLM-Europabeauftragte *V. Henle*, in: epd medien Nr. 20 v. 18.3.1998, S. 4.

516 *Morhart*, in: epd medien Nr. 22 v. 25.3.1998, S. 3.

faltsaspekt als Schranke nach wie vor zu beachten und führt zu einem angemessenen Ausgleich zwischen Rundfunk- und Dienstleistungsfreiheit.

Mit Blick auf die Gebührenfinanzierung der öffentlich-rechtlichen Rundfunkanstalten ergibt sich damit, daß auch dieser Bereich grundsätzlich der Kontrolle der Kommission hinsichtlich der Übereinstimmung mit Art. 49 ff. EGV unterliegt. Unabhängig von der Frage der Anwendbarkeit der Dienstleistungs- neben den Beihilfevorschriften ist im Falle der Gebührenfinanzierung jedoch keine Diskriminierung ausländischer Veranstalter, sondern allenfalls eine Beschränkung der Dienstleistungsfreiheit gegeben. Selbst eine Beschränkung der Dienstleistungsfreiheit scheint durch die Gebührenfinanzierung jedoch nicht vorzuliegen, soweit die Voraussetzungen der Weiterverbreitung betroffen sind. Für einen Rundfunkveranstalter, der nicht in gleichem Maße den Programmbindungen unterworfen ist wie die deutschen öffentlich-rechtlichen Programme, ist deren Finanzierung für die Veranstaltung seiner Programme für die grenzüberschreitende Erbringung seiner Dienstleistung ohne Belang.[517]

Die einseitige Gebührenfinanzierung der öffentlich-rechtlichen Rundfunkanstalten in Anlehnung an die „Dassonville"-Formel[518] generell als mögliche, wenn auch nur mittelbare Verletzung der Dienstleistungsfreiheit anzusehen, darf nicht dazu führen, den Abwehranspruch in ein Teilhaberecht umzuwandeln. Da aber bei der Einbeziehung auch nur mittelbarer Beeinträchtigungen der Dienstleistungsfreiheit durch die Rundfunkgebühr den ausländischen Rundfunkveranstaltern in Gestalt der öffentlich-rechtlichen Rundfunkanstalten eine vom Markt so nicht zu schaffende Konkurrenz entsteht, könnte auch eine Verletzung von Art. 49 ff. EGV vorliegen. Dieser sehr weiten Auslegung, die auf einen Schutz vor Konkurrenz hinausläuft, stünde jedoch als Rechtfertigungsgrund die Zweckbindung der Gebühren an die Ziele einer am Gemeinwohl orientierten Kultur- und Rundfunkpolitik entgegen.[519]

3. Die Europäische Kommission als Hüterin der Wettbewerbsfreiheit

Zur Sorge um das ordnungsgemäße Funktionieren und die Entwicklung des Gemeinsamen Marktes gemäß Art. 211 EGV gehört auch und vor allen Dingen die Sicherung der Wettbewerbsfreiheit gemäß Art. 81 ff. EGV. Der Begriff des „Gemeinsamen Marktes" umfaßt die Gesamtheit der Aufgaben der Wirtschaftsgemeinschaft und nicht nur den Binnenmarkt mit seinen Grundfreiheiten.[520] Die wettbewerbs-

---

517 A. A. *Engel*, Europarechtliche Grenzen für öffentlich-rechtliche Spartenprogramme, S. 72.

518 Vgl. dazu EuGH Slg. 1974, S. 837 (852) – Dassonville -.

519 *W. Hess*, Verfassungsrechtliche Probleme der Gebührenfinanzierung im dualen Rundfunksystem, S. 87.

520 *Schmitt v. Sydow*, in: Groeben/Thiesing/Ehlermann (Hrsg.), Kommentar zum EU-/EG-Vertrag,

rechtlichen Vorschriften für Unternehmen gelten in allen Mitgliedstaaten grundsätzlich uneingeschränkt.[521] Die Aufrechterhaltung eines freien und fairen Wettbewerbs duldet auch keine apriorischen Lücken in der Aufsichtstätigkeit.[522] Mit dem Verweis auf die demokratisch-funktionale Stellung des Rundfunks in den Mitgliedstaaten läßt sich im Wettbewerbsrecht eine Aufsicht nicht von vornherein ausschließen. Der systematische Zusammenhang mit Art. 87 Abs. 3 lit. a) bis e) EGV zeigt, daß Beihilfen in besonderen Fällen als mit dem Gemeinsamen Markt vereinbar angesehen werden können, daß es hier aber - anders als bei der Frage der Gesetzgebungskompetenz - keine Ausnahmen schon auf der Tatbestandsebene gibt. Nur ausnahmsweise, nämlich in den Fällen von Art. 88 Abs. 2 UAbs. 3 und Art. 89 EGV ist die Möglichkeit - für den Rat - vorgesehen, die Kontrollkompetenz der Kommission zu beschränken und übergeordnete politische Zielsetzungen trotz ihres Verstoßes gegen Art. 87 EGV durchzusetzen. Die allgemeine Zuständigkeit der Kommission wird dadurch aber ebenfalls nicht berührt.[523] Die Prüfung der Vereinbarkeit der deutschen Rundfunkgebühren mit dem europäischen Beihilferecht wird vor allem auf die Frage hin zu untersuchen sein, wie stark das europäische Wettbewerbsrecht auf die deutsche Rundfunkordnung Einfluß nehmen darf und in welcher Form zwischen dem europäischen Wettbewerbs- und dem deutschen Rundfunkrecht praktische Konkordanz zu erzielen ist.

IV. Zusammenfassung

Die Betrachtung der europarechtlichen Einflüsse auf die deutsche Rundfunkordnung lassen sich zu Recht so interpretieren, daß durch Art. 49 EGV stärkeres Gewicht auf das individualrechtliche Grundrechtsverständnis der Rundfunkfreiheit gelegt wird und damit wenigstens vom Ansatz her eine – wenn auch im Vergleich mit Art. 5 Abs. 1 Satz 2 GG differenzierte - Verbürgung der Rundfunkfreiheit erfolgt.[524] Insoweit kommt es zu einer Überlagerung des Art. 5 Abs. 1 Satz 2 GG durch das einen Anwendungsvorrang besitzende Europarecht. Das Bundesverfassungsgericht hat mittlerweile die individualgrundrechtliche Komponente der Rundfunkfreiheit für den deutschen Verfassungsrechtskreis anerkannt.[525] Die Schaffung einer europäischen Rundfunk- oder Kommunikations*ordnung* allerdings ist damit nicht gemeint. Eine europäische Ordnung für das Rundfunkwesen kann und darf es auf der Grundlage der geltenden Verträge weder über den Erlaß sekundärrechtlicher

---

Art. 155 [neu: 211] Rn. 2.

521 *Schröter*, in: Groeben/Thiesing/Ehlermann (Hrsg.), Kommentar zum EU-/EG-Vertrag, Vorbemerkung zu den Artikeln 85 bis 89 [neu: 81-85], Rn. 9; *Koch*, in: *Grabitz/Hilf* (Hrsg.), Kommentar zur Europäischen Union, Vor. Art. 85 [neu: 81] Rn. 19.

522 *Oppermann*, Europarecht, Rn. 1026.

523 *Matthies*, ZHR 152 (1988), S. 442 (445 f.).

524 *Ricker/Schiwy*, Rundfunkverfassungsrecht, S. 495 Rn. 44.

525 BVerfGE 95, 220 (234); 97, 228 (268); BVerfG, NJW 2000, S. 649 (649).

Normen, noch durch die Anwendung des EG-Vertrages selbst geben. Sinnvoll wäre eine solche Ordnung überdies erst, wenn die Europäische Union einen bundesstaatlichen Integrationsgrad erreichte. Rahmenregelungen, die die Grundfreiheiten des Vertrages sowie den fairen Wettbewerb unter Beachtung des Grundsatzes der Subsidiarität gewährleisten, stehen dagegen im Einklang mit den Verträgen, wenn sie auf die nationalen Rundfunkordnungen abgestimmt sind.[526]

---

526 Für eine „Rahmenordnung" auch *Dörr*, EWS 1991, S. 259 (269); vgl. auch *Ungerer*, Fordham Int. Law Journal, S. (19,2) 1995/6, S. 1111 (1123): „The community was cautious in adopting a comprehensive policy regarding broadcasting and electronic media given their specific cultural and political implications."

D) Vereinbarkeit der Rundfunkgebühren mit dem Beihilferegime des Art. 87 EGV

Nachdem die Stellung und Funktion der Rundfunkgebühr in der dualen Rundfunkordnung in Deutschland sowie die europarechtlichen Einflüsse auf das Grundrechts- und Systemverständnis der Rundfunkfreiheit erläutert worden sind, ist vor diesem Hintergrund im einzelnen zu untersuchen, ob die Gebührenfinanzierung der öffentlich-rechtlichen Rundfunkanstalten mit der Vorschrift des Art. 87 [alt: 92] EGV vereinbar ist. Es ist zu prüfen, in welchen Punkten sich deutsches Rundfunk- und europäisches Wirtschaftsrecht bei dieser Frage widersprechen und welche Möglichkeiten es gibt, zwischen beiden Rechtsgebieten ein Verhältnis praktischer Konkordanz herzustellen.

I. EG-vertragliches Regelungssystem

1. Sinn und Zweck des europäischen Beihilferechts

Die Vorschriften der Art. 87 bis 89 EGV über staatliche Beihilfen sind Teil der Wettbewerbsregeln und gehören damit zu dem nach Art. 3 lit. g) EGV von der Gemeinschaft zu errichtenden System, das den Wettbewerb innerhalb des Gemeinsamen Marktes vor Verfälschungen schützen soll.[527] Art. 87 EGV soll verhindern, daß der Handel zwischen den Mitgliedstaaten durch von staatlichen Stellen gewährte Vergünstigungen beeinträchtigt wird, die in verschiedenartiger Weise durch die Bevorzugung bestimmter Unternehmen und Produktionszweige den Wettbewerb verfälschen oder zu verfälschen drohen.[528] Die Vorschrift unterscheidet somit nicht nach den Gründen oder Zielen der begünstigenden Maßnahmen, sondern beurteilt deren Wirkung.[529] Der Europäische Gerichtshof führt anläßlich der Präzisierung des Begriffs der Beihilfe weiter aus, daß Art. 87 EGV Entscheidungen betrifft, durch die die Mitgliedstaaten ihre eigenen wirtschafts- und sozialpolitischen Ziele verfolgen, indem sie Unternehmen oder anderen Rechtssubjekten einseitig aus eigenem Recht Mittel zur Verfügung stellen oder Vorteile einräumen, die der Verwirklichung nationaler wirtschafts- und sozialpolitischer Ziele dienen sollen.[530]

---

527 EuGH Slg. 1983, S. 2621 (2627) - Kommission/Frankreich -; *Wenig*, in: Groeben/Thiesing/ Ehlermann, Kommentar zum EU/EG-Vertrag, 4. Auflage 1991, Vorb. zu den Art. 92 bis 94 EGV [neu: 87 bis 89] Rn. 1; für einen generellen Überblick über die geschichtliche Entwicklung der EG-Subventionsaufsicht, s. *Ehlermann*, Fordham Int. Law Journal, (18,1) 1994/95, S. 410 ff.

528 EuGH Slg. 1994, I-877 (907) - Banco Exterior (Banco de Crédito) - mit Hinweis auf EuGH Slg. 1974, S. 709 (718) - Italien/Kommission (Familienzulagen im Textilsektor) -.

529 EuGH Slg. 1974, S. 709 (718); EuGH Slg. 1977, S. 595 (613) - Steinike und Weinlig -; EuGH Slg. 1987, S. 901 (924) - Deufil -.

530 EuGH Slg. 1980, S. 1205 (1228) - Denkavit -.

Sinn und Zweck der Beihilfevorschriften ist es also, den Wettbewerb in Europa vor einseitigen, unkoordinierten Verfälschungen durch die Mitgliedstaaten zu schützen und die Gleichheit der Marktbedingungen für Unternehmen in Europa zu garantieren. Vom Ziel des unverfälschten Wettbewerbs wird auch die Vermeidung fehlgesteuerter Ressourcenbildung sowie die Vermeidung von „Initiativ- und Wandellähmung“[531] zum Wohle der gemeinschaftlichen Wirtschaftsentwicklung mitumfaßt. Nicht unberücksichtigt bleiben darf weiter, daß neben dem Ziel, ein System des unverfälschten Wettbewerbs zu schaffen, der Wettbewerb kein Selbstzweck, sondern als ein Mittel anzusehen ist, mit dem es die Ziele des Art. 2 EUV [alt: B] und Art. 2 EGV (sozialer Zusammenhalt) sowie die Entwicklung der Gemeinschaftsbildung zu verwirklichen gilt.[532] Die Durchsetzung anderer strukturpolitischer Ziele als diejenigen der Chancengleichheit im Wettbewerb gehört damit aber nicht zum System der Aufsicht über mitgliedstaatliche Beihilfen, sondern ist Bestandteil nur bei der Ausführung und Aufsicht über die durch das Europarecht selbst gewährten Beihilfen.[533] Die Frage, ob die Kommission mit dem EG-vertraglichen Beihilferecht auch Strukturpolitik betreiben darf, stellt sich überhaupt nur deshalb, weil die Kommission ein Entschließungsermessen über die „Vereinbarkeit der staatlichen Subvention mit dem Gemeinsamen Markt“ aus Art. 87 Abs. 3 EGV besitzt. Diese Ermessensentscheidung läßt eine Anpassung der Beihilfepolitik an die allgemeine Wirtschafts-, Struktur- und Medienpolitik der Gemeinschaft zwar möglich erscheinen; der Kommission kommt aber ein allgemeinpolitisches Mandat für diese Gebiete nicht über den Umweg von Art. 87 Abs. 3 EGV zu.[534]

2. Art des Beihilfeverbots in Art. 87 Abs. 1 EGV

Art. 87 Abs. 1 EGV spricht seinem Wortlaut nach zwar nur von der „Unvereinbarkeit“ staatlicher Beihilfen mit dem Gemeinsamen Markt, wenn diese durch die Begünstigung bestimmter Unternehmen oder Produktionszweige den Wettbewerb verfälschen. Dennoch gilt als unstreitig, daß die Norm ein grundsätzliches Verbot der Beihil-

---

531 *Müller-Graff*, ZHR 152 (1988), S. 403 (408).

532 *Rengeling*, ZHR 152 (1988), S. 455 (465).

533 So zu Recht *v. Wallenberg*, in: Grabitz/Hilf (Hrsg.), Kommentar zum EWG-Vertrag, Art. 92 [neu: 87] Rn. 2, vor Art. 92 [neu: 87] Rn. 2; *Börner*, Gemeinsamer Markt und nationale Subventionen, S. 83 (86), in: Magiera (Hrsg.), Entwicklungsperspektiven der Europäischen Gemeinschaft, 1986; *M. Seidel*, Grundfragen des Beihilfenaufsichtsrechts der Europäischen Gemeinschaften, S. 55 (59), in: Börner/Neundörfer (Hrsg.), KSE, Recht und Praxis der Beihilfen im Gemeinsamen Markt; *Wenig*, a.a.O., Vorb. zu den Art. 92 bis 94 EGV [neu: 87 bis 89] Rn. 3; a. A. *Grabitz*, Gemeinsamer Markt und nationale Subventionen, S. 95 (100 ff.), in: Magiera (Hrsg.), Entwicklungsperspektiven der Europäischen Gemeinschaft.

534 So auch *Götz*, in: Dauses (Hrsg.), Handbuch des EU-Wirtschaftsrechts, H. III 3. a) Rn. 13; *M. Seidel*, Grundfragen des Beihilfenaufsichtsrechts der Europäischen Gemeinschaften, S. 55 (57), in: Börner/Neundörfer (Hrsg.), KSE, Recht und Praxis der Beihilfen im Gemeinsamen Markt.

fegewährung enthält.[535] Im Gegensatz zu Generalanwalt[536] *Warner*, der in seinen Schlußanträgen zu den verbundenen Rechtssachen *Iannelli* und *Steinike und Weinlig* im Zusammenhang mit der unmittelbaren Anwendbarkeit der Vorschrift vertreten hatte, daß es sich bei Art. 87 Abs. 1 EGV nicht um ein „eindeutiges und unbedingtes Verbot" handele[537], greift der Europäische Gerichtshof das Kriterium der Eindeutigkeit gar nicht auf, sondern spricht davon, daß das „Verbot weder absolut noch unbedingt" sei.[538] Diese Klarstellung ist vor dem Hintergrund des absoluten Verbots in Art. 4 lit. c) EGKSV zu bewerten, welches überhaupt keine Ausnahmen vorsah.[539] Generalanwalt *Lenz* bezeichnete das Verbot ebenfalls als nicht absolut, sondern - wie Art. 87 und 89 EGV zeigten – als „nuanciert".[540]

Es ist schwer zu beurteilen, ob sich das europarechtliche Verbotsverständnis mit den aus dem deutschen Recht bekannten Figuren des Verbots mit Erlaubnisvorbehalt oder des repressiven Verbots mit Befreiungsvorbehalt vergleichen läßt.[541] Eine Übertragbarkeit dieser Kriterien auf das Europarecht vorausgesetzt sprechen für die Annahme einer eher repressiven Ausrichtung des Verbots der Sinn und Zweck des Beihilferegims insgesamt sowie der Wortlaut der Vorschrift „soweit in diesem Vertrag nichts anderes bestimmt ist". Desweitern ist zu beachten, daß die zu wahrende Chancengleichheit[542] des Wettbewerbs mit jeder einseitigen Begünstigung eines Marktteilnehmers potentiell in ein Ungleichgewicht gerät, weshalb das Beihilfeverbot eher restriktiv zu verstehen sein könnte.

---

535 Vgl. statt vieler, *Magiera*, in: Hailbronner/Klein/Magiera/Müller-Graff (Hrsg.), Handkommentar zum Vertrag über die Europäische Union (EUV/EGV), Art. 92 [neu: 87] Rn. 13; a. A. *Götz*, in: Dauses (Hrsg.), Handbuch des EU-Wirtschaftsrechts, H. III 3. a) Rn. 10, der darauf hinweist, daß der Vertrag bei der Beseitigung der Hindernisse des Warenverkehrs von „abschaffen" oder „verbieten" spricht und sich dem Wortlaut des Art. 87 EGV im Vergleich zu diesen klaren Bestimmungen ein Verbot nicht entnehmen läßt.

536 Allg. zur Rolle des Generalanwalts vgl. *Trimidas*, in: CMLR (34,2) 1997, S. 1349 (1362 ff.), der hervorhebt, daß dieser nicht das Urteil vorwegnehmen, sondern das caselaw untersuchen soll, um dem Gericht bei der Urteilsfindung mit einer objektiven Meinung zu helfen.

537 EuGH Slg. 1977, S. 557 (583) - Iannelli -.

538 EuGH Slg. 1977, S. 595 (609) - Steinike und Weinlig -; EuGH Slg. 1990, I- 307 (355) – Frankreich/Kommission (Boussac) -; EuGH Slg. 1993, I-5509 (5531) - Scharbatke -.

539 *Rengeling*, ZHR 152 (1988), S. 455 (462).

540 Schlußanträge von GA *Lenz*, in: EuGH Slg. 1985, S. 531 (536) - ADBHU -.

541 Vgl. dazu allgemein *Maurer*, Allgemeines Verwaltungsrecht, § 9 Rn. 51 ff.

542 Die Sicherung der Chancengleichheit als Zweck der Beihilfevorschriften betont auch *Steindorff*, EuZW 1997, S. 7 (10); a. A. *Ress*, Kultur und Europäischer Binnenmarkt, S. 125, der kein allgemeines Verbot in Art. 87 Abs. 1 EGV erblickt und somit einen „erheblichen Teil" staatlicher Fördertätigkeit nicht dem Beihilferegime unterwerfen will.

Für eine Qualifizierung als Verbot mit Erlaubnisvorbehalt[543] spricht dagegen die Relativität des Verbots mit seinen zahlreichen Ausnahmemöglichkeiten in Art. 87 Abs. 2 und 3, Art. 88 Abs. 2 UAbs. 3, sowie in Art. 89 EGV. Letztlich sind auch dies anderweitige Vorschriften im Sinne von Art. 87 Abs. 1 EGV. Auch die große Zahl der jährlich von der Kommission genehmigten Beihilfen im Verhältnis zu den wenigen Versagungen läßt sich als Grund dafür anführen, daß das Verbot als von vornherein unter Erlaubnisvorbehalt stehend zu betrachten ist, wenn die Bedingungen von Art. 87 Abs. 2 oder 3 EGV erfüllt sind.

II. Rundfunkgebühr als Beihilfe im Sinne des Art. 87 Abs. 1 EGV

Ob die Rundfunkgebühr zugunsten der öffentlich-rechtlichen Rundfunkanstalten dem Regime des Art 87 Abs. 1 EGV unterfällt, hängt davon ab, ob der Anwendungsbereich der Norm für diese Finanzierungsart eröffnet ist und ob es sich tatbestandlich bei der Rundfunkgebühr überhaupt um eine Beihilfe handelt.

1. Anwendungsbereich

a) Sachlicher Anwendungsbereich

Der sachliche Anwendungsbereich des europäischen Beihilferechts ist sehr weit. Grundsätzlich gelten die Art. 87 bis 89 EGV für sämtliche wirtschaftliche Tätigkeiten aller Unternehmen und Wirtschaftszweige, soweit nicht in Sonderregelungen Einschränkungen von diesem Prinzip der „universellen Anwendung“[544] festgesetzt sind. Dies folgt aus dem Wortlaut der Bestimmung („soweit“ und „Beihilfen gleich welcher Art“), deren allgemeine Ausrichtung dazu führt, grundsätzlich jede staatliche Maßnahme auf ihre Vereinbarkeit mit dem Gemeinsamen Markt zu überprüfen. Wenn die Kommission als Hüterin des europäischen Wettbewerbsrechts demnach eine wirksame Kontrolle gewährleisten können soll, muß sie die Möglichkeit haben, auf jede denkbare Form wettbewerbsverzerrenden Verhaltens durch die Mitgliedstaaten zu reagieren.[545]

---

543 So *Koenig*, EuZW 1995, S. 595 (599); *Deckert/Schroeder*, EuR 1998, S. 291 (292); *Schweitzer/Hummer*, Europarecht, Rn. 1308 sprechen auch nur von einem grundsätzlichen Verbot, das eine Reihe von Ausnahmen enthalte; vgl. auch *Selmer/Gersdorf*, Die Finanzierung des Rundfunks in der Bundesrepublik Deutschland auf dem Prüfstand des EG-Beihilferegimes, S. 70 ff., die Art. 87 Abs. 3 lit. d) EGV rechtstechnisch als repressives Verbot mit Befreiungsvorbehalt ausgestaltet sehen, jedoch ihr Ergebnis aus der Gesamtschau der Zielsetzungen des Vertrages (insbesondere dessen Art. 3 lit. q)) revidieren.

544 *Thiesing*, in: Groeben/Thiesing/Ehlermann (Hrsg.), Kommentar zum EWG-Vertrag, 4. Auflage, Vorb. zu den Art. 92 bis 94 EGV [neu: 87 bis 89] Rn. 6.

545 *Koch/Bleckmann*, in: Bleckmann, Europarecht, Rn. 2051 f.; *Rawlinson*, in: Lenz (Hrsg.), EG-Vertrag, Vorbem. Art. 87-89 Rn. 2.

Zu den Ausnahmen von der universellen Anwendung der Beihilfevorschriften gehören neben Sonderregelungen vor allem die vertraglich für zulässig erklärten Beihilfen wie beispielsweise für die Bereiche der Landwirtschaft gemäß Art. 36 EGV [alt: 42] oder der unterschiedlichen Strukturfonds.

Die Anwendbarkeit der Beihilfevorschriften wird auch nicht durch die Einordnung der Rundfunktätigkeit als Dienstleistung eingeschränkt. Der Europäische Gerichtshof prüft Art. 28 und Art. 87 EGV grundsätzlich nacheinander und wendet Grundfreiheiten und Beihilfevorschriften somit auch nebeneinander an.[546] Eine Vergabe staatlicher Beihilfen ist in Anlehnung an das in der „Dassonville"-Formel[547] enthaltene Merkmal der mittelbaren Beeinträchtigung, das auch auf die Dienstleistungsfreiheit übertragbar ist, immer eine Beschränkung im Sinne von Art. 49 ff. EGV.[548] Die Vorschriften des Art. 49 ff. EGV schließen das Beihilferecht deshalb aber nicht aus, sondern es wird auch vom Europäischen Gerichtshof insbesondere in den Fällen parafiskalischer Abgaben so verfahren, daß die Beihilfebestimmungen vor den Grundfreiheiten geprüft werden, soweit ihre Tatbestandsmäßigkeit wahrscheinlicher erscheint.[549] Es ist daher auch hier ohne eine Vorprüfung von Art. 49 EGV zu untersuchen, ob die mitgliedstaatliche Maßnahme gegen die Bestimmungen von Art. 87 ff. EGV verstößt.[550] Erst wenn sich bei dieser Prüfung erwiese, daß die spezielle Maßnahme, i. e. die Rundfunkgebührenfinanzierung für die öffentlich-rechtlichen Sendeanstalten, keine Beihilfe darstellte, schlösse sich eine Überprüfung anhand der die Dienstleistungsfreiheit betreffenden Bestimmungen des Vertrages an.

b) Bereichsausnahmen

aa) Protokollerklärung über den öffentlichen Rundfunk vom 2. Oktober 1997

Fraglich ist, ob eine Bereichsausnahme von den Wettbewerbsregeln für rundfunkrechtliche Tätigkeit durch die Protokollerklärung über den öffentlichen Rundfunk zum Amsterdamer Vertrag geschaffen worden ist. In Betracht käme ein Ausschluß europarechtlicher Einflüsse insgesamt oder nur ein Dispens von den wettbewerbsrechtli-

---

546 Vgl. EuGH Slg. 1985, S. 439 (450) – Kommission/Frankreich (Crédit Agricole) -.

547 EuGH Slg. 1974, S. 837 (852) – Dassonville -.

548 *Cremer*, EuR 1996, S. 225 (226).

549 So implizit EuGH Slg. 1982, S. 4005 (4021) – Kommission/Irland (Buy Irish) -; vgl. auch EuGH Slg. 1992, I-1847 (1882 f.) - Compagnie commerciale de l'Ouest -; EuGH Slg. 1992, I-6523 (6554 f.) – Lornoy-; differenzierend allein EuGH Slg. 1977, S. 557 (575) – Iannelli -, wo der EuGH feststellte: „Wenn ein System staatlicher [..] Beihilfen [...] geeignet ist, die Einfuhr ähnlicher oder konkurrierender Erzeugnisse aus den übrigen Mitgliedstaaten zumindest mittelbar zu beeinträchtigen, so genügt dieser Umstand für sich genommen nicht, um eine Beihilfe als solche einer Maßnahme mit gleicher Wirkung wie eine mengenmäßige Beschränkung im Sinne von Art. 30 [neu: 28] EGV gleichzustellen."

550 Vgl. *Cremer*, EuR 1996, S. 225 (228).

chen Vorschriften des EG-Vertrages. Hierzu ist zunächst festzustellen, daß die Protokollerklärung gem. Art. 311 EGV [alt: 239] Bestandteil des Vertrages geworden ist. Sie ist im gegenseitigen Einvernehmen der Mitgliedstaaten beigefügt worden und besitzt damit den gleichen Rang wie die Bestimmungen des EGV selbst.[551] Die Gleichstellung bezüglich der rechtlichen Bedeutung mit den übrigen Vertragsbestimmungen führt aber nicht dazu, Mutmaßungen über ein Rangverhältnis der Vorschriften anstellen zu müssen. Denn die Protokollnotiz versteht sich schon ihrem Wortlaut nach als „auslegende Bestimmung", die das Primärrecht selbst nicht modifiziert und der ein unmittelbar regelnder Gehalt abzusprechen ist. Auch wenn die wettbewerbsrechtlichen Vorschriften des Vertrages in ihrem Gehalt unberührt bleiben, könnte ihr Anwendungsbereich für rundfunkrechtliche Sachverhalte durch die Auslegungsbestimmung verändert worden sein.

aaa) Inhalt der Protokollerklärung

Die für die Anwendbarkeit des Wettbewerbsrechts auf den öffentlich-rechtlichen Rundfunk so wichtige Protokollnotiz, die die Staats- und Regierungschefs der 15 Mitgliedstaaten der Europäischen Union am 16. und 17. Juni 1997 im Zuge der Verabschiedung des Vertrages von Amsterdam als II. Abschnitt im 8. Kapitel eingefügt haben, hat folgenden Wortlaut:

„DIE HOHEN VERTRAGSPARTEIEN

IN DER ERWÄGUNG, daß der öffentlich-rechtliche Rundfunk in den Mitgliedstaaten unmittelbar mit den demokratischen, sozialen und kulturellen Bedürfnissen jeder Gesellschaft sowie mit dem Erfordernis verknüpft ist, den Pluralismus in den Medien zu wahren

SIND über folgende auslegende Bestimmung ÜBEREINGEKOMMEN, die dem Vertrag zur Gründung der Europäischen Gemeinschaft beigefügt ist:

Die Bestimmungen des Vertrags zur Gründung der Europäischen Gemeinschaft berühren nicht die Befugnis der Mitgliedstaaten, den öffentlich-rechtlichen Rundfunk zu finanzieren, sofern die Finanzierung der Rundfunkanstalten dem öffentlich-rechtlichen Auftrag, wie er von den Mitgliedstaaten den Anstalten übertragen, festgelegt und ausgestaltet wird, dient und die Handels- und Wettbewerbsbedingungen in der Gemeinschaft nicht in einem Ausmaß beeinträchtigt, das dem gemeinsamen Interesse zuwiderläuft, wobei den

---

551 *Schmittmann/de Vries*, Blick nach Brüssel, AfP 1997, S. 690; *Vedder*, in: *Grabitz/Hilf*, EGV-Kommentar, Art. 239 [neu: 311] Rn. 5; allgemein zur Rechtswirkung von Protokollerklärungen in der Europäischen Gemeinschaft, *Karl*, JZ 1991, S. 593 ff.; *Pechstein*, EuR 1990, S. 249 ff.

Erfordernissen der Erfüllung des öffentlich-rechtlichen Auftrags Rechnung zu tragen ist."[552]

bbb) Auslegung der Protokollerklärung

Nach Bekanntwerden des Wortlautes der Protokollnotiz zeigten sich sowohl die öffentlich-rechtlichen Rundfunkanstalten als auch der Dachverband der privaten Rundfunkveranstalter zufrieden. *Dieter Stolte*, der Intendant des ZDF, bezeichnete das Protokoll als Erfolg, weil der öffentlich-rechtliche Rundfunk dadurch auf gesamteuropäischer Ebene eine ausdrückliche rechtliche Absicherung erfahren habe.[553] Der ZDF-Fernsehrat hat in seinem Beschluß vom 20. Juni 1997 zum EU-Gipfel in Amsterdam festgestellt, daß mit der Protokollnotiz die vertragliche Absicherung des öffentlich-rechtlichen Rundfunks insgesamt, seines Auftrags und seiner Gebührenfinanzierung auf europäischer Ebene stattgefunden habe. Auch die Spartenprogramme „Kinderkanal" und „Phoenix" würden dadurch europarechtlich abgesichert.[554] *Jürgen Doetz*, der Präsident des Verbandes Privater Rundfunk und Telekommunikation, vertrat dagegen die Ansicht, „die 15 Regierungschefs der Europäischen Union hätten sich nicht dazu instrumentalisieren lassen, dem öffentlich-rechtlichen Rundfunk in Europa einen Freibrief für eine uneingeschränkte Expansion auszustellen." Zusätzliche Angebote unterlägen, so der Verbandspräsident, „nach wie vor der europäischen Wettbewerbskontrolle durch EG-Kommission und Europäischen Gerichtshof."[555]

Die diametral entgegenstehenden Deutungsversuche folgern für die Gebührenfinanzierung somit zum einen, daß die Protokollerklärung zumindest die Finanzierung des öffentlich-rechtlichen Rundfunks im Grundsatz zur Sache der Mitgliedstaaten mache[556], bzw. daß sich die Frage, ob die Rundfunkgebühren gemeinschaftsrechtswidrige staatliche Beihilfen darstellen, durch die Erklärung der Regierungschefs erledigt habe.[557] Zum anderen soll sich am status quo des Wettbewerbsrechts nichts geändert haben. Genau dieser Deutungsansatz wird auch von der Kommission vertreten, die von Anfang an gegen die Aufnahme der Protokollerklärung als Annex zu Art. 87 EGV opponierte. So hat sich Kommissar *Marcelino Oreja* dahingehend eingelassen, daß nach der Protokollerklärung die Finanzierung des öffentlich-rechtlichen Rundfunks keineswegs als eine generell erlaubte Beihilfe zur Förderung der Kultur anzusehen und daß

---

552 ABl. EG Nr. C 340 v. 10.11.1997, S. 109.

553 epd medien Nr. 47 v. 21.6.1997, S. 21 f.

554 Zitiert nach Funkkorrespondenz 26.97, S. 38.

555 epd medien Nr. 47, vom 21.6.1997, S. 21 f.

556 *Tettenborn*, MMR 1998, S. 18 (19).

557 *Klär*, in: epd medien Nr. 52 v. 9.7.1997, S. 11 (13), *Eberle*, EBU diffusion 1997, S. 49 (52); offengelassen von *Holznagel/Vesting*, Sparten- und Zielgruppenprogramme im öffentlich-rechtlichen Rundfunk, insbesondere im Hörfunk, S. 98.

dies auch dem Wortlaut des Protokolls nicht zu entnehmen sei.[558] Auch der ehemalige Wettbewerbskommissar *Karel van Miert* wird mit der Äußerung zitiert, daß das Protokoll keinen Freibrief für die Mitgliedstaaten enthalte, und daß es keinen wettbewerbsrechtlichen Sonderstatus für den öffentlich-rechtlichen Rundfunk gebe.[559] Ebenso hat die Bundesregierung in ihrer Stellungnahme zur Beschwerde des Verbandes Privater Rundfunk und Telekommunikation bezüglich der gemeinsamen Ausstrahlung der öffentlich-rechtlichen Spartenkanäle „Phoenix" und „Kinderkanal" den Standpunkt eingenommen, daß sich aus dem Protokoll ergebe, daß im Fall einer Kollision der nationalen Vorgaben insbesondere mit dem EG-Wettbewerbsrecht nach wie vor eine Abwägung zu treffen sei.[560]

Diese Ansicht der Kommission zur Protokollerklärung über den öffentlich-rechtlichen Rundfunk in den Mitgliedstaaten scheint jedoch innerhalb des Organs nicht einheitlich vertreten zu werden. In einem Bericht der Hochrangigen Gruppe für audiovisuelle Politik, der Kommissar *Oreja* vorsaß, heißt es nämlich, daß die Mitgliedstaaten durch das Protokoll die Rolle des öffentlich-rechtlichen Rundfunks betonen wollten. Der öffentlich-rechtlichen Rundfunk sei unmittelbar mit den demokratischen, sozialen und kulturellen Bedürfnissen jeder Gesellschaft sowie mit dem Erfordernis verknüpft, den Pluralismus in den Medien zu wahren. Jeder Mitgliedstaat lege das öffentliche Rundfunksystem fest und gestalte es in der für sein Land geeignetsten Weise aus. Auch berührten die Bestimmungen des Vertrages nicht die Befugnis der Mitgliedstaaten, den öffentlich-rechtlichen Rundfunk zu finanzieren, sofern diese Finanzierung der Erfüllung des öffentlich-rechtlichen Auftrags, der von jedem Mitgliedstaat einzeln definiert wird, diene.[561] Letztlich findet sich aber auch in diesem Dokument die Einschränkung, daß die Finanzierung des öffentlich-rechtlichen Rundfunks die Handels- und Wettbewerbsbedingungen in der Gemeinschaft nicht in einem Ausmaß beeinträchtigen darf, das dem gemeinsamen Interesse zuwiderläuft, „wobei den Erfordernissen der öffentlich-rechtlichen Aufgaben Rechnung zu tragen ist"[562], es folglich keine generelle Bereichsausnahme von den Beihilfebestimmungen gibt.

---

558 *Schmittmann/de Vries*, Blick nach Brüssel, AfP 1997, S. 690.

559 Elektronische Medien v. 12.9.1997, Text Intern, S. 10; zustimmend *Tettenborn*, MMR 1998, S. 18 (20); s. auch Grünbuch zur Konvergenz der Branchen Telekommunikation, Medien und Informationstechnologie und ihren ordnungspolitischen Auswirkungen - Ein Schritt in Richtung Informationsgesellschaft, Dok. KOM(97), 623 endg., S. 35, 36.

560 Stellungnahme der Bundesregierung zur Rechtssache KOM Nr. IV/36.522, S. 10, unveröffentlicht.

561 Das digitale Zeitalter - Europäische Audiovisuelle Politik, Bericht der Hochrangigen Gruppe für Audiovisuelle Politik, 1998, S. 25.

562 Das digitale Zeitalter - Europäische Audiovisuelle Politik, Bericht der Hochrangigen Gruppe für Audiovisuelle Politik, 1998, S. 25.

ccc) Stellungnahme

Der Ansicht, daß sich der Streit um den Beihilfecharakter der Rundfunkgebühr mit der Protokollerklärung erledigt habe, weil der öffentlich-rechtliche Rundfunk endlich dem Regime des Brüsseler Wettbewerbsrechts und dem Zugriff der Europäischen Kommission entzogen worden sei, ist nicht zuzustimmen. Im Gegenteil: Das Protokoll hat die Anwendbarkeit des Wettbewerbsrechts des EG-Vertrags für den öffentlich-rechtlichen Rundfunk bestätigt.[563] Vom Wortlaut ausgehend ist die Apostrophierung als „auslegende Bestimmung" zu verstehen und nicht als Sonderbestimmung.[564] Eine unmittelbar regelnde Wirkung ist der Erklärung - wie einleitend bereits erwähnt - abzusprechen. Inhaltlich folgt aus der Protokollerklärung, daß die Regelungsbefugnis im Rundfunksektor und die Anwendung des europäischen Wettbewerbsrechts nicht zwangsläufig den gleichen Abgrenzungstheorien folgen müssen. Dann kann auch aus dem Recht, die Finanzierung des Rundfunks zu regeln, nicht automatisch geschlossen werden, daß damit eine Bereichsausnahme von den Wettbewerbsregeln gemeint ist. Darauf weist auch der Bericht der Hochrangigen Gruppe für audiovisuelle Politik zu Recht hin.

Die Entstehungsgeschichte[565] der Protokollerklärung, zu der auch vormalige Verhandlungspositionen und Formulierungsentwürfe gehören, stützt ebenfalls eine in Bezug auf die Rechtswirkungen zurückhaltende Interpretation. So war auf der Konferenz der deutschen Länderministerpräsidenten vom 20. März 1997 in Berlin Übereinstimmung erzielt worden, die Bundesregierung aufzufordern, darauf hinzuwirken, daß in Art. 87 EGV folgender Absatz eingefügt werde:

> „*Keine staatlichen oder aus staatlichen Mitteln gewährte Beihilfen im Sinne dieser Vorschrift sind Finanzmittel (insbesondere Rundfunkgebühren), die den öffentlich-rechtlichen Rundfunkveranstaltern zur Erfüllung ihres nach dem Recht der Mitgliedstaaten bestehenden Auftrags gewährt werden.*"

Dazu ist es aber nicht gekommen. Weder wurde Art. 87 EGV modifiziert, noch erreichte die Bundesrepublik Deutschland eine wörtlich übereinstimmende Verankerung der Berliner Erklärung. Das Gegenteil ist zu konstatieren. Der Wunsch, die Gebührenfinanzierung der öffentlich-rechtlichen Rundfunkanstalten explizit dem Regime des Beihilferechts zu entziehen, ist nicht in Erfüllung gegangen. Zur Rechtsnatur der Fi-

---

563 So auch *Schardt*, Die Sichtweise des privaten Rundfunks, S. 95, in: Schwarze (Hrsg.), Geistiges Eigentum und Kultur im Spannungsfeld von nationaler Regelungskompetenz und europäischem Wirtschafts- und Wettbewerbsrecht.

564 So auch *Dörr*, Die Spartenkanäle von ARD/ZDF und das Europarecht, S. 50; *Holznagel/Vesting*, Sparten- und Zielgruppenprogramme im öffentlich-rechtlichen Rundfunk, insbesondere im Hörfunk, S. 98 f.

565 Dazu *Klär*, in: epd medien Nr. 52 vom 9.7.1997, S. 11 ff.

nanzierung findet sich im Amsterdamer Protokoll keine Aussage mehr. Dahingehende Festlegungen sollten nach dem Willen der Vertragsparteien also nicht einmal mehr in der Protokollerklärung enthalten sein. Zwar wird festgelegt, daß die Finanzierung in ihrer Art und Weise Sache der Mitgliedstaaten sei. Es hieße aber, den gefundenen Kompromiß im Sinne der Gegenmeinung überzuinterpretieren, wollte man der Protokollnotiz entnehmen, daß die eigentlich bei der Kommission liegende Kompetenz der Beihilfenaufsicht auch nur partiell den Mitgliedstaaten überlassen werden soll.

Sinn und Zweck des Art. 87 EGV sprechen ebenfalls gegen eine die Kommissionskompetenz begrenzende Auslegung. Es liefe der universellen Beihilfekontrolle und dem Binnenmarktgedanken entgegen, würden plötzlich Ausnahmen von der bislang lückenlosen Beihilfenaufsicht für einzelne Sachverhalte statuiert.

Dafür, daß das der Kommission anheim gestellte Beihilferegime nicht zugunsten des öffentlich-rechtlichen Rundfunks ausgehebelt werden soll, spricht auch die parallel erfolgte Einfügung des Art. 16 [alt: 7 d)] in den EGV. Dieser lautet:

> *Unbeschadet der Artikel 73, 86 und 87 und in Anbetracht des Stellenwerts, den Dienste von allgemeinem wirtschaftlichem Interesse innerhalb der gemeinsamen Werte der Union einnehmen, sowie ihrer Bedeutung bei der Förderung des sozialen und territorialen Zusammenhalts tragen die Gemeinschaft und die Mitgliedstaaten im Rahmen ihrer jeweiligen Befugnisse im Anwendungsbereich dieses Vertrages dafür Sorge, daß die Grundsätze und Bedingungen für das Funktionieren dieser Dienste so gestaltet sind, daß sie ihren Aufgaben nachkommen können.*

In dieser Bestimmung wird nicht auf die Protokollerklärung verwiesen. Vor allem aber wird Art. 87 EGV für voll anwendbar erklärt, obwohl die vertragschließenden Parteien um den Inhalt der Protokollerklärung wußten. Würde der Rundfunk als Dienst von allgemeinem wirtschaftlichem Interesse eingestuft und durch die Protokollerklärung von den Beihilfebestimmungen dispensiert, so entstünde ein unauflösbarer Widerspruch zwischen der Protokollerklärung und dem neuen Art. 16 EGV. Nur wenn man auch diese neue Bestimmung dahingehend auslegt, daß durch sie die Regelung der essentiellen Parameter der nationalen Rundfunkordnungen durch die Mitgliedstaaten selbst festgelegt werden sollen, und also eine Kompetenzabgrenzung hin zur Union stattfindet, läßt sich ein Wertungswiderspruch vermeiden. Auch die als Schranken-Schranke gedachte Formulierung am Ende der Erklärung („wobei den Erfordernisse der Erfüllung des öffentlich-rechtlichen Auftrags Rechnung zu tragen ist") wäre überflüssig, wenn mit der Protokollnotiz eine Bereichsausnahme von den Beihilfevorschriften intendiert gewesen wäre.

Im Ergebnis hat sich durch die Einfügung des Protokolls nichts an der Hüterfunktion der Kommission hinsichtlich der Beihilfenaufsicht, noch an der Anwendbarkeit der wettbewerbsrechtlichen Vorschriften des Vertrages insgesamt für den öffentlich-rechtlichen Rundfunk geändert. Die Protokollerklärung ist daher nicht als Bereichsausnahme zu bewerten; davon zu unterscheiden sind aber die in der Protokollnotiz enthaltenen Aussagen über die Stellung und Funktion des öffentlich-rechtlichen Rundfunks in den Mitgliedstaaten, die für die Beurteilung des europäischen Rundfunkverständnisses von großer Bedeutung sein werden.

bb) Bereichsausnahme für den kulturellen Sektor

Bereits vor der Einfügung von Art. 87 Abs. 3 lit. d) EGV war anerkannt, daß es einen mitgliedstaatlichen „Kulturvorbehalt"[566] oder eine Bereichsausnahme Kultur gibt.[567] Die Diskussion um die Einordnung der Rundfunktätigkeit unter die Freiheit des Dienstleistungsverkehrs sowie der Streit um die Fernsehrichtlinie haben gezeigt, daß auch kulturelle Güter wegen ihrer wirtschaftlichen Bedeutung den Bestimmungen des EG-Vertrages unterfallen können. Daß eine sachgebietsübergreifende Ausstrahlungswirkung europäischer Regelungen seit jeher auch von der Rechtsprechung des EuGH in Kauf genommen wird, läßt sich auch anhand des Verhältnisses der Bildungspolitik zur Arbeitnehmerfreizügigkeit verdeutlichen. Die mitgliedstaatliche Kompetenz im Bildungssektor anerkennend judizierte das höchste europäische Gericht, daß daraus nicht abgeleitet werden könne, „daß die Ausübung der der Gemeinschaft übertragenen Befugnisse irgendwie eingeschränkt wäre, wenn sie sich auf Maßnahmen auswirken kann, die zur Durchführung etwa der Bildungspolitik ergriffen werden."[568] Rechtsreflexe wirtschaftsbezogener Normen, die regelnd in den Bereich der Kultur eingreifen, sind also von den Mitgliedstaaten hinzunehmen. Die Einordnung des Rundfunks als Kulturgut führt folglich nicht automatisch dazu, daß dieser Bereich von jeglichem europarechtlichem Einfluß auszunehmen wäre.[569] Zwar liegt es nahe, daß die Förderung bestimmter Kulturgüter wie etwa von Opern oder Theatern keine Kontrolle anhand der gemeinschaftlichen Beihilfevorschriften auslösen, da es in den meisten Fällen offenkundig an einer Beeinträchtigung des gemeinschaftlichen Handels fehlen wird. Liegt die Beurteilung des Reichweitenkriteriums aber bereits bei der Förderung von Drukkerzeugnissen, die in mehr als nur einem Mitgliedstaat gelesen werden können, anders,

---

566 *Oppermann*, Europarecht, Rn. 1983, 1992; *Everling*, Buchpreisbindung im deutschen Sprachraum und Europäisches Gemeinschaftsrecht, S. 34; a. A. wohl *Ress*, DÖV 1992, S. 944 (948).

567 Zu der gegenteiligen Vorstellung der Bundesländer anläßlich der Vertragsrevision von Maastricht vgl. *Berggreen-Merkel*, Die rechtlichen Aspekte der Kulturpolitik nach dem Maastrichter Vertrag, S. 29.

568 EuGH Slg. 1974, S. 773 (779) - Casagrande -; ähnlich EuGH Slg. 1985, S. 593 (612 f.) - Gravier -.

569 So auch *Blanke*, Europa auf dem Weg zu einer Bildungs- und Kulturgemeinschaft, S. 102; *Niedobitek*, Kultur und Europäisches Gemeinschaftsrecht, S. 196.

so kann auch für den Rundfunk nicht eine generelle Ausnahme vom Regime der Art. 87 ff. EGV unterstellt werden. Art. 87 Abs. 3 lit. d) EGV verdeutlicht, daß die Mitgliedstaaten die Möglichkeiten haben sollen, durch die Gewährung von Beihilfen ihre Kultur zu fördern, selbst wenn dies mit gemeinschaftsweiten Implikationen verbunden ist. Die Norm läßt gleichzeitig aber auch keinen Zweifel daran, daß sich solche Maßnahmen an den vertraglichen Beihilfebestimmungen messen lassen müssen.

Zu einer wettbewerbsrechtlichen Ausnahme auf Tatbestandsebene gelangt man auch nicht dadurch, daß man versucht, die Rechtsprechung zur Rechtfertigung von Eingriffen in die Dienstleistungsfreiheit im Rundfunkbereich[570] auf die Wettbewerbsregeln zu übertragen.[571] Auch Parallelen zur *Keck*-Rechtspre-chung[572], die *Ress/Ukrow* als die mitgliedstaatliche Souveränität schonend anerkannte Grundsätze auf die Buchpreisbindung und deren Vereinbarkeit mit Art. 81 Abs. 1 EGV übertragen wollen[573], scheinen wenig erfolgversprechend. Für die Frage der Vereinbarkeit der Gebührenfinanzierung mit Art. 87 Abs. 1 EGV scheiden solche Überlegungen deshalb von vornherein aus, da das europäische Beihilferecht über eine gesonderte, gesetzlich geregelte Rechtfertigungsstruktur verfügt, die auch solchermaßen hergeleitete a-limine Befreiungen nicht zulassen.[574] Der Übertragung dieser Grundsätze auf Art. 87 EGV steht im Wege des Erst-Recht-Schlusses auch entgegen, daß die zur Warenverkehrsfreiheit ergangene *Keck*-Rechtsprechung vom EuGH bislang ausdrücklich nicht einmal auf die Dienstleistungsfreiheit angewendet worden ist. Einem noch weitergehenden Analogieschluß auf die Beihilfevorschriften steht systematisch entgegen, daß Ausnahmen auf Tatbestandsebene im Bereich der Art. 87 ff. EGV die allein der Kommission zustehende und einer direkten richterlichen Kontrolle unzugängliche Prüfungskompetenz zur Disposition stellen würden.

cc) Ausnahme durch Art. 86 Abs. 2 EGV

Gemäß Art. 86 Abs. 2 EGV gelten die Vorschriften des EG-Vertrags, insbesondere die Wettbewerbsregeln, auch für Unternehmen, die mit Dienstleistungen von allgemeinem wirtschaftlichem Interesse betraut sind, soweit die Anwendung dieser Vorschriften nicht die Erfüllung der ihnen übertragenen besonderen Aufgabe rechtlich oder tatsächlich verhindert. Dahinter steht der Gedanke, ein Mitgliedstaat solle einen Bereich der Wirtschaftsteilnahme der öffentlichen Hand nicht dadurch den Anforderungen des

---

570 EuGH Slg. 1991, I-2925 (2964) – ERT-; EuGH Slg. 1993, I-487 (518) – Veronica -; EuGH Slg. 1994, I-4795 (4833) - TV 10 SA -.

571 So aber *Ress/Ukrow*, Sonderdruck ZEuS 1/1999, S. 50 ff. anläßlich der Prüfung der Buchpreisbindung und ihrer Vereinbarkeit mit Art. 81 EGV.

572 EuGH Slg. 1993, I-6097 (6131) – Keck und Mithouard – zur Einschränkung der „Dassonville"-Formel.

573 *Ress/Ukrow*, Sonderdruck ZEuS 1/1999, S. 53 f.

574 *Kruse*, EWS 1996, S. 113 (115).

Gemeinschaftsrechts entziehen können, daß er ihn als Leistungsverwaltung organisiert.[575] Der EuGH hat aber entschieden, daß die Wirkung der Wettbewerbsregeln zugunsten öffentlich-rechtlicher Unternehmen durch Art. 86 Abs. 2 EGV beschränkt werden kann.[576] Von der Anwendbarkeit des Art. 86 Abs. 2 EGV könnte also abhängen, ob das Beihilferegime überhaupt auf die Gebührenfinanzierung der öffentlich-rechtlichen Rundfunkanstalten in Deutschland zugreift. Dies setzte zuerst voraus, daß es sich beim öffentlich-rechtlichen Rundfunk um eine Dienstleistung handelt, die von *allgemeinem wirtschaftlichem* Interesse ist. Bereits diese Frage ist keineswegs unumstritten.[577] Außerdem wird das Verhältnis der Beihilfevorschriften des EG-Vertrags zu Art. 86 Abs. 2 EGV uneinheitlich beurteilt. Weniger umstritten ist nur die Frage, ob es sich bei den öffentlich-rechtlichen Rundfunkanstalten um Unternehmen im Sinne von Art. 86 Abs. 1 und 2 oder Art. 87 Abs. 1 EGV handelt.

aaa) Unanwendbarkeit von Art. 86 Abs. 2 EGV im Bereich des Rundfunks

Die Anwendbarkeit des Art. 86 Abs. 2 EGV hängt vor allem davon ab, ob es sich bei der Rundfunktätigkeit um eine Dienstleistung von allgemeinem wirtschaftlichem Interesse handelt. Dieser Begriff findet keine genaue Parallele in den Rechtsordnungen der Mitgliedstaaten.[578] Er wird durch die Termini der „Daseinsvorsorge“ oder des „public service“ nur ungenau wiedergegeben, kann sich aber an ihnen ausrichten. Die Voraussetzungen dessen, was unter „allgemeinem wirtschaftlichem Interesse“ zu verstehen ist, sind letztlich gemeinschaftsrechtlich zu bestimmen, obgleich dabei sehr stark an die Interessen der Mitgliedstaaten anzuknüpfen ist.[579] Eine Gleichsetzung des *allgemeinen* wirtschaftlichen Interesses mit dem Interesse der Gemeinschaft an sich kommt aber nicht in Betracht, weil es sonst der Bezugnahme auf das Gemeinschaftsinteresse in Art. 86 Abs. 2 S. 2 EGV nicht mehr bedürfte. Der Allgemeinwohlbezug muß jedoch deshalb ein nationaler sein, weil es um die mitgliedstaatliche Organisation einer Dienstleistungsaufgabe durch die öffentliche Hand geht. Auch teleologische Gesichtspunkte sprechen für dieses Ergebnis, da die Vorschrift schließlich den Mitgliedstaaten einen gewissen wirtschaftlichen Freiraum einräumen soll, ohne gleich zu einem Nationalvorbehalt zu führen. Um von einem allgemeinen Interesse ausgehen zu können, genügt es, den Nachweis des Allgemeinwohlbezugs der Dienstleistung zu führen und damit die Anlehnung an den Begriff der Daseinsvorsorge zu vollziehen. Dieser Allgemeinwohlbezug ist im Falle des öffentlich-rechtlichen Rundfunks durch die ihm über-

---

575 *Badura*, ZGR 1997 (26), S. 291 (295).

576 EuGH Slg. 1989, S. 803 (853) - Ahmed Saeed Flugreisen -.

577 A. A. *Oppermann*, Deutsche Rundfunkgebühren und europäisches Beihilferecht, S. 53.

578 *Bala*, Art. 90 Abs. 2 EGV [neu: 86] im System unverfälschten Wettbewerbs, S. 32.

579 Statt aller: *Nicolaysen*, Europarecht II, Das Wirtschaftsrecht im Binnenmarkt, S. 275; *Tettinger*, DVBl. 1997, S. 341 (343), der die Bedeutung der Norm für die sog. Universaldienste sowie ihre Ableitung von der Grundversorgung hervorhebt.

tragene Aufgabe der Grundversorgung auch gegeben.[580] Die Feststellung des Allgemeinwohlinteresses reicht jedoch nicht aus. Das Allgemeinwohlinteresse muß darüber hinaus einen wirtschaftlichen Bezug aufweisen.

(1) „Wirtschaftliches Interesse“ im Sinne von Art. 86 Abs. 2 EGV

Entscheidend ist es zu bestimmen, was unter dem *wirtschaftlichen* Interesse im Sinne von Art. 86 Abs. 2 EGV zu verstehen ist. Auf eine genaue Bestimmung dieses Merkmal kann nicht verzichtet werden. Würde man nämlich schon alle Unternehmen, die Dienstleistungen von allgemeinem Interesse erfüllen, aufgrund des Art. 86 Abs. 2 Satz 1 EGV aus dem Anwendungsbereich des Vertrages ausschließen, so wären die öffentlichen Unternehmen nur dann an das Wettbewerbsrecht des EG-Vertrages gebunden, wenn sie ihre Leistungen selektiv begünstigend und nicht zum Wohle der Allgemeinheit erbrächten. Ebenfalls eine unzulässige Weiterung ergäbe sich, wenn bereits diejenigen kulturellen Leistungen, die lediglich auch eine wirtschaftliche Dimension zeitigen, als Dienste von allgemeinem wirtschaftlichen Interesse erfaßt würden[581]. Auch in diesem Fall umginge man den Wortlaut des Art. 86 Abs. 2 EGV und dehnte letztlich den Tatbestand auf die Erbringung beliebiger Dienstleistungen aus. Nur Dienstleistungen unentgeltlicher Natur blieben dann unberücksichtigt, wobei diese aber wettbewerbsrechtlich nicht von Relevanz sind und die Wettbewerbsvorschriften im Bereich der öffentlichen Unternehmen somit gänzlich leerzulaufen drohten. Daß religiöse, kulturelle und soziale Belange aber von wirtschaftlicher Betätigung auch im europäischen Wettbewerbsrecht antithetisch zu unterscheiden sind, zeigt vor allem Art. 87 Abs. 3 EGV deutlich. Systematisch läßt sich dieser Norm weiter entnehmen, daß die durch den Maastrichter Vertrag ergänzten Ausnahmetatbestände in Art. 87 Abs. 2 und 3 EGV - vor allem derjenige für Kulturbeihilfen – unnötig gewesen wären, wenn eine Rechtfertigung auch über Art. 86 Abs. 2 EGV möglich sein sollte.[582]

Nicht zwingend ist die Schlußfolgerung, wonach mit der Ausklammerung der Rundfunktätigkeit aus Art. 86 Abs. 2 EGV ein widersprüchliches Ergebnis erzielt würde, weil die Mitgliedstaaten dann im Hinblick auf wirtschaftliche Unternehmen einen größeren Manövrierspielraum besäßen als bei Unternehmen mit primär kulturellen und sozialen Zielsetzungen.[583] Zumindest seit der Einführung des neuen Art. 87 Abs. 3 lit. d) EGV sind Rechtfertigungsgründe kultureller Art normativ gesondert festgelegt

---

580 Vgl. dazu oben B) III. 1. b), S. 58.

581 Dafür aber *Bala*, Art. 90 Abs. 2 EGV [neu: 86] im System unverfälschten Wettbewerbs, S. 39.

582 So auch *Uphoff*, Fernsehmarkt und Grundversorgung, S. 153.

583 *Selmer/Gersdorf*, Die Finanzierung des Rundfunks in der Bundesrepublik Deutschland auf dem Prüfstand des EG-Beihilferegimes, S. 41; *Jarass*, Gutachten G zum 56. Deutschen Juristentag, S. 40 Rn. 57.

und der mitgliedstaatliche Manövrierspielraum speziell erfaßt.[584] Der Vergleich der mitgliedstaatlichen Handlungsspielräume bei wirtschaftlichen Diensten einerseits und kulturellen Diensten andererseits ist innerhalb von Art. 86 Abs. 2 EGV auch nicht angebracht, da man auch innerhalb der Europäischen Union stillschweigend davon ausgegangen ist, daß das Wettbewerbsrecht bei kulturellen und sozialen Dienstleistungen vor allem wegen mangelnden Gemeinschaftsbezugs gar nicht tangiert sein werde, den Mitgliedstaaten insoweit also ohnedies der weitestgehende Handlungsspielraum verbleibe.

Doch auch ohne diesen Vorrang liegt die ratio von Art. 86 Abs. 2 EGV nicht darin, wettbewerbsrechtliche Ausnahmebestimmungen für kulturelle Tätigkeiten zu ermöglichen. Sinn und Zweck von Art. 86 Abs. 2 EGV gründen vielmehr darin, einen Rahmen aufzustellen, innerhalb dessen sich der Staat mit eigenen Unternehmen oder solchen, an denen er eine Kapitalbeteiligung hält, auf dem (Versorgungs)-Markt engagieren kann, ohne an das europäische Wettbewerbsrecht gebunden zu sein. Als Dienstleistung von allgemeinem und vor allem wirtschaftlichem Interesse gelten deshalb gemeinhin die Energieversorgung, der öffentliche Nah- und Fernverkehr, das Kreditwesen, die Abfallbeseitigung oder die Post. Im Rahmen des Art. 86 Abs. 2 Satz 1 EGV kommen durch den ausschließlich wirtschaftlichen Bezug auch nur diese klassischen Aufgaben der Sicherung von Infrastruktur und versorgungsnotwendiger Daseinsvorsorge in Betracht, nicht dagegen schwerpunktmäßig kulturelle und soziale Dienste.[585] Der Rechtfertigungsgrund für diesen Dispens vom europäischen Wettbewerbsrecht ist in der durch das wirtschaftliche Allgemeinwohl bedingten Notwendigkeit der Dienstleistung

---

584 Das räumen *Selmer/Gersdorf*, Die Finanzierung des Rundfunks in der Bundesrepublik Deutschland auf dem Prüfstand des EG-Beihilferegimes, S. 42 auch selbst ein.

585 So auch *Reich*, Rundfunkrecht und Wettbewerbsrecht vor dem Forum des europäischen Gemeinschaftsrechts, in: Hoffmann-Riem (Hrsg.), Rundfunk im Wettbewerbsrecht, S. 224, S. 229; *Kahl*, NVwZ 1996, S. 1082 (1084); zweifelnd auch *Pernice*, in: Grabitz/Hilf (Hrsg.), Kommentar zur Europäischen Union, Art. 90 [neu: 86] Rn. 37; *Astheimer/Moosmayer*, ZUM 1994, S. 395 (401); *Emmerich*, in: Dauses (Hrsg.), Handbuch des EU-Wirtschaftsrechts, H. II 5 e) dd) aaa) Rn. 125, der darauf abstellen will, wo der Schwerpunkt der Aufgabenübertragung liegt und Art. 86 Abs. 2 S. 1 EGV nur anwenden will, wenn „bei den betreffenden Unternehmen die Verfolgung allgemeiner wirtschaftlicher Interessen ganz im Vordergrund steht"; *Hochbaum*, in: Groeben/Thiesing/Ehlermann (Hrsg.), Kommentar zum EWG-Vertrag, 4. Aufl., Art. 90 [neu: 86] Rn. 48 nimmt den Rundfunk aus, soweit es sich um Schul- oder kulturelle Sendungen handelt; *Schardt*, Die Sichtweise des privaten Rundfunks, S. 95 (104), in: Schwarze (Hrsg.), Geistiges Eigentum und Kultur im Spannungsfeld von nationaler Regelungskompetenz und europäischem Wirtschafts- und Wettbewerbsrecht; a. A. *Jarass*, Gutachten G zum 56. Deutschen Juristentag, S. 40 f. Rn. 57; *Roth*, AfP 1986, S. 287 (290), der nur die Programm*tätigkeit* von Art. 86 Abs. 2 EGV erfaßt sieht; *Fröhlinger*, RuF 1993, S. 59 (64); *Mestmäcker*, RabelsZ 52 (1988), S. 526 (567 f.); *Dörr*, Die öffentlich-rechtliche Rundfunkfinanzierung und die Vorgaben des EG-Vertrages, S. 5 (10), in: Rechtliche und ökonomische Fragen der Finanzierung des öffentlich-rechtlichen Rundfunks im Lichte des europäischen Rechts, Schriftenreihe des Instituts für Rundfunkrecht an der Universität zu Köln, Band 73, 1998; sich nicht festlegend *Ehrike*, EuZW 1993, 211 (214).

zu erblicken.[586] Art. 86 Abs. 2 EGV macht vor diesem Hintergrund nur bei solchen Diensten Sinn, die wirtschaftlich und national von besonderer Bedeutung sind.

(2) Rundfunk als Dienstleistung von allgemeinem wirtschaftlichem Interesse

Die Frage nach der Dienstleistungseigenschaft der Rundfunktätigkeit ist bereits dargestellt und bejaht worden. Dabei wurde ausdrücklich festgestellt, daß Rundfunk nicht ausschließlich, sondern lediglich *auch* wirtschaftliche Tätigkeiten umfaßt. Soweit für die Begriffsbestimmung innerhalb von Art. 86 Abs. 2 EGV auf nationale Ansichten abzustellen ist, ist zu beachten, daß mit der Einordnung des Rundfunks unter den finanzwissenschaftlichen Begriff des meritorischen Guts bestätigt wurde, daß es sich primär um eine sozialen und kulturellen Zwecken dienende Tätigkeit handelt.[587] Die europarechtliche Qualifikation des Rundfunks als Dienstleistung sagt nichts darüber aus, ob es sich gerade um eine solche Dienstleistung handelt, die national von allgemeinem wirtschaftlichem Interesse ist.[588] Um diese Frage zu beantworten, genügt es nicht, auf Entscheidungen zu verweisen, die sich schwerpunktmäßig mit der Subsumtion des öffentlich-rechtlichen Rundfunks unter den Unternehmensbegriff des Art. 86 Abs. 1 EGV befaßt haben.[589] Auch die Aufspaltung rundfunkbezogener Tätigkeit in rein wirtschaftliche Tätigkeit einerseits, wie sie bei der Akquise von Werbung oder dem Kauf von Lizenzrechten zu Tage tritt und solche rein kultureller Art, wie etwa der Produktion einzelner Sendungen, andererseits vermag für die Einordnung des öffentlich-rechtlichen Rundfunks unter Art. 86 Abs. 2 EGV nichts beizutragen.[590] Die Dienstleistung muß nämlich insgesamt von *allgemeinem wirtschaftlichem* Interesse sein. Dieses Begriffspaar hat die europäische Rechtsprechung - entgegen dem Vor-

---

586 *Oppermann*, Europarecht, § 14 Rn. 1057; *Schollmeier/Krimphove*, in: Bleckmann, Europarecht, § 23 Rn. 1981 sprechen davon, daß das wirtschaftliche Interesse nur gegeben ist, „wenn es zur Daseinsvorsorge der Bevölkerung unverzichtbar ist"; so auch *Fischer*, Europarecht, § 20 Rn. 17; ähnlich *Pernice*, in Grabitz/Hilf (Hrsg.), Kommentar zur Europäischen Union, Art. 90 [neu: 86] Rn. 35 f.

587 Nicht zu folgen ist der Argumentation von *Engel*, Europarechtliche Grenzen für öffentlich-rechtliche Spartenprogramme, S. 54 f., der Art. 86 Abs. 2 EGV auf meritorische Güter nur insoweit für anwendbar hält, als ein Marktversagen vorliegt. Dabei übersieht er, daß sich das Marktversagen nicht auf einzelne Sendungen beziehen läßt, sondern als Bezugspunkt die Anstaltsstruktur selbst als weitgehend quotenunabhängig zu wählen ist; vgl. oben B) III. 1. c), S. 63 ff.

588 So auch ausdrücklich KOM(84) 300 endg., vom 14.6.1984, S. 193 ff., dort interpretiert auch die Kommission das Urteil in der Rs. Sacchi dergestalt, daß der Gerichtshof Art. 86 Abs. 2 EGV gar nicht für anwendbar hielt.

589 So etwa *Selmer/Gersdorf*, Die Finanzierung des Rundfunks in der Bundesrepublik Deutschland auf dem Prüfstand des EG-Beihilferegimes, S. 37, 39 mit Hinweis auf EuGH Slg. 1974, S. 409 (419) - Sacchi -, wo lediglich die Stellungnahme der Bundesregierung wiedergegeben wird und EuGH Slg. 1991, I-2925 (2962 f.) - ERT -.

590 So aber wohl EuGH Slg. 1974, S. 409 (430) - Sacchi -, wo nur die Rede davon ist, daß Rundfunkanstalten unter die in Art. 86 genannten Bestimmungen über öffentliche Unternehmen fallen, „soweit die Erfüllung ihrer Aufgaben Tätigkeiten wirtschaftlicher Art mit sich bringen".

schlag von Generalanwalt *Dutheillet de Lamotte*[591] - auch ausdrücklich sehr eng ausgelegt.[592] Dementsprechend gingen einige Stimmen in der Literatur sogar davon aus, daß die Vorschrift generell obsolet sei.[593] Wie die Urteile der europäischen Gerichtsbarkeit belegen, kann dem jedoch nicht gefolgt werden.[594]

Der Rundfunk ist mit den Diensten der wirtschaftlichen Daseinsvorsorge, wie dem Postverkehr, der Energie-, Elektrizitäts- und Wasserversorgung, nicht zu vergleichen. Es ist doch gerade nicht aus wirtschaftlichen Gründen notwendig, den Rundfunk auch öffentlich-rechtlich zu organisieren, sondern aus kulturellen. Selbst wenn über das kulturell erforderliche Maß der Verfügbarkeit im Informationszeitalter gestritten werden kann: Wirtschaftlich ist das Medium zum täglichen Leben nicht unbedingt erforderlich. Öffentlich-rechtlicher Rundfunk ist in erster Linie nicht wirtschaftliche, sondern kulturelle Dienstleistung und Daseinsvorsorge. Auch wenn seine wirtschaftliche Bedeutung für das Bruttosozialprodukt nicht gering zu schätzen ist, so bleibt die primäre Aufgabe der öffentlich-rechtlichen Rundfunkanstalten doch die Erbingung der integrationsfördernden Grundversorgung.[595] Auch die Protokollerklärung über den öffentlich-rechtlichen Rundfunk in den Mitgliedstaaten im Amsterdamer Vertrag stützt die hier vertretene Ansicht: Der dieser Erklärung vorangestellte Erwägungsgrund nennt ausdrücklich nur die demokratischen, sozialen und kulturellen Bedürfnisse, die durch den öffentlich-rechtlichen Rundfunk zu befriedigen sind und die es rechtfertigen, die Finanzierungsbefugnis bei den Mitgliedstaaten zu belassen. Als Dienst von wirtschaftlichem Interesse sehen die Vertragsparteien den Rundfunk also offenbar nicht an.[596]

---

591 Schlußanträge von GA *Dutheillet de Lamotte*, in: EuGH Slg. 1971, S. 723 (739) – Staatsanwaltschaft Luxemburg/Muller (Hafen von Mertert) -, der jedoch darauf hinweist, daß sich die Begriffe „öffentliche Unternehmen" und „Dienstleistungen von allgemeinem wirtschaftlichem Interesse" nicht decken; so auch *Tettinger*, DVBl. 1997, S. 341 (344).

592 EuG Slg. 1997, II-997 (1042) - Air Inter -, wonach die Anwendung von Art. 86 Abs. 2 EGV insbesondere nicht dem Ermessen der Mitgliedstaaten überlassen ist.

593 *V. Wilmowsky*, ZHR 155 (1991), S. 545 (547); *Reich*, Rundfunkrecht und Wettbewerbsrecht vor dem Forum des europäischen Gemeinschaftsrechts, in: Hoffmann-Riem (Hrsg.), Rundfunk im Wettbewerbsrecht, S. 224 (229).

594 Vgl. EuGH Slg. 1994, I-1477 (1520 f.) - Almelo -; EuG Slg. 1997, II-997 (1042) - Air Inter -.

595 Explizit für die Einbeziehung des Rundfunks unter Art. 86 Abs. 2 EGV dagegen *Wilms*, Das Europäische Gemeinschaftsrecht und die öffentlichen Unternehmen, S. 134; *Badura*, ZGR (26) 1997, S. 291 (300), der die Grundversorgung in eine Linie mit anderen „Infrastrukturgarantien" zur Sicherung bestimmter Grundbedürfnisse wie der Versorgung mit Strom, Wasser und Energie stellt; a. A. wohl *Burgi*, EuR 1997, S. 261 (267); vgl. auch Mitteilung der Kommission zu Leistungen der Daseinsvorsorge in Europa, ABl. EG Nr. C 281 vom 26.9.1996, S. 3, 9, die auch zu Hörfunk und Fernsehen Stellung nimmt.

596 *Schardt*, Die Sichtweise des privaten Rundfunks, S. 95 (104), in: Schwarze (Hrsg.), Geistiges Eigentum und Kultur im Spannungsfeld von nationaler Regelungskompetenz und europäischem Wirtschafts- und Wettbewerbsrecht; so auch die Analyse der Kommission, KOM(84), 300 endg., S. 196: „Insgesamt dürfte auch die detaillierte Analyse der gegenwärtig geltenden Gesetze zeigen, daß die eigentliche Dienstleistung des Rundfunks, seine Sendetätigkeit, nicht

Selbst die Kommission hat die Ansicht vertreten, daß trotz der Einordnung der Rundfunktätigkeit als Dienstleistung Art. 86 Abs. 2 EGV auf die Rundfunktätigkeit nicht anwendbar sei. Bei der Veranstaltung von Rundfunkprogrammen stünden kulturspezifische Erwägungen im Vordergrund, die von den auf die Versorgung mit materiellen Gütern bezogenen wirtschaftlichen Interessen nicht gedeckt seien.[597] Vertritt man aber die Auffassung, daß Rundfunktätigkeit eine vorrangig kulturelle Tätigkeit darstellt, deren wirtschaftliche Bedeutung lediglich Reflexe dieser Zweckbestimmung sind, so scheitert eine Anwendbarkeit des Art. 86 Abs. 2 EGV und steht diese Norm einer Anwendung der europäischen Beihilfevorschriften nicht entgegen. Nachdem die Kommission kulturspezifische Erwägungen bei der Beurteilung der Rundfunktätigkeit in den Vordergrund gestellt hatte, ist es um so überraschender, daß sie die Spartenprogramme „Kinderkanal“ und „Phoenix“ von ARD und ZDF mit Hinweis auf Art. 86 Abs. 2 EGV genehmigt hat[598] und somit nun doch von einer Anwendbarkeit der Vorschrift auf den Rundfunk auszugehen scheint.

bbb) Verhältnis von Art. 86 Abs. 2 und Art. 87 Abs. 3 lit. d) EGV

Der Meinungsumschwung der Europäischen Kommission hinsichtlich der Anwendbarkeit des Art. 86 Abs. 2 EGV im Rundfunksektor erscheint vor allem deshalb überraschend, weil die Kommission nicht zuerst prüft, ob eine Rechtfertigung nach Art. 87 Abs. 2 oder 3 lit. d) EGV greift, obwohl das Europäische Parlament sie noch 1996 ausdrücklich aufgefordert hatte, „die Einführung von Art. 87 Abs. 3 lit. d) EGV [...] möglichst weitgehend zur Legitimierung der nationalen Beihilfesysteme für das Radio, das Fernsehen und die Printmedien zu nutzen.“[599] Fraglich ist somit, in welchem Verhältnis die Vorschriften des Art. 86 Abs. 2 und Art. 87 EGV zueinander stehen.

Wie Generalanwalt *Lenz* in seiner Stellungnahme zur Systematik von Art. 86 Abs. 2 und Art. 87 EGV umfänglich dargelegt hat, macht Art. 86 Abs. 2 EGV die Prüfung der

---

der Versorgung der Bevölkerung mit materiellen Gütern von allgemeinem wirtschaftlichen Interesse dient, [...] sondern dem Bedürfnis der Bevölkerung nach immateriellen Gütern von allgemeinem geistigen Interesse, namentlich nach Unterrichtung und Wissen, nach Anregung und Beratung, nach Entspannung und Unterhaltung, nach Kunst und Bildung. Es geht also zwar um Dienstleistungen von allgemeinem, nicht aber von allgemeinem wirtschaftlichen Interesse.“

597 Stellungnahme der Kommission, in: EuGH Slg. 1974, S. 409 (426) - Sacchi -.

598 FAZ vom Nr. 47 vom 25.2.1999, S. 17; Mitteilung der Kommission vom 24.2.1999, http://www.europa.eu.int/com/en/dg04/dg04home.html. Die VPRT-Beschwerde hinsichtlich eines Verstoßes gegen Art. 86 i.V.m. Art. 81, 82 EGV wurde ebenfalls von der GD Wettbewerb der Kommission abgewiesen, vgl. Schreiben von *Karel van Miert* vom 8.3.1999, SG(99) D/1690, unveröffentlicht.

599 Ziff. 2 der Entschließung des Europäischen Parlaments zur Rolle der öffentlichen Fernsehdienste in der multimedialen Gesellschaft v. 19.9.1996, ABl. EG Nr. C 320 vom 28.10.1996, S. 180 (183).

Beihilfevorschriften nicht überflüssig.[600] Die bislang zu dieser Frage ergangenen Urteile des EuGH sind nach Einschätzung des Generalanwalts am ehesten dahingehend zu verstehen, daß Art. 87 im Rahmen von Art. 86 Abs. 2 EGV oder aber Art. 86 EGV im Anschluß an die Beihilfebestimmungen zu prüfen sei.[601] Für diese Prüfungsreihenfolge spricht auch der Hinweis des Generalanwalts, daß die Anwendung von Art. 86 Abs. 2 EGV die Überprüfung gemeinschaftsrechtlicher Tatbestandsmerkmale erfordert. Damit kann nur gemeint sein, daß Art. 87 Abs. 3 lit. d) EGV deshalb vorrangig oder inzident anzuwenden ist, weil sich allein an dieser Norm mißt, ob die Anwendung des Vertrages mit der Erfüllung der übertragenen Aufgabe nachweislich unvereinbar ist.[602] Nach der Vorprüfung, ob die Anwendung wettbewerbsrechtlicher Vorschriften nicht die Erfüllung der besonderen Aufgaben im Sinne von Art. 86 Abs. 2 EGV unmöglich macht, verbleibt tatbestandlich aber nichts mehr, was bei einer Rechtfertigung[603] aus Art. 86 Abs. 2 EGV noch erstmalig in die Betrachtung eingeführt werden könnte.

Art. 87 EGV ist somit im Verhältnis zu Art. 86 Abs. 2 Satz 1 EGV als lex specialis anzusehen.[604] Davon geht auch die Kommission in ihrem Diskussionspapier zu Art. 86 Abs. 2 und Art. 87, 88 EGV aus, wenngleich sie danach die nicht näher spezifizierte Ansicht vertritt, „daß Buchstabe d) durchgängig in Verbindung mit Artikel 86 Abs. 2 angewendet“ werden sollte.[605] Auch die europäische Rechtsprechung hat bislang nicht anders entschieden.[606] Ob die Anwendung der wettbewerbsrechtlichen Vorschriften

---

600 So auch ausdrücklich KOM(84) 300 endg., S. 197.

601 Schlußanträge von GA *Lenz*, in: EuGH Slg. 1994, I-877 (896 ff.) - Banco Exterior - mit Hinweis auf die Prüfungsreihenfolge in EuGH Slg. 1977, S. 163 (182) - Benedetti/Munari -, wo der EuGH ausdrücklich zwischen Unternehmen im Sinne von Art. 86 Abs. 1 und Abs. 2 unterscheidet und EuGH Slg. 1977, S. 595 (612) - Steinike und Weinlig -.

602 EuGH Slg. 1991, I-1979 (2016 f.) - Höfner und Elser - für die Anwendung von Art. 86 Abs. 1 i.V.m. Art. 82 EGV; EuGH Slg. 1991, I-2925 (2961 f.) - ERT - wo Art. 81 EGV zuvorderst geprüft wird; EuGH Slg. 1998, I-1303 (1317.) - FFSA -.

603 Für die Einordnung als Rechtfertigungsgrund auch EuGH Slg. 1998, I-1303 (1316 f.) - FFSA -, der zwar Art. 86 Abs. 2 EGV dergestalt mit Art. 87 Abs. 1 EGV verbindet, daß er an das Merkmal „soweit im Vertrag nichts anderes bestimmt ist“ anknüpft, aber Art. 87 Abs. 2 und 3 EGV zuerst voll durchgeprüft sehen will.

604 *Selmer/Gersdorf*, Die Finanzierung des Rundfunks in der Bundesrepublik Deutschland auf dem Prüfstand des EG-Beihilferegimes, S. 44; a. A. *Oppermann*, Deutsche Rundfunkgebühren und europäisches Beihilferecht, S. 53 f.; *Dörr/Cloß*, ZUM 1996, S. 105 (109 f.), die dann aber doch Art. 87 EGV vorrangig prüfen (müssen); ihnen folgend *Otten*, ZUM 1997, S. 790 (791 f.); *Rawlinson*, in: Lenz (Hrsg.) EG-Vertrag, Vorbem. Art. 87-89 Rn. 16 bezeichnet Art. 86 Abs. 2 EGV als Ausnahme von Art. 87 Abs. 1 EGV; *Burgi*, EuR 1997, S. 261 (278 f.), geht zugunsten von Art. 87 EGV von einem Anwendungsvorrang aus; offengelassen von *Bleckmann*, Öffentlich-rechtliche Spartenprogramme als Bestandteil der Grundversorgung?, S. 122.

605 „Diskussionspapier zur Anwendung der Artikel 90 Absatz 2, 92 und 93 [neu: 86, 87 und 88] EG-Vertrag im Rundfunksektor“, S. 12, 13.

606 Vgl. insbesondere EuG, Slg. 1996, II-649 (690) - Métropole télévision S.A. u.a./Kommission -:

die Erfüllung der besonderen Aufgaben verhindert, wie es Art. 86 Abs. 2 EGV verlangt, kann schließlich nur festgestellt werden, nachdem die wettbewerbsrechtlichen Vorschriften vollständig geprüft worden sind. Sollten die vertraglichen Wettbewerbsvorschriften mangels Tatbestandsmäßigkeit beispielsweise nicht anwendbar sein, so müßte die Ausnahmevorschrift des Art. 86 Abs. 2 EGV überhaupt nicht bemüht werden. Deshalb tritt Art. 86 Abs. 2 EGV als Rechtfertigungsgrund systematisch hinter Art. 87 Abs. 2 und 3 EGV zurück. Selbst die Gegenansicht kommt bei einer inzidenten Prüfung von Art. 87 EGV innerhalb von Art. 86 Abs. 2 EGV zu demselben Ergebnis, da in diesem Fall aufgrund der in beiden Normen durchzuführenden Verhältnismäßigkeitsprüfung mit der abgeschlossenen Prüfung des Art. 87 das Ende der Prüfung von Art. 86 EGV zusammenfällt. Zu Recht hat Generalanwalt *Lenz* am Beispiel der Entscheidung der Kommission nach Art. 86 Abs. 3 und Art. 87 Abs. 3 EGV eine Vergleichbarkeit der Rechtsstrukturen beider Normen ausgemacht.[607] Da die Abwägung bei Art. 86 Abs. 2 EGV eine „Würdigung der Erfordernisse, die sich einerseits aus der Erfüllung der den fraglichen Unternehmen übertragenen besonderen Aufgabe und andererseits aus der Wahrung der Interessen der Gemeinschaft ergeben“[608], erfordert, sind beim Rundfunk durch diese Prüfung keine anderen Schlüsse zu erwarten, als durch die Abwägung von speziellerem kulturellen Interesse und dem Gemeinschaftsinteresse. Hier wie dort handelt es sich um eine Verhältnismäßigkeitsprüfung.[609]

Hätte die Kommission sich bei ihrer Entscheidung in der Sache „Phoenix“ und „Kinderkanal“ nicht darauf beschränkt, nur den Tatbestand des Art. 87 Abs. 1 EGV zu bejahen, sondern sich stattdessen sorgfältiger mit dem Kulturbegriff in Art. 87 Abs. 3 lit. d) EGV auseinandergesetzt, so hätte sie die Anwendbarkeit von Art. 87 Abs. 3 lit. d) EGV nicht verneinen können. Der gekünstelt erscheinenden Anwendung von Art. 86 Abs. 2 EGV hätte es dann gar nicht mehr bedurft. Obwohl die Kommission auch in der Rechtssache *RTVE* eine Rechtfertigung über Art. 86 Abs. 2 EGV in Betracht zu ziehen scheint, hat das Europäische Gericht erster Instanz in dem Verfahren wegen Untätigkeit der Kommission diese Möglichkeit nicht in Betracht gezogen. Stattdessen wiesen die Richter darauf hin, daß die Kommission die Wahl gehabt hätte,

---

In dem Urteil stimmt das Gericht der Auffassung der Kommission zu, daß das Ziel der EBU, „abwechslungsreiche kulturelle, bildende, wissenschaftliche und für Minderheiten bestimmte Rundfunkprogramme [..] auszustrahlen und die gesamte Bevölkerung eines Landes ungeachtet der Kosten zu versorgen“ als Merkmal des Begriffs der besonderen Aufgabe anzusehen sei, allerdings nur soweit, als es sich um eine „Leistung zugunsten sämtlicher Nutzer im gesamten Hoheitsgebiet des betreffenden Mitgliedstaates, [..] ohne Rücksicht auf Sonderfälle und auf die Wirtschaftlichkeit jedes einzelnen Vorgangs“ handelte. Ebenfalls stimmte das Gericht der Kommission darin zu, daß Art. 86 Abs. 2 EGV auf die EBU gar nicht anwendbar sei.

607 Schlußanträge von GA *Lenz*, in: EuGH Slg. 1994, I-877 (897 f.) - Banco Exterior - unter Hinweis auf EuGH Slg. 1992, I-565 (636) - Niederlande u.a./Kommission -.

608 EuGH Slg. 1971, S. 723 (730) - Hafen von Mertert -.

609 *Brohm*, in: Mestmäcker (Hrsg.), Kommunikation ohne Monopole II, S. 253 (288) für Art. 86 Abs. 2 EGV.

entweder das Vorliegen einer Beihilfe zu verneinen, diese nach Art. 87 Abs. 2 oder 3 EGV für gerechtfertigt zu erklären oder das Verfahren nach Art. 88 Abs. 2 EGV einzuleiten.[610] Auf die von der Kommission in der Klageerwiderung unterbreitete Möglichkeit einer Rechtfertigung über Art. 86 Abs. 2 EGV geht das Gericht nicht ein, was den Schluß zuläßt, daß es diese Prüfung nach einer sorgfältigen Subsumtion der staatlichen Zuwendung unter Art. 87 EGV für überflüssig erachtet.

dd) Art. 16 EGV

Bei der Stellungnahme zur Protokollnotiz zum öffentlich-rechtlichen Rundfunk wurde bereits auf die durch den Amsterdamer Vertrag eingefügte Vorschrift des Art. 16 EGV verwiesen. Die dort hilfsweise unterstellte Anwendbarkeit der Vorschrift auf den Rundfunk läßt sich nach dem gerade zu Art. 86 Abs. 2 Satz 1 EGV Gesagten nicht länger aufrechterhalten. Es ist nicht anzunehmen, daß trotz wortgleicher Formulierung mit Art. 86 Abs. 2 Satz 1 EGV die „Dienste von allgemeinem *wirtschaftlichem* Interesse" in Art. 16 EGV den Rundfunk doch erfassen sollen. Da die Vorschrift ausdrücklich die Art. 73, 86 und 87 EGV sowie die Zuständigkeitsbefugnisse der Gemeinschaft wie auch der Mitgliedstaaten unbeschadet läßt, ist nicht davon auszugehen, daß in Art. 16 EGV wettbewerbsrechtliche Bereichsausnahmen für öffentliche Unternehmen geschaffen werden sollten. Die Regelung hat nach ihrem Wortlaut und ihrer systematischen Stellung im Ersten Teil des Vertrags, der sich mit den Grundsätzen der Gemeinschaft befaßt, eine klarstellende und keine andere Vertragsvorschriften modifizierende Funktion. Art. 16 EGV kann vor allem eine öffentliche Dienstleistung von besonderem wirtschaftlichem Interesse, die gemäß den Vorschrift der Art. 86 und 87 EGV an den Wettbewerbsvorschriften zu messen ist, nicht dem Anwendungsbereich des Vertrages entziehen. Die Grenze, die hier gezogen wird, beschäftigt sich mit der ordnungsgemäßen Funktionsfähigkeit der Dienste von allgemeinem wirtschaftlichem Interesse auch *nach* Anwendung der Vertragsvorschriften.

c) Zeitlicher Anwendungsbereich

Auch in zeitlicher Hinsicht steht der Anwendbarkeit der beihilferechtlichen Vorschriften nichts im Wege. Aus der Tatsache, daß die öffentlich-rechtlichen Rundfunkgebühren seit Inkrafttreten des EWG-Vertrages im Jahre 1957 bis in die jüngste Zeit von der Kommission nicht unter den Aspekten des Art. 87 ff. EGV als prüfungsrelevant angesehen wurden, kann nicht der Schluß gezogen werden, daß „vorvertragliche" oder ungerügte Beihilfen mit dem europäischen Wettbewerbsrecht vereinbar wären oder daß das zeitliche Moment eine Kontrolle durch die Kommission ausschlösse. Das „jahrzehntelange Schweigen der Kommission" ist auch nicht als prima-facie-Argument

610 EuG, ZUM-RD 1998, S. 477 (478, 481) Rn. 52 u. 90 - RTVE -.

zu berücksichtigen.[611] Keinesfalls kommt der Duldung der Kommission die Wirkung einer quasi-gewohnheitsrechtlichen Anerkennung zu. Der Europäische Gerichtshof hat ausdrücklich entschieden, daß eine bestehende Beihilfe solange durchgeführt werden kann, solange die Kommission nicht ihre Unvereinbarkeit mit dem Gemeinsamen Markt feststellt.[612] Zu bestehenden Beihilfen gehören auch solche, die in den Mitgliedstaaten beim Inkrafttreten des Vertrages zur Gründung der Europäischen Wirtschaftsgemeinschaft bereits bestanden haben, oder solche, die die Kommission in der Vergangenheit als mit dem Gemeinsamen Markt vereinbar erklärt hat.[613] Gemäß Art. 88 Abs. 1 Satz 1 EGV überprüft die Kommission aber fortlaufend in Zusammenarbeit mit den Mitgliedstaaten die in diesen bestehenden Beihilferegelungen. In zeitlicher Hinsicht ist die Kontrolle der Kommission nach hinten unbegrenzt. Eine andere Deutung wäre mit der Durchsetzungsfähigkeit des europäischen Beihilferechts auch nicht zu vereinbaren, da sonst die Mitgliedstaaten versucht sein könnten, die Notifikationspflicht der Beihilfen in der Hoffnung zu umgehen, sie nur deshalb nicht zu notifizieren, um sie später durch das „Gewohnheitsrecht der Nichtbeanstandung" in ihr Recht zu setzen.

2. Die Tatbestandsmerkmale des Art. 87 Abs. 1 EGV

a) Ansicht der Kommission

In der Europäischen Kommission war lange umstritten, ob die Gebührenfinanzierung der öffentlich-rechtlichen Rundfunkanstalten in den Mitgliedstaaten eine Beihilfe im Sinne von Art. 87 Abs. 1 EGV darstellt. In einem Memorandum, welches die Kommission in der Rechtssache *SIC* an die portugiesische Regierung übersandte, wurde die Finanzierung des staatlichen Rundfunks noch schlicht als vereinbar mit Art. 87 EGV erachtet.[614] Auch in einem internen Arbeitspapier der Kommission[615] war diese Sicht

---

611 So aber *Oppermann*, Deutsche Rundfunkgebühren und europäisches Beihilferecht, S. 32.

612 EuGH Slg. 1994, I-877 (909) - Banco Exterior (Banco de Crédito) - unter Hinweis auf EuGH Slg. 1992, I-4145 - Italien/Kommission -; für den Rundfunk vgl. EuG, ZUM-RD 1998, S. 477 (478) - RTVE -.

613 EuGH Slg. 1994, I-877 (909); so auch schon *Rawlinson*, in: Lenz (Hrsg.), EG-Vertrag, Art. 88 Rn. 5 unter Berufung auf den Wortlaut von Art. 88 Abs. 1 EGV („bestehende Beihilferegelungen"); s. auch *Dörr/Cloß*, ZUM 1996, S. 105 (108 f.) für die Anwendung des EG-Beihilferechts auf den öffentlich-rechtlichen Rundfunk in Österreich, das am 1.1.1995 Vollmitglied der Gemeinschaft wurde.

614 SG(96) D/9555 vom 7.11.1996, in dem die Kommission ebenfalls damit argumentiert, daß die Ausgleichszahlungen an RTP nicht die Kosten des öffentlich-rechtlichen Auftrags überstiegen, zitiert aus dem Statement of complaint for violation of the rules on competition set in Arts. 92 and 93 [neu: 97, 88] of the EC-Teaty im Falle SIC vom 17. Juni 1997, S. 2, 6, unveröffentlicht; vgl. auch Klage der SIC, in: ABl. EG Nr. C 142 vom 10.5.1997, S. 21.

615 DG Competition Working Document, Preparing for the information society, v. 9.3.1995, unveröffentlicht, S. 7 Rn. 17.

vertreten worden. Dabei schien die Kommission sogar davon auszugehen, daß eine Beihilfe schon tatbestandlich gar nicht vorliegen könne, wenn die Unterstützung nur dem Ausgleich für zusätzliche Kosten diene, die mit der Erfüllung des öffentlich-rechtlichen Auftrags verbunden seien. Die Kommission scheint sich, wie aus der Entscheidung im Falle „Phoenix“ und „Der Kinderkanal“ sowie den zu treffenden Entscheidungen im Falle der französischen, italienischen und spanischen Veranstaltern ersichtlich, nicht mehr an diese verkürzte Prüfungsfolge zu halten. Sie darf es nach dem Urteil in der Rechtssache SIC auch nicht mehr. In der Entscheidung über die Beschwerde des Verbandes Privater Rundfunk und Telekommunikation gegen die Veranstaltung der beiden öffentlich-rechtlichen Spartenkanäle geht die Kommission davon aus, daß ihre Finanzierung aus Gebührenmitteln den Tatbestand aus Art. 87 Abs. 1 EGV voll erfüllt. In ihrer jüngsten Entscheidung in der Sache „Phoenix“ und „Der Kinderkanal“ hat die Kommission ohne nähere Begründung angenommen, daß die Finanzierung der beiden öffentlich-rechtlichen Kanäle aus staatlichen Geldern in Form von Übertragungen der Einnahmen aus entsprechenden Lizenzgebühren eine Beihilfe im Sinne von Art. 87 Abs. 1 EGV darstelle. Weiter hat sie ausgeführt: „Wird die Gegenleistung für die Verpflichtung, eine Dienstleistung von allgemeinem wirtschaftlichem Interesse zu erbringen, zu Marktbedingungen festgesetzt, d. h. allen interessierten Unternehmen die Möglichkeit gegeben, die Höhe der Gegenleistung anzugeben, die sie für die im Auftrag des Mitgliedstaats zu erbringende Dienstleistung erfordern würden, und wird das mit der Dienstleistung betraute Unternehmen nach objektiven, geeigneten Kriterien ausgewählt, so kann die Kommission annehmen, daß die Gegenleistung keine staatliche Beihilfe an den Dienstleistungserbringer darstellt.“[616] Es müßte also eine Ausschreibung unter allen Rundfunkunternehmen zur Vergabe des öffentlichen Rundfunkauftrags ausgeführt werden, um die Begünstigung unter Berufung auf eine erbrachte Gegenleistung auszuschließen.[617] Von einem geregelten Vergabeverfahren ist die Kommission in ihrer Entscheidung zu „Phoenix“ und dem „Kinderkanal“ aber ersichtlich nicht ausgegangen, weshalb sie für die Gebührenfinanzierung der Spartenkanäle das Vorliegen einer Begünstigung im Sinne von Art. 87 Abs. 1 EGV bejaht hat.

b) Begriff der Beihilfe

Der gemeinschaftsrechtliche Beihilfebegriff hat bislang keine Definition erfahren. Generalanwalt *Lenz* hat dies damit begründet, daß eine vertragliche Definition des Beihilfebegriffs weder möglich noch nützlich wäre, da konkrete Definitionen darauf hinauslaufen könnten, den Begriff der Beihilfe einzuengen. Eine weite Auslegung des Begriffs sei aber geboten, damit Art. 87 EGV sinnvoll dazu beitragen könne, den Wettbewerb innerhalb des Gemeinsamen Marktes vor Verfälschungen zu schützen,

---

616 Unveröffentlichte Entscheidung der Kommission, S. 8.

617 So schon *Engel*, Europarechtliche Grenzen für öffentlich-rechtliche Spartenprogramme, S. 69.

wie es die Zielbestimmung des Art. 3 lit. g) EGV gebiete.[618] Den extensiven Deutungsansatz unterstützen auch die grundlegenden Feststellungen, die der Europäische Gerichtshof 1961 bezüglich der Begriffe Beihilfen und Subventionen in Art. 4 lit. c) EGKSV gemacht hat. Sie sind auf den Beihilfebegriff des EG-Vertrags übertragbar, da das Gericht ausdrücklich an die „herkömmliche und allgemeine Bedeutung dieser Begriffe“ anknüpfte.[619] Ausgehend von Art. 4 lit. c) EGKSV urteilte das Gericht, daß

„eine Subvention eine Geld- oder Sachleistung ist, die einem Unternehmen zu dessen Unterstützung gewährt wird und die außerhalb des Entgelts liegt, welches der Käufer oder Verbraucher für die von dem betroffenen Unternehmen produzierten Güter oder Dienstleistungen entrichtet. In der Beihilfe wird allgemein ein hiermit eng verwandter Vorgang gesehen, der jedoch insofern in stärkerem Maße zweckbetont ist, als Beihilfen speziell als Mittel zur Verfolgung bestimmter Ziele angesehen werden, die in der Regel nicht ohne fremde Hilfe erreicht werden könnten. Der Begriff der Beihilfe ist jedoch weiter als der Begriff der Subvention, denn er umfaßt nicht nur positive Leistungen wie Subventionen selbst, sondern auch Maßnahmen, die in verschiedener Form Belastungen vermindern, welche ein Unternehmen normalerweise zu tragen hat und die somit zwar keine Subvention im engeren Sinne des Wortes darstellen, diesen aber nach Art und Wirkung gleichstehen."[620]

An diesem weiten Begriffsverständnis hat die Rechtsprechung festgehalten. Ausgangspunkt ist auch heute noch der Gedanke, alle staatlichen Interventionen zu erfassen, die in unterschiedlicher Form darin bestehen, daß durch die *Begünstigung* eines Unternehmens der Wettbewerb verfälscht wird, etwa indem Beiträge zur Förderung einer Investition gewährt werden, die die normalerweise von Unternehmen selbst zu tragenden Lasten erleichtern.[621] Mit diesem umfassenden Verständnis des Beihilfebegriffs vergrößert sich auch das Ausmaß der Aufsichtshoheit der Kommission.[622] Dies ist auch sinnvoll, da die vielfältigen rechtstechnischen Ausgestaltungsmöglichkeiten der Beihilfegewährung ein gesteigertes Maß an Kontrolle verlangen. Da es in vielen Fällen staatlicher Interventionen nicht um selektive Investitionszulagen - also Subventionen im klassischen Sinne - geht, hat die Überprüfung der staatlichen Maßnahme am bereits erwähnten Merkmal der Begünstigung anzusetzen, bevor die übrigen Tatbestandsmerkmale des Art. 87 Abs. 1 EGV näher zu analysieren sind. Ausgangspunkt ist die vom Wortlaut des Art. 87 Abs. 1 EGV getragene Annahme, daß die selektive, begünstigende Wirkung für eine Beihilfe typisch ist.

---

618 Schlußanträge von GA *Lenz*, in: EuGH Slg. 1986, S. 2263 (2269) - Belgien/Kommission -.

619 EuGH Slg. 1961, S. 1 (44) - Steenkolenmijnen/Hohe Behörde (Bergmannsprämie) -.

620 EuGH Slg. 1961, S. 1 (3, 42 f.).

621 EuGH Slg. 1980, S. 2671 (2678) - Philip Morris -.

622 *W. Schroeder*, ZIP 1996, S. 2097 (2098).

aa) Begünstigung

Der Begriff der Begünstigung ist weit zu verstehen, weil er die Anwendbarkeit der Beihilfevorschriften bestimmt und diese nicht von der äußeren Form der Beihilfengewährung abhängig gemacht werden darf. Art. 87 Abs. 1 EGV stellt allein auf die Wirkung der Begünstigung ab, nicht auf die Zielsetzung oder die Art ihrer Gewährung.[623] Einseitige Vorteilsnahmen jeglicher Art sind danach zweifelsfrei als Begünstigung einzustufen. Fraglich ist dagegen, ob auch bei solchen Fallkonstellationen noch von einer Begünstigung gesprochen werden kann, in denen der Leistungsempfänger sich darauf beruft, eine Gegenleistung zu erbringen und nur Empfänger eines Entgelts zu sein.[624] So wird von einigen Autoren der deutschen rundfunkrechtlichen Literatur vertreten, daß die Gebührenfinanzierung der öffentlich-rechtlichen Rundfunkanstalten deshalb nicht von den Vorschriften des europäischen Beihilferechts erfaßt werde, weil es an einer einseitigen Begünstigung fehle. Die Gebührenmittel, die von den Rundfunkteilnehmern erhoben werden, stellten vielmehr das Entgelt für die Dienstleistungen im Sinne von Art. 50 EGV dar, die der öffentlich-rechtliche Rundfunk durch die Erfüllung seines verfassungsmäßigen Sendeauftrags - insbesondere der Erfüllung des Grundversorgungsauftrages - erbringe.[625] Demgegenüber hat Generalanwalt *Slynn* in seinen Schlußanträgen in der Rechtssache Deutschland/Kommission dafür plädiert, als Beihilfe jede Art der Unterstützung anzusehen, „die von einem Mitgliedstaat oder mit staatlichen Mitteln gewährt wird, um ein bestimmtes Ziel zu erreichen, auch wenn sie nicht unentgeltlich ist."[626] Der EuGH selbst hat nur vereinzelt[627] und im Falle *Steen-*

---

623 *Götz*, in: Dauses (Hrsg.), Handbuch des EU-Wirtschaftsrechts, H. III 4. b) bb) Rn. 24; *v. Wallenberg*, in: Grabitz/Hilf (Hrsg.), Kommentar zum EWG-Vertrag, Art. 92 [neu: 87] Rn. 6; *Nicolaysen*, Europarecht II, S. 281.

624 So die wohl h. M.: *v. Wallenberg*, in: Grabitz/Hilf (Hrsg.), Kommentar zum EWG-Vertrag, Art. 92 [neu: 87], Rn. 7; *Pieper/Schollmeier*, Europarecht – Ein Casebook, S. 247; *Wenig*, in: Dauses (Hrsg.), Handbuch des EU-Wirtschaftsrechts, K II. 1. b) Rn. 2; ders., in: Groeben/Thiesing/ Ehlermann (Hrsg.), Kommentar zum EU/EG-Vertrag, 4. Auflage 1991, Art. 92 [neu: 87] Rn. 5; *Otten*, ZUM 1997, S. 790 (792), der das Merkmal der fehlenden Gegenleistung – fälschlicherweise - dem Wortlaut (!) des Art. 87 Abs. 1 entnehmen will.

625 *Eberle*, ZUM 1995, S. 763 (766); ders., Die Rundfunkgebühr - Verfassungsrechtlicher Anspruch und gesellschaftspolitische Funktion, S. 15 (25), in: Schriftenreihe des Institut für Rundfunkrecht an der Universität zu Köln, Band 64, München 1996; ders., AfP 1995, S. 559 (562 f.); *Hartstein/ Ring/Kreile/Dörr/Stettner*, Kommentar zum RStV, § 12 Rn. 50; *Dörr/Cloß*, ZUM 1996, S. 105 (110 ff.); *Holzer*, ZUM 1996, S. 274 (276 ff.); *Otten*, ZUM 1997, S. 790 (792 f.); *Betz*, MP 1997, S. 2 (10); *Kruse*, EWS 1996, S. 113 (118 f.); *Oppermann*, Zur Finanzierung der öffentlich-rechtlichen Spartenprogramme „Kinderkanal" (KK) und „Phoenix" (PH) durch Rundfunkgebühren im Lichte des Europäischen Beihilferechts, S. 9; unzutreffend in jedem Fall der Versuch *Oppermanns*, Deutsche Rundfunkgebühren und europäisches Beihilferecht, S. 36 ff., die Angemessenheit der Gegenleistung aus dem gebührenrechtlichen Äquivalenzprinzip herzuleiten, da es sich – wie gezeigt - bei der Rundfunkgebühr keinesfalls um eine Gebühr handelt.

626 Schlußanträge von GA Sir *Gordon Slynn*, in: EuGH Slg. 1984, S. 1492 (1501) – Deutschland/ Kommission -.

kolenmijnen sogar nur bezüglich des engeren Subventionsbegriffs wortwörtlich auf die Unentgeltlichkeit Bezug genommen. Soweit dort vom *Entgelt* gesprochen wird, ist auch zu beachten, daß es in unmittelbarem Zusammenhang mit privatrechtlichen und damit marktüblichen Geschäften steht („[..] welches der *Käufer* oder *Verbraucher* für die von dem betroffenen Unternehmen produzierten Güter oder Dienstleistungen entrichtet"). Mit der Entgeltlichkeit der Leistungsgewährung allein läßt sich die Begünstigung somit nicht verneinen.

aaa) Gegenleistung als Ausschluß der Begünstigung

Die Ansicht, die eine Begünstigung bei Vorliegen einer Gegenleistung verneinen will, muß zumindest den Umfang der Gegenleistung näher beschreiben, da nicht jede Gegenleistung automatisch die begünstigende Wirkung auszuschließen vermag. Eine im Verhältnis zum Wert der staatlichen Zuwendung deutlich niedrigere Gegenleistung beispielsweise könnte einer Maßnahme die begünstigende Wirkung nicht nehmen. Der Anwendungsbereich der Beihilfebestimmungen würde anderenfalls auch über alle Maßen eingeschränkt, da ein Unternehmen, das der Staat begünstigen will, nur irgendeine Form der (Schein)-Bedingung akzeptieren müßte, um sich darauf berufen zu können, eine Gegenleistung erbracht zu haben und somit vom Beihilferecht freigestellt zu werden. Eine völlig disproportionale Gegenleistung führt danach keinesfalls zum Ausschluß der begünstigenden Wirkung. Fraglich bleibt aber, wie das Verhältnis von Leistung und Gegenleistung genau zu bemessen ist, um von einem Begünstigungsausschluß auszugehen.

(1) Angemessenheit der Gegenleistung

Ausgehend vom Maßstab der Proportionalität der Leistungsbeziehung soll die Anwendbarkeit der Beihilfevorschriften schon am Merkmal der Begünstigung scheitern, wenn eine *angemessene* Gegenleistung erbracht wurde, es sei denn, es verbliebe eine Überkompensation.[628] Dafür, daß eine solche tatbestandliche Einschränkung europa-

---

627 *Schweitzer/Hummer*, Europarecht, weisen nur auf EuGH Slg. 1970, S. 487 - Frankreich/Kommission – und EuGH Slg. 1977, S. 595 (613) hin. In EuGH Slg. 1970, S. 487 (494) wird aber nur im Zusammenhang mit dem Merkmal der Wettbewerbsverfälschung von einem zu berücksichtigenden „Ungleichgewicht" zwischen den von den betroffenen Unternehmen zu tragenden Lasten einerseits und den Begünstigungen andererseits gesprochen. Nur in letzterem Urteil verwendet der EuGH - die Frage des vorlegenden Gerichts aufgreifend - den Begriff des „unentgeltlichen Vorteils". In EuGH Slg. 1980, S. 1205 (1219 ff.) – Denkavit - greift der EuGH den von GA *Reischl* (S. 1235) verwendeten Begriff dagegen nicht mehr auf.

628 *Oppermann*, Deutsche Rundfunkgebühren und europäisches Beihilferecht, S. 35; *Holznagel/Vesting*, Sparten- und Zielgruppenprogramme im öffentlich-rechtlichen Rundfunk, insbesondere im Hörfunk, S. 92 ff.; *Hartstein/Kreile/Ring/Dörr/Stettner*, Kommentar zum RStV, § 12 Rn. 50; *Dörr*, NJW 1997, S. 1341 (1342); *Dörr*, Die öffentlich-rechtliche Rundfunkfinanzierung und die Vorgaben des EG-Vertrages, S. 5 (14), in: Rechtliche und ökonomische Fragen der Finanzierung

rechtskonform ist, beruft sich diese Ansicht einzig auf den vom EuGH entschiedenen sog. „Altöl"-Fall[629]. Aus diesem soll sich allgemein entnehmen lassen, daß immer dann keine Minderung von Lasten eintritt, wenn mittels eines Entgelts lediglich Aufwendungen des Empfängers ausgeglichen werden, dieser also eine angemessene Gegenleistung erbringt.

(2) Bedeutung des Urteils des Europäischen Gerichtshofs in der Rechtssache ADBHU

Zutreffend an der Berufung auf die Rechtssache *ADBHU* ist, daß die Richter in ihrer Entscheidung Einlassungen des Generalanwalts[630], des Rats und der Kommission folgten, indem sie urteilten, daß es sich im vorliegenden Fall nicht um Beihilfen, sondern um „die *Gegenleistung* für die von den Abhol- und Beseitigungsunternehmen erbrachten Leistungen" gehandelt habe.[631] Mindestens ebenso bemerkenswert ist jedoch, daß der EuGH den Schlußanträgen von Generalanwalt *Lenz* genau dort nicht gefolgt ist oder zumindest auf sie verwiesen hat, wo dieser vortrug, daß die Zuschüsse die „ungedeckten, tatsächlich festgestellten jährlichen Kosten der Unternehmen unter Berücksichtigung eines angemessenen Gewinns nicht übersteigen" dürften.[632] Damit hat die sicherlich naheliegende Einschränkung des Gegenleistungsmerkmals durch das Kriterium der „Überkompensation" ausdrücklich keinen Eingang in die Rechtsprechung des EuGH gefunden.

Das Kriterium der Gegenleistung taucht überdies - worauf *Engel* mit Recht hinweist[633] – in dieser Entscheidung zum ersten und letzten Mal in der europäischen Rechtsprechung auf. Statt einer Bezugnahme auf diesen Fall beschränkt sich der EuGH vor allem in seiner jüngsten Rechtsprechung darauf, den Beihilfebegriff so zu umreißen, daß darunter „die von den staatlichen Stellen gewährten Vorteile, die in verschiedener Form die Belastungen vermindern, die ein Unternehmen normalerweise zu tragen hat", zu verstehen sind.[634] Dabei hätte es gerade im Fall *FFSA* nahegelegen, das

---

des öffentlich-rechtlichen Rundfunks im Lichte des europäischen Rechts, Schriftenreihe des Instituts für Rundfunkrecht an der Universität zu Köln, Band 73, 1998.

629 EuGH Slg. 1985, S. 531 ff. - ADBHU -; lediglich im Rahmen von Art. 86 Abs. 2 EGV hat der EuGH dagegen betont, daß für den Dispens eines öffentlichen Unternehmens von den Wettbewerbsregeln die wirtschaftlichen Vorteile, wie etwa die zu tragenden Kosten des Unternehmens, zu berücksichtigen sind, vgl. EuGH Slg. 1994, I-1477 (1521) - Almelo -.

630 Schlußanträge von GA *Lenz*, in: EuGH Slg. 1985, S. 531 (536) – ADBHU -.

631 EuGH Slg. 1985, S. 531 (550), Hervorhebung nicht im Original.

632 Vgl. die Schlußanträge von GA *Lenz*, in: EuGH Slg. 1985, S. 531 (536); sowie das Urteil des EuGH, a.a.O., S. 550.

633 *Engel*, Europarechtliche Grenzen für öffentlich-rechtliche Spartenprogramme, S. 20.

634 EuGH Slg. 1998, I-1303 (1316) - FFSA - unter Hinweis auf EuGH Slg. 1996, I-4551 (4578) - Frankreich/Kommission -; EuGH Slg. 1996, I-3547 - SFEI/La Poste -.

Kriterium der Gegenleistung wiederzubeleben. In dem Beschluß ging es um Steuervergünstigungen für öffentliche Postunternehmen, die im Gegenzug mit der Erbringung sog. Universaldienste betraut sind. Die höchstrichterliche Rechtsprechung bemühte sich stattdessen aber, jenen Fall auf der Ebene der Rechtfertigung zu lösen. Einer Verallgemeinerung des Diktums in *ADBHU* scheint neben seiner Einmaligkeit außerdem entgegenzustehen, daß es sich bei dieser Entscheidung um eine Finanzhilfe handelte, die auf der Grundlage einer europäischen Richtlinie ergangen war und somit nach Umsetzung in den Mitgliedstaaten den Gemeinsamen Markt einheitlich als Ganzes erfaßte.

(3) Vergleich der Gebührenfinanzierung mit dem Sachverhalt in der Rechtssache ADBHU

Einer Vergleichbarkeit mit der in allen EU-Mitgliedstaaten unterschiedlichen Finanzierung des öffentlichen Rundfunks[635] und dem Sachverhalt im „Altöl"-Fall sind Grenzen gesetzt. Anders als im Altöl-Fall handelt es sich bei der Finanzierung des öffentlich-rechtlichen Rundfunks nicht um eine Verbraucherabgabe, die beim Kauf auf das Produkt erhoben wird, sondern um eine Abgabe, die für das Bereithalten eines Empfangsgerätes geschuldet wird. Entscheidender Unterschied der Fallkonstellationen ist damit, daß sich im Altöl-Fall der Auftrag, der in der Entsorgung von Altölen bestand, klar umreißen ließ, mithin auch seine Kosten exakt bestimmt werden konnten. Dürfte dies ein Grund dafür gewesen sein, daß der EuGH den Tatbestand des Art. 87 Abs. 1 EGV so früh verneinte, so fehlt es im Falle der Rundfunkfinanzierung schon an dieser Berechenbarkeit. Die Schwierigkeiten, die es bereitet, das zu bestimmen, was zur Funktionserfüllung des öffentlich-rechtlichen Rundfunks erforderlich ist, wurden bereits bei der Besprechung des 7. und 8. Rundfunkurteils des Bundesverfassungsgerichts dargestellt.[636] Auch erscheint es nicht möglich, mittels des Kriteriums der Überkompensation eine Begünstigung zu verneinen, indem auf den Nachweis einer unverhältnismäßigen Gebührenfinanzierung abgestellt wird. Auch hier müßte genau bestimmt werden (u. U. sogar bis hinein in die einzelnen Programme), worin der verhältnismäßige und worin der unverhältnismäßige Teil der Finanzierung lag. Genau wird sich dies – anders als in den Fällen klar umgrenzbarer Universaldienstleistungen - auch erst nach dem Ablauf einer Gebührenperiode sagen lassen, womit aber der für die Notifikation der Beihilfe maßgebliche Zeitpunkt des Augenblicks der Beihilfegewährung verpaßt würde.

Der EuGH merkte in der Altöl-Entscheidung außerdem einschränkend an, daß die an die Unternehmen abzuführende Abgabe für die Entsorgung des Altöls nicht zu Wettbewerbsverzerrungen führen und künstliche Handelsströme schaffen dürfe. Zweifels-

---

[635] Zu den Unterschieden vgl. *Holznagel*, Rundfunkrecht in Europa, 1996; *Sturgess/Aubel/Pistre/Argimon*, Report on public television financing and obligations in the European Union, September 1995 (sog. Putnam-Report).

[636] S. oben B) II. 1., S. 30 ff.

frei wird man dies für den Rundfunkmarkt nicht sagen können. Diejenigen, die eine Übertragung der Grundversorgung auf die privaten Veranstalter für möglich halten, berufen sich letztlich darauf, daß gerade die Finanzierung nur des öffentlichen Rundfunks aus Gebühren künstliche Handelsströme erzeuge. Ohne dieses Privileg könnte in letzter Konsequenz ein zweiter Markt entstehen, auf dem die privaten Rundfunkveranstalter unter Einsparung eigener Kosten, um die attraktiven entgeltfinanzierten Grundversorgungsprogramme konkurrieren.

Ein Nachteilsausgleich oder eine Aufwandsentschädigung allein, wie sie bei der Gebührenfinanzierung bezüglich der Restriktion von Werbespots vertreten werden, vermögen den Tatbestandsausschluß von Art. 87 Abs. 1 EGV somit nicht zu begründen.[637] Dem Altöl-Fall des EuGH ließe sich insoweit auch eine Entscheidung der Kommission entgegenhalten, in welcher schon solche finanziellen Leistungen, mit denen Standortnachteile wie bspw. eine nur unzureichend vorhandene Infrastruktur ausgeglichen werden sollen, als Begünstigungen für die betroffenen Unternehmen eingestuft wurden. Denn dadurch würden die Produktionskosten am betreffenden Standort gesenkt.[638] Ebenfalls fraglich bleibt im Falle einer Verallgemeinerung des Altöl-Judikats, warum der EuGH die Frage der Gegenleistung nicht einmal in Erwägung zog, als die Entlastung der Arbeitgeberbeiträge zur Sozialversicherung bei gleichzeitiger Zusage der Schaffung und Erhaltung von Arbeitsplätzen von ihm als Beihilfe eingestuft wurde.[639] Das Kriterium der Gegenleistung oder Aufwandsentschädigung wird offenbar nicht als brauchbar erachtet, wenn damit bestimmt werden soll, ob eine Begünstigung vorliegt oder nicht. Denn trotz Entschädigung kann ein Vorteil und damit eine Besserstellung verbleiben.

(4) Zusammenfassung

Der Begriff der Gegenleistung ist nicht mit dem Ausgleich von Nachteilen im Zusammenhang mit einer öffentlichen Aufgabenerfüllung gleichzusetzen. Der Nachteilsausgleich schließt nicht den Beihilfetatbestand aus, sondern eröffnet den Bereich der Ausnahmetatbestände innerhalb von Art. 87 EGV.[640] Innerhalb der Ausnahmetatbestände ist dann unter Berücksichtigung der nationalen Besonderheiten der Rundfunkfinanzierung zu sachgerechten Lösungen zu gelangen. Denn nur im Rahmen der Prüfung von Art. 87 Abs. 2 oder 3 EGV läßt sich einschätzen, was als angemessene Gegenlei-

---

637 So auch *Koenig*, EuZW 1995, S. 595 (600); *v. Wallenberg*, in: Randelzhofer/Scholz/Wilke (Hrsg.), GS für Grabitz, S. 867 (872).

638 *V. Wallenberg*, in: Randelzhofer/Scholz/Wilke (Hrsg.), GS für Grabitz, S. 867 (872) mit Hinweis auf die Entscheidung der Kommission (87/98/EWG) vom 29.7.1986, ABl. EG Nr. L 40 vom 10.2.1987, S. 17 (18).

639 EuGH Slg. 1983, S. 2621 (2625) - Kommission/Frankreich -.

640 Für diese systematische Differenzierung ausdrücklich *Koenig*, EuZW 1995, S. 595 (599).

stung verstanden werden kann, wobei auch nur hier die auf Ermessen beruhende Kontrollfunktion der Kommission angemessen berücksichtigt werden kann.

Neben den fallspezifischen Besonderheiten der Altöl-Entscheidung, die eine Übertragung auf die Finanzierung des öffentlich-rechtlichen Rundfunks in Deutschland zumindest fraglich erscheinen lassen, liegt die größte Schwäche der dargestellten Ansicht darin, sich nur auf diesen Fall zu fixieren: Indem aus dem Judikat eine allgemeine Regel zur Umgrenzung des Beihilfebegriffs abgeleitet wird, bleibt die Weiterentwicklung der höchstrichterlichen europäischen Rechtsprechung unberücksichtigt. Mit dem Altöl-Fall alleine kann jedenfalls die im folgenden zu schildernde Theorie der marktrelativen Günstigkeit nicht widerlegt werden.

bbb) Theorie der marktrelativen Günstigkeit

Die mit Hilfe der Theorie der marktrelativen Günstigkeit zu lösende Problematik ist im Schrifttum schon sehr frühzeitig erkannt worden.[641] Ob eine Begünstigung des Leistungsempfängers vorliegt oder nicht, soll nach der Theorie von der marktrelativen Günstigkeit an einem dem Normzweck des Art. 87 Abs. 1 EGV entsprechenden Vergleichsmaßstab zu ermitteln sein.[642] Diesen Maßstab hat *Müller-Graff* zutreffend mit dem Kriterium der „marktrelativen Günstigkeit" herausgearbeitet und dabei allen pauschalierenden Erklärungsversuchen wie etwa dem der angemessenen Gegenleistung oder der schlichten Entgeltlichkeit eine Absage erteilt, da es trotz Anwendung dieser Kriterien keinem Unternehmen verwehrt werden könne, auch aus Geschäftstätigkeiten mit der öffentlichen Hand Einnahmen zu erzielen und seine Kostenlage zu verbessern.[643] Abzustellen ist demnach darauf, ob es dem Leistungsempfänger zum Maßnahmezeitpunkt möglich gewesen wäre, das Empfangene zu gleichen Bedingungen am Markt zu realisieren. Bezugspunkt der Begünstigung ist der Markt.[644]

Der EuGH[645] und weite Teile des Schrifttums[646] sind dem gefolgt. Denn nur von der Marktrelation ausgehend ließen sich in der Folge die Fälle befriedigend lösen, in denen

---

641 *Mestmäcker*, in: Coing/Kronstein/Mestmäcker (Hrsg.), FS für Böhm, S. 345 (387), bezeichnete schon 1965 die Grenzziehung zwischen zulässiger und unzulässiger Finanzierung bei Kapitalzufuhren an öffentliche Unternehmen als die vielleicht schwierigste Frage der Art. 86 Abs. 1 und 87 Abs. 1 EGV; vgl. dazu die Erwägungsgründe der Richtlinie der Kommission vom 25.6.1980 über die Transparenz der finanziellen Beziehungen zwischen den Mitgliedstaaten und den öffentlichen Unternehmen (80/723/EWG), ABl. EG Nr. L 195 vom 29.7.1980, S. 30.

642 *Müller-Graff*, ZHR 152 (1988), S. 403 (418).

643 *Müller-Graff*, ZHR 152 (1988), S. 403 (418); vgl. auch die gruppenspezifische Einordnung von Begünstigungsmaßnahmen bei *Müller-Graff*, in: Baur/Jacobs/Lieb/Müller-Graff (Hrsg.), FS für Vieregge, S. 661 (666 f.); ihm folgend *Selmer/Gersdorf*, Die Finanzierung des Rundfunks in der Bundesrepublik Deutschland auf dem Prüfstand des EG-Beihilferegimes, S. 25.

644 *Dreher*, in: Schön (Hrsg.), GS für Knobbe-Keuk, S. 583 (586).

645 EuGH Slg. 1985, S. 809 - Leeuwarder Papierwarenfabriek -; EuGH Slg. 1986, S. 2263 (2286)

es um die Abgrenzung von legitimem unternehmerischen Engagement der öffentlichen Hand einerseits und unzulässiger Subventionierung andererseits ging. In diesen Konstellationen tritt das generelle Problem der Beihilfevorschriften zu Tage, zwischen unerlaubter Wirtschaftsförderung im engeren Sinne sowie den allgemeinen Maßnahmen der Wirtschaftslenkung, der Infrastruktur oder der Sozial- und Gesellschaftspolitik zu unterscheiden.[647]

Dem Altöl-Judikat ist der Schluß entnommen worden, daß es keine Beihilfe darstellen könne, wenn der durch einen Zuschuß Begünstigte hierdurch erst in die Lage versetzt werde, die ihm auferlegten Aufgaben zu erfüllen.[648] Dabei wird jedoch übersehen, daß auch bei der Vergabe öffentlicher Aufträge eine Begünstigung prinzipiell möglich ist. Ergeht zum Beispiel ein Auftrag nicht an das Unternehmen, welches den günstigsten Preis bietet, so kann dieses ausgewählte Unternehmen einen höheren Gewinn erwirtschaften, oder es wird in die Lage versetzt, eine stärkere Auslastung vorzunehmen, als sie der Markt tatsächlich hergibt. Daß darin eine Begünstigung wie auch eine Wettbewerbsverfälschung zu erblicken sind, dürfte nicht zu bestreiten sein. Würde die Erstattung von Aufwendungen staatlich verordneter Pflichtaufgaben grundsätzlich von der Anwendung des Beihilferegimes freigestellt, würde die Wettbewerbskontrolle, die das Beihilferecht sichern soll, sinnwidrig an einer wichtigen Stelle - nämlich dem öffentlichen Auftragswesen - unterlaufen. Auch in den Fällen, in denen der Staat privaten oder öffentlichen Unternehmen Leistungen gewährt, um diese am Leben zu erhalten, ließe sich andernfalls argumentieren, daß darin keine Beihilfe gesehen werden könne, da es den Unternehmen ohne die Zuwendung eben nicht möglich wäre, ihre Tätigkeit überhaupt oder in der gebührender Weise aufrecht zu erhalten. Solchen Folgerungen ist die europäische Rechtsprechung frühzeitig entgegengetreten. Generalanwalt *Slynn* forderte im Falle der Bereitstellung staatlichen Kapitals für private Unternehmen mit Recht, daß dies zu „normalen Marktbedingungen" und in einem Umfang

---

– Belgien/Kommission (Meura) -; EuGH Slg. 1990, I-307 (309 f., 362) – Frankreich/Kommission -; EuGH Slg. 1991, I-1433 (1476) - ENI/Lanerossi -; EuGH Slg. 1994, I-4103 (4153) – Hylasa -.

646 *Wenig*, in: Groeben/Thiesing/Ehlermann (Hrsg.), Kommentar zum EU/EG-Vertrag, 4. Auflage 1991, Art. 92 [neu: 87] Rn. 5; *Geiger*, EG-Vertrag, 2. Aufl. 1995, Art. 92 Rn. 10; *Selmer/Gersdorf*, Die Finanzierung des Rundfunks in der Bundesrepublik Deutschland auf dem Prüfstand des EG-Beihilferegimes, S. 25 f.; *Götz*, in: Dauses (Hrsg.), Handbuch des EU-Wirtschaftsrechts, H. III 4. b) bb) Rn. 24; *Emmerich*, ebd., H. II 5 e) dd) aaa) Rn. 125; *Kahl*, NVwZ 1996, S. 1082 (1084 f.); *Schmid/Vollmöller*, NJW 1998, S. 716 (719); *Bleckmann*, Öffentlich-rechtliche Spartenprogramme als Bestandteil der Grundversorgung?, 116 f. stellt zu unpräzise auf die „Adäquanz" der Gegenleistung ab.

647 *Wenig*, in: Groeben/Thiesing/Ehlermann (Hrsg.), Kommentar zum EU/EG-Vertrag, 4. Auflage 1991, Art. 92 [neu: 87] Rn. 7.

648 *Oppermann*, Deutsche Rundfunkgebühren und europäisches Beihilferecht, S. 36; ebenso *Otten*, ZUM 1997, S. 790 (793).

geschehen müsse, der auf dem Kapitalmarkt üblich sei.[649] Maßgebend ist für die Begünstigung also das, was am Markt (nicht) zu erzielen gewesen wäre.[650] Für die Qualifizierung staatlichen Kapitaleinsatzes als Begünstigung bedarf es deshalb solcher Kriterien, die die Werthaltigkeit und die Risikointensität des finanziellen Engagements berücksichtigen.

(1) Maßstab des privaten Kapitalgebers

In der diffizilen Frage, in welchen Fällen sich der als Gesellschafter auftretende Staat noch im Rahmen der ihm durch Art. 295 EGV [alt: 222] gewährten Eigentumsordnung bewegt und wann er die Grenze zur unzulässigen Beihilfe überschreitet, haben EuGH und Kommission auf den „market economy"- oder „reasonable investor`s"-Test abgestellt.[651] Gefragt wird dabei, wie sich hypothetisch ein vernünftiger Privateigentümer verhalten hätte, der sich zum Zeitpunkt der Leistungsgewährung (ex-post-Betrachtung) in der fraglichen Situation befand. Das Europäische Gericht erster Instanz hat deutlich gemacht, daß es nicht auf den Zweck der Maßnahme, sondern allein auf wirtschaftliche Gesichtspunkte eines hypothetischen, privaten Kapitalgebers ankomme.[652] Daß der private Investor, dem anglo-amerikanischen Rechtsverständnis folgend „reasonable", also vernünftig handeln müsse[653], muß es nicht ausschließen, auch längerfristige Unternehmenspolitiken, wie sie für die öffentliche Hand typisch und auch in der Privatwirtschaft nicht unüblich sind, in den Vergleich miteinzubeziehen. An der Aus-

---

649 Schlußanträge von GA Sir *Gordon Slynn*, in: EuGH Slg. 1984, S. 1451 (1501) – Deutschland/ Kommission -; GA *Darmon*, in: EuGH Slg. 1987, S. 901 (913) mißt den „Besonderheiten des Marktes, auf dem die Beihilfegewährung erfolgt ist, [..] ausschlaggebende Bedeutung für die Entscheidung eines Rechtsstreits zu", was der EuGH auch berücksichtigte, indem er sehr stark auf die tatsächlichen Gegebenheiten des Falls abstellte.

650 *Magiera*, in: Hailbronner/Klein/Magiera/Müller-Graff (Hrsg.), Handkommentar zum Vertrag über die Europäische Union (EUV/EGV), Art. 92 [neu: 87] Rn. 20, der auch den Gewinnverzicht durch den Staat hierunter faßt.

651 EuGH Slg. 1985, S. 809 - Leeuwarder Papierwarenfabriek -; EuGH Slg. 1986, S. 2263 (2286) – Belgien/Kommission (Meura) -; EuGH Slg. 1990, I-307 (309 f., 362) – Frankreich/Kommission -; EuGH Slg. 1991, I-1433 (1476) - ENI/Lanerossi -; EuGH Slg. 1994, I-4103 (4153) – Hylasa -; hinsichtlich der umfänglichen Entscheidungen der Europäischen Kommission, zustimmend die Mitteilung der Kommission über die Anwendung der Art. 92 und 93 [neu: 87 und 88] EWG-Vertrag und des Art. 5 der Kommissionsrichtlinie 80/723/ EWG über öffentliche Unternehmen in der verarbeitenden Industrie, ABl. EG Nr. C 307 v. 13.11.1993, S. 3 (7 f.) mit Hinweisen auf weitere Entscheidungen auf S. 6; XXIV. Bericht über die Wettbewerbspolitik 1994, Ziff. 344 ff.; sowie *Dreher*, in: Schön (Hrsg.), GS für Knobbe-Keuk, S. 583 (588); *Hakenberg/Tremmel*, EWS 1997, S. 217 (218 f.); für die Anwendbarkeit des Tests auf Staatsbürgschaften *Habersack*, ZHR 159 (1995), S. 663 (685).

652 EuG Slg. 1996, II-2109 (2133) - Air France/Kommission -; im übrigen nehmen auch *Deckert/ Schroeder*, EuR 1998, S. 291 (295 ff., 308) an, daß sich das von der Kommission verwendete Kriterium der marktwirtschaftlichen Üblichkeit und das vom EuG(H) benutzte Prinzip der ebenfalls am Markt orientierten Vernünftigkeit im Ergebnis nicht unterscheiden.

653 Schlußanträge von GA *Gerven*, in: EuGH Slg. 1991, I-1603 (1616, 1626) - Alfa Romeo -.

richtung auf die Marktgesetzlichkeiten ändert sich dadurch aber ebensowenig etwas wie durch die Tatsache, daß auch private Investoren nicht unfehlbar sind.[654] Die Idealisierung des privaten Investors kann letztlich nichts anderes bedeuten als eine Orientierung anhand allgemein anerkannter Plausibilitätsgesichtspunkte unter Anerkennung eines großen Entscheidungsspielraums.[655] Im Zusammenspiel mit dem in Art. 86 Abs. 1 EGV verankerten Grundsatz der Gleichbehandlung von öffentlichen und privaten Unternehmen läßt sich daraus folgern, daß nur Mittel, die der Staat einem Unternehmen direkt oder indirekt unter normalen Marktbedingungen zur Verfügung stellt, nicht als staatliche Beihilfen anzusehen sind. Wollte man weiterhin mit dem Kriterium der Gegenleistung arbeiten, so ließe sich im reasonable investor`s-Test auch eine Präzisierung des Angemessenheitsmaßstabs sehen. Angemessen ist dann das, was der private Kapitalgeber gemäß den Marktgesetzlichkeiten dafür hält.

Überträgt man diese in ständiger Rechtsprechung erfolgende Judikatur[656] im Gegensatz zur Ausnahmeentscheidung des Altöl-Falls auf die Gebührenfinanzierung der öffentlich-rechtlichen Rundfunkanstalten, so folgt daraus, daß es nicht wirtschaftliche, sondern Zweckmäßigkeitserwägungen sind, die den Staat zur Gebührenfinanzierung veranlassen.[657] Die hypothetische Frage, ob die vorgenommene Finanzierung auch von einem privaten Investor vorgenommen werden würde, fällt beim öffentlich-rechtlichen Rundfunk negativ aus. Die Einordnung des öffentlich-rechtlichen Rundfunks als meritorisches Gut und die damit verbunden staatspolitischen Gründe für die Gebührenfinanzierung[658] entsprechen dem Kalkül eines auf wirtschaftlichen Profit bedachten Investors gerade nicht. Die charakteristische Eigenschaft sog. meritorischer Güter besteht aber genau darin, daß es der Staat und nicht der Markt ist, der ihre Bereitstellung aus gesellschaftspolitischen oder sozialen Gründen für erforderlich erachtet. Das Fehlen eines investitionsbereiten privaten Kapitalgebers ist also charakteristisch für ein meritorisches Gut. Dann aber sind es Zweckmäßigkeitserwägungen und

---

654 So wohl auch *Schroeder*, ZHR 161 (1997), S. 805 (819), der besonderen Wert darauf legt, die Vielschichtigkeit des staatlichen Handelns zu berücksichtigen, wobei systematisch der richtige Ort dafür das Ermessen der Kommission in Art. 87 Abs. 3 EGV sein dürfte, a.a.O., S. 844 f.; vgl. auch *Pape*, Staatliche Kapitalbeteiligungen an Unternehmen und das Beihilfeverbot gem. Art. 92 EGV [neu: 87], S. 41 ff.

655 Vgl. Mitteilung der Kommission, ABl. EG Nr. C 307 v. 13.11.1993, S. 3 (10), sowie die Entscheidung der Kommission v. 1.10.1997 (98/183/EG) - Thomson multimedia -, ABl. EG Nr. L 67 v. 7.3.1998, S. 31 (39), wo ein unabhängiger Berater zur Beurteilung der Umstrukturierungsmaßnahme herangezogen wurde.

656 EuGH Slg. 1985, S. 809 - Leeuwarder Papierwarenfabriek -; EuGH Slg. 1986, S. 2263 (2286) – Belgien/Kommission (Meura) -; EuGH Slg. 1990, I-307 (309 f., 362) – Frankreich/Kommission -; EuGH Slg. 1991, I-1433 (1476) - ENI/Lanerossi -; EuGH Slg. 1994, I-4103 (4153) – Hylasa -.

657 Zweifel an der Übertragbarkeit auf den kulturellen Sektor hat nur *Slot*, State aids in the cultural sector, S. 15.

658 Vgl. dazu oben B) III. 1. c), S. 63.

eben nicht wirtschaftliche Notwendigkeiten, die zur einseitigen Gebührenfinanzierung nötigen.

Das Argument, daß die öffentlich-rechtlichen Rundfunkanstalten mit dem Grundversorgungsauftrag betraut und die Gebühren insofern nur Nachteilsausgleich sind, vermag an der Einseitigkeit der Begünstigung nichts zu ändern.[659] Dagegen läßt sich nämlich argumentieren, daß schon die Beauftragung selbst, die die Finanzierung nach sich zieht, eine Begünstigung darstellt. Abzustellen ist nämlich nicht auf die (soziale, kulturelle) Notwendigkeit der Grundversorgung, sondern auf den Markt, auf dem werbefinanzierte private Anbieter mit den mischfinanzierten öffentlich-rechtlichen Rundfunkanstalten konkurrieren. Und dort stellt eine gesicherte, von wettbewerblichen Zwängen befreite Finanzierung - egal zu welchem Zweck - a priori eine Begünstigung und damit auch eine mögliche Wettbewerbsverfälschung dar, selbst wenn das öffentliche Unternehmen nicht die Erzielung von Gewinnen anstrebt.

(2) Vergleich: Anstaltslast und Gewährträgerhaftung

Die Notwendigkeit, das Kriterium der angemessenen Gegenleistung durch den „reasonable-investor`s“ bzw. „market-economy“-Test zu ersetzen oder zumindest durch diesen zu ergänzen, wird durch den Vergleich mit den Fällen der sog. Anstaltslast und Gewährträgerhaftung für öffentliche Kreditinstitute gestützt. Hier wie auch bei den öffentlich-rechtlichen Rundfunkanstalten findet eine Begünstigung durch die Anstaltslast und Gewährträgerhaftung statt, die sich ebenfalls nur mit Hilfe der Theorie der marktrelativen Günstigkeit ausreichend nachweisen läßt.

Es ist anerkannt, daß die gesetzlichen Zusagen eines unbegrenzten Verlustausgleichs im Innenverhältnis von Körperschaft und staatlichem Träger (Anstaltslast) sowie die gesetzliche Übernahme einer öffentlich-rechtlichen Ausfallgarantie im Außenverhältnis gegenüber den Gläubigern (Gewährträgerhaftung) den Wettbewerb zwischen den Banken beeinflußt. Streitig ist jedoch in diesen Fällen, ob dem Haftungskapital des Staates ausreichende Renditemöglichkeiten gegenüber stehen.[660] Von der Antwort auf diese Frage hängt ab, ob der reasonable-investor`s-Test erfüllt würde und eine Begünstigung anzunehmen ist. Hinsichtlich der Finanzierung des öffentlich-rechtlichen Rundfunks kann es einen solchen Streit dagegen überhaupt nicht geben, da von einem privaten Kapitalgeber nicht zu erwarten wäre, daß er diese, nicht auf Gewinnorientierung gerichtete Institution, vom Insolvenzrisiko freistellte. Vor dem Hintergrund, daß

---

659 Sachfremd auch die Kritik von *Oppermann*, Zur Finanzierung der öffentlich-rechtlichen Spartenprogramme „Kinderkanal“ (KK) und „Phoenix“ (PH) durch Rundfunkgebühren im Lichte des Europäischen Beihilferechts, S. 11, 15, der die Theorie der „marktbezogenen Gegenleistung“ und die Lehre von den meritorischen Gütern als „ultraliberale Wirtschaftstheorie“ bezeichnet.

660 Verneinend *Koenig*, EuZW 1995, S. 595 (599 f.); a. A. *Schroeder*, ZHR 161 (1997), S. 805 (827 f.); *Schneider/Busch*, EuZW 1995, S. 602 (606).

der Staat aber auch beim öffentlichen Rundfunk wegen der Finanzgewährleistungspflicht[661] dazu aufgerufen ist, die Anstalten vor einem Konkurs zu bewahren[662], ist die Gewährträgerhaftung auch nicht nur abstrakte Möglichkeit einer Begünstigung.[663] Wenn die öffentliche Hand im Verhältnis zur Anstalt und zu Dritten nämlich gesetzlich für Kredite haften muß, die bspw. zum Erwerb von Sportsenderechten aufgenommen werden - wie es das ZDF in Erwägung gezogen hat[664] -, so stellt dies durchaus eine konkrete Form der Begünstigung dar. Die grenzenlose Bonität der öffentlich-rechtlichen Anstalten könnte dazu führen, daß mit Krediten, die von privater Seite generell und wohl auch nicht zu den gleichen Tilgungsbedingungen zu realisieren wären, Konkurrenten überboten und Rechte zu nicht marktüblichen Preisen erworben werden könnten. Würde nur auf die „Angemessenheit" einer Gegenleistung und damit auf die Erbringung der Grundversorgung abgestellt werden, klammerte man diese wirtschaftlichen Zusammenhänge aus. Es ist aber nicht ersichtlich, warum der kulturelle Auftrag bei der Rundfunkfinanzierung schon tatbestandlich als Gegenleistung angeführt werden soll, wenn beispielsweise im Falle der Gewährträgerhaftung bei Landesbanken und Sparkassen ebenfalls nur unter Marktgesichtspunkten auf den regional-, kommunal- oder sparkassenwirtschaftlichen Förderungsauftrag abgestellt wird. Nur die Anwendung ökonomischer Rationalitätserwägungen führt auf der Ebene von Art. 87 Abs. 1 EGV also dazu, die begünstigende Wirkung einer staatlichen Maßnahme hervorzuheben, weil nur dadurch die Angemessenheit einer Gegenleistung an der für die Anwendung des Beihilferechts ausschlaggebenden ökonomischen Chancengleichheit orientiert wird.

bb) Ergebnis

Im Ergebnis ist das Tatbestandsmerkmal der Begünstigung durch die Gewährung der Rundfunkgebühren zu bejahen. Die Gegenansicht, die eine Tatbestandsmäßigkeit mit Hinweis auf die „angemessene" Gegenleistung in Gestalt der Grundversorgung durch die öffentlich-rechtlichen Rundfunkanstalten bestreitet, berücksichtigt nicht die neuste europäische Rechtsprechung, derzufolge die Angemessenheit unter wirtschaftlichen Gesichtspunkten ermittelt werden muß. Der wirtschaftliche Wert des Funktionsauftrags der öffentlich-rechtlichen Rundfunkanstalten erweist sich aber entweder als völ-

---

661 *Bethge*, DÖV 1988, S. 97 (102) spricht sogar davon, daß der Funktionsgewährleistungsanspruch als Aktivposten in der Bilanz der Rundfunkanstalt nutzbar gemacht werden kann; *Ricker/Schiwy*, Rundfunkverfassungsrecht, S. 202 Rn. 75 unter Hinweis auf § 32 ZDF-StV, § 1 Abs. 1 Satz 3 WDR-G, § 1 Abs. 3 NDR-StV.

662 BVerfGE 89, 144 (153) hält ein Konkursverfahren nicht mit der durch Art. 5 Abs. 1 Satz 2 GG geprägten Rechtsstellung der öffentlich-rechtlichen Rundfunkanstalten für vereinbar.

663 S. auch *Schmid/Vollmöller*, NJW 1998, S. 716 (719).

664 epd medien Nr. 51 vom 4. Juli 1998, S. 7 f. und epd medien Nr. 53 vom 11. Juli 1998, S. 21 f., wonach Verwaltungs- und Fernsehrat des Senders einen Kreditrahmen bis zu 290 Millionen Mark gebilligt haben.

lig unverhältnismäßig – wie im Falle der Gewährträgerhaftung – oder aber er läßt sich gar nicht hinreichend genau ermitteln. Eine wirtschaftlich begünstigende Wirkung ist den Rundfunkgebühren wie auch der Anstaltslast und Gewährträgerhaftung daher nicht abzusprechen.

c) Unternehmen

Art. 87 Abs. 1 EGV sieht vor, daß die Beihilfe einem bestimmten Unternehmen oder Produktionszweig gewährt werden muß. Im Rahmen der Beihilfeaufsicht kommt es zur Bestimmung des Unternehmensbegriffs allein auf die europarechtliche Auslegung an.[665] Das Europarecht versteht unter einem Unternehmen „eine einheitliche, einem selbständigen Rechtssubjekt zugeordnete Zusammenfassung personeller, materieller und immaterieller" Faktoren, „mit welcher auf Dauer ein bestimmter wirtschaftlicher Zweck verfolgt wird"[666], unabhängig von der Rechtsform und der Art der Finanzierung.[667] Auch nach dem Europarecht muß ein Unternehmen nicht auf Gewinn ausgerichtet sein.[668] Entscheidend ist die Verfolgung eines bestimmten wirtschaftlichen Zwecks, also eine erwerbswirtschaftliche Tätigkeit, wobei es ausreichend ist, daß die wirtschaftlichen Ziele nicht ganz in den Hintergrund treten.[669] Wie bereits bei der Frage nach der Einordnung der Rundfunktätigkeit als Dienstleistung im Sinne von Art. 49 ff. EGV gezeigt worden ist, hat der Europäische Gerichtshof auch die Rundfunkanstalten frühzeitig als wenigstens teilweise wirtschaftlich agierende Unternehmen im Sinne des Kartellrechts eingestuft.[670] Für das Beihilferecht kann nichts anderes gelten.[671] Auch wenn der Schwerpunkt der Tätigkeit öffentlich-rechtlicher Rundfunkanstalten auf kulturellem bzw. gesellschaftspolitischem Gebiet liegt, so schließt dies die Einordnung der Anstalten als Unternehmen doch nicht aus, da sie zumindest teilweise wirtschaftliche Leistungen, wie etwa die Ausstrahlung von Werbesendungen und

---

665 Vgl. statt aller *Burgi*, EuR 1997, S. 261 (264 f.).

666 Vgl. EuGH Slg. 1962, S. 716 (750) - Mannesmann/Hohe Behörde - zu Art. 80 EGKSV.

667 EuGH Slg. 1991, I-1979 (2016) - Höfner und Elser -; EuGH Slg. 1993, I-637 (664 ff.) – Cancava (Poucet und Pistre) -; EuGH Slg. 1995, I-4013 (4028) - Fédération française des sociétés d'assurance u. a. -.

668 EuGH Slg. 1980, S. 3125 (3250) - van Landwyk/Kommission -; offengelassen in: EuGH Slg. 1994, I-43 (60 ff.) - SAT Fluggesellschaft (Eurocontrol) -; *Schröter*, in: Groeben/Thiesing/Ehlermann (Hrsg.), Kommentar zum EG-/EU-Vertrag, 5. Auflage 1999, Vorb. zu den Artikeln 85 bis 89 [neu: 81-85] Rn. 22; *Engel*, Europarechtliche Grenzen für öffentlich-rechtliche Spartenprogramme, S. 28; so auch *Ress*, in: Randelzhofer/Scholz/Wilke (Hrsg.), GS für Grabitz, S. 595 (615).

669 *Emmerich*, in: Dauses (Hrsg.), Handbuch des EU-Wirtschaftsrechts, H. II 6. c) bb) Rn. 98.

670 EuGH Slg. 1974, S. 409 (430) - Sacchi -; EuGH Slg. 1985, S. 1105 (1124 f.) - CICCE -; EuGH Slg. 1991, I-2925 (2962) - ERT -; vgl. oben C) I. 2., S. 92 ff.

671 Vgl. statt aller *v. Wallenberg*, in: Grabitz/Hilf (Hrsg.), Kommentar zum EWG-Vertrag, Art. 92 [neu: 87] Rn. 20; *Ress*, Kultur und Europäischer Binnenmarkt, S. 132.

Sponsoringbeiträgen, den Ankauf von Produktionen oder die Beschaffung von Sendetechnik, erbringen.[672]

Daß das Wettbewerbsrecht auch im Hinblick auf öffentlich-rechtlich strukturierte Unternehmen keine eingeschränkte Anwendbarkeit gebietet, belegt die Zielsetzung der unterschiedslosen Anwendbarkeit der wettbewerbsrechtlichen Bestimmungen auf öffentlich-rechtliche und private Unternehmen gemäß Art. 86 Abs. 1 EGV.[673] Die noch von der Bundesregierung vertretene Auffassung in der Rechtssache *Sacchi*, daß es sich bei den öffentlich-rechtlichen Rundfunkanstalten deshalb nicht um Unternehmen handle, „weil sie eine Aufgabe der öffentlichen Verwaltung ausübten"[674] läßt sich damit auch nach dem Unternehmensbegriff des GWB nicht mehr vertreten.[675] Art. 87 EGV ist daher auf die öffentlich-rechtlichen Rundfunkanstalten anwendbar.

d) Selektivität

Art. 87 Abs. 1 EGV verlangt die Begünstigung „bestimmter" Unternehmen und Produktionszweige. Die Beihilfen müssen also selektive Wirkung entfalten, was im Hinblick auf die Verfälschung des Wettbewerbs auch notwendigerweise der Fall sein muß. Die Selektivität der Gebührenfinanzierung der öffentlich-rechtlichen Rundfunkanstalten liegt in der Einseitigkeit der Gebührenerhebung und -verteilung allein zu ihren Gunsten. § 43 Satz 2 RStV schließt eine Finanzierung privater Veranstalter aus der Rundfunkgebühr ausdrücklich aus. Unbeachtlich ist an dieser Stelle, daß mit der Gebührenfinanzierung ein spezieller Auftrag verbunden ist und daß den privaten Veranstaltern in Form von werberechtlichen Bevorzugungen ein ebenfalls ausschließlicher Vorteil zufließt, weil dies allenfalls rechtfertigende Einwendungen sind, die an der einseitig begünstigenden Ausrichtung und Wirkung der Maßnahme nichts ändern.

---

672 So auch *Emmerich/Steiner*, Möglichkeiten und Grenzen der wirtschaftlichen Betätigung der öffentlich-rechtlichen Rundfunkanstalten, S. 133 f.; *Roth*, AfP 1989, S. 515 (517); *Oppermann*, Deutsche Rundfunkgebühren und Europäisches Beihilferecht, S. 51.

673 Ständige Rechtsprechung vgl. EuGH Slg. 1974, S. 409 (431) – Sacchi -; EuGH Slg. 1977, S. 595 (611) – Steinike und Weinlig -; EuGH Slg. 1994, I-877 (907) - Banco Exterior -; sowie *Müller-Graff*, in: Baur/Jacobs/Lieb/Müller-Graff (Hrsg.), FS für Vieregge, S. 661 (664); *Badura*, ZGR 1997 (26), S. 291 (298 f.); *Emmerich*, in: Dauses (Hrsg.), Handbuch des EU-Wirtschaftsrechts, H. II 6. b) cc) Rn. 96.

674 Stellungnahme der Bundesregierung, in: EuGH Slg. 1974, S. 409 (418 f.).

675 *Emmerich*, in: Immenga/Mestmäcker, GWB, § 98 Rn. 58 a; *Selmer*, Bestands- und Entwicklungsgarantien für den öffentlich-rechtlichen Rundfunk in einer dualen Rundfunkordnung, S. 36, 39; *Bechtold*, GWB, § 98 Rn. 4, der mit Recht einschränkt, daß Ausnahmen von der Anwendbarkeit des GWB dann gegeben sein sollen, wenn die Anwendung des GWB die Wahrnehmung der Grundaufgaben der öffentlich-rechtlichen Rundfunkanstalten gefährden würde; so auch *Emmerich*, a. a. O., Rn. 58.

e) Zurechnung zum Staat

aa) Ausschluß privater und gemeinschaftsrechtlicher Begünstigungen

Art. 87 Abs. 1 EGV untersagt die Gewährung „staatlicher oder aus staatlichen Mitteln gewährter Beihilfen gleich welcher Art". Mit dieser Zurechnung zum Staat werden zum einen Unterstützungsmaßnahmen der Gemeinschaft aber auch Maßnahmen von Privaten untereinander vom Anwendungsbereich der Vorschrift ausgenommen.[676] Denn nur die Wettbewerbsverfälschung durch einseitige mitgliedstaatliche Maßnahmen sollen dem Regelungszweck des Art. 87 ff. EGV folgend verhindert werden. Innerhalb eines föderalen Staates wie der Bundesrepublik Deutschland gilt das Beihilfeverbot dabei auch für die Bundesländer oder die kommunalen Gebietskörperschaften, da sich der Bund deren Verhalten als Mitglied der Europäischen Union zurechnen lassen muß.[677] Die durch den Rundfunk- sowie Rundfunkgebührenstaatsvertrag der Länder angeordnete Pflicht zur Zahlung der Rundfunkgebühren stellt bei Anwendung dieser Differenzierungkriterien eine staatliche Maßnahme dar. Auch die Höhe der Gebühr wird durch staatsvertragliche Regelung festgelegt und beträgt gemäß § 8 RFinStV 28,25 DM pro Monat. Diese Rechtsakte und der damit verbundene staatliche Zwang zur Gebührenzahlung schließen es aus, von einer rein privaten Finanzierung auszugehen. Selbst die Tatsache, daß mit der Überprüfung der anstaltlichen Bedarfsanmeldung durch die KEF ein bewußt staatsfernes Verfahren zur Ermittlung der Gebührenhöhe geschaffen worden ist, hat nichts daran geändert, daß letztlich für jede Änderung der Gebührenhöhe die Zustimmung der Länderparlamente erforderlich ist, also die Einflußnahme des Staates gegeben und er als der ursprüngliche Ausgangspunkt der begünstigenden Maßnahme identifiziert ist.[678]

bb) Staatliche Zurechenbarkeit auch parafiskalischer Abgaben

Der Anknüpfung allein an staatliche Rechtsetzungstätigkeit und -gewalt zur Bestimmung des Merkmals der staatlichen Zurechenbarkeit ist entgegnet worden, daß dies die staatsferne Organisation der Sendeanstalten unzureichend berücksichtige. Stattdessen sei die Gebührenfinanzierung den Gebührenzahlern zuzurechnen.[679]

---

676 EuGH Slg. 1982, S. 3583 (3602 f.) - Norddeutsches Vieh- und Fleischkontor -.

677 EuGH Slg. 1987, S. 4013 (4041) - Deutschland/Kommission (Borken-Bocholt) -; *Wenig*, in: Groeben/Thiesing/Ehlermann (Hrsg.), Kommentar zum EU/EG-Vertrag, 4. Auflage 1991, Art. 92 [neu: 87] Rn. 8; *Götz*, in: Dauses (Hrsg.), Handbuch des EU-Wirtschaftsrechts; H. III 3. b) Rn. 22; heute unstr. vgl. *Mederer*, in: Groeben/Thiesing/Ehlermann (Hrsg.), Kommentar zum EG-/EU-Vertrag, 5. Auflage 1999, Art. 92 [neu: 87] Rn. 13.

678 Zum Merkmal der „Einflußnahme des Staates", vgl. *v. Wallenberg*, in: Grabitz/Hilf (Hrsg.), Kommentar zum EWG-Vertrag, Art. 92 [neu: 87] Rn. 17 m.w.N.

679 So *Eberle*, AfP 1995, S. 559 (563); *Hoffmann-Riem*, Öffentliches Wirtschaftsrecht der Kommunikation und der Medien, in: R. Schmidt (Hrsg.), Öffentliches Wirtschaftsrecht, BT 1, 1995,

Für die Zurechenbarkeit einer Maßnahme zum Staat spricht im Falle der in Anspruch genommenen Rechtsetzungsbefugnis jedoch, daß der Rechtsanwendungsbefehl nicht nur Anknüpfungs-, sondern Ausgangspunkt für die Gebührenerhebung ist. Das zum Ausschluß privater und gemeinschaftsrechtlicher Beihilfen gedachte Merkmal der staatlichen Zurechenbarkeit bedeutet für mitgliedstaatliche Maßnahmen, daß sie entweder dem Staat oder dem Bürger zuzurechnen sind. Für die Zurechnung der Rundfunkgebühren kann aber nicht bei der staatsfernen Ausgestaltung des Gebührenfeststellungsverfahrens oder dem Zahlungsvorgang durch den Bürger stehen geblieben werden, sondern muß der ursprüngliche Grund in der Kausalkette berücksichtigt werden, i. e. der staatlich verordnete Gebührenzwang, ohne den es überhaupt nicht zur Erhebung der Gebühren käme.

Für eine staatliche Zurechenbarkeit der Gebührenfinanzierung über die Berücksichtigung ihres Erhebungsgrundes spricht weiter, daß der Europäische Gerichtshof grundsätzlich auch die Fälle sog. parafiskalischer Abgaben den Mitgliedstaaten zurechnet.[680] Bei diesen Maßnahmen handelt es sich um Sonder- oder Zwangsabgaben, die von einer bestimmten Bevölkerungsgruppe erhoben und anschließend an Dritte weitergeführt werden. Die Gebührenzahler stellen eine homogene und durch das gemeinsame Interesse der Rundfunknutzung zusammengehörige Gruppe dar, die sich trotz ihrer großen Zahl auch von der Allgemeinheit abgrenzen läßt. Abgrenzungskriterium ist das Bereithalten des Rundfunkgeräts. Als Dritte sind die Rundfunkanstalten, bzw. die Landesmedienanstalten anzusehen, so daß die Rundfunkgebühren insoweit als parafiskalische Abgaben angesehen werden können.

cc) Belastung des Staatshaushalts

Der Europäische Gerichtshof hat das Tatbestandsmerkmal der staatlichen Zurechenbarkeit in seiner neueren Rechtsprechung enger gefaßt. Als Kehrseite der Begünstigung hat der Europäische Gerichtshof Art. 87 Abs. 1 EGV das ungeschriebene Merkmal der „Belastung des Staatshaushalts“ hinzugefügt.[681] Wie zu zeigen sein wird, wurde damit auch der Zweck des Tatbestandsmerkmals, private und gemeinschaftsrechtliche Beihilfen von Art. 87 Abs. 1 EGV auszunehmen, um einen Gesichtspunkt erweitert.

S. 563 (601 f.); zweifelnd auch *Oppermann*, Deutsche Rundfunkgebühren und europäisches Beihilferecht, S. 46 f.

680 EuGH Slg. 1982, S. 3583 (3602) – Norddeutsches Vieh- und Fleischkontor -; EuGH Slg. 1987, S. 4013 (4041) - Deutschland/Kommission-; EuGH Slg. 1992, I-3899 (3926) – Sanders Adour und Guyomarc'h Orthez -.

681 EuGH Slg. 1993, I-887 (934) – Sloman Neptun -; EuGH Slg. 1993, I-6185 (6201) – Kirsammer Hack –; EuGH Slg. 1998, I-2629 (2641) – Viscido/Ente Poste Italiane -; a. A. noch EuGH Slg. 1985, S. 439 (449) – Kommission/Frankreich -.

aaa) Rechtsprechung

In expliziter Abkehr von den Ausführungen des Generalanwalts *Darmon* will der EuGH das Tatbestandsmerkmal „staatlich oder aus staatlichen Mitteln“ nicht allein verwenden, um zu bestimmen, welche Instanz die Maßnahme letztlich erlassen hat.[682] Diese einfache kausale Rückführung reicht dem Gerichtshof nicht länger aus. Die aus dem Wortlaut in Art. 87 Abs. 1 EGV sich ergebende Unterscheidung zwischen „staatlichen“ oder „aus staatlichen Mitteln“ gewährten Beihilfen deutet das Gericht in nunmehr ständiger Rechtsprechung[683] gerade nicht so, daß alle von einem Staat gewährten Vorteile unabhängig davon Beihilfen darstellen, ob sie aus staatlichen Mitteln finanziert werden oder nicht. Die Unterscheidung zwischen staatlichen und aus staatlichen Mitteln gewährten Beihilfen diene vielmehr dem Zweck, in den Beihilfebegriff jene Maßnahmen einzubeziehen, die durch vom Staat benannte oder errichtete öffentliche oder private Einrichtungen gewährt und finanziert werden.[684] Einen darüber hinausgehenden Anwendungsbereich vermag die offenere Formulierung „aus staatlichen Mitteln“ dagegen nicht zu eröffnen.[685]

bbb) Grund für die einschränkende Auslegung

Der Grund für die einschränkende Auslegung der staatlichen Zurechenbarkeit durch den EuGH liegt darin, daß allein mit seiner Hilfe nicht die Fälle aus dem Anwendungsbereich der Beihilfevorschriften herausgehalten werden können, die nur wirtschaftspolitische Handlungen des Mitgliedstaates allgemeiner Art darstellen. Stellte der EuGH auch hier weiter nur auf die begünstigende Wirkung der Maßnahme und ihren irgendwie gearteten staatlichen Zurechnungszusammenhang ab, so unterfielen letztlich alle wirtschaftslenkenden Maßnahmen der Mitgliedstaaten der Beihilfeaufsicht. In den von der höchstrichterlichen europäischen Rechtsprechung zu diesem Tatbestandsmerkmal entschiedenen Fällen, in denen es darum ging, Kleinunternehmen von den Kündigungsschutzvorschriften zu befreien oder für bestimmte Arbeiter andere Vergütungsbedingungen zuzulassen, wurde die Gewährung eines einseitigen Vorteils deshalb nicht moniert, um es dem betreffenden Mitgliedstaat nicht zu verbieten, die

---

682 So aber GA *Darmon*, in: EuGH Slg. 1993, I- 6185 (6201) - Kirsammer-Hack - und EuGH Slg. 1993, I-887 (912) - Sloman Neptun -.

683 EuGH Slg. 1993, I- 6185 ff. - Kirsammer Hack -; EuGH Slg. 1993, I-887 ff. - Sloman Neptun -; EuGH Slg. 1998, I-2629 ff. - Viscido/Ente Poste Italiane -.

684 EuGH Slg. 1993, I- 6185 (6220) - Kirsammer Hack -; EuGH Slg. 1993, I-887 (934) – Sloman Neptun -; EuGH Slg. 1998, I-2629 (2641) - Viscido/Ente Poste Italiane -.

685 Die Kommission argumentierte in EuGH Slg. 1993, I-887 (901) - Sloman Neptun - unter Hinweis auf die wohl überholte Entscheidung EuGH Slg. 1985, S. 439 (448 f.) – Kommission/ Frankreich -, daß daran anzuknüpfen sei, ob die Beihilfe das Ergebnis einer dem Staat zuzurechnenden *Verhaltensweise* sei.

Rahmenbedingungen für einen bestimmten Wirtschaftszweig zu verändern.[686] Im Fall *Sloman Neptun* wurde dies besonders deutlich. Zu Recht berief sich die deutsche Bundesregierung dort darauf, nur darüber entschieden zu haben, ob die deutsche Rechtsordnung auf einen arbeitsrechtlichen Sachverhalt anwendbar sei oder nicht.[687] Wäre andererseits in jedem „auf den Staat rückführbaren Verhalten", das begünstigend auf bestimmte Marktteilnehmer wirkte, eine Beihilfe zu erblicken, dann wäre auch jede regulatorische Maßnahme im Zeichen des Art. 87 Abs. 1 EGV anfechtbar, die Notifikationspflicht und die damit verbundene Verzögerung eingeschlossen.[688] Einer solchen Ausuferung des Beihilfetatbestands ist der EuGH mit seiner Spruchpraxis entgegengetreten. Zu Recht hat das Gericht deshalb beispielsweise ausgesprochen, daß die Festlegung von Mindestpreisen für bestimmte Produkte (alkoholische Getränke) mit dem Ziel, den Verkäufer eines Erzeugnisses allein zu Lasten des Verbrauchers zu begünstigen, keine Beihilfe im Sinne von Art. 87 Abs. 1 EGV darstellt.[689] Die Vorteile, die ein derartiger Eingriff in die Preisbildung den Verkäufern des Erzeugnisses bringt, stammten nämlich weder unmittelbar, noch mittelbar aus staatlichen Mitteln. Der Gerichtshof folgte damit hinsichtlich der rechtlichen Beurteilung den von der Kommission[690] und Generalanwalt *Capotorti* unterbreiteten Vorschlägen.[691]

ccc) Alternative Einschränkungsmöglichkeit über das Merkmal der Selektivität

Anders als das Ergebnis ist der vom EuGH beschrittene Lösungsweg jedoch umstritten. Es wird vorgebracht, daß es in den entschiedenen Fällen auch möglich gewesen wäre, die Tatbestandsmäßigkeit der Maßnahmen am Mangel der Selektivität scheitern zu lassen.[692] Dem wird wiederum entgegnet, daß das Merkmal der Selektivität nicht die für die Wirtschaftslenkung notwendige Flexibilität vermittele[693], da wirtschafts-

---

686 Vgl. auch die instruktiven Beispiele bei *Soltész*, EuZW 1998, S. 747 (748).

687 Vgl. Sitzungsbericht, in: EuGH Slg. 1993, I-887 (894) - Sloman Neptun -.

688 So auch GA *Jacobs*, in: EuGH Slg. 1998, I-2629 (2633 f.) - Viscido/Ente Poste Italiane -, der auf die Konsequenz verweist, daß ohne die vom EuGH gemachte Differenzierung das gesamte Wirtschafts- und Sozialsystem eines Staates im Hinblick auf die Vereinbarkeit mit Art. 87 EGV untersucht werden müßte.

689 EuGH Slg. 1978, S. 25 (41) - van Tiggele -.

690 Vgl. den Sitzungsbericht, in: EuGH Slg. 1978, S. 25 (37) - van Tiggele -.

691 Schlußanträge von GA *Capotorti*, in: EuGH Slg. 1978, S. 25 (S. 53).

692 *Slotbom*, ELR Vol. 20/1995, S. 289 (297), der eine Einschränkung über die Art. 96 [neu: 91] und 97 [neu: aufgehoben] EGV vorschlägt; ihm grds. zustimmend auch *Engel*, Europarechtliche Grenzen für öffentlich-rechtliche Spartenprogramme, S. 30; vgl. auch Schlußanträge von GA *Darmont*, in: EuGH Slg. 1993, I-887 (915), der statt auf die Haushaltsbelastung ebenfalls auf den Ausnahmecharakter der begünstigenden Maßnahme abstellen will.

693 So auch *Slot*, CMLR (31,1) 1994, S. 137 (143 f.); ihm folgend *Soltész*, EuZW 1998, S. 747 (751), der zutreffend bemerkt, daß eine einschränkende Auslegung auch deshalb geboten sei, um eine Deckungsgleichheit mit dem Anwendungsbereich der Art. 28 ff. und 49 ff. EGV zu vermeiden.

lenkende Maßnahmen gerade auch selektives Handeln erforderlich machen könnten. Probleme kann das Tatbestandsmerkmal der Selektivität aber auch deshalb verursachen, weil nicht immer eindeutig zwischen beihilfeberechtigten und anderen nicht anspruchsberechtigten Wirtschaftsteilnehmern differenziert werden kann, weshalb der Ansicht der Rechtsprechung der Vorzug zu geben ist und trotz Bejahung der Selektivität ein Tatbestandsausschluß von Art. 87 Abs. 1 EGV möglich bleibt.

In den häufigen Fällen, in denen eine Einschränkung des Beihilfetatbestands sowohl über die fehlende Haushaltsbelastung als auch über den Mangel an Selektivität herbeizuführen ist, braucht der Streit um die tatbestandliche Zuordnung auch nicht entschieden zu werden, da die Anwendung beider Tatbestandsmerkmale das gleiche Ziel verfolgt, nämlich „generelle Neuregelungen wirtschafts-, sozial- und finanzpolitischer Art“[694] vom Beihilferegime auszunehmen. Zu bedenken ist jedoch, daß es sprachlich nur sehr schwer möglich ist, innerhalb der zusätzlichen Prüfung der staatlichen Haushaltsbelastung „Rahmenbedingungen allgemeiner Art“ (engl.: „general measures of economic policy“) von Beihilfen zuverlässig abzugrenzen. Beiden Maßnahmen ist nämlich gemein, daß sie sowohl wirtschaftslenkend und ordnend wirken als auch Mittel der Strukturpolitik im engeren Sinne darstellen. Auch die höchstrichterliche Judikatur scheint die Grenzen zwischen beiden Maßnahmen nicht immer sorgfältig ziehen zu können.[695] Selbst die Kommission räumt Probleme hinsichtlich der Unterscheidung zwischen allgemeinen Maßnahmen und Beihilfen ein.[696] Zu einer genauen Prüfung des Art. 87 EGV sieht sich die Kommission vor allem aber dann veranlaßt, „wenn ein Mitgliedstaat bestimmten Unternehmen unmittelbar durch die Gesetzgebung Vorteile verschafft“.[697] In diesen Fällen erfolgt mit der Prüfung der Zurechenbarkeit ein Vergleich zwischen der bestehenden und der potentiellen Wettbewerbslage des betroffenen Unternehmens oder Wirtschaftszweiges entsprechend dem Sinn und Zweck des Art. 87 EGV. Das Gewicht der Prüfung liegt also auch hier auf der Wirkung der begünstigenden Maßnahme auf den chancengleichen Wettbewerb.

---

694 So ausdrücklich die Kommission, in: EuGH Slg. 1993, I-887 (901) - Sloman Neptun -; inkonsequent dagegen die Entscheidung C 16/97 - ABl. EG Nr. C 172 vom 6.6.1997, S. 2 (3), in der die Ermäßigung für Investoren in den neuen Bundesländern nach § 8 EStG 1996 als Beihilfe eingestuft wurde.

695 In EuGH Slg. 1983, S. 2530 f. - Kommission/Italien - bejahte der Gerichtshof das Vorliegen einer Beihilfe, stellte zur Begründung aber auf die Stimmigkeit mit dem italienischen Sozialversicherungssystem als ganzem ab, was eigentlich für die ordnende Funktion der Maßnahme gesprochen hätte.

696 Achtzehnter Bericht über die Wettbewerbspolitik 1989, Ziff. 163; XXIV. Bericht über die Wettbewerbspolitik 1994, Ziff. 349.

697 XXVII. Bericht über die Wettbewerbspolitik 1997, Ziff. 223.

ddd) Die Rundfunkgebühr als Belastung des Staatshaushalts

Im Falle der durch Gesetzgebung eingeräumten Privilegierung der öffentlich-rechtlichen Rundfunkanstalten ist nach Feststellung der Selektivität somit fraglich, ob die Gebührenfinanzierung der öffentlich-rechtlichen Rundfunkanstalten auch eine Belastung des Staatshaushalts darstellt und dadurch eine staatliche Zurechnung der Maßnahme nach der Rechtsprechung des EuGH möglich ist. Die für die Rundfunkfinanzierung bereits festgestellte kausale Rückführbarkeit einer begünstigend wirkenden Maßnahme auf staatliches Handeln reicht danach allein nicht aus, um die staatliche Zurechenbarkeit anzunehmen. Da auf den ersten Blick durch die Gebührenfinanzierung nicht der Haushalt, sondern die Haushalte (der Bürger) in Anspruch genommen werden, bestehen an der Tatbestandsmäßigkeit in diesem Punkt auch Zweifel.[698]

Die europäische Rechtsprechung hatte bislang keine Schwierigkeiten, den staatlichen Haushalt als Quelle der zugewendeten Mittel auszumachen, wenn es darum ging, daß staatlich beherrschte Unternehmen direkt oder private Unternehmen indirekt ihnen zufließende Mittel an dritte Marktteilnehmer weiterleiteten.[699] Auch bei den parafiskalischen Abgaben hat der Europäische Gerichtshof angenommen, daß es sich um aus dem Staatshaushalt stammende öffentliche Mittel handele.[700] Bei dieser Abgabenart stammten die öffentlichen Mittel zumindest indirekt aus dem Staatshaushalt. Es könne nämlich keinen Unterschied machen, ob der Staat die Mittel erst selbst einfordere, um sie dann zuzuwenden, oder ob er sie von Dritten zum Zwecke der Zuwendung einfordern lasse. Der Ursprung der Mittel könnte mit Hilfe parafiskalischer Abgaben andernfalls genau um den Schritt verkürzt werden, der die Mittel dem staatlichen Haushalt ausdrücklich zuweist.[701] Die Richtigkeit dieser Entscheidungspraxis läßt sich mit einem Hinweis auf die gleiche Wirkungsweise von indirekten parafiskalischen Sonderabgaben und direkten Zuwendungen belegen.[702] Entscheidend ist für die Rechtsprechung, daß die begünstigende Wirkungsweise Regelungszweck der Maßnahme ist.[703]

---

698 Kritisch vor allem *Oppermann*, Deutsche Rundfunkgebühren und europäisches Beihilferecht, S. 46 ff., der von einer „Bürgerabgabe" spricht; *P.M. Huber*, DÖV 1990, S. 22 (26) vergleicht die Rundfunkgebühr zur Begründung sogar mit den Gebühren für Rechtsanwälte und Notare.

699 EuGH Slg. 1977, S. 595 (612) - Steinike und Weinlig -; EuGH Slg. 1988, S. 219 (272) - Van der Kooy -.

700 St. Rspr. vgl. EuGH Slg. 1970, S. 487 (496) - Frankreich/Kommission -; EuGH Slg. 1974, S. 709 (719 f.) - Italien/Kommission -; EuGH Slg. 1977, S. 595 (613) - Steinike und Weinlig -; EuGH Slg. 1992, I-6559 (6574) - Claeys -; EuGH Slg. 1993, I-5509 (5531 f.) - Scharbatke -; Entscheidung der Kommission 89/296/EGKS vom 30.3.1989, ABl. EG Nr. L 116 vom 28.4.1989, S. 52 - Kohlepfennig -; XXIV. Bericht über die Wettbewerbspolitik, Ziff. 341; a. A. *Quigley*, ELR (Vol. 13) 1988, S. 242 (252).

701 Die mittelbare Zurechnung hält auch *Holzer*, ZUM 1996, S. 274 (277) gegen *Eberle*, ZUM 1995, S. 763 (767), ders., AfP 1995, S. 559 (563) für ausreichend.

702 So auch *Soltész*, EuZW 1998, S. 747 (752).

703 EuGH Slg. 1993, I-887 (934) - Sloman Neptun - spricht davon, daß bestimmte Folgen – wie die

Es ist deshalb für die staatliche Zurechenbarkeit der Rundfunkfinanzierung zu prüfen, ob die Belastung des Staatshaushalts eine notwendige Folge der Beihilfegewährung ist, staatliche Mittel also bewußt zur Erzielung eines bestimmten Zwecks eingesetzt werden müssen oder ob die finanzielle Belastung nur eine unvermeidliche Nebenfolge darstellt. Hierher gehört dann auch die nur potentiell notwendige Haushaltsbelastung, wie der Vergleich mit der Subsumtion staatlicher Bürgschaften unter Art. 87 Abs. 1 EGV zeigt.

Die Gebührenfinanzierung des öffentlich-rechtlichen Rundfunks führt zu einer potentiellen Belastung der Länderhaushalte. Es handelt sich außerdem um eine einseitig begünstigende, zielgerichtete Verteilungsmaßnahme, die dadurch indiziert wird, daß der Gesetzgeber in § 12 Abs. 2 RStV und § 2 Abs. 2 Satz 1 RGebStV i.V.m. § 8 RFinStV die Gebührenpflicht für das Bereithalten eines Rundfunkgeräts anordnet und in § 7 Abs. 3 Satz 1 RGebStV die Landesrundfunkanstalten als Gläubiger der Gebühren bestimmt. Die Landesrundfunkanstalten aber sind selbst als öffentlich-rechtliche Anstalten konzipiert und verfügen über selbständige Haushalte, denen die Rundfunkgebühren zufließen. Unbeachtlich ist dagegen, ob die Beihilfen aus Steuern, Sonderabgaben oder Beiträgen stammen oder überhaupt stammen könnten[704], denn dies ändert weder an der Zurechenbarkeit der Mittel etwas noch an der potentiellen Haushaltsbelastung. Abgabenrechtliche Fälle weisen darüber hinaus die Besonderheit auf, daß es sich bei ihnen durch die Inanspruchnahme der Bürger um Maßnahmen mit Umverteilungscharakter handelt, da sie den Staatshaushalt dergestalt betreffen, daß sie ihn verschonen. Deshalb handelt es sich bei der Gebührenfinanzierung auch nicht primär um die Änderung wirtschaftsrechtlicher Rahmenbedingungen für den Rundfunkmarkt. Die durch Gebühren ermöglichte und geförderte Existenz von Marktteilnehmern innerhalb eines Wettbewerbsgebiets geht über die Korrektur oder Modifizierung der für alle Wettbewerber gleichermaßen geltenden Ordnung hinaus.

Die staatsferne Ausgestaltung der staatlichen Finanzierungspflicht stellt gerade jenen „Zwischenschritt" dar, der nach der EuGH-Rechtsprechung die Zurechnung einer zweckgerichteten selektiven Maßnahme nicht ausschließen kann. Daß es sich bei der Gebührenfinanzierung demnach nur um einen gezielten, selektiven Finanzierungsmodus handelt, legt auch das 2. Rundfunkurteil des Bundesverfassungsgerichts nahe, wo-

---

Einbuße von Steuereinnahmen - der Regelung *immanent* sein können, aber nicht das *Mittel* sind, um dem betroffenen Unternehmen einen bestimmten Vorteil zu gewähren.

704 *Oppermann*, Deutsche Rundfunkgebühren und europäisches Beihilferecht, S. 48 f., will darauf abstellen, daß Art. 5 Abs. 1 Satz 2 GG eine steuerliche Finanzierung nicht erlaube, übersieht dabei aber, daß die gewählte Form der Gebührenfinanzierung gerade den staatsfernen Ersatz hierzu schaffen soll. *Hümmerich/Beucher*, AfP 1989, S. 708 (714 f.) halten die „Rundfunkgebühr" schon jetzt für eine Zwecksteuer; *Hansmeyer*, Der Wandel des öffentlich-rechtlichen Rundfunks vom gruppenspezifischen zum kollektiven Gut, Schriftenreihe des Institut für Rundfunkrecht an der Universität zu Köln, Band 64, München 1996, S. 33 (46) gibt zu bedenken, daß eine Rundfunksteuer dem Gebot der Staatsferne unterliegen könnte.

nach die „Gebühr" keine Gegenleistung der Rezipienten für eine Dienstleistung der öffentlich-rechtlichen Rundfunkanstalten darstelle, sondern das von den Ländern eingeführte *Mittel zur Finanzierung* der Gesamtveranstaltung des (öffentlichen) Rundfunks sei.[705]

Ein Vergleich mit dem von Generalanwalt *Darmon* angeführten und der Gebührenfinanzierung sehr ähnlichen Beispiel einer staatlichen Vorschrift, die Privatleute verpflichtet, Beträge an bestimmte Unternehmen zu zahlen[706], bestätigt die Zurechenbarkeit der Rundfunkgebührenfinanzierung zum Staat. Denn das Beispiel wurde vom Generalanwalt als eine klassische Maßnahme mit Umverteilungscharakter angeführt. Nicht zu vergleichen ist die Gebührenfinanzierung dagegen mit dem Fall der vorrangigen Einspeisung von öffentlich-rechtlichen Rundfunkprogrammen in das deutsche Kabelnetz, in dem eine Haushaltsbelastung nicht auszumachen ist. Den entsprechenden landesrechtlichen Vorschriften kann eine begünstigende Wirkung zwar nicht abgesprochen werden. Doch ist mit ihnen keine Belastung des Staatshaushalts verbunden.[707] Die Einspeisungsreihenfolge ist lediglich eine wirtschaftsverwaltungsrechtliche Lenkungsmaßnahme, die europarechtlich an ihrer Vereinbarkeit mit Art. 49 ff. EGV und nicht an Art. 87 f. EGV zu messen ist. Ziel der Kabelallokation in den Landesmediengesetzen ist es, die flächendeckende Versorgung der Programme der Grundversorgung zu gewährleisten und für ein möglichst hohes Maß an inhaltlicher und meinungsmäßiger Vielfalt zu sorgen. Eine Belastung der Länderhaushalte ist mit dieser Entscheidung nicht notwendigerweise verbunden, nicht einmal auf nur potentielle Art und Weise. Es kommt nicht zu einer Umverteilung von Mitteln, die die öffentliche Hand auch für andere Zwecke einsetzen könnte.

Am Fehlen der Haushaltsbelastung scheitert auch die Anwendung der Beihilfebestimmungen auf die Privilegierung der privaten Rundfunkveranstalter im Bereich der Sendezeiten für Wirtschaftswerbung.[708] Die finanzielle Begünstigung der privaten Sender, die darin liegt, daß sie weniger strengen Werberestriktionen unterworfen sind als die öffentlich-rechtliche Konkurrenz, ist nur die Folge einer generellen Zuteilungsentscheidung von Werbesendezeiten und keine Umverteilung eingenommener oder einnehmbarer Finanzmittel. An einem öffentlichen Finanzopfer fehlt es auch hier.

---

705 BVerfGE 31, 314 (330).

706 Schlußanträge von GA *Darmon*, in: EuGH Slg. 1993, I-887 (912) - Sloman Neptun -.

707 A. A. *Engel*, Europarechtliche Grenzen für öffentlich-rechtliche Spartenprogramme, S. 85 f.; *Dörr*, Die Spartenkanäle von ARD/ZDF und das Europarecht, S. 37 f., 79 f. will die Frage der Beihilfeeigenschaft schon am Merkmal der Begünstigung scheitern lassen, weshalb er auf die Vorrangigkeit der Spartenkanäle bei der Einspeisungsentscheidung gar nicht eingeht.

708 So auch *Selmer/Gersdorf*, Die Finanzierung des Rundfunks in der Bundesrepublik Deutschland auf dem Prüfstand des EG-Beihilferegimes, S. 33 f.

dd) Ergebnis

Eine Belastung des Staatshaushalts ist somit im Falle der Gebührenfinanzierung gegeben. Muß sich die Belastung des öffentlichen Haushalts nicht unbedingt in einer positiven Zahlungsverpflichtung für den Staatshaushalt manifestieren, sondern reicht es aus, daß der öffentlichen Hand Einnahmen entgehen, die sie unter gewöhnlichen Umständen gemacht hätte (marktwidriger Einnahmeverzicht), dann ist eine Haushaltsbelastung auch unter umgekehrten Vorzeichen anzunehmen:[709] Ist der Staat zur Finanzierung einer (staatlichen) Aufgabe verfassungsrechtlich verpflichtet und wird eine direkte Haushaltsbelastung durch die Erhebung einer Abgabe vermieden, so reicht auch die potentielle Belastung aus, um die Maßnahme dem Staat als Beihilfe zuzurechnen. Bedenkt man zudem, daß der Staat durch den öffentlich-rechtlichen Programmauftrag einer Finanzierungsgarantie unterliegt, so ist der Wirkungszusammenhang und damit der Ursprung der Finanzmittel eindeutig der öffentlichen Hand zugewiesen. Anders als in dem von der Kommission entschiedenen Fall, in dem per Gesetz die Umverteilung von Wetteinnahmen zwischen Wettgewinnern und Rennsportgesellschaften angeordnet worden war[710], liegt eine solch allgemeine Maßnahme beim Gebühreneinzugs- und Umverteilungsverfahren nicht vor. An dieser Stelle mit dem Gebot der Staatsferne zu argumentieren[711], ist verfehlt, weil es sich nur soweit auf die Zurechnung zum Staat auswirkt, als damit der staatliche Einfluß auf die Programmgestaltung unterbunden werden soll. Das Staatsfernegebot zielt nur auf die Ausgestaltung der Zurechnung, nicht aber auf den Kausalzusammenhang insgesamt. Darauf, daß sich der Staat durch die staatsferne Ausgestaltung des Finanzierungsvorgangs der Möglichkeit begeben hat, wettbewerbsrechtlichen Einfluß auf die Rundfunkanstalten zu nehmen, kommt es für die Frage der Zurechnung nicht an[712], da entscheidend die staatliche Pflicht zur Finanzierung und die damit verbundene Wettbewerbsverfälschung ist.

f) Freiwilligkeit der Leistung

Der Tatbestand von Art. 87 Abs. 1 EGV setzt weiter voraus, daß die begünstigende Leistung vom Staat freiwillig erbracht worden ist. Dieses ebenfalls ungeschriebene Tatbestandsmerkmal ist erstmals dem Urteil des Gerichtshofs in der Rechtssache *Den-*

---

709 *Götz*, in: Dauses (Hrsg.), Handbuch des EU-Wirtschaftsrechts, H. III 4. b) cc) Rn. 25; *v. Wallenberg*, in: Grabitz/Hilf (Hrsg.), Kommentar zum EWG-Vertrag, Art. 92 [neu: 87] Rn. 4, 10.

710 Vgl. Entscheidung der Kommission, C 4/97, ABl. EG Nr. C 163 vom 30.5.1997, S. 5 ff.- PMU -.

711 *Oppermann*, Deutsche Rundfunkgebühren und europäisches Beihilferecht, S. 46; *Eberle*, ZUM 1995, S. 763 (767); a. A. *Hess*, Verfassungsrechtliche Probleme der Gebührenfinanzierung im dualen Rundfunksystem, S. 89 f.; *Engel*, Europarechtliche Grenzen für öffentlich-rechtliche Spartenprogramme, S. 29 weist demgegenüber mit Recht darauf hin, daß *Staatsferne* nicht mit *Staatslosigkeit*, die das Bundesverfassungsgericht gerade nicht gefordert hat, verwechselt werden dürfe.

712 *Oppermann*, Deutsche Rundfunkgebühren und europäisches Beihilferecht, S. 49.

kavit zu entnehmen gewesen.[713] Keine Beihilfe im Sinne von Art. 87 Abs. 1 EGV soll danach vorliegen, wenn der Staat nach innerstaatlichem Recht verpflichtet ist, Gebühren oder Abgaben zurückzuerstatten, die wegen ihrer Unvereinbarkeit mit dem Gemeinschaftsrecht vom Abgabenpflichtigen nicht geschuldet waren.[714] Da es dem Staat in diesen Fällen von vornherein an einem Anspruch fehlte, könnte man solche Fälle der Staatshaftung bereits an der Zurechenbarkeit der Mittel zum Staatshaushalt scheitern lassen. Diese Schlußfolgerung wird auch durch die Schlußanträge des Generalanwalts *Reischl* nahegelegt, der das Vorliegen einer Beihilfe deshalb verneinte, weil lediglich zurückgewährt werde, was zu Unrecht erhoben wurde und es insofern auch nicht zu einer Umverteilung staatlicher Mittel komme.[715]

Keinesfalls kann aus dem Diktum jedoch abgeleitet werden, daß eine gerichtlich festgestellte *Rück*erstattungspflicht mit der verfassungsrechtlich vorgegeben Pflicht zur Finanzierung des öffentlich-rechtlichen Rundfunks mit Rundfunkgebühren vergleichbar ist.[716] Das Kriterium der Freiwilligkeit dient nicht dazu, es den Mitgliedstaaten zu ermöglichen, ihre Beihilfenpraxis unter Berufung auf gesetzliche oder verfassungsrechtliche Verpflichtungen zu rechtfertigen. Die originäre Beschaffung von Finanzmitteln zur Erfüllung einer Staatsaufgabe ist nicht mit den kondiktionsrechtlichen oder staatshaftungsrechtlichen[717] Rückerstattungspflichten zu vergleichen, die nur darauf abzielen, den status quo ex ante wieder herzustellen. Desweiteren ist die Rechtspflicht zur Gewährung von staatlichen Leistungen nicht auf der Ebene der Mitgliedstaaten, respektive ihrer Verfassung, zu suchen. Sie richtet sich danach, ob das Europarecht eine Rückerstattungspflicht vorsieht.[718] Das nur in Fällen mit kondiktionsrechtlichem Einschlag anwendbare Kriterium gibt deshalb für die Frage nach dem Beihilfecharakter der Rundfunkgebühr nichts her.[719] Die Freiwilligkeit der Beihilfegewährung bedeutet danach nur, daß die Leistung nicht durch das Europarecht vorgeschrieben ist.

---

713 EuGH Slg. 1980, S. 1205 ff. – Denkavit -.

714 EuGH Slg. 1980, S. 2545 (2555) - Ariete -; EuGH Slg. 1980, S. 2559 (2575) - MIRECO -.

715 Schlußanträge von GA *Reischl*, in: EuGH Slg. 1980, S. 1205 (1235) - Denkavit -.

716 So aber *Oppermann*, Deutsche Rundfunkgebühren und europäisches Beihilferecht, S. 43 f.

717 Vgl. EuGH Slg. 1988, S. 5515 (5540) - Asteris -; sowie *Wenig*, in: Groeben/Thiesing/Ehlermann (Hrsg.), Kommentar zum EU/EG-Vertrag, 4. Auflage 1991, Art. 92 [neu: 87] Rn. 5, der diese Fälle ebenfalls unter das Tatbestandsmerkmal der Begünstigung und da bei unter die Marktrelevanz der Leistungsgewährung subsumiert; ihm folgend *Mederer*, in: Groeben/Thiesing/Ehlermann (Hrsg.), Kommentar zum EG-/EU-Vertrag, 5. Auflage 1999, Art. 92 [neu: 87] Rn. 6.

718 *Selmer/Gersdorf*, Die Finanzierung des Rundfunks in der Bundesrepublik Deutschland auf dem Prüfstand des EG-Beihilferegimes, S. 29; ihnen zustimmend *Bleckmann*, Öffentlich-rechtliche Spartenprogramme als Bestandteil der Grundversorgung?, S. 117 f., dies übersieht dagegen *Oppermann*, Deutsche Rundfunkgebühren und europäisches Beihilferecht, S. 43, wobei er anschließend die europarechtliche Relevanz der Pflichtigkeit „grundsätzlich“ anerkennt, jedoch – systemwidrig - auf mißbräuchliche Fälle beschränken will, a. a. O., S. 44 f.

719 *Engel*, Europarechtliche Grenzen für öffentlich-rechtliche Spartenprogramme, S. 27.

g) Wettbewerbsverfälschung

Art. 87 Abs. 1 EGV verlangt weiter, daß durch die Beihilfe eine Verfälschung des innergemeinschaftlichen Wettbewerbs eintritt oder eine Wettbewerbsverfälschung zumindest droht. Unter einer Verfälschung des Wettbewerbs ist ein „unverdienter" Kostenvorteil zu verstehen, der die Position bestimmter Unternehmen gegenüber ihren Mitbewerbern stärkt.[720] Auf Art. 87 Abs. 1 EGV bezogen bedeutet dies, daß eine Wettbewerbsverfälschung immer dann gegeben ist, wenn die Beihilfe in ein aktuelles oder potentielles Wettbewerbsverhältnis zwischen Unternehmen und Produktionszweigen eingreift. Damit ist es in den Fällen der drohenden Wettbewerbsverfälschung nicht einmal unbedingt erforderlich, daß der Wettbewerb durch die Beihilfe tatsächlich verfälscht wird. Neben den am Wettbewerb bereits teilnehmenden Unternehmen ist auch zu berücksichtigen, wie sich die Beihilfe auf die Marktentwicklung und die Zutrittschancen neuer Wettbewerber langfristig auswirkt. Das Tatbestandsmerkmal der Wettbewerbsverfälschung ist also entwicklungsoffen zu verstehen. Deshalb ist es auch vernünftig, im Gegensatz zu Art. 81 EGV keine Spürbarkeit der Wettbewerbsverfälschung zu verlangen.[721]

aa) Ermittlungsumfang des Tatbestandsmerkmals „Wettbewerbsverfälschung"

Es ist fraglich, ob die Prüfung des in Art. 87 Abs. 1 EGV ausdrücklich genannten Merkmals der „Wettbewerbsverfälschung" überhaupt erforderlich ist, nachdem tatbestandlich bereits das Vorliegen einer Beihilfe festgestellt wurde. Die Literatur, aber auch die Jurisdiktion des Europäischen Gerichtshofs, bieten in dieser Frage ein unklares Bild.

aaa) Entbehrlichkeit des Tatbestandsmerkmals „Wettbewerbverfälschung"

Generalanwalt *Lagrange* vertrat hinsichtlich eines Vergleichs von Art. 67 § 1 EGKSV und Art. 4 lit c) EGKSV die Ansicht, daß es bei der Prüfung des Subventionsverbots nicht erforderlich sei, „nachzuweisen oder auch nur nachzuprüfen, ob tatsächlich eine Beeinträchtigung der Wettbewerbsbedingungen gegeben ist oder aufzutreten droht."[722] Zur Begründung führte der Generalanwalt an, daß Art. 67 § 1 EGKSV, der eine Sonderregel für Wettbewerbsbeeinträchtigungen durch die Mitgliedstaaten darstellt, eine „fühlbare Auswirkung auf die Wettbewerbsbedingungen in der Kohle- und Stahlindustrie" verlangt, es an einer solchen Voraussetzung bei Art. 4 lit. c) EGKSV

---

720 *Rawlinson*, Lenz (Hrsg.), EG-Vertrag, Art. 87 Rn. 10.

721 *V. Wallenberg*, in: Grabitz/Hilf (Hrsg.), Kommentar zum EWG-Vertrag, Art. 92 [neu: 87] Rn. 27, die zu Recht die Einschränkungsmöglichkeiten von Art. 87 Abs. 2 und 3 EGV für ausreichend hält; *Kruse*, EWS 1996, S. 113 (116); a. A. *Keßler*, DÖV 1977, S. 619 (620 f.); *Ress*, Kultur und Europäischer Binnenmarkt, S. 137 f.

722 Schlußanträge von GA *Lagrange*, in: EuGH Slg. 1961, S. 1 (82 f.) - Steenkolenmijnen -.

allgemein aber fehle. Wenn auch dieses systematische Argument nicht unmittelbar auf das Beihilfeverbot des EGV übertragbar ist, so sind doch die teleologischen Erwägungen des Generalanwalts beachtenswert: Da Beihilfen oder Subventionen im Gegensatz zu anderen wettbewerbsbeeinträchtigenden Maßnahmen „*unmittelbare Eingriffe* in das Funktionieren des gemeinsamen Marktes“ darstellen würden und von ihnen angenommen werden könne, „daß sie als solche den *Voraussetzungen für die Schaffung* dieses gemeinsamen Marktes zuwiderlaufen“, gelten sie per-se als unvereinbar mit dem Gemeinsamen Markt.[723] „Wettbewerbsbedingungen dürfen sich lediglich als das Ergebnis der Anpassung jedes Industriezweiges an die natürlichen Gegebenheiten darstellen.“[724] Diesen konsequent marktwirtschaftlich gedachten Ausführungen hat sich Generalanwalt *Capotorti* angeschlossen, der im übrigen auch das Urteil des EuGH im Fall *Steenkolenmijnen* als Bestätigung der Ausführungen von Generalanwalt *Lagrange* deutet.[725] Indem dort festgestellt worden sei, daß „die Schaffung normaler Wettbewerbsbedingungen unzweifelhaft erschwert wird, wenn ein Teil der Produktionskosten von anderen Außenstehenden als den Käufern oder Verkäufern aufgebracht wird“[726], folgert der Generalanwalt, daß die Wettbewerbsverzerrung die notwendige und feststehende Folge der Beihilfengewährung sei. Auch die Kommission vertritt für den Rundfunksektor die Meinung, daß die Feststellung einer Beihilfe unweigerlich eine Wettbewerbsverzerrung bedeute[727], wobei sie für das Tatbestandsmerkmal der Begünstigung noch von einem eindeutigen Mißverhältnis zwischen Aufgabe und Finanzumfang als Voraussetzung von Art. 87 EGV ausging. In der rundfunkrechtlichen Diskussion über die Vereinbarkeit der Gebührenfinanzierung der öffentlich-rechtlichen Rundfunkanstalten mit dem EG-Beihilferecht hält *Engel* es schon angesichts der Höhe der Beihilfen für unnötig, die Rückwirkung der Begünstigung auf die Wettbewerbsverhältnisse zu prüfen.[728]

bbb) Rechtsprechung

Der Europäische Gerichtshof hat sich den Ausführungen der Generalanwälte nicht ausdrücklich angeschlossen. Stattdessen befand die höchstrichterliche europäische Rechtsprechung, daß die Kommission schon innerhalb der Prüfung von Art. 87 Abs. 1 EGV substantiiert und deutlich darlegen müsse, daß eine Beihilfe tatsächlich geeignet ist, den Handel zwischen den Mitgliedstaaten zu beeinträchtigen und den Wettbewerb

---

723 Schlußanträge von GA *Lagrange*, in: EuGH Slg. 1961, S. 1 (83) (Hervorhebungen im Original).

724 Schlußanträge von GA *Langrange*, in: EuGH Slg. 1961, S. 1 (83).

725 Schlußanträge von GA *Capotorti*, in: EuGH Slg. 1980, S. 2671 (2698) - Philip Morris -.

726 EuGH Slg. 1961, S. 1 (44).

727 DG Competition Working Document, Preparing for the information society, v. 9.3.1995, unveröffentlicht, S. 7 Rn. 17.

728 *Engel*, Europarechtliche Grenzen für öffentlich-rechtliche Spartenprogramme, S. 32.

zu verfälschen.[729] Dabei soll es allerdings ausreichen, wenn das begünstigte Unternehmen auch nur teilweise Tätigkeiten ausübt, die Gegenstand eines umfassenden innergemeinschaftlichen Handels sind.[730] Zwar könne sich in bestimmten Fällen bereits aus den Umständen ergeben, daß Beihilfen den Handel zwischen den Mitgliedstaaten beeinträchtigen und den Wettbewerb verfälschen; stets habe die Kommission aber diese Umstände wenigstens in der Begründung ihrer Entscheidung zu nennen.[731] Weil der Gerichtshof der Kommission vorgeworfen hat, „nicht die geringsten Aussagen zur Situation des betroffenen Marktes, zum Marktanteil [..], zu den Handelsströmen der fraglichen Erzeugnisse zwischen den Mitgliedstaaten und zu den Ausfuhren des Unternehmens" gemacht zu haben[732], ist das Urteil so interpretiert worden, daß der EuGH die per-se-Doktrin nicht anerkannt habe.[733]

ccc) Stellungnahme

Grundsätzlich ist der Ansicht zuzustimmen, nach der die Begünstigung eines Unternehmens das Vorliegen einer Wettbewerbsverfälschung zumindest indiziert und das Tatbestandsmerkmal der Wettbewerbsverfälschung für die Frage der Tatbestandsmäßigkeit von Art. 87 Abs. 1 EGV keine eigenständige Bedeutung besitzt. Zum einen ist es richtig, Wettbewerb nur als Ergebnis von Entscheidungen der am Marktgeschehen Beteiligten zu verstehen. Direkte staatliche Einflußnahmen, die am deutlichsten in der Form von Subventionen vorgenommen werden, verfälschen dieses Bild. Zum anderen sieht Art. 87 EGV in seinen Absätzen 2 und 3 Ausnahmen zu dem strikten Interventionsverbot vor, was hinsichtlich Art. 4 lit. c) EGKSV nicht der Fall gewesen ist, so daß eine Berücksichtigung des Verfälschungsgrades nach dem EGV in einer späteren Prüfungsphase noch möglich sein soll, ohne frühzeitig Hilfskriterien wie eine de-minimis-Regelung[734] oder das Kriterium der Spürbarkeit bemühen zu müssen. Der durch den Maastrichter Vertrag eingefügte Art. 87 Abs. 3 lit. d) EGV sieht sogar ausdrücklich als Maßstab einer Verhältnismäßigkeitsprüfung die Prüfung der Beeinträchtigung „der Handels- und Wettbewerbsbedingungen in der Gemeinschaft" vor. Diese Wiederholung des gleichen Tatbestandsmerkmals deutet darauf hin, daß die wettbewerbsverzerrenden Auswirkungen erst innerhalb der Rechtfertigung ermittelt und gegen den För-

---

729 EuGH Slg. 1988, S. 2855 (2873) - Griechenland/Kommission -.

730 XXVII. Bericht über die Wettbewerbspolitik 1997, Ziff. 230.

731 EuGH Slg. 1985, S. 809 (824) - Leeuwarder Papierwarenfabriek -; EuGH Slg. 1987, S. 4013 (4041) - Deutschland/Kommission -, wo ausnahmsweise von einem *spürbaren* Vorteil die Rede ist.

732 EuGH Slg. 1985, S. 809 (824).

733 So *Hopt/Mestmäcker*, WM 1996, S. 753 (757); *Koenig/Kühling*, EuZW 1999, S. 517 (518, 519) kritisieren, daß die Kommission das Konzept der abgegrenzten relevanten Märkte nicht konsequent anwendet.

734 Vgl. zu diesem Kriterium statt aller *Götz*, in: Dauses (Hrsg.), Handbuch des EU-Wirtschaftsrechts, H. III 5. a) Rn. 43.

derzweck abgewogen werden müssen. Dadurch, daß sogar potentielle Wettbewerbsverfälschungen vom Beihilferegime erfaßt werden und die Verbesserung der Unternehmenslage als Indiz für eine Wettbewerbsverfälschung ausreicht[735], nähert sich das Tatbestandsmerkmal der Wettbewerbsverfälschung demjenigen der Begünstigung auch in starkem Maße an. Es erscheint deshalb kaum möglich, die spezifische Begünstigung eines Unternehmens festzustellen und anschließend eine Wettbewerbsverzerrung zu verneinen.[736] Da die höchstrichterliche europäische Rechtsprechung jedoch von der Kommission Aussagen zur Situation des Marktes verlangt und dies auch im Hinblick auf die Ermessensentscheidung der Kommission innerhalb von Art. 87 Abs. 3 lit. d) EGV von Bedeutung ist, soll im weiteren geprüft werden, ob die Kommission bei der Untersuchung der für den Rundfunk relevanten Märkte eine Wettbewerbsverfälschung durch die Gebührenfinanzierung ausschließen könnte.

bb) Wettbewerblich relevante Märkte

Um zu bestimmen, ob zwischen öffentlich-rechtlichem und privatem Rundfunk ein Wettbewerbsverhältnis besteht, sind die relevanten Märkte zu bestimmen, auf denen die Rundfunkunternehmen aus Sicht der Abnehmer miteinander konkurrieren.[737] Als relevante Märkte kommen neben dem Programmbeschaffungs-[738] und Verwertungsmarkt[739] auch der Programmarkt selbst, i. e. die Angebotssegmente der einzelnen Sender, sowie der Werbemarkt in Betracht. Der Programmarkt ist dabei mit dem Zuschauermarkt identisch, da die Sender über die Programme um die Gunst der Zuschauer konkurrieren und der Erfolg der Programme an der Einschaltquote gemessen wird. Ob es im Free-TV einen allein über die Programme geführten Wettbewerb aber überhaupt

---

735 EuGH Slg. 1980, S. 2671 (2688 f.) - Philip Morris -; *v. Wallenberg*, in: Grabitz/Hilf (Hrsg.), Kommentar zum EWG-Vertrag, Art. 92 [neu: 87] Rn. 24.

736 Die von *Ress*, Kultur und Europäischer Binnenmarkt, S. 137 dagegen vorgebrachte exemplifizierte Subvention in Bereichen, in denen ein Wettbewerb von vornherein nicht stattfindet, dürfte in Europa nicht mehr zu finden sein. Denn dafür müßte es sich um ein europäisches Monopol handeln. Der hierzu von *Ress* angeführte Markt für Presseerzeugnisse verfügt unzweifelhaft über einen regen Wettbewerb; Art. 87 EGV scheitert im Pressewesen dagegen am Fehlen der Zwischenstaatlichkeit einer Handelsbeeinträchtigung.

737 Vgl. *Wenig*, in: Groeben/Thiesing/ Ehlermann (Hrsg.), Kommentar zum EU/EG-Vertrag, 4. Auflage 1991, Art. 92 [neu: 87] Rn. 18; *Geiger*, EG-Vertrag, Art. 92 [neu 87] Rn. 15; *Hopt/Mestmäcker*, WM 1996, S. 753 (757); a. A. *Götz*, in: Dauses (Hrsg.), Handbuch des EU-Wirtschaftsrechts, H. III 5. a) Rn. 43; *Engel*, Europarechtliche Grenzen für öffentlich-rechtliche Spartenprogramme, S. 32.

738 S. dazu die Entscheidung der Kommission (98/466/EG) vom 21.1.1998 - Société francaise de production -, ABl. EG Nr. L 205 vom 22.7.1998, S. 68 (70), in der eine Rechtfertigung über Art. 87 Abs. 3 lit. d) EGV in Betracht gezogen, aber wegen des Charakters einer existenzsichernden Beihilfe und mangelnder Einlassung in dieser Richtung verworfen wurde.

739 So auch *Eberle*, EBU diffusion 1997, S. 49 (50); *Oppermann*, Deutsche Rundfunkgebühren und europäisches Beihilferecht, S. 59.

gibt, wird unterschiedlich beurteilt. Während *Selmer/Gersdorf* in ihrer Studie[740] noch immer zweifeln, daß beim gebühren- und werbefinanzierten Fernsehen ein eigener publizistischer Wettbewerb möglich ist, hat die EG-Kommission in ihren kartellrechtlichen Entscheidungen mit Rundfunkbezug von Beginn an unterstellt, daß es auch im Free-TV einen Programm- und Zuschauermarkt gibt.[741] Gegen einen Programmarkt im Free-TV wird vorgebracht, daß lediglich beim Pay-TV, bei dem die einzelnen Rundfunkveranstalter direkt um die Entgelte der Rundfunkteilnehmer konkurrierten, eine echte publizistische Konkurrenz gegeben sei. Beim Free-TV könne dagegen nicht von einer derart wettbewerblich relevanten wirtschaftlichen Austauschbeziehung gesprochen werden.[742] Einer Stellungnahme hierzu bedarf es aber nicht, da letztlich auch *Selmer/Gersdorf* davon ausgehen, daß eine wettbewerbliche Relevanz der Programmtätigkeit über die Werbefinanzierung besteht. Da die wenigstens teilweise Finanzierung der Rundfunkangebote aus Wirtschaftswerbung privaten und öffentlich-rechtlichen Anbietern gemein sei, komme es zwecks Generierung höherer Werbeerlöse wenigstens mittelbar zu einem Wettbewerb um die Gunst der Zuschauer.[743]

Unklar ist allerdings, ob der Programmwettbewerb im Verhältnis zu den öffentlich-rechtlichen Rundfunkanstalten nur innerhalb der Zeiträume besteht, in denen die öffentlich-rechtlichen Anstalten überhaupt Werbung senden dürfen[744] oder ob die wer-

---

740 Die Finanzierung des Rundfunks in der Bundesrepublik Deutschland auf dem Prüfstand des EG-Beihilferegimes; Zweifel an der funktionalen Austauschbarkeit der Programme hat *Grundmann*, Die öffentlich-rechtlichen Rundfunkanstalten im Wettbewerb, S. 143.

741 Entscheidung der Kommission vom 21.12.1988, Fall IV/31.851 - Magill TV Guide -, ABl. EG Nr. L 78 vom 21.3.1989, S. 43, 48; Entscheidung der Kommission vom 15.9.1989, Fall IV/ 31.734 - Filmeinkauf deutscher Fernsehanstalten -, ABl. EG Nr. L 284 vom 3.10.1989, S. 36 (41); offengelassen in der Entscheidung der Kommission vom 20.9.1995, Fall IV/M.553 - RTL/ Veronica/Endemol -, ABl. EG Nr. L 134 vom 5.6.1996, S. 32 (34); Entscheidung der Kommission vom 26.6.1997 (97/606/EG) - VTM - ABl. EG Nr. L 244 v. 6.9.1997, S. 18 (20); unveröffentlichte Entscheidung der Kommission SG(99) D/1690 v. 8.3.1999, S. 6; so auch *Simon*, Die Finanzierung des öffentlich-rechtlichen Rundfunks und die EG-Wettbewerbspolitik, S. 61 (64 f.), in: Rechtliche und ökonomische Fragen der Finanzierung des öffentlich-rechtlichen Rundfunks im Lichte des europäischen Rechts, Schriftenreihe des Instituts für Rundfunkrecht an der Universität zu Köln, Band 73, 1998; zustimmend auch *Sturgess/Aubel/Pistre/Argimon*, Putnam-Report, S. 5 f.

742 *Selmer/Gersdorf*, Die Finanzierung des Rundfunks in der Bundesrepublik Deutschland auf dem Prüfstand des EG-Beihilferegimes, S. 46; ihnen folgend *Oppermann*, Deutsche Rundfunkgebühren und europäisches Beihilferecht, S. 60 ff., der ein Wettbewerbsverhältnis aber zumindest für die Programme annimmt, während denen Werbung gesendet werden darf; vgl. auch *Hoffmann-Riem*, Rundfunkrecht neben Wirtschaftsrecht, S. 120.

743 *Selmer/Gersdorf*, Die Finanzierung des Rundfunks in der Bundesrepublik Deutschland auf dem Prüfstand des EG-Beihilferegimes, S. 46; so auch schon *Mestmäcker*, Referat auf dem 56. DJT, Band II, O. 9 (23 f., 35) m.w.N.; *Gabriel-Bräutigam*, Rundfunkkompetenz und Rundfunkfreiheit, S. 145; *Giehl*, Der Wettbewerb zwischen öffentlich-rechtlichen und privaten Rundfunkveranstaltern, S. 29 ff.

744 Vgl. *Hoffmann-Riem*, Rundfunkrecht neben Wirtschaftsrecht, S. 117 insbesondere für die werbe-

befreie Sendezeit in das Wettbewerbsverhältnis einbezogen werden muß. Dafür, daß ein Wettbewerbsverhältnis zwischen öffentlich-rechtlichen und privaten Anbietern auf dem Programm- und Zuschauermarkt hinsichtlich des Gesamtprogramms der öffentlichen Konkurrenz besteht, spricht, daß auch die werbefreien Programmteile auf Werbeerlöse ausgerichtet sind, da sie zur Attraktivität des Gesamtprogramms beitragen.[745] Außerdem läßt sich für die Einbeziehung des öffentlich-rechtlichen Gesamtprogramms in das Wettbewerbsverhältnis anführen, daß es für die Rundfunkanstalten durchaus legitim ist, generell die Steigerung der Programmattraktivität zur Erfüllung der Integrationsfunktion zu verfolgen. Deswegen macht es auch an dieser Stelle Sinn, auf das Gesamtangebot der Sender abzustellen und nicht nur auf das „Werberahmenprogramm“. Welche Auswirkungen auf das Gesamtprogramm die Zuschauergunst besitzt, zeigt auch der durch die Rundfunkgebühr aufzufangende Verlust an Werbeeinnahmen: Während ARD und ZDF in ihren Fernsehprogrammen 1992 zusammen noch Werbeumsätze in Höhe von 1.297,8 Mio. DM erzielen konnten, betrug der Umsatz 1997 nur noch 616, 1 Mio. DM. Dieser mehr als 50 prozentige Rückgang war ein Grund für die Steigerung der Gesamtgebührenerträge von 8.256,9 Mio. DM 1992 auf 10.972,4 Mio. DM 1997, mit der auch die Verluste bei den Werbeeinnahmen aufgefangen wurden.[746] Danach besteht zwischen den Gesamtprogrammen der öffentlich-rechtlichen und der privaten Anbieter von Rundfunkprogrammen auch ein publizistisches Wettbewerbsverhältnis.

cc) Berücksichtigung von Kompensationsmaßnahmen

Nachdem festgestellt worden ist, daß auf verschiedenen Märkten ein Wettbewerbsverhältnis zwischen öffentlich-rechtlichen und privaten Rundfunkveranstaltern besteht, ist weiter zu prüfen, ob diese Wettbewerbsverhältnisse durch die Rundfunkgebühren verfälscht werden, ob also der Ablauf des Wettbewerbs durch die Beihilfe verändert wird. Da es das Ziel der Vorschrift ist, jede Wettbewerbsverzerrung zu vermeiden, wird in Art. 87 EGV im Gegensatz zu Art. 81 nicht zwischen der Verhinderung, der Einschränkung und der Verfälschung des Wettbewerbs unterschieden.[747] Auf die Quantität der Wettbewerbsverfälschung kommt es demnach nicht an.[748] Eine Änderung der Wettbewerbssituation zwischen den Rundfunkveranstaltern könnte im Hinblick auf die Finanzausstattung schon in der einseitigen Verteilung der Rundfunkgebühr lediglich zugunsten der öffentlich-rechtlichen Rundfunkanstalten zu erblicken

---

freien Dritten Programme; *Oppermann*, Deutsche Rundfunkgebühren und europäisches Beihilferecht, S. 60.

745 *Kulka*, AfP 1985, S. 177 (183).

746 Alle Angaben entstammen MP Basisdaten. Daten zur Mediensituation in Deutschland 1998, S. 12, 13 und 21.

747 *V. Wallenberg*, in: Grabitz/Hilf (Hrsg.), Kommentar zum EWG-Vertrag, Art. 92 [neu: 87] Rn. 23.

748 Vgl. EuGH Slg. 1987, S. 4393 (4419) - Frankreich/Kommission -.

sein. Denn dadurch kommen die öffentlich-rechtlichen Rundfunkanstalten in den Genuß einer Finanzierung, die weder sie noch sonst ein Rundfunkunternehmen allein durch den Markt erhalten könnte.

Fraglich ist jedoch auch hier, inwiefern Gegenleistungen oder Kompensationen von Seiten des öffentlich-rechtlichen Rundfunks zu berücksichtigen sind. Es wird vertreten, daß die Gebührenfinanzierung das Wettbewerbsverhältnis zwischen den öffentlich-rechtlichen und privaten Rundfunkveranstaltern deshalb nicht verändere, weil der mit dem Qualitäts- und Vielfaltsgebot des verfassungsrechtlichen Grundversorgungsauftags sowie den Werbebeschränkungen „bepackte" öffentlich-rechtliche Rundfunk sich im Vergleich zu den privaten Veranstaltern sogar in einer ungünstigeren Wettbewerbslage als die private Konkurrenz befinde.[749] Bei der Finanzierung der Spartenprogramme sei dies besonders augenfällig, da sich z. B. der Kinderkanal durch „seine qualitativen und pädagogischen Maßstäbe sowie durch die Prinzipien des Verzichts auf Werbung und der Gewaltfreiheit" von der privaten Konkurrenz unterscheide und es beim Dokumentationskanal Phoenix überhaupt an Wettbewerbern fehle.[750] Es werden also im wesentlichen die Einwände vorgebracht, die auch schon hinsichtlich des Tatbestandsmerkmals der Begünstigung angeführt worden sind.

Diese Argumentation ist jedoch nicht überzeugend, weil sie auf den Zweck der Programme abstellt, der zugegebenermaßen nicht im Streben nach ökonomischem Gewinn, sondern in der Erfüllung des publizistischen Auftrags liegt.[751] Auf den Zweck kommt es aber bei der europäischen Beihilferegelung in Art. 87 Abs. 1 EGV gerade nicht an.[752] Auch bei der Frage der Wettbewerbsverfälschung ist folglich nicht der Platz, um mit rechtfertigenden Zweckerwägungen eine frühzeitige Verneinung der Tatbestandsmäßigkeit von Art. 87 Abs. 1 EGV herbeizuführen. Abzustellen bleibt auch an dieser Stelle allein auf die Wirkung der Gebührenfinanzierung. Die Wirkung aber besteht gerade darin, daß die Gebührenfinanzierung den Wettbewerb nicht länger als Ergebnis von Entscheidungen allein der am Marktgeschehen Beteiligten erscheinen läßt. Die Gebührenfinanzierung ist dem Staat zurechenbare Intervention, ohne die es

---

749 *Oppermann*, Deutsche Rundfunkgebühren und europäisches Beihilferecht, S. 60 ff., 65; *Holzer*, ZUM 1996, S. 274 (281 f.); *Eberle*, ZUM 1995, S. 763 (767); *Otten*, ZUM 1997, S. 790 (798 f.), *Hess*, Verfassungsrechtliche Probleme der Gebührenfinanzierung, S. 91.

750 *Oppermann*, Zur Finanzierung der öffentlich-rechtlichen Spartenprogramme „Kinderkanal" (KK) und „Phoenix" (PH) durch Rundfunkgebühren im Lichte des Europäischen Beihilferechts, S. 14, der sich bezüglich der privaten Nachrichtenkanäle zu der pauschalen Behauptung gezwungen sieht, daß diese mit „Infotainment" arbeiteten und sich auf diese Weise an einen anderen Zuschauerkreis wendeten.

751 *Oppermann*, Zur Finanzierung der öffentlich-rechtlichen Spartenprogramme „Kinderkanal" (KK) und „Phoenix" (PH) durch Rundfunkgebühren im Lichte des Europäischen Beihilferechts, S. 14.

752 Vgl. statt aller *Müller-Graff*, in: Baur/Jacobs/Lieb/Müller-Graff (Hrsg.), FS für Vieregge, S. 661 (665).

keinen auftragsgebundenen öffentlich-rechtlichen Rundfunk gebe. Bereits ohne diese Bindung wäre die Wettbewerbssituation eine andere. Die Wettbewerbsverfälschung ist auch nicht als Ausgleich unterschiedlicher Ausgangspositionen zu rechtfertigen.[753]

Einer Berufung auf das Ungleichgewicht der Wettbewerbsverhältnisse vor Erlaß der begünstigenden Maßnahme sind enge Grenzen gesetzt. Das auf diesen Punkt rekurrierende Urteil des EuGH[754] spricht zwar davon, daß von der Wettbewerbslage auszugehen ist, die vor dem Erlaß der strittigen Maßnahme bestand. Ausgeschlossen werden sollte damit aber der Einwand, das begünstigte Unternehmen sei vor der Beihilfe gegenüber vergleichbaren Wirtschaftseinheiten in anderen Mitgliedstaaten benachteiligt gewesen. Da der öffentlich-rechtliche Rundfunk schon lange in der gebührenfinanzierten Form existierte, bevor die privaten Veranstalter in den Wettbewerb eingetreten sind, paßt diese Argumentation nicht.

Die Konkurrenzsituation läßt sich auch nicht mit dem Hinweis auf den kulturellen Auftrag und das unterschiedliche Zuschauerprofil verneinen, da der Grundversorgungsauftrag auch die Ausstrahlung von massenattraktiven Sendungen der Sparten Unterhaltung und Sport erfaßt. Der Grundversorgungsauftrag schreibt gerade nicht vor, nur teure oder unattraktive Programme zu produzieren oder zu aquirieren, sondern es unterliegt der Programmautonomie der Rundfunkanstalten, wie sie den Grundversorgungsauftrag erfüllen wollen. Die für den Wettbewerb nachteilige Wirkung des Grundversorgungsauftrags dürfte deswegen nur schwer zu gewichten, keinesfalls aber pauschal als äquivalente Gegenleistung zur Gebührenfinanzierung zu bewerten sein[755], mit der nur Wettbewerbsgleichheit hergestellt würde. Selbst wenn man unter Berufung auf den nach dem 8. Rundfunkurteil des Bundesverfassungsgerichts[756] novellierten Rundfunkstaatsvertrag eine Überkompensation der öffentlich-rechtlichen Rundfunkanstalten generell ausschlösse[757], so ergibt sich das wettbewerbsverfälschende Moment der Gebührenfinanzierug daraus, daß sich eine Finanzierung ihres Umfangs allein durch Entscheidungen der Marktteilnehmer nicht hätte herbeiführen lassen. Auch die angemessenen Gebühren sind demnach Grundfinanzierung, die zusätzlich durch eine Finanzgarantie (Anstaltslast) abgesichert sind, über die die privaten Rundfunkveranstalter nicht verfügen. Daß einige der kleineren privaten Sender nicht

---

753 *Nicolaysen*, Europarecht II, S. 285.

754 EuGH Slg. 1974, S. 709 (720) - Italien/Kommission -.

755 *Sturgess/Aubel/Pistre/Argimon*, Putnam-Report, S. 141: „Many of the programme obligations placed upon public broadcasters are of a general nature, often leaving interpretation up to the individual broadcasters. Thus there are relatively few cases where the obligations laid upon public broadcasters are so specific that they provide an immediate means of identifying their impact on programme budgets or other areas of costs. [..] it is not testable, that public service obligations places additional operating costs upon public broadcasters."

756 BVerfGE 90, 60 ff.

757 So aber *Otten*, ZUM 1997, S. 790 (795).

mehr auf einem „level playing field" agieren können, seit ARD und ZDF die werbefreien, gebührenfinanzierten Spartenprogramme veranstalten[758], scheint das Scheitern des Kinderprogramms „Nickelodeon" zu bestätigen, selbst wenn die Ausstrahlung des „Kinderkanals" für den Rückzug von „Nickelodeon" nicht allein verantwortlich gewesen ist.

Entgegenzutreten ist an dieser Stelle auch der Ansicht, die eine Wettbewerbsverfälschung deshalb annimmt, weil der private Rundfunk vom Gebührenaufkommen ausgenommen werde, und es ihm deshalb unmöglich sei, in die Grundversorgungsaufgabe hineinzuwachsen.[759] Es wurde bereits gezeigt, daß die Erfüllung des Grundversorgungsauftrags nicht disponibel ist. Weder die Gebührenfinanzierung noch der Grundversorgungsauftrag verwehren es den privaten Sendern, sich der Aufgabe der Grundversorgung anzunehmen. Sie könnten allerdings selbst dann keine Gebühren dafür verlangen, wenn sie Programme der Grundversorgung sendeten, weil sie nicht auf diese Aufgabe verpflichtet werden können und folglich keine Gewähr dafür bieten, den Funktionsauftrag des Rundfunks dauerhaft zu erfüllen. Die Rundfunkgebühren sorgen umgekehrt dafür, daß die privaten Rundfunkveranstalter in der dualen Rundfunkordnung ohne umfangreiche Programmbindungen frei agieren können. Der Staat hat nicht dafür zu sorgen, daß sich mit der Erfüllung der Grundversorgung Profit erwirtschaften läßt. Insofern wäre – wenn überhaupt – allenfalls im grundrechtlich fundierten Funktionsauftrag an die Rundfunkveranstalter bereits eine Wettbewerbsverfälschung zu erblicken.

dd) Ergebnis

Die Prüfung der Wettbewerbsverfälschung kann nicht mit der Feststellung der Begünstigung entfallen. Die weitere Untersuchung des Tatbestandsmerkmals aber zeigt, daß zwischen öffentlich-rechtlichem und privatem Rundfunk sowohl eine Wettbewerbssituation besteht als auch eine Verfälschung dieses Wettbewerbsverhältnisses durch die Gebührenfinanzierung zu konstatieren ist. Dafür, daß eine Verfälschung des Wettbewerbs gegeben ist, spricht neben den schon genannten Gründen, daß die Bevorzugung der privaten Sender bei der Ausstrahlung von Werbung - obwohl selbst keine Beihilfe darstellend - den Wettbewerb modifiziert. Das gleiche muß auch für die Grundfinanzierung der öffentlich-rechtlichen Sendeanstalten gelten. Ausgleichsmaßnahmen können aber nicht dazu führen, die Balance der durch die Finanzierungsentscheidung entstandenen Wettbewerbsverfälschung wiederherzustellen. Obgleich die gesetzliche Ausgestaltung der dualen Rundfunkordnung und damit auch die Finanzie-

---

758 So die unveröffentlichte Beschwerde des VPRT gegen die Bundesrepublik Deutschland, die Arbeitsgemeinschaft der öffentlich-rechtlichen Rundfunkanstalten der Bundesrepublik Deutschland sowie das Zweite Deutsche Fernsehen, Fall Nr. IV/36.522, S. 43.

759 So *Selmer/Gersdorf*, Die Finanzierung des Rundfunks in der Bundesrepublik Deutschland auf dem Prüfstand des EG-Beihilferegimes, S. 51.

rung des öffentlich-rechtlichen Rundfunks neben inhaltlichen Standards die Austarierung ökonomischer Unterschiede bezweckt, folgt daraus nicht, daß die Gebührenfinanzierung wettbewerbsrechtlich neutral verliefe. Die Werbefinanzierung der öffentlich-rechtlichen Rundfunkanstalten kann gerade nicht zur vollständigen Deckung der Anstaltskosten beitragen, wie dies bei den Privaten der Fall ist. Im Hinblick auf die anteilsmäßige Verringerung der Werbeeinnahmen stellen die Gebühren also nur zu einem geringen Prozentsatz eine Kompensation für den Werbeverzicht dar; ansonsten sind die Gebühreneinnahmen wettbewerbsverzerrende, gleichheitswidrige Grundfinanzierung.[760]

Die mitgliedstaatliche Motivation, mit gleichfalls wettbewerbsverzerrenden Maßnahmen für die Herstellung der Chancengleichheit zu sorgen, hat der Europäische Gerichtshof im Verhältnis der Mitgliedstaaten untereinander für unbeachtlich erklärt: Der wettbewerbsverzerrende Charakter einer Maßnahme entfalle nicht dadurch, daß andere Mitgliedstaaten zu einer ähnlichen oder gleichen Maßnahme gegriffen haben (tu-quoque-Argument).[761] Gleiches dürfte für Maßnahmen gelten, die innerhalb eines Mitgliedstaates zur Austarierung von Wettbewerbsverfälschungen getroffen werden. Auch diesbezüglich darf das Entscheidungsmonopol der Kommission über die Vereinbarkeit der unter Art. 87 Abs. 1 EGV fallenden Maßnahmen mit dem Gemeinsamen Markt nicht ausgehöhlt werden. Praktisch dürfte es überdies nicht möglich sein, die beihilferechtliche gegen die ausgleichende Maßnahme punktgenau aufzurechnen.

h) Beeinträchtigung des zwischenstaatlichen Handels

Die Verfälschung des Wettbewerbs muß sich auf den Handel zwischen verschiedenen Mitgliedstaaten der Gemeinschaft nachteilig auswirken. Nach der Rechtsprechung des Europäischen Gerichtshofs reicht auch bei diesem Tatbestandsmerkmal eine nur potentielle Beeinträchtigung aus.[762] Das Tatbestandsmerkmal der zwischenstaatlichen Handelsbeeinträchtigung steht in enger Beziehung zur Wettbewerbsverfälschung selbst; als Kollisionsnorm, mit deren Hilfe der Geltungsbereich des gemeinschaftlichen Beihilfeaufsichtsrechts gegenüber dem innerstaatlichen Recht der Mitgliedstaaten abzugrenzen ist, kommt dem Tatbestandsmerkmal jedoch eine eigenständige Bedeutung zu.[763] Deshalb ist in Anlehnung an die Konkretisierung des Tatbestandsmerkmals der Wettbewerbsverfälschung die Beeinträchtigung des Handels als die „künstliche" Erschwerung, bzw. Erleichterung der Ausfuhren durch einseitige Begünstigungen zu ver-

---

760 *Engel*, Europarechtliche Grenzen für öffentlich-rechtliche Spartenprogramme, S. 37 f.

761 EuGH Slg. 1977, S. 595 (613) - Steinike und Weinlig -.

762 EuGH Slg. 1980, S. 2671 (2688 f.) – Philip Morris -.

763 *Mederer*, in: Groeben/Thiesing/Ehlermann (Hrsg.), Kommentar zum EU-/EG-Vertrag, 5. Aufl. 1999, Art. 92 [neu: 87] Rn. 36; *Cremer*, in: Calliess/Ruffert (Hrsg.), Kommentar zu EU-Vertrag und EG-Vertrag, Art. 87 Rn. 17.

stehen.[764] Für eine Wettbewerbsverfälschung wurde hinsichtlich der Wirkungsintensität ebenfalls die bloße Veränderung der Wettbewerbsbedingungen als ausreichend bezeichnet. Regelmäßig findet die Prüfung von Wettbewerbsverfäschung und dem Einfluß auf den zwischenstaatlichen Handel daher in engem Zusammenhang statt[765], da sich beide Tatbestandsmerkmale unmittelbar aufeinander beziehen.

aa) Anforderungen an das Ausmaß der Handelsbeeinträchtigung

Die Kommission deutet die Einschränkung von Art. 87 Abs. 1 a. E. EGV „soweit sie den Handel zwischen Mitgliedstaaten beeinträchtigen" vor dem Hintergrund der de-minimis Regelung[766] als Bestandteil des Beihilfebegriffs.[767] Weil Beihilfen unter einer Höhe von 100.000,- Euro keine Handelsbeeinträchtigungen erwarten lassen, werden solche Zuwendungen, die regelmäßig an kleinere und mittelständische Unternehmen gewährt werden, von der Notifikationspflicht gemäß Art. 88 Abs. 3 EGV befreit; sie fielen damit gar nicht unter den Beihilfebegriff des Art. 87 Abs. 1 EGV. Dabei wird aber übersehen, daß die Frage der Handelsbeeinträchtigung ebenso wie die der Wettbewerbsverzerrung das Vorliegen einer Beihilfe verlangt. Der Tatbestandsausschluß von Beihilfen, die einen Wert von 100.000,- Euro nicht überschreiten, beruht also nicht darauf, daß es diesen Maßnahmen an der Beihilfeeigenschaft fehlt, sondern ist einzig auf die Verfahrensherrschaft der Kommission im Rahmen von Art. 88 EGV zurückzuführen.[768] Die Einführung der de-minimis-Grenze macht somit deutlich, daß Art. 87 Abs. 1 EGV eine gesonderte Prüfung der zwischenstaatlichen Handelsbeeinträchtigung verlangt. Festgestellte oder vorhersehbare Wettbewerbsverfälschungen müssen nämlich nicht automatisch eine Handelsbeeinträchtigung darstellen[769], weil sie auch auf

---

764 EuGH Slg. 1980, S. 2671 (2688 f.) – Philip Morris -; *v. Wallenberg*, in: Randelzhofer/Scholz/Willke (Hrsg.), GS für Grabitz, S. 867 (873); dies., in: Grabitz/Hilf (Hrsg.), Kommentar zum EWG-Vertrag, Art. 92 [neu: 87] Rn. 28; *Müller-Graff*, ZHR 152 (1988), S. 403 (433 f.).

765 *Slot*, State aids in the cultural sector, S. 17.

766 Vgl. Gemeinschaftsrahmen für staatliche Beihilfen an kleine und mittlere Unternehmen (92/C 213/02), verabschiedet von der Kommission am 20.5.1992, ABl. EG Nr. C 213 vom 19.8.1992, S. 2 (5); geändert durch die Mitteilung der Kommission über „deminimis"-Beihilfen (96/C 68/06), ABl. EG Nr. C 68 v. 6.3.1996, S. 9 ff.; grds. dagegen, das Erfordernis der Spürbarkeit im Sinne von Art. 81 auf Art. 87 EGV zu übertragen GA *Lenz*, in: EuGH Slg. 1986, S. 2263 (2274) - Belgien/Kommission - mit Hinweis auf EuGH Slg. 1987, S. 4393 (4419) - Frankreich/Kommission -; EuGH Slg. 1991, I-1433 (1477) - Italien/Kommission -.

767 XXIV. Bericht über die Wettbewerbspolitik 1994, Ziff. 351.

768 Zutreffend deshalb *Götz*, in: Dauses (Hrsg.), Handbuch des EU-Wirtschaftsrechts, H. III 3. c) Rn. 29, 46.

769 Zur „Präponderanz" dieses Merkmals gegenüber der Wettbewerbsverfälschung schon *Keßler*, DÖV 1977, S. 619 (620), der daraus allerdings den zu weit gehenden Schluß zog, daß eine Rücksichtnahme auf die Kompetenz des subventionierenden Mitgliedstaates intendiert sei.

den innerstaatlichen Handel beschränkt sein können, wie dies bei dem Markt für Presseerzeugnisse anzunehmen ist.[770]

bb) Zwischenstaatlicher Handel im Bereich des Rundfunks

Mit dem Hinweis auf die Geringfügigkeit der Gebührenhöhe läßt sich die Möglichkeit einer zwischenstaatlichen Handelsbeeinträchtigung im Bereich des Rundfunks angesichts eines Umfangs von zuletzt 10.972,4 Mio. DM im Jahr 1997 nicht verneinen. Aber auch ein Vergleich mit dem Markt für Presseerzeugnisse ist nicht angebracht. Im Bereich des Rundfunks besitzen neben den bestehenden Satellitenprogrammen auch fast alle terrestrischen Fernsehprogramme ein grenzüberschreitendes Verbreitungsgebiet. Deshalb ringen die Rundfunkunternehmen europaweit um die Gunst der Zuschauer[771], wofür die Einspeisung der englischsprachigen Sender NBC, CNN oder MTV in das deutsche Kabelnetz oder aber die Aufschaltung regionaler dritter Fernsehprogramme auf europaweit sendende Satelliten Beleg genug sein dürfte. Auch bezüglich der Akquisition von Werbung und der Verwertung von Senderechten büßen die Landesgrenzen ihre Relevanz ein.[772] Senderechte an bestimmten Großereignissen werden längst nicht mehr nur allein zum Zwecke der nationalen Übertragung verkauft, wie das Beispiel der EBU zeigt. Der Programmbeschaffungsmarkt richtet sich nicht nur europa-, sondern weltweit aus. Private wie öffentlich-rechtliche Sender konkurrieren vor allem um die Lizenzrechte für quotenträchtige Hollywoodproduktionen. Innerhalb dieser Situation läßt die Anwesenheit eines Konkurrenten, der seine Finanzierung nicht über den Markt herbeiführen muß, eine zwischenstaatliche Wettbewerbsbeeinträchtigung wahrscheinlich erscheinen. Ebenso wie eine Beihilfe, die zur Erweiterung der Produktionskapazitäten dient, zumindest die Möglichkeit verstärkt, den Handel zwischen den Mitgliedstaaten zu beeinflussen[773], so beinhaltet auch die die Sendetätigkeit erst ermöglichende Rundfunkgebühr zumindest eine potentielle Handelsbeeinträchtigung zwischen den Mitgliedstaaten.

i) Ergebnis: Die Rundfunkgebühr erfüllt den Tatbestand von Art. 87 Abs. 1 EGV

Die Rundfunkgebühr ist eine den öffentlich-rechtlichen Rundfunk einseitig begünstigende Maßnahme. Weder die begünstigende Wirkung noch die Wettbewerbsverfäl-

---

770 Sechster Bericht über die Wettbewerbspolitik 1977, Ziff. 239.

771 Zur Problematik der Satellitenaufschaltung der Dritten Programme vgl. *Ricker*, ZUM 1998, S. 181 (185 ff).

772 *Berekoven*, Europa-Fernsehen - ein Kommunikationsinstrument des internationalen Marketings, S. 53 (55), in: Arbeitskreis Werbefernsehen der deutschen Wirtschaft (Hrsg.), Europafernsehen und Werbung; *Merkle*, Europafernsehen aus Sicht der Werbungtreibenden, S. 61 (63), ebd.; *K. Pieper*, ZUM 1989, S. 396 (397 f.).

773 Vgl. EuGH Slg. 1980, S. 2671 (2688) - Philip Morris -.

schung entfallen deshalb, weil mit der Grundversorgung die angemessene und verhältnismäßige Gegenleistung für die Gebührenzahlung erfolgte. Die trotz des Programm- und Funktionsauftrags verbleibende Begünstigung der Anstalten zeigt sich darin, daß ein privater Kapitalgeber eine Finanzierung der öffentlich-rechtlichen Rundfunkanstalten mangels Rentabilität ablehnen müßte. Zwar ist die mangelnde Rentabilität auf den pflichtigen Programmauftrag zurückzuführen. Diese Ausrichtung an nichtökonomischen Faktoren vermag aber nicht für sich genommen eine begünstigende oder wettbewerbsverfälschende Wirkung auszuschließen. Denn die übrigen Wettbewerber müssen auch auf einen Marktteilnehmer reagieren, der nicht an die Gesetzmäßigkeiten von Angebot und Nachfrage gebunden ist. Eine diesbezügliche Freiheit stellt – trotz anderer Bindungen - eine Begünstigung dar. Sie wäre ohne staatliche Hilfe für die Konkurrenz nicht zu erreichen. Da durch die Gebührenfinanzierung somit Marktteilnehmer geschaffen werden, die im Wettbewerb nicht ohne die Grundfinanzierung bestehen könnten, ist auch die wettbewerbsverfälschende Wirkung der Gebührenfinanzierung indiziert. Die Wettbewerbsverfälschung läßt sich darüber hinaus aber auch für die relevanten Märkte im einzelnen nachweisen. Die europaweite Bedeutung dieser Märkte sowie die Konkurrenz der auf dem europäischen Binnenmarkt tätigen Rundfunkunternehmen untereinander läßt auch eine Verfälschung des zwischenstaatlichen Wettbewerbs zumindest möglich erscheinen. Da auch die Kausalität zwischen der Beihilfegewährung in Form der Gebührenfinanzierung und der zwischenstaatlichen Handelsbeeinträchtigung gegeben ist, erfüllt die Finanzierung der öffentlich-rechtlichen Rundfunkanstalten mittels Rundfunkgebühren in Deutschland alle Tatbestandsmerkmale von Art. 87 Abs. 1 EGV.

Die Tatbestandsmäßigkeit der Gebührenfinanzierung sagt indes noch nichts über die Unvereinbarkeit mit dem EG-Vertrag insgesamt aus. Ein diesbezügliches Ergebnis läßt sich erst nach einer Prüfung von Art. 87 Abs. 2 und 3 EGV formulieren.

III. Europarechtliche Rechtfertigung der Rundfunkgebühren

Staatliche Maßnahmen, die den Tatbestand von Art. 87 Abs. 1 EGV erfüllen, können gemäß Art. 87 Abs. 2 oder Abs. 3 EGV gerechtfertigt sein. Die in Art. 87 Abs. 2 EGV enthaltenen Legalausnahmen sind ohne Einschränkungen mit dem Gemeinsamen Markt vereinbar. Ihren Zielen wird Vorrang vor dem Wettbewerb eingeräumt, und staatliche Beihilfen werden für zulässig gehalten, weil mit Hilfe des Wettbewerbs allein die Zweckerreichung nicht möglich erscheint. Während der EG-Vertrag die Abwägung in Art. 87 Abs. 2 EGV also bereits vorwegnimmt und der Kommission somit keinen Raum für eine Ermessensentscheidung läßt, machen die Ausnahmetatbestände in Abs. 3 eine wirtschaftliche Gesamtwürdigung von gemeinschaftlichen und mitgliedstaatlichen Interessen erforderlich. Der Grundsatz des freien Wettbewerbs rückt hier nicht in den Hintergrund, sondern bleibt selbst Maßstab und Mittel, so daß die Beihilfen neben dem freien Wettbewerb lediglich ergänzende Maßnahmen zur Erreichung struktur- und standortpolitischer sowie kultureller Zwecke darstellen.[774] Zu berücksichtigen ist außerdem, daß die Beihilfenkontrolle - wie generell die Anwendung der Wettbewerbsvorschriften durch die Kommission - nicht nur Gegenstand stringenter Rechtsanwendung, sondern auch und vor allem ein politischer Entscheidungsprozeß ist.[775] Bezüglich der Rundfunkfinanzierung ist dies bei der Diskussion über das Papier der Generaldirektion Wettbewerb deutlich geworden.[776] Auch auf der Ebene der Staats- und Regierungschefs wurde beim Ringen um den Wortlaut der Protokollerklärung im Amsterdamer Vertrag zum öffentlich-rechtlichen Rundfunk versucht, durch politische Einwirkung auf die Wettbewerbsvorschriften das Ermessen der Kommission zu dirigieren. Das Konzept einer sozialpolitisch und staatsrechtlich notwendigen Grundversorgung ist auf europäischer Ebene deshalb nicht zuletzt auch mit politischen Mitteln werbend zur Geltung zu bringen.

Die Rechtfertigung wettbewerbsrechtlicher Eingriffe ist von einer weiteren Unwägbarkeit geprägt, scil. der Tatsache, daß es sich in vielen Fällen um Prognoseentscheidungen in bezug auf Markt- oder Technologieentwicklungen handelt. Vor allem besitzen die technische Innovation und die damit möglicherweise einhergehende Änderung im Konsumverhalten der Rezipienten gerade für die Beurteilung des Funktionsverständnisses des öffentlich-rechtlichen Rundfunks auch auf europäischer Ebene eine Bedeutung.

Die Bedeutung des öffentlich-rechtlichen Rundfunks vorausgestellt und unter Berücksichtigung der unterschiedslosen Anwendbarkeit des Wettbewerbsrechts muß es das Ziel einer europarechtlichen Rechtfertigung der deutschen Gebührenfinanzierung sein, einen Ausgleich zwischen beiden Rechtsgebieten herzustellen, wie es auch für das deutsche Recht zwischen Wettbewerbs- und Rundfunkrecht gelungen ist. In Europa wie in der Bundesrepublik sind dafür vor allem die Funktion des Rundfunks und seine Wirkungsweise angemessen zu berücksichtigen. Es sind die Auswirkungen zu untersuchen, die sich daraus ergeben, daß aus europarechtlicher Sicht im Verhältnis von Rundfunk- und Wirtschaftsrecht eine gerichtlich herausgebildete oder bestätigte Grundrechtsinterpretation der Rundfunkfreiheit, die mit der dargestellten Judikatur des Bundesverfassungsgerichts[777] vergleichbar wäre, nicht existiert. Das europäische Wettbewerbsrecht trifft darüber hinaus auf die zu Art. 10 EMRK ergangene Spruch-

---

[774] *Matthies*, ZHR 152 (1988), S. 442 (448).

[775] *Schneider/Busch*, EuZW 1995, S. 602.

[776] „Diskussionspapier zur Anwendung der Artikel 90 Absatz 2, 92 und 93 [neu: 86, 87 und 88] EG-Vertrag im Rundfunksektor", S. 3-5; vgl. auch Working Document der DG Wettbewerb, Preparing for the information society, vom 9.3.1995, unveröffentlicht, S. 7 Rn. 18 und das Vorgehen hinsichtlich der Beschwerden spanischer, italienischer und französischer Rundfunkveranstalter, die über kein analytisches Rechnungswesen verfügen, wie dies bei RTP der Fall gewesen ist, in: Mitteilung der Kommission vom 3.2.1999, http://www.europa.eu.int/rapid/start/cgi...on.gettxt.

[777] Vgl. dazu oben B) II. 1., S. 30 ff.

praxis[778], sowie auf die Rechtfertigungslehre zur Beschränkbarkeit der Dienstleistungsfreiheit aus Allgemeinwohlgründen.[779] Zu prüfen ist, wie diese Rechtsprechung, aber auch wie der deutsche Interpretationsansatz innerhalb der Ermessensentscheidung der Kommission zu berücksichtigen sind. Außerdem ist zu beachten, von welchem politischen Leitbild des öffentlich-rechtlichen Rundfunks in Europa die Kommission auszugehen hat.

1. Rechtfertigung durch die Protokollerklärung zum Amsterdamer Vertrag

Eine Rechtfertigung der europarechtlichen Beihilfe „Rundfunkgebühr" durch die Protokollerklärung betreffend den öffentlich-rechtlichen Rundfunk im Amsterdamer Vertrag kommt nicht in Betracht. Für eine solche Interpretation der Protokollnotiz ließe sich nicht einmal ihr Erwägungsgrund heranziehen, der die besonderen Funktionen des öffentlich-rechtlichen Rundfunks in den Mitgliedstaaten betont. Auch die Protokollerklärung selbst, wonach die Befugnis der Mitgliedstaaten, den öffentlich-rechtlichen Rundfunk zu finanzieren, unangetastet bleibt, besitzt keinen rechtfertigenden, über Art. 87 Abs. 2 und 3 EGV hinausweisenden Charakter. Der Erklärung soll nach dem Willen der Vertragspartner nur *auslegender* Charakter zukommen. Damit wird jedoch weder eine Bereichsausnahme zugunsten des öffentlich-rechtlichen Rundfunks von den Beihilfevorschriften statuiert, noch werden die Wettbewerbsvorschriften in irgendeiner Form modifiziert. Auch in der Protokollerklärung wird davon ausgegangen, daß durch die Finanzierung „die Handels- und Wettbewerbsbedingungen in der Gemeinschaft nicht in einem Ausmaß beeinträchtigt" werden dürfen, „das dem gemeinsamen Interesse zuwiderläuft". Das hat zur Folge, daß dieses auch in Art. 87 EGV enthaltene Tatbestandsmerkmal weiterhin voll durchgeprüft werden muß. Davon unberührt bleibt jedoch die Aussage, die das Protokoll für die Bestimmung der Funktion des öffentlich-rechtlichen Rundfunks in Europa besitzt.[780]

---

778 Für eine „Brückenfunktion" zwischen wirtschaftlicher und kultureller Bedeutung der Rundfunktätigkeit auch *Astheimer/Moosmayer*, ZUM 1994, S. 395 (402), die jedoch Art. 10 EMRK den Vorrang vor Art. 81 ff. EGV einräumen wollen.

779 S. dazu oben C) I. 2. b), S. 99 ff.

780 *Dörr*, Die öffentlich-rechtliche Rundfunkfinanzierung und die Vorgaben des EG-Vertrages, S. 5 (37), in: Rechtliche und ökonomische Fragen der Finanzierung des öffentlich-rechtlichen Rundfunks im Lichte des europäischen Rechts, Schriftenreihe des Instituts für Rundfunkrecht an der Universität zu Köln, Band 73, 1998, will der Protokollerklärung darüber hinaus sogar einen „prinzipiellen Vorrang [der Erfüllung des öffentlich-rechtlichen Auftrags] vor den Interessen des Wettbewerbs" entnehmen.

2. Systematik der beihilfespezifischen Rechtfertigungsgründe

Als Rechtfertigungsgründe für die Gebührenfinanzierung des öffentlich-rechtlichen Rundfunks kommen mangels Tatbestandsmäßigkeit nicht die zwingenden Ausnahmebestimmungen in Art. 87 Abs. 2 EGV, sondern nur die ermessensgebundenen Vorschriften in Abs. 3 EGV in Betracht. Besonderes Gewicht ist auf den durch den Maastrichter Vertrag eingefügten Art. 87 Abs. 3 lit. d) EGV zu legen, dessen Reichweite erst in einer Zusammenschau mit weiteren Vertragsneuerungen deutlich werden wird. Auf das Verhältnis dieser Norm zu den Rechtfertigungsgründen aus Art. 87 Abs. 3 lit. b) und lit. c) EGV ist im folgenden einzugehen. Die Tatbestandsmäßigkeit der Ausnahmeregel genügt im Falle des Art. 87 Abs. 3 EGV jedoch nicht, um das grundsätzliche Verbot in Abs. 1 zu relativieren; es müssen weitere Umstände hinzukommen, die für eine ausnahmsweise Zulässigkeit des Beihilfevorhabens sprechen.[781] Darauf ist einzugehen, wenn der Umfang des der Kommission zustehenden Ermessens geprüft wird. Abschließend ist die Möglichkeit einer Rechtfertigung über die sog. „Ratsbeihilfen“ gemäß Art. 87 Abs. 3 lit. e), Art. 88 Abs. 2 UAbs. 2 EGV sowie Art. 89 EGV zu untersuchen.

3. Beihilfe gemäß Art. 87 Abs. 3 lit. b) EGV

Gemäß Art. 87 Abs. 3 lit. b) EGV können solche Beihilfen als mit dem Gemeinsamen Markt vereinbar angesehen werden, die wichtige Vorhaben von gemeinsamem europäischem Interesse fördern oder eine beträchtlichen Störung im Wirtschaftsleben eines Mitgliedstaates beheben. Zur Bestimmung des gemeinsamen europäischen Interesses ist auf die Ziele der Gemeinschaft insgesamt abzustellen, die sich aus dem Vertrag oder aus gemeinsam initiierten Programmen ergeben können.[782]

Es wird die Ansicht vertreten, daß die Erhaltung und Entwicklung eines gemeinwohlorientierten öffentlich-rechtlichen Rundfunks ein solches Vorhaben von gemeinsamen europäischem Interesse im Sinne des Art. 87 Abs. 3 lit. b) EGV darstellt, selbst wenn ein solches Projekt nur in einem Mitgliedstaat realisiert werden sollte.[783] Indes ist bereits fraglich, ob die Konzeption dualer Rundfunkordnungen in den Mitgliedstaaten der Europäischen Union aufgrund ihrer unterschiedlichen Erscheinungsformen überhaupt als Projekt von gemeinsamem europäischem Interesse gelten kann. Vertraglich ist ein solches Ziel nicht festgeschrieben; auch gemeinsam initiierte Programme zur Förderung des öffentlich-rechtlichen Rundfunks in den Mitgliedstaaten gibt es nicht. Der öffentlich-rechtliche Rundfunk in Deutschland allein kann ein europäisches Interesse

---

781 *Hoischen*, Die Beihilferegelung in Art. 92 EWGV [neu: 87], S. 102 f., 116.

782 *V. Wallenberg*, in: Grabitz/Hilf (Hrsg.), Kommentar zum EWG-Vertrag, Art. 92 [neu: 87] Rn. 50.

783 *Betz*, MP 1997, S. 2 (11).

jedenfalls nicht begründen. Die Ausführungen zur gesellschaftspolitischen Bedeutung des Rundfunks haben deutlich gemacht, daß der öffentlich-rechtliche Rundfunk nationalen Staatszielbestimmungen folgt und daß sich aus der demokratischen Identitätssicherungs- und Selbstdarstellungsfunktion der Gemeinschaft gerade keine europäische Regelungskompetenz ergibt, weil der nur nationale Bezug der Rundfunktätigkeit hierfür nicht ausreichend ist. Die Förderung des öffentlich-rechtlichen Rundfunks in Deutschland ist nicht von gemeinschaftlichem Interesse, sondern von nationalem Interesse geprägt. Dies gilt für alle nationalen Rundfunkordnungen. Die nationale Bedeutung der öffentlich-rechtlichen Rundfunkanstalten in den Mitgliedstaaten läßt sich aufgrund dieser nationalen Bezogenheit auch nicht im Wege der „Addition" mit einem gemeinsamen europäischem Interesse gleichsetzen. Im Rundfunkbereich ließe sich als Gegenbeispiel, dem ein gemeinschaftliches Interesse zugrunde liegt, an Subventionen zur Förderung europaweiter Programmbeiträge für die Produktion eines übergeordneten Gemeinschaftsprogramms denken. Damit ist die Förderung nationaler Rundfunkordnungen nicht vergleichbar.

Eine beträchtliche Störung im Wirtschaftsleben der Bundesrepublik Deutschland soll durch die Gebührenfinanzierung der öffentlich-rechtlichen Rundfunkanstalten auch nicht behoben werden. Zum einen liegt erst in der Maßnahme selbst eine das Wirtschaftsleben störende Wirkung. Zum anderen ist die Gebührenfinanzierung nicht darauf gerichtet, wirtschaftliche Wirkungen hervorzurufen.

4. Beihilfe gemäß Art. 87 Abs. 3 lit. c) EGV

Vor Einfügung des Art. 87 Abs. 3 lit. d) EGV hätte eine Rechtfertigung von Beihilfen für die öffentlich-rechtlichen Rundfunkanstalten als „Förderung der Entwicklung gewisser Wirtschaftszweige oder Wirtschaftsgebiete" gemäß Art. 87 Abs. 3 lit. c) EGV versucht werden müssen, weil hierunter von der Kommission auch die Kulturbeihilfen gefaßt wurden.[784] Gegen eine solche Rechtfertigung sprach allerdings schon vor der Maastrichter Vertragsrevision, daß tatbestandlich vom Wortlaut des Art. 87 Abs. 3 lit. c) EGV nur Umstrukturierungsbeihilfen erfaßt sind, die zur Anpassung eines Wirtschaftszweiges an geänderte ökonomische Verhältnisse dienen. Hauptanwendungsgebiete dieser Ausnahmevorschrift sind deshalb auch Regional- und Sektoralbeihilfen.[785] Diese müssen auch zeitlich befristet sein.[786] Bei der die Finanzgarantie konkretisierenden Gebührenfinanzierung handelt es sich aber nicht um eine Beihilfe, die gewährt wird, um die Wettbewerbsfähigkeit des öffentlich-rechtlichen Rundfunks wiederherzu-

---

784 Vgl. XXIII Bericht über die Wettbewerbspolitik 1993, Ziff. 174; XXV. Bericht über die Wettbewerbspolitik, Ziff. 199: „ Der Kommission ist klar, daß die europäische Film- und Fernsehindustrie einen wichtigen Teil der vielfältigen europäischen Kultur darstellt."

785 *V. Wallenberg*, in: Grabitz/Hilf (Hrsg.), Kommentar zum EWG-Vertrag, Art. 92 [neu: 87] Rn. 52.

786 So EuGH Slg. 1988, S. 1537 (1596) – Glaverbel (Exécutif régional wallon) -.

stellen. Sie ist außerdem ein kontinuierliches Finanzierungsinstrument, dem der degressive Charakter gerade fehlt.[787] Auf die Gebührenfinanzierung in Deutschland ist Art. 87 Abs. 3 lit. c) EGV somit nicht anzuwenden. Nach Einfügung von Art. 87 Abs. 3 lit. d) EGV ist auch der Ansicht zuzustimmen, die jenen neuen Unterabschnitt für den Bereich der Kultur als lex specialis ansieht.[788]

5. Kulturbeihilfe gemäß Art. 87 Abs. 3 lit. d) EGV

Mit dem Gemeinsamen Markt vereinbar sind gemäß Art. 87 Abs. 3 lit. d) EGV Beihilfen zur Förderung der Kultur und der Erhaltung des kulturellen Erbes, soweit sie die Handels- und Wettbewerbsbedingungen in der Gemeinschaft nicht in einem Maß beeinträchtigen, das dem gemeinsamen Interesse zuwiderläuft. Diese Vorschrift wurde zusammen mit Art. 3 lit. q) und Art. 151 EGV durch den Vertrag von Maastricht in den EG-Vertrag aufgenommen. Der kulturelle Bereich hat damit an Eigenständigkeit gewonnen. Um ihn in seiner Gesamtheit angemessen zu gewichten, ist bei der Interpretation der einzelnen Tatbestandsmerkmale von Art. 87 Abs. 3 lit. d) EGV besonders auf das Verhältnis dieser Norm zu Art. 151 EGV zu achten.

a) Begriff der Kultur

Es ist fraglich, ob der öffentlich-rechtliche Rundfunk in Deutschland unter den Kulturbegriff des Art. 87 Abs. 3 lit. d) EGV zu subsumieren ist. Zur Beantwortung dieser Frage ist vorweg zu klären, ob der Kulturbegriff europarechtlich zu bestimmen ist oder ob das mitgliedstaatliche Kulturverständnis darüber entscheidet, welchen Umfang die Ausnahmevorschrift des Art. 87 Abs. 3 lit. d) EGV besitzt.

aa) Mitgliedstaatlicher Bezug des Kulturbegriffs

Der Blick auf den Wortlaut von Art. 3 lit. q) EGV legt es nahe, daß unter der zu fördernden Kultur diejenige der Mitgliedstaaten und nicht eine europäische Kultur gemeint ist, denn die Norm dirigiert die gemeinschaftliche Tätigkeit auf einen Beitrag des Kulturlebens in den Mitgliedstaaten. Diese Ausrichtung am Kulturbegriff der Mitgliedstaaten findet sich zwar nicht in Art. 87 Abs. 3 lit. d) EGV. Dort wird der Begriff der Kultur nur im Singular und ohne Bezug zu den Mitgliedstaaten im Gegensatz zur Formulierung in Art. 151 Abs. 1 EGV verwendet, wo von den „Kulturen" im Plural gesprochen wird.[789] Schon um Widersprüche innerhalb des die Kultur umfassenden

---

787 So auch *v. Wallenberg*, in: Randelzhofer/Scholz/Wilke (Hrsg.), GS für Grabitz, S. 867 (875).

788 *Oppermann*, Deutsche Rundfunkgebühren und europäisches Beihilferecht, S. 81; *v. Wallenberg*, in: Grabitz/Hilf (Hrsg.), Kommentar zum EWG-Vertrag, Art. 92 [neu: 87] Rn. 52; *Wemmer*, Die neuen Kulturklauseln des EG-Vertrages, S. 213.

789 So auch *Dörr*, Die öffentlich-rechtliche Rundfunkfinanzierung und die Vorgaben des EG-Vertrages, S. 5 (30 ff.), in: Rechtliche und ökonomische Fragen der Finanzierung des öffentlich-

Normenprogramms des Vertrages zu vermeiden, sind Art. 3 lit. q) EGV und Art. 151 EGV zur Konkretisierung einer anderen Vertragsnorm heranzuziehen. Daß somit auch innerhalb von Art. 87 Abs. 3 lit. d) EGV die Kulturen der Mitgliedstaaten gemeint sind, folgt auch daraus, daß Art. 87 Abs. 1 EGV an die Mitgliedstaaten adressiert ist und zum Wohle des chancengleichen Wettbewerbs selektive Begünstigungen verbietet. Dann aber muß auch der Rechtfertigungsgrund einen mitgliedstaatlichen Bezug aufweisen. Aufzulösen sind mittels Art. 87 Abs. 3 lit. d) EGV Widersprüche zwischen der nationalen Kulturförderung und der Verzerrung des gemeinschaftlichen Wettbewerbs. Eine Förderung der europäischen Kultur durch einen Mitgliedstaat bedürfte keiner Rechtfertigung, da es ihr schon an der Selektivität mangelte.

Die Erwähnung des „gemeinsamen europäischen Erbes" in Art. 151 Abs. 1 EGV vermag an der mitgliedstaatlichen Ausrichtung des Kulturbegriffs weder grundsätzlich noch im Falle der Beihilferegeln etwas zu ändern.[790] Der Begriff der Gemeinsamkeit darf nicht mit dem der Einheitlichkeit verwechselt werden. Desweiteren folgt der mitgliedstaatliche Bezug auch bei diesem Tatbestandsmerkmal daraus, daß sich Art. 87 EGV in seiner Gesamtheit an die Mitgliedstaaten und eben nicht an die Gemeinschaft wendet.[791] Die Gegenansicht müßte erklären, warum es notwendig ist, eine Vorschrift in den Vertrag aufzunehmen, mit der mitgliedstaatliche Beihilfen gerechtfertigt werden, die die europäische Kultur insgesamt fördern und damit im gemeinsamen Interesse liegen würden.[792] Wie dargestellt wäre ein solcher Sachverhalt in der Praxis der Kommission bereits von Art. 87 Abs. 3 lit. b) EGV umfaßt gewesen.[793]

Einen einheitlichen europäischen Kulturbegriff unter gleichzeitiger Beachtung der in den Mitgliedstaaten bestehenden Nuancierungen zu finden, wäre wegen der geschichtlichen Gegensätze gar nicht möglich. Es kann dagegen nicht vorgebracht werden, daß ein Rückgriff auf die mitgliedstaatlichen Rechtsordnungen für die Bestimmung des europarechtlichen Kulturbegriffs deshalb ausscheide, weil diese den Kulturbegriff schon tatsächlich nicht definieren könnten.[794] Dies müßte gleichermaßen auch für die

---

rechtlichen Rundfunks im Lichte des europäischen Rechts, Schriftenreihe des Instituts für Rundfunkrecht an der Universität zu Köln, Band 73, 1998.

790 *Fechner*, in: Groeben/Thiesing/Ehlermann, Kommentar zum EU-/EG-Vertrag, Vorb. zu Artikel 128 [neu: 151] Rn. 18, 19 m.w.N.

791 *Selmer/Gersdorf*, Die Finanzierung des Rundfunks in der Bundesrepublik Deutschland auf dem Prüfstand des EG-Beihilferegimes, S. 73; a. A. *Engel*, Europarechtliche Grenzen für öffentlich-rechtliche Spartenprogramme, S. 42.

792 *Oppermann*, Deutsche Rundfunkgebühren und europäisches Beihilferecht, S. 85; *Ress*, DÖV 1992, S. 944 (954, Fn. 103) leitet den Bezug auf die nationale Kultur in Art. 87 Abs. 3 lit. d) EGV aus dem Gesamtzusammenhang dieser Bestimmung mit Art. 151 EGV ab.

793 Vgl. oben D) III. 3., S. 189.

794 So *Wemmer*, Die neuen Kulturklauseln des EG-Vertrages, S. 12, 14, der nur über das Einstimmigkeitserfordernis in Art. 151 Abs. 5 EGV einen mitgliedstaatlichen Einfluß erblickt. Dabei übersieht er jedoch, daß nur über solche Maßnahmen beschlossen werden kann, die in dem hier

Gemeinschaftsorgane gelten, die in tatsächlicher Hinsicht mit den gleichen Auslegungsschwierigkeiten konfrontiert wären. Auf die Auslegungsfähigkeit des Begriffs kommt es auch weniger an, als vielmehr darauf, welcher inhaltliche Bezug hergestellt wird. Der spezifisch gemeinschaftsrechtliche Kulturbegriff kann und muß sich deshalb an der Auslegung der Mitgliedstaaten orientieren.[795] Da es eine einheitliche europäische Kulturidee nicht gibt, wird der Kulturbegriff erst durch das, was in den Mitgliedstaaten unter Kultur verstanden wird, mit Inhalt gefüllt. Aus der Tatsache, daß der Vertrag den Kulturbegriff nicht definiert, kann dagegen nicht auf eine gemeinschaftliche Auslegungskompetenz geschlossen werden.[796]

bb) Auslegungsbefugnis für den Kulturbegriff

Grundsätzlich ist davon auszugehen, daß die Rechtsbegriffe der europäischen Verträge aus Sicht der Gemeinschaft ausgelegt werden.[797] Stünde die Auslegung im Belieben der Mitgliedstaaten, folgte daraus das untragbare Ergebnis, daß es jeder Mitgliedstaat in der Hand hätte, für sich die Reichweite des Vertrages und damit den Umfang der für ihn geltenden Bindungswirkung zu bestimmen. Ein solches Verfahren wäre einer erforderlichen einheitlichen Rechtsanwendung abträglich. Demnach ist der Kulturbegriff des Art. 87 Abs. 3 lit. d) EGV europarechtlich als unbestimmter Begriff des Gemeinschaftsrechts auszulegen.[798] Jedoch muß sich die weitere Untersuchung dessen, was unter einer „europäischen Kultur" zu verstehen ist, wie dargestellt, auf das Kulturverständnis in den Mitgliedstaaten konzentrieren.[799] Denn anders als in einem souveränen Staatsgebilde läßt sich für den föderativen Zusammenschluß der Mitgliedstaaten der Europäischen Union nicht von einem gemeinsamen, übergreifenden und damit allgemein-europäischen Kulturverständnis ausgehen. Der Hinweis allein, daß es auch mit Art. 87 Abs. 3 lit. d) EGV keinen „Vorbehalt für nationale Kulturpolitik" geben kann, überzeugt nicht als Argument, den Mitgliedstaaten das Recht zur Konkreti-

---

dargestellten Maße von den Mitgliedstaaten nicht als Kultur angesehen werden, bzw. nur Fördermaßnahmen darstellen.

795 *Ress/Ukrow*, ZEuS Sonderdruck 1/1999, S. 36.

796 *Hochbaum*, BayVBl. 1997, S. 641.

797 EuGH Slg. 1980, S. 3881 (3903) - Kommission/Belgien -; *Dörr*, Die Rolle des öffentlich-rechtlichen Rundfunks in Europa, S. 28 f.

798 So auch *Hochbaum*, BayVBl. 1997, S. 641 (642); *Kopp*, Geistiges Eigentum und Kultur im Spannungsfeld von nationaler Regelungskompetenz und europäischem Wirtschafts- und Wettbewerbsrecht aus Sicht des öffentlich-rechtlichen Rundfunks, S. 83 (87), in: Schwarze (Hrsg.), Geistiges Eigentum und Kultur im Spannungsfeld von nationaler Regelungskompetenz und europäischem Wirtschafts- und Wettbewerbsrecht.

799 So jetzt auch die GD Wettbewerb im „Diskussionspapier zur Anwendung der Artikel 90 Absatz 2, 92 und 93 [neu: 86, 87 und 88] EG-Vertrag im Rundfunksektor", S. 13; *Betz*, MP 1997, S. 2 (12), der nur diese Sichtweise für vereinbar mit der gem. Art. 5 EGV bei den Mitgliedstaaten verbliebenen Kulturkompetenz hält.

sierung des Kulturbegriffs abzusprechen.[800] Dagegen zeigt der mitgliedstaatliche Bezug des Kulturbegriffs in Art. 87 Abs. 3 lit. d) EGV, daß auch hinsichtlich der Auslegungsbefugnis der mitgliedstaatlichen Sichtweise der Vorrang einzuräumen ist. Aus dem Bezug auf die mitgliedstaatliche Sichtweise folgt ein weiteres: Sollte die Kommission nicht der mitgliedstaatlichen Ansicht folgen, daß es sich bei einer Maßnahme um eine Kulturförderung handelt, so ist ihr die Beweislast dafür aufzuerlegen, warum die Beihilfe sich nicht auf den kulturellen Bereich bezieht.

Weil die mitgliedstaatliche Auslegungsbefugnis nicht mit einem Kulturvorbehalt zu verwechseln, sondern einer Einschätzungsprärogative angenähert ist, verbleibt der Gemeinschaft zumindest ein kontrollierender Einfluß darauf, ob die Maßnahme zu Recht als kulturell eingestuft wurde. Diese Prüfbarkeit auf europäischer Ebene ist auch bezüglich anderer europäischer Begriffe anerkannt. So hat der Europäische Gerichtshof beispielsweise zu Art. 39 EGV [alt: 48] entschieden, daß der Begriff der „öffentlichen Ordnung“ nicht einseitig, ohne Nachprüfung durch die Organe der Gemeinschaft, festgelegt werden könne.[801] Fraglich ist jedoch, worin der notwendigerweise gemeinschaftsrechtliche Kontrollmaßstab besteht. Diesbezüglich ist durch die Vertragsrevision von Maastricht und die Einfügung von Art. 151 EGV ein Anhaltspunkt geliefert worden. Zwar findet sich auch hier keine Definition der (europäischen) Kultur, doch spricht die vertragliche Systematik dafür, daß der europäische Kulturbegriff enger ist als der deutsche. Während aus nationaler Sicht nämlich die Trias von Bildung, Wissenschaft und Kunst für den Kulturbegriff konstituierend ist[802], unterscheidet der EG-Vertrag zwischen dem Bildungssektor, der in Art. 149 und 150 EGV [alt: 126 und 127] behandelt wird, dem Wissenschaftsbereich in Art. 163 bis 174 EGV [alt: 130 f bis 130 r] und eben der Kultur in Art. 151 EGV.[803] Die beiden zuerst genannten Bereiche unterfallen aus europarechtlicher Sicht also nicht mehr der Kultur, was bei der Begriffsbestimmung insgesamt zu berücksichtigen ist.

Art. 151 Abs. 2 EGV benennt darüber hinaus diejenigen sozialen Bereiche, die aus europarechtlicher Sicht ausdrücklich zur Kultur zu rechnen sind. Durch diese positivrechtliche Konkretisierung läßt sich der Kontrollmaßstab im Hinblick auf die mitglied-

---

800 So aber *Engel*, Europarechtliche Grenzen für öffentlich-rechtliche Spartenprogramme, S. 43, mit Bezug auf *Niedobitek*, EuR 1995, S. 349 (374 f.).

801 EuGH Slg. 1975, S. 1219 (1231) - Rutili -; EuGH Slg. 1977, S. 1999 (2013) - Bouchereau -.

802 Vgl. statt aller *Oppermann*, Kulturverwaltungsrecht, S. 9.

803 *Ress/Ukrow*, in: Grabitz/Hilf (Hrsg.), Kommentar zum EWG-Vertrag, Art. 128 [neu: 151] Rn. 13; *Niedobitek*, EuR 1995, S. 349 (350 f.); *Slot*, State aids in the cultural sector, S. 6; *Kopp*, Geistiges Eigentum und Kultur im Spannungsfeld von nationaler Regelungskompetenz und europäischem Wirtschafts- und Wettbewerbsrecht aus Sicht des öffentlich-rechtlichen Rundfunks, S. 83 (88), in: Schwarze (Hrsg.), Geistiges Eigentum und Kultur im Spannungsfeld von nationaler Regelungskompetenz und europäischem Wirtschafts- und Wettbewerbsrecht, *Wemmer*, Die neuen Kulturklauseln des EG-Vertrages, S. 13.

staatliche Definitionsbefugnis präzisieren. Die Mitgliedstaaten sind gemäß Art. 151 Abs. 2 EGV insoweit an die gemeinschaftsrechtliche Auslegung des Kulturbegriffs gebunden, als der EG-Vertrag die Fördertätigkeit der Gemeinschaft auf die Bereiche der Völkergeschichte, des kulturellen Erbes von europäischer Bedeutung und auf das „künstlerische und literarische Schaffen einschließlich im audiovisuellen Bereich" erstreckt. Sind diese Bereiche also ausdrücklich vom europäischen Kulturbegriff umfaßt, so gilt dies nicht für den Rundfunk. Dieser wird in Art. 151 Abs. 2 EGV nicht als förderungswürdige Tätigkeit aufgezählt. Die Erwähnung des künstlerischen und literarischen Schaffens, „einschließlich im audiovisuellen Bereich" umfaßt nicht den Verbreitungsweg oder die Ausgestaltung des audiovisuellen Bereichs selbst als autonomes Förderungsziel. Der Wortlaut des Art. 151 Abs. 2, 4. Spiegelstrich EGV nennt den audiovisuellen Bereich nur in Anlehnung an das künstlerische und literarische Schaffen. Vom Wortlaut des Vertragstextes ausgehend sollen zur Kultur Kunstformen gehören, die sich der audiovisuellen Medien bedienen. Der Rundfunk an sich kann damit nicht gemeint sein, da zu ihm auch Spielshows, Nachrichten- oder Dokumentationssendungen sowie die Organisation und Finanzierung gehören. Rundfunkproduktionen, bei denen die künstlerische Gestaltung dagegen im Vordergrund steht, sind auch aus europarechtlicher Sicht als Kultur einzustufen. Bei diesen Sendungen spricht auch das rundfunkverfassungsrechtliche Tatbestandsmerkmal der Darbietung für ihren kulturellen Charakter.[804] Da der Rundfunk aus europäischer Sicht demnach nicht zwangsläufig in all seinen wesentlichen Ausprägungen zur Kultur gehört, sind im folgenden innerhalb des mitgliedstaatlichen und europäischen Verständnisses seine kulturelle Stellung und Funktion[805] genauer zu beleuchten.

cc) Auslegung des Kulturbegriffs

aaa) Definition durch die Mitgliedstaaten

Eine präzise und letztverbindliche Definition dessen, was in Deutschland unter Kultur zu verstehen ist, scheint begriffsnotwendig unmöglich zu sein. Da die Definition der Kultur selbst Kultur und zwar in der Form der Reflexion ist, unterliegt sie nicht nur dem Wandel der gesellschaftlichen Anschauung, sondern auch dem Wandel der menschlichen Erkenntnis.[806] Eine brauchbare, hinreichend fixierte Begriffsbestimmung läßt sich damit kaum bewerkstelligen. Eine verbindliche Definition des Kulturbegriffs wird auch deshalb abgelehnt, „weil andernfalls einzelne Maßnahmen willkürlich ausgegrenzt werden, die von den Gemeinschaftsorganen zum kulturellen Bereich

---

804 *Von der Horst*, Europäisiertes Rundfunkrecht, S. 15; ähnlich *Eberle*, in: Becker/Bull/Seewald (Hrsg.), FS für Thieme, S. 939 (940, 948).

805 Vgl. dazu oben B) III. 1., S. 53 ff.

806 *Maihofer*, in: Benda/Maihofer (Hrsg.), HdbVerfR, § 25 Rn. 25, 34 spricht in Anlehnung an *Kants* „Revolution der Denkungsart" von „Kultur als Tradition" und „Kultur als Innovation".

gezählt werden könnten."[807] Es lassen sich jedoch in der Diskussion ein weiter und ein enger Deutungsansatz ausmachen. Beide sollen hier skizziert werden, weil sich aus ihnen unterschiedliche Ergebnisse für die Rolle des Rundfunks als Teil der Kultur ergeben.

(1) Grundsätze eines weiten Kulturverständnisses

Vom Wortlaut ausgehend kann die Übersetzung des lateinischen „cultura" sowohl Bearbeitung, Bebauung, als auch Ausbildung und Verehrung bedeuten.[808] Zumindest die letzten beiden Konnotationen lassen erkennen, daß schon in der ursprünglichen Bedeutung des Wortes eine Zweck- und Sinngerichtetheit mitgedacht worden ist. Noch deutlicher wird diese sinnbezogene Bedeutung, wenn man vom eigentlichen Wortstamm „cultus" ausgeht, was auch „Lebensweise" bedeuten kann und ebenfalls den Sinnbezug in sich trägt. Etymologisch vollzieht sich durch *Pufendorf* im 17. Jahrhundert die Übertragung der ursprünglich ackerbaulichen Bedeutung auf mittellateinisch „cultura animi", der „Erziehung zum geselligen Leben, zur Kenntnis der freien Künste und zum ehrbaren Leben."[809] Selbst die Prämisse des weiten Kulturbegriffs, all das unter Kultur zu verstehen, was in irgendeiner Form der menschlichen Veränderung unterliegt, muß diesen Sinnbezug in sich tragen, da die menschliche Daseinsregulierung ohne Bezugspunkt nicht auskommen kann.[810] Mit diesem Bezug zur Sinnstiftung und im staatsrechtlichen Sinne zur Individualfreiheit und gesellschaftlichem Diskurs ist der Kulturbegriff mehr als nur eine Antipode zum Naturbegriff.[811] Andernfalls wäre auch die Wirtschaft als auf (materielle) Reproduktion von Gütern ausgerichteter Prozeß Bestandteil der Kultur. Der weite Kulturbegriff sieht die Funktion der Kultur dagegen in der „ideellen Reproduktion der Gesellschaft", weshalb alles dazu zählt, „was sich auf Weltdeutung, Sinnstiftung, Wertbegründung, -tradierung und -kritik sowie deren symbolischen Ausdruck bezieht".[812] Die Gesellschaft als Konsensgemeinschaft muß hinsichtlich der Fragen, warum und in welcher Form sie zusammenlebt, übereinstimmende Antworten täglich wenigstens teilweise neu erfinden und begrün-

---

807 *Niedobitek*, Kultur und Europäisches Gemeinschaftsrecht, S. 58; a. A. *Lerche*, Rundfunkmonopol, S. 14, der den Rundfunk an sich bereits als kultur-rechtlichen Begriff einordnet.

808 Oxford Latin Dictionary, ed. by P. G. W. Glare, S. 466 f.

809 Zitiert nach *Kluge*, Etymologisches Wörterbuch der deutschen Sprache, S. 492.

810 Vgl. zur Grundlage dieses elitären, von *E. R. Huber* begründeten Kulturverständnisses und seiner verengenden Definition durch *Huber*, in: Benda/Maihofer (Hrsg.), HdbVerfR, § 25 Rn. 12 ff.; BVerfGE 10, 20 (36) spricht von „geistigen Kräften [..], die ihren Wert in sich tragen."

811 Zur Untauglichkeit dieses in der Anthropologie verwendeten Kulturbegriffs s. *Grimm*, VVDStRL 42 (1984), S. 46 (59); ähnlich *Oppermann*, Deutsche Rundfunkgebühren und europäisches Beihilferecht, S. 88, der den deutschen Kulturbegriff als eine übergreifende Definition für die geistige Sphäre begreift.

812 *Grimm*, VVDStRL 42 (1984), S. 46 (60) m. w. N.; ähnlich *Steiner*, VVDStRL 42 (1984), S. 7 (8) oder Kultur als „Inbegriff der typischen Lebensformen, Werteinstellungen und Verhaltensweisen innerhalb der Gesellschaft" versteht.

den. Dieser Übereinstimmungsprozeß kann von Trivialem bis zur sog. Hochkultur aber eben auch bis zur Staatsorganisation reichen. Auch Herrschaft ist nämlich als soziale Erscheinung nie etwas Letztes, sondern stets legitimierungsbedürftig.[813]

Indem Kultur nicht nur die Lebenswelt des Individuums konstituiert, sondern auch eine Art kollektiver Identität schafft[814], ist sie für das Staatswesen und das Staatsvolk vor allem in erzieherischer Sicht von entscheidender Bedeutung. Kultur ist für den Einzelnen sowohl Lebensvorbild und Lebensumfeld, in dem er sich selbst entwickelt. Gleichzeitig prägt die Tätigkeit des Einzelnen die Kultur im Sinne fortschreitender Innovation[815], wobei diese reziprok in Form der Sozialisation auf den Einzelnen zurückwirkt, bzw. bereits eingewirkt hat: Die Kulturidee wird insoweit vom Grundpfeiler der Pluralität getragen.[816] Präziser wäre es deshalb, vom Prozeß der Kultur zu sprechen, da damit die Entwicklung erfaßt werden könnte, in der sich das Individuelle zum Allgemeinen wandelt und Neues auch für andere Bedeutung gewinnen kann. Die Überlieferung gemeinsamer Werte und die bleibende bzw. sich neu formierende Übereinstimmung hinsichtlich ihrer Werthaltigkeit durch den Einzelnen und in der Demokratie letztlich durch die Mehrheit des Staatsvolkes ist neben der Innovation die eigentliche Leistung und Aufgabe der Kultur. In ihr spiegelt sich die Abhängigkeit des Staates von der Kultur. Aus der Abhängigkeit wie aus der Sicherung individueller Freiheit folgt dann sogar der Kulturauftrag des Staates.[817]

In der Form der Willensbildung stellt der kulturelle Prozeß in der Demokratie die täglich sich neu vollziehende soziale Integrationsleistung dar. Deshalb ist es auch zutreffend, Kultur als Summe der Kommunikationsprozesse zu bezeichnen, die für den Einzelnen in seiner Gesellschaft identitätsstiftend sind[818], und auf den daraus resultierenden Zusammenhang mit der Menschenwürdegarantie in Art. 1 Abs. 1 GG hinzuweisen.[819] Die Abhängigkeit des Staates von der kulturellen Identifikationsleistung rückt die Bedeutung der Kulturverbreitung und damit der Kommunikationsmittel in den Vordergrund. Das Grundrechtsverständnis der Rundfunkfreiheit ließ sich deshalb zu

---

813 *Smend*, Verfassung und Verfassungsrecht, S. 34.

814 *Grimm*, VVDStRL 42 (1984), S. 46 (62).

815 So auch *Steiner*, VVDStRL 42 (1984), S. 7 (12), der außerdem klarstellt, daß nach diesem Verständnis der Einzelne nicht in einem kulturellen Auftragsverhältnis zum Staat steht.

816 Zu Stellung und Bedeutung der Pluralität für die Kultur *Maihofer*,in: Benda/Maihofer (Hrsg.), HdbVerfR, § 25 Rn. 38 f.

817 *Gräßle*, Dialog 1994, S. 43 weist zu Recht darauf hin, daß die auf die Initiative Frankreichs zurückzuführende Quotenregelung in der FsRL, sowie die Quote für französischsprachige Sendungen ebenfalls ein – wenn auch grundrechtswidriges - Mittel sind, die kulturelle Identität zu bewahren.

818 *Von der Horst*, Europäisiertes Rundfunkrecht, S. 16.

819 *Geis*, DÖV 1992, S. 522 (525) m. w. N.

Recht von seiner kulturellen Bedeutung her formulieren.[820] Für die Kultur gilt damit ebenso wie für den Rundfunk: „Freiheit der Kultur heißt nicht nur Freiheit vom Staat, sondern zugleich Freiheit durch den Staat."[821] Dieses Verhältnis des Staates zur Kultur und damit zum Staatsvolk kann für das Verhältnis des Staates zu der ihm übergeordneten Organisation der Europäischen Union nicht ohne Folgen bleiben: In diesem Verhältnis ist es entscheidend, daß es die Aufgabe des (Mitglied)Staates bleibt, sich für die Integration der Bürger, d. h. ihren geistig-ethisch-kulturellen Zusammenhalt werbend einzusetzen.[822]

(2) Das weite Kulturverständnis und der Bezug zum Rundfunk

Grimm hat in seiner Untersuchung über den „Kulturauftrag im staatlichen Gemeinwesen"[823] zu Recht den Rundfunk in seiner Gesamtheit (also mit allen Programmsegmenten) als Exempel einer kulturellen Institution herausgegriffen. Die besondere Bedeutung des Rundfunks in der Demokratie wurde schon sehr früh von *Hesse* und *Bullinger* anläßlich der Subsumtion der Rundfunktätigkeit unter Art. 49 ff. EGV als Abgrenzungskriterium zu seiner – des Rundfunks - auch wirtschaftlichen Bedeutung herangezogen und diesbezüglich eine inhaltliche Präzisierung des Kulturbegriffs aus der Sicht des Rundfunks gefordert.[824] In die gleiche Richtung zielt auch die von *Ress* konzipierte „Theorie der nationalen Repräsentation", der zufolge Kulturpolitik zu den bevorzugten Formen der staatlichen Selbstdarstellung gehöre und nicht nur Selbstzweck, sondern Instrument zur Förderung nationaler Zusammengehörigkeit und Mittel zur Stiftung von Identität sei.[825] *Bullinger* hatte darüber hinaus schon 1985 mit seiner Differenzierung zwischen „gebietsbezogenem Rundfunk", „Expansionsrundfunk" und „gebietsneutralem Rundfunk" terminologisch eine weitere Differenzierungsmöglichkeit für die Anwendung von europarechtlichen Vorschriften mit vornehmlich wirtschaftlichem Bezug vorgeschlagen. Europäische Rechtsakte müßten sich an der Reichweite und Zielrichtung der Verbreitung orientieren, weil sich auch die Intensität der demokratischen Funktionen des Rundfunks an der Verbreitung ausrichtet.[826] In der Tat macht der Rundfunk staatliches Handeln und das Wirken gesellschaftlicher Kräfte transparent und trägt damit zur politischen und gesellschaftlichen Bewußtseinsbildung

---

820 Vgl. oben B) I., S. 25 ff.

821 *E. R. Huber*, Zur Problematik des Kulturstaats, S. 122 (129), in: Häberle (Hrsg.), Kulturstaatlichkeit und Kulturverfassungsrecht, der insoweit sogar von einer „dienenden Intervention" spricht.

822 *Ress*, in: Randelzhofer/Scholz/Wilke (Hrsg.), GS für Grabitz, S. 595 (600), der deshalb auch von „Staatsintegrationspflege" spricht.

823 VVDStRL 42 (1984), S. 46 ff.

824 *A. Hesse*, JZ 1993, S. 545 (547 ff.); so auch *Mestmäcker*, ZUM 1986, S. 63; a. A. *Engel*, Europarechtliche Grenzen für öffentlich-rechtliche Spartenprogramme, S. 31.

825 *Ress*, Kultur und Europäischer Binnenmarkt, S. 50 ff.

826 *Bullinger*, AfP 1985, S. 257 (262 ff.).

und also zur Integration von Staat und Gesellschaft bei. *Luhmann* sieht dies kritischer, da er die Massenmedien als die Verursacher des Zwangs bezeichnet, immer neue Informationen bewältigen zu müssen, gleichzeitig aber die Funktion der Massenmedien „im Dirigieren der Selbstbeobachtung und Selbstbeschreibung des Gesellschaftssystems“ sieht.[827]

Mit den aus dem Grundrechtsgehalt abgeleiteten Funktionen des Rundfunks für die Sicherung von Meinungsfreiheit und - pluralismus, sowie der Aufgabe von Grundversorgung, Integration und Vorbild in qualitativer Hinsicht wurde das weite Kulturverständnis vorweggenommen. Denn die Wahrung dieser Werte ruht auf dem Gedanken einer kulturellen Gewährleistungspflicht des Staates. In diametralem Gegensatz dazu steht die Betrachtung des Rundfunks als Rundfunkunternehmerfreiheit, die die kulturellen Aspekte des Mediums und seine gesellschaftliche Funktion nicht würdigen kann. Das hier befürwortete Kulturverständnis führt auch dazu, rundfunk- und wettbewerbsrechtliche Vorschriften dergestalt ins Verhältnis zu setzen, daß wirtschaftliche Freiheit im Bereich des Rundfunks nie Zweck, sondern allenfalls Mittel zur Erreichung der kulturell bedeutsamen Ziele sein kann.

(3) Grundsätze eines „engen“ Kulturverständnisses

Obwohl bei dem vermeintlich engeren Kulturbegriff die Bereiche Wissenschaft und Bildung vom Bereich der übrigen Kultur, in der der Mensch geistig-schöpferisch tätig ist, ausgeklammert werden, geht auch der enge Kulturbegriff von einem weiten Kulturverständnis aus. Er entspricht zwar den Vorgaben im EG-Vertrag insoweit, als durch die Ausklammerung von Bildung, Wissenschaft und Religion und die Konzentration auf den Bereich der Kunst eine Verengung auch tatsächlich stattgefunden hat.[828] Diese Verengung trägt aber weder dazu bei, die Bedeutung der Kultur zu erklären, noch liefert sie eine Präzisierung des Kulturbegriffs. Der Kunstbegriff entzieht sich, wie ein Blick auf die sich ausweitende und auf den offenen Kunstbegriff zusteuernde deutsche Verfassungsrechtsprechung zeigt[829], selbst der Definition und ist damit an sich sehr weitreichend, d. h. als Prozeß und Experiment zu verstehen. Der offene Kunstbegriff erlaubt es nicht länger, nur die „Werte des Schönen, des Guten und des Wahren, die sich nicht in Geld ausdrücken lassen, mögen sie auch [..] notgedrungen einen in Geld ausdrückbaren Preis haben“[830], als Kultur anzusehen. Denn was genau

---

827 *Luhmann*, Die Realität der Massenmedien, S. 64.

828 S. dazu *Steiner*, VVDStRL 42 (1984), S. 7 (9) m.w.N.; den engen Kulturbegriff als Abgrenzung zu den Bereichen Wissenschaft und Bildung verwenden auch *Niedobitek*, Kultur und Europäisches Gemeinschaftsrecht, S. 58; *Blanke*, KSE Bd. 41, Europa auf dem Weg zu einer Bildungs- und Kulturgemeinschaft, S. 6.

829 BVerfGE 30, 173 (188 f.) - Mephisto -; BVerfGE 67, 213 (224 ff.) – Anachronistischer Zug -.

830 So noch *Thieme*, Die Kulturordnung im Grundgesetz als föderalistisches Problem S. 59, in: Annales Universitatis Saraviensis, 1960, zitiert nach *Niedobitek*, Kultur und Europäisches Gemein-

zu welcher Zeit als Bestandteil der Kultur das Miteinander der Menschen prägen wird, kann von niemandem bestimmt werden. Dies kann zu einer Zeit die Hochkultur, zu einer anderen die als solche benannte Subkultur sein, die plötzlich zur Hochkultur mutiert. Der Reduktion der Kultur auf den Bereich der Hochkultur liegt die unhaltbare Annahme zugrunde, daß der Prozeß kultureller Entwicklung linear verläuft.[831] Tatsächlich aber läuft die Entwicklung nicht auf einen Zustand der höchsten Veredelung des Kulturellen hinaus. Denn dies würde bedeuten, daß es ein Ende der kulturellen Entwicklung gibt. Diese Überlegung ist dem Kulturbegriff jedoch wesensfremd, da gerade der stetige Wandel als Charaktereigenschaft des Kulturellen und der Gesellschaft anzusehen ist.

So wie die Verengung des Kulturbegriffs unnötig erscheint, so unzulässig ist es, den nur scheinbar engen Kulturbegriff nochmals zu „destillieren“, um als Kultur ausschließlich die besonderen Ansprüchen genügende „Hochkultur“ herauszufiltern. Die diesem Vorgang innewohnende Absicht, den öffentlich-rechtlichen Rundfunk auf die Ausstrahlung nur hochwertiger Minderheitenprogramme zu verpflichten, findet weder im nationalen noch im Europarecht eine Stütze. Art. 151 EGV, der der Gemeinschaft einen engen Gestaltungsspielraum im kulturellen Bereich vorgibt, kann in seinem Abs. 2, 4. Spiegelstrich nicht so verstanden werden, daß sich eine Beschränkung der Rundfunkkultur auf künstlerische und literarische Beiträge ergibt[832]. Dieses Verständnis erfaßt die Norm in einem fehlerhaften Sinnzusammenhang – nämlich als abschließende Definition - und leugnet die vorrangig bestehende mitgliedstaatliche Bestimmungsbefugnis bezüglich des Kulturbegriffs. Es ist bezeichnend, daß die Gegenmeinung sich an dieser Stelle weder mit dem Kulturbegriff auseinandersetzt, noch Art. 6 Abs. 1 EUV erwähnt. Daß auch die Kommission Beihilfen für nationale Filmförderprogramme über Art. 87 Abs. 3 lit. d) EGV rechtfertigt[833], die Anwendung dieser Norm aber für den Rundfunk abzulehnen scheint, deutet an, daß sich ein weites Verständnis von Kultur und ihrer Bedeutung für das staatliche Gemeinwesen bei ihr - im Gegensatz zum Rat - noch nicht durchgesetzt hat, vielmehr unter Kultur insoweit nur Kunstgattungen oder Einzelwerke verstanden werden. Die Charakterisierung der Spartenprogramme als nicht der Förderung der Kultur, sondern „vielmehr demokratischen und erzieherischen Bedürfnissen der deutschen Gesellschaft“ dienend[834], wird

---

schaftsrecht, S. 57.

831 So wohl auch *Ress/Ukrow*, ZEuS Sonderdruck 1/1999, S. 38, die von einem „klassisch-elitären“ Kulturbegriff ausgehen, den sie mit der Kulturkompetenz der Bundesländer nach dem Grundgesetz gleichsetzen.

832 So aber *Engel*, Europarechtliche Grenzen für öffentlich-rechtliche Spartenprogramme, S. 43.

833 Entscheidung der Kommission IP 97/537 vom 18.6.1997 - Irische Filmindustrie -; Entscheidung der Kommission IP 98/515 vom 9.6.1998 - Französische Filmindustrie -, beide nicht veröffentlicht.

834 Unveröffentlichte Entscheidung der Kommission über die Beschwerde des VPRT hinsichtlich der Rechtmäßigkeit der Spartenkanäle „Kinderkanal“ und „Phoenix“, S. 10.

jedoch daran liegen, daß eben nicht die Rundfunkordnung in Gänze zur Überprüfung stand, sondern daß sich die Kommission nur mit der Teilmenge der Spartenprogramme befaßte.

Ausgehend von dem bundesverfassungsgerichtlichen Diktum, daß der Grundversorgungsauftrag der öffentlich-rechtlichen Rundfunkanstalten kulturelle Elemente lediglich mitumfasse[835], wird weiterhin vertreten, daß der Begriff der Grundversorgung spezieller sei als derjenige der Kulturförderung mit der Folge, daß einzelne Sendungen nicht von Art. 87 Abs. 3 lit. d) EGV erfaßt werden.[836] Der umfassende Charakter des Rundfunkauftrags läßt aber eine Unterteilung einzelner Sendungen nach dem Maßstab ihrer Zugehörigkeit zum Grundversorgungsspektrum weder möglich noch sinnvoll erscheinen. Gerade dem Unterhaltungscharakter des Fernsehens ist es zuzuschreiben, daß es mit der Gesamtheit seiner Darbietungen auch viele Personen mit politischen Fragen in Berührung bringt, die sonst weniger Interesse für sie aufbringen würden.[837] Darauf kommt es letztlich aber nicht einmal an, da entscheidend für die Grundversorgungskonzeption innerhalb des klassischen Programmauftrags nicht ihr zuordenbare Programme sind, sondern die Unabhängigkeit des öffentlich-rechtlichen Rundfunksystems von der Einschaltquote und die Vermittlung einer in der demokratischen Gesellschaft notwendigen Meinungsvielfalt.

Auch aus der vom Bundesverfassungsgericht gelegentlich vorgenommenen begrifflichen Unterscheidung zwischen dem demokratischen und dem kulturellen Auftrag[838] kann nicht gefolgert werden, daß diese gesonderte Erfassung der Kultur nur die Hochkultur meint. Vielmehr ist die Spruchpraxis so zu verstehen, daß auch der Hochkultur ein Platz innerhalb des klassischen Programmauftrags der Rundfunkanstalten zukommen muß. Daß es sich lediglich um eine Präzisierung des Programmauftrags im einzelnen und nicht um eine Hervorhebung der Hochkultur im besonderen handelte, folgt aus der in den Urteilen enthaltenen gleichzeitigen Auflistung anderer Bestandteile des klassischen Programmauftrags, zu der das Bundesverfassungsgericht neben der „kulturellen Verantwortung" weiter die laufende Berichterstattung, die Unterhaltung sowie die Information rechnet.[839] Desweiteren spricht gegen den engen Kulturbegriff im Bereich des Rundfunks, daß nicht erkennbar ist, wie eine Abspaltung besonderer kultureller Programme vom Angebot der öffentlich-rechtlichen Anstalten erfolgen soll, ohne den Programmauftrag insgesamt zu beeinträchtigen. Dem Bundesverfassungsgericht ein Bekenntnis zum engen Kultur- und Kunstverständnis zu unterstellen, würde den

835 BVerfGE 74, 297 (324).

836 *V. Wallenberg*, in: Randelzhofer/Scholz/Wilke (Hrsg.), GS für Grabitz, S. 867 (878); *Engel*, in: Dauses (Hrsg.), Handbuch des EU-Wirtschaftsrechts, E. V 2. b) cc) Rn. 52.

837 *Faul*, ZfK 1990, S. 139 (144).

838 BVerfGE 73, 118 (158); BVerfGE 74, 297 (324).

839 BVerfGE 73, 118 (158); BVerfGE 74, 297 (324).

Integrationsauftrag des öffentlich-rechtlichen Rundfunks reduzieren, mit dem das Bundesverfassungsgericht den öffentlich-rechtlichen Rundfunk betraut hat und der neben der dem Rundfunk zugesprochenen Rolle für die Willensbildung dafür spricht, daß das Bundesverfassungsgericht dem weiten Kulturverständnis zuneigt. Es ist deshalb *Oppermann* zuzustimmen, wenn er formuliert: „Im Grundversorgungsauftrag gehen [...] der politisch-demokratische und der kulturelle Auftrag des Rundfunks eine Symbiose ein."[840]

Eine noch unüberwindlicher erscheinende Hürde liegt für den engen Kulturbegriff in der Auswahl der zur „Hochkultur" gehörenden Sendungen. Selbst ein unabhängiges, mit „Fachleuten" besetztes Gremium, ähnlich den Institutionen, denen im deutschen Verwaltungsrecht eine Beurteilungsprärogative mit der Konsequenz einer Reduktion gerichtlicher Kontrolle zuerkannt wird, würde durch sein Urteil über die kulturelle Eignung bestimmter Programme in die Programmfreiheit der Rundfunkanstalten eingreifen, ja sogar die Anstalten zensieren.[841] Es ist deshalb ebensowenig erforderlich, einen kulturellen Staatsauftrag zu formulieren, wie es sinnvoll ist, in den deutschen Rundfunkgesetzen nach einer Festschreibung eines kulturellen Auftrags oder der kulturellen Verantwortung im einzelnen zu suchen.[842] Die kulturelle Verantwortung wird von einem dem klassischen Programmauftrag genügenden Rundfunk mitumfaßt.

bbb) Definition durch Gemeinschaftsorgane

Kein Organ der Europäischen Gemeinschaft hat es bislang unternommen, den Kulturbegriff zu definieren.[843] Die Kommission hat eingeräumt, daß „Kultur ein sehr dehnbarer Begriff mit Grenzen [sei], der sich von einer Denkschule zur anderen, von einer Gesellschaft zur anderen, von einer Epoche zur anderen beträchtlich unterscheide" und daß es nicht ihre Aufgabe sein könne, den Begriffsinhalt von Kultur zu definieren.[844] Auch wenn zu vermuten ist, daß die Kommission die Konturlosigkeit des Kulturbegriffs deshalb propagiert, weil sie von einer eigenen, möglichst allumfassenden Kulturkompetenz ausgeht, die nicht durch Definitionen auf bestimmte Bereiche beschränkt wird, so ist der Grundbefund doch zutreffend, daß eine Definition nur

---

840 *Oppermann*, Deutsche Rundfunkgebühren und europäisches Beihilferecht, S. 89; zustimmend *Dörr*, Die Rolle des öffentlich-rechtlichen Rundfunks in Europa, S. 32 und *Fromm*, in: epd medien Nr. 55 vom 17.7.1999, S. 6 (7).

841 Vgl. BVerfGE 35, 202 (222 f.) mit Hinweis auf BVerfGE 25, 296 (307); BVerfGE 59, 231 (258).

842 Zu den gesetzlichen Fundstellen s. *W. Schmidt*, ZUM 1989, S. 263 (264 f.).

843 Die nur polemische Charakterisierung als „Tatbestände nicht-wirtschaftlicher Art" durch EuGH Slg. 1961, S. 693 (720) - Kommission/Italien - kann nicht als Definition angesehen werden.

844 So ist auch der Erste Bericht über die Berücksichtigung der kulturellen Aspekte in der Tätigkeit der Europäischen Gemeinschaft vom 17.4.1996, KOM(96) 160 endg. gehalten.

schwer möglich erscheint.[845] Für die Beihilfevorschriften ist eine solche Definition darüber hinaus auch nicht geboten. Da eine europarechtliche Präzisierung des Kulturbegriffs innerhalb von Art. 87 Abs. 3 lit. d) EGV nur ausnahmsweise als Korrektiv fungieren kann, ist es auch für das Europarecht lediglich erforderlich, die Parameter zu bestimmen, die die Kultur und damit die Rolle des Rundfunks in der Gesellschaft näher umschreiben.

(1) Das weite Kulturverständnis in der Europäischen Gemeinschaft

Auch wenn das Europarecht keine Definition der Kultur bereithält, so unterscheidet das europäische Primärrecht einerseits begrifflich hinsichtlich der Kultur und den staatstheoretischen, sozialen Bedürfnissen. Andererseits wird auch der Bezug zwischen staatlichem und kulturellem Bereich hergestellt. Die Definition der UNESCO, die sich die Europäische Gemeinschaft zu eigen gemacht hat[846], stellt nämlich auf die Prägekraft der Kultur für das Wesen einer Gesellschaft ab und rechnet neben „den schönen Künsten und den Geisteswissenschaften die Lebensformen, die menschlichen Grundrechte, die Werteordnungen, die Traditionen und die Glaubensformen" zur Kultur.[847] Dieser weite Ansatz entspricht der Annahme, daß dem Staat ein kultureller Auftrag zukommt und daß die Bereiche von Staat und Kultur notwendig in Beziehung zueinander stehen.[848]

(2) Das Kulturverständnis der Europäischen Gemeinschaft und der nationale Rundfunk

In der Protokollerklärung zum Amsterdamer Vertrag differenziert der der Erklärung vorangestellte Erwägungsgrund ebenfalls zwischen „unmittelbar demokratischen, sozialen und kulturellen Bedürfnissen jeder Gesellschaft" und unterscheidet davon das Erfordernis, „den Pluralismus in den Medien zu wahren." Die vielgestaltige Bedeutung und Funktion des öffentlich-rechtlichen Rundfunks wird damit anerkannt. Die begriffliche Trennung von demokratischem und kulturellem Bedürfnis trägt der Tatsache Rechnung, daß - bedingt durch das unterschiedliche Kulturverständnis der einzelnen

---

[845] So auch *Ress*, DÖV 1992, S. 944 (950), der eine Lösung durch enumerative Aufzählung für geboten hält.

[846] Vgl. die Stellungnahme des Wirtschafts- und Sozialausschusses zu der Mitteilung der Kommission über neue Impulse für die Aktion der Europäischen Gemeinschaft im kulturellen Bereich (88/C 175/5), ABl. EG Nr. C 175 vom 4.7.1988, S. 40 (41).

[847] Zitiert nach *Sparr*, Kulturhoheit und EWG-Vertrag, S. 15.

[848] Vgl. die Thesen von *E. R. Huber*, Zur Problematik des Kulturstaats, in: Häberle (Hrsg.), Kulturstaatlichkeit und Kulturverfassungsrecht, S. 122 (125): „Es gibt keine Kultur, wenn nicht der Staat in der Fülle seines Seins wiedergewonnen wird; es gibt keinen Staat, wenn er nicht die Fülle der Kultur sich anzuverwandeln vermag; es gibt in der modernen Welt weder Kultur noch Staat ohne ihre gemeinsame Selbstentfaltung im und zum Kulturstaat."

Mitgliedstaaten - dem *demokratischen Bedürfnis* ausdrücklich entsprochen werden soll. Zum Zweck der Verdeutlichung wird nicht nur die kulturelle Bedeutung des Rundfunks allein erwähnt. Auch nach neuerem europarechtlichen Verständnis kann die kulturell bedeutsame Funktion durch den öffentlich-rechtlichen Rundfunk nur erfüllt werden, wenn in seinen Programmen Meinungsvielfalt herrscht; sie ist seine Grundaufgabe und steht auch im Europarecht nicht zur Disposition. Das folgt aus der Betonung der pluralismussichernden Funktion in der Protokollerklärung. Bedenkt man, daß auch der Europäische Gerichtshof die Sicherung des Pluralismus als Grund des Allgemeinwohls anerkannt hat und dieser Grund die Beschränkung der Dienstleistungsfreiheit rechtfertigt, dann hat auch der Gerichtshof durch die Adaption dieses objektiv-rechtlichen Elements die staatsrechtlichen Bezüge der Rundfunkfreiheit wenigstens teilweise gebilligt. Das niederländische Rundfunkgesetz (Mediawet) hat der EuGH sogar ausdrücklich als Teil einer Kulturpolitik bezeichnet, die die Meinungsfreiheit der verschiedenen gesellschaftlichen, kulturellen, religiösen und geistigen Stimmungen im audiovisuellen Bereich schützen soll.[849] Die in den Urteilen vorgenommene übergeordnete Verwendung des Begriffs „Kulturpolitik" ist ebenfalls kennzeichnend für einen weiten Kulturbegriff.

Der kulturelle Auftrag ist somit auch nach dem europarechtlichen Kulturverständnis sowohl in den einzelnen Mitgliedstaaten als ganzen als auch dem Massenkommunikationsmittel Rundfunk im besonderen immanent. Es ist deshalb davon auszugehen, daß das deutsche Kulturverständnis, demzufolge dem öffentlich-rechtlichen Rundfunk eine besondere Rolle für das Staatsganze zukommt, auch im Europarecht anerkannt ist und im Rahmen von Art. 87 Abs. 3 lit. d) EGV in die Ermessensentscheidung eingestellt werden muß.

ccc) Gebührenfinanzierung als Teil der Kultur

Anläßlich der Überprüfung der Vereinbarkeit der Buchpreisbindung in Deutschland und Österreich mit Art. 81 Abs. 1 EGV ist versucht worden, dem System der Buchpreisbindung selbst kulturelle Qualität zuzusprechen.[850] Weder ist dieser Prämisse noch ihrer Übertragung auf die Gebührenfinanzierung dergestalt zuzustimmen, daß die Gebührenfinanzierung der öffentlich-rechtlichen Rundfunkanstalten in Deutschland selbst ein kulturelles Phänomen darstellte. Zur Kultur gehört allein der Rundfunk und dieser in Form des öffentlich-rechtlichen Rundfunks in besonderer Weise. Die Finanzierung ist eine wirtschaftliche Beihilfe, die der Förderung kultureller Zwecke dient. Sie ist nicht selbst kultureller Zweck oder Mittel. Die gegenteilige Auffassung verwechselt Ursache und Wirkung. Nur als Teil der Rundfunkordnung und damit als Aus-

---

849 EuGH Slg. 1991, I-4007 (4043) – Stichting Collectieve Antennevoorziening Gouda -; EuGH Slg. 1993, I-487 (518) – Veronica -.

850 *Ress/Ukrow*, ZEuS Sonderdruck 1/1999, S. 39.

fluß des Grundrechtsgehalts von Art. 5 Abs. 1 Satz 2 GG ist die Gebührenfinanzierung Teil einer übergeordneten kulturellen Konzeption.

dd) Ergebnis

Sowohl im deutschen als auch im Europarecht ist von einem weiten Kulturverständnis auszugehen, dem der Rundfunk zuzurechnen ist und in dem der Rundfunk als Medium und Faktor der Kulturvermittlung und Identitätsstiftung eine herausragende Rolle spielt. Dabei kann man von einem symbiotischen Verhältnis sprechen oder aber davon, daß die staatsrechtliche Funktion des Rundfunks für die Meinungs- und Willensbildung in seiner kulturellen Bedeutung aufgeht, also ein Teil von ihr ist. Als politisches Herrschaftsinstrument kann der Rundfunk deshalb durchaus als Anhang zum demokratischen Staatsaufbau gesehen werden[851], vor allem, was die Funktion des öffentlich-rechtlichen Rundfunks für die Integration und Orientierung in der dualen Rundfunkordnung in Deutschland angeht.[852] In der Demokratie muß der Rundfunk seinem Wesen nach vielstimmig sein. Die Mitgliedstaaten sind auch innerhalb der Europäischen Union noch immer die Mittler der demokratischen Ordnung. Die Europäische Kommission scheint diese Mittlerfunktion der Mitgliedstaaten auch für die Bildung und Stärkung eines europäischen Bewußtseins anerkannt zu haben: Indem sie im Bericht der zur Generaldirektion Bildung und Kultur gehörenden Hochrangigen Gruppe für Audiovisuelle Politik die wichtige Rolle des öffentlich-rechtlichen Fernsehens „bei der Förderung der kulturellen Vielfalt jedes *Einzel*staates" sowie die Funktionen der Vielfaltssicherung, Information und Unterhaltung anerkannt hat[853], bestätigte sie die demokratische Auftragsgebundenheit und Verantwortlichkeit der einzelnen Mitgliedstaaten.

Die Europäische Kommission hat in Abgrenzung zu der wirtschaftlichen Bedeutung des Rundfunks, die durch die Gebührenfinanzierung bedingt ist und zu einer Verfälschung des Wettbewerbs führt, bei ihrer Ermessensentscheidung darauf zu achten, daß sie die kulturelle Bedeutung des Rundfunks und seinen in der Hauptsache mitgliedstaatlichen Bezug richtig gewichtet und ein ausreichendes Maß an Repräsentationsmöglichkeiten berücksichtigt.

b) Ermessen der Kommission

Der Kommission steht hinsichtlich ihrer Entscheidung über die Vereinbarkeit einer Kulturbeihilfe mit dem Gemeinsamen Markt ein Ermessensspielraum zu. Dies folgt

851 *Bullinger*, AfP 1985, S. 257 (258); zur demokratischen Doppelfunktion des Rundfunks weiter: *R. von der Horst*, Europäisiertes Rundfunkrecht, S. 19.

852 *Schiwy*, AfP 1990, S. 111 (112).

853 Das digitale Zeitalter - Europäische Audiovisuelle Politik, Bericht der Hochrangigen Gruppe für Audiovisuelle Medien, 1998, S. 25; vgl. jetzt auch KOM(1999), 657 endg., S. 14.

aus dem Wortlaut von Art. 87 Abs. 3 EGV, in dem es heißt, daß gewisse Beihilfen als mit dem Gemeinsamen Markt vereinbar angesehen werden *können*.

aa) Umfang des Ermessens

Der Europäische Gerichtshof hat die Position der Kommission gestärkt, indem die Rechtsprechung dem Wortlaut der Vorschrift folgend einen Ermessensspielraum der Kommission bestätigte und die Kommission verpflichtete, ihn nach Maßgabe wirtschaftlicher und sozialer Wertungen, die auf die Gemeinschaft als Ganzes zu beziehen sind, auszuüben.[854] Der deutschen Terminologie des Ermessens folgend handelt es sich aber nicht um ein reines Rechtsfolgeermessen. Vielmehr besitzt die Kommission auch auf der Ebene der Tatbestandsmäßigkeit einen umfassenden Beurteilungsspielraum.[855] Es sind die gesamten Auswirkungen der Beihilfegewährung unter Beachtung der Ziele des EG-Vertrags zu eruieren[856], wobei zu beachten ist, daß die Vermehrung der gemeinschaftlichen Zielsetzungen den Ermessensspielraum verstärkt. Zu diesen Zielen gehört seit der Maastrichter Vertragsrevision auch die Entfaltung des Kulturlebens in den Mitgliedstaaten in Art. 3 lit. q) EGV. Die Analyse von Art. 151 Abs. 4 EGV hat zudem gezeigt[857], daß die Gemeinschaft den kulturellen Aspekten bei ihrer Tätigkeit aufgrund anderer Bestimmungen des Vertrages, zu denen auch die Wettbewerbsbestimmungen gehören, Rechnung tragen muß. Wie bereits anläßlich der Darstellung von Sinn und Zweck der Beihilfebestimmungen erwähnt wurde, berechtigt das europäische Wettbewerbsrecht und damit auch der weite Ermessensspielraum innerhalb von Art. 87 Abs. 3 lit. d) EGV die Kommission nicht dazu, eine gemeinschaftsorientierte und koordinierte Wirtschaftsförderungs-, Struktur-, Industrie- und Regionalpolitik, geschweige denn eine Kultur- oder Rundfunkpolitik zu betreiben.[858]

bb) Ermessensgrenzen durch die Gemeinschaftsgrundrechte

Die Kommission hat bei der Entscheidung beihilferechtlicher Fragen die gemeinschaftlichen Grundrechte zu beachten.[859] Einen Grundrechtskatalog kennt das Recht

---

[854] EuGH Slg. 1980, S. 2671 (2691) - Philip Morris -; EuGH Slg. 1987 S. 901 (926) - Deufil -; EuGH Slg. 1988, S. 1573 (1597) - Exécutif régional wallon -; EuGH Slg. 1990, I-307 (363) - Frankreich/Kommission-.

[855] So zu Recht *Götz*, in: Dauses (Hrsg.), Handbuch des EU-Wirtschaftsrechts, H. III 5. c) Rn. 47.

[856] *Hoischen*, Die Beihilferegelung in Art. 92 EWGV [neu: 87], S. 113.

[857] S. dazu oben C) II. 3. b), S. 113 ff.

[858] *Andel*, Probleme der Subventionskontrolle in der EG, in: Ress/Will (Hrsg.), Die Europäische Wirtschaftsgemeinschaft auf dem Weg zum einheitlichen Binnenmarkt und zur Steuergemeinschaft im Jahr 1992, S. 109 (124) für den Bereich der Kultur.

[859] EuGH Slg. 1969, S. 419 (424) - Stauder -; *Oppermann*, Europarecht, Rn. 489; *Beutler/Bieber/Pipkorn/Streil*, Die Europäische Union, S. 242; zur weiteren Rechtsprechungspraxis vgl. *Schweitzer/Hummer*, Europarecht, Rn. 792 ff.

der Europäischen Union noch nicht. Zur Ermittlung des Grundrechtsgehalts wird jedoch gemäß Art. 6 Abs. 2 EUV [alt: F Abs. 2 EUV] auf die allgemeinen Grundsätze des Gemeinschaftsrechts, die sich inhaltlich aus den gemeinsamen Verfassungsüberlieferungen der Mitgliedstaaten ergeben, zurückgegriffen. Viel häufiger als auf die mitgliedstaatlichen Verfassungstraditionen bezieht sich die Rechtsprechung des Europäischen Gerichtshofes jedoch auf die Europäische Konvention zum Schutze der Menschenrechte und Grundfreiheiten (EMRK).[860] Auch bezüglich der Kommunikations- und damit der Rundfunkfreiheit ist der EuGH so verfahren und hat im Rahmen von Art. 10 EMRK die überragende Bedeutung der Kommunikationsfreiheiten für die Demokratie anerkannt.[861] Da die Kommission selbst den Medienpluralismus als ein öffentliches Interesse der Mitgliedstaaten und unter Verweis auf die Rechtsprechung des EuGH und die Protokollnotiz zum Amsterdamer Vertrag als ein legitimes Ziel der Gemeinschaft akzeptiert hat[862], muß sie neben dem Grad der gemeinschaftlichen Wettbewerbsverfälschung auch die Auswirkungen der Ermessensentscheidung auf den Medienpluralismus beachten.

Hinzu kommt ein weiteres: Für die Verwirklichung vertraglicher Grundfreiheiten haben EuGH und Kommission - wenn auch zur Rechtfertigung ihrer Kompetenz - die Notwendigkeit von unterstützenden und fördernden Maßnahmen durch die Mitgliedstaaten akzeptiert[863]. Dies geht zwar nicht so weit, daß damit die funktionale Sichtweise zu Art. 5 Abs. 1 Satz 2 GG übernommen worden wäre und die Gemeinschaft sich selbst oder die Mitgliedstaaten als Garanten einer positiven Rundfunkordnung samt Finanzierungsgarantie für den öffentlich-rechtlichen Rundfunk anerkannt hätte.[864] Im Gegenteil verbleibt im Vordergrund der Kommissionspolitik die Bemühung, den vertraglichen Grundfreiheiten - insbesondere der privaten Marktteilnehmer - optimale Entfaltungsmöglichkeiten zu verschaffen. Ebenso wie im deutschen Recht folgt daraus jedoch die Aufgabe, die Kollision zwischen negatorisch wirkender unternehmerischer

---

860 *Rodríguez Iglesias*, in: Beyerlin/Bothe/Hofmann/Petersmann (Hrsg.), FS für R. Bernhardt, S. 1269 (1275 f.) m. w. N.

861 *Hoffmann-Riem*, Rundfunkrecht neben Wirtschaftsrecht, S. 186; s.o. C) I. 2. b) cc), S.102 ff.

862 „Diskussionspapier zur Anwendung der Artikel 90 Absatz 2, 92 und 93 [neu: 86, 87 und 88] EG-Vertrag im Rundfunksektor", S. 3.

863 Vgl. exemplarisch für den Bereich der Niederlassungsfreiheit EuGH Slg. 1992, I-3423 (3465) - Paletta -; sowie die Richtlinie des Rates vom 25.7.1977 über die schulische Betreuung der Kinder von Wanderarbeitern, ABl. EG Nr. L 199, vom 6.8.1977, S. 32; zur Vergleichbarkeit dieses Bedeutungsumfangs mit den grundrechtlichen Schutzpflichten in Deutschland vgl. auch *Ress*, Kultur und Europäischer Binnenmarkt, S. 37 f.; für eine aus Art. 10 EMRK stammende Pflicht der Gemeinschaftsorgane, sich sogar schützend und fördernd vor das Gut der Medienvielfalt zu stellen, *Gersdorf*, AöR 119 (1994), S. 400 (414 f.).

864 Vgl. insbesondere die ablehnende Haltung hinsichtlich der grundrechtlichen Verankerung des Pluralismusgebots im Grünbuch der Kommission „Pluralismus und Medienkonzentration im Binnenmarkt. Bewertung der Notwendigkeit einer Gemeinschaftsaktion" vom 23.12.1992, KOM(92), 480 endg., S. 15.

Wettbewerbsfreiheit einerseits und der eher objektiv-rechtlich ausgerichteten Rundfunkfreiheit andererseits, die hier als Schranke zu verstehen ist, möglichst schonend aufzulösen.

cc) Ermessensgrenze durch das Rücksichtnahmegebot

Dem Ermessen der Kommission sind auch durch das in Art. 10 Abs. 1 Satz 2 EGV [alt: 5] enthaltene Gebot der Gemeinschaftstreue, dem ein Gebot wechselseitiger Rücksichtnahme innewohnt[865], Grenzen gesetzt. Da das Gebot der Rücksichtnahme zu Recht so interpretiert worden ist, daß die Europäische Gemeinschaft bei Rechtsetzungsakten auf die grundlegenden verfassungsrechtlichen Prinzipien der Mitgliedstaaten Rücksicht zu nehmen hat[866], muß dies im Wege des Erst-Recht-Schlusses auch für Entscheidungen bei der Rechtsanwendung gelten, insbesondere, wenn deren Wirkung noch über diejenigen Grenzen hinausgehen, die der Gemeinschaft bei der Gesetzgebung gesteckt sind. Es ist deshalb auch der Ansicht *Everlings* zu folgen, der - auf das Rücksichtnahmegebot verweisend - in seinem Gutachten zur Buchpreisbindung und zur Ermessensentscheidung der Kommission innerhalb von Art. 81 Abs. 1 EGV den Standpunkt vertritt, daß die Kommission von den Wertungen der Mitgliedstaaten ausgehen muß und ihre Meinung von der kulturellen Bedeutung des Sachverhalts nicht an die Stelle der kulturpolitischen Entscheidungen der Mitgliedstaaten setzen darf.[867] Als äußere Grenzen der Ermessensentscheidung sind folglich die Interpretation des Kulturbegriffs durch die Mitgliedstaaten, die gemeinschaftlichen Grundrechte sowie im Hinblick auf das Rücksichtnahmegebot die Folgen der Beihilfeentscheidung für den betroffenen Mitgliedstaat anzusehen.

Trotz all dieser Bindungen ginge es aber zu weit, von einer Ermessensreduzierung auf Null oder Ermessensbindung zu sprechen, da das Abwägungsergebnis wesentlich auch vom Ausmaß der Wettbewerbsverfälschung bestimmt wird.[868] Das Europarecht

---

865 EuGH Slg. 1982, S. 1449 (1463) – Fromme -; EuGH Slg. 1983, S. 255 (287) – Luxemburg/Parlament -; EuGH Slg. 1988, S. 4821 (4855) – Frankreich/Parlament -; EuGH Slg. 1990, I-3365 (3372) – Zwartfeld -, wo der Grundsatz statuiert wird, „daß den Mitgliedstaaten und den Gemeinschaftsorganen gegenseitige Pflichten zur loyalen Zusammenarbeit obliegen."

866 EuGH Slg. 1974, S. 491 (508) – Nold -; *Eberle*, AfP 1993, S. 422 (425); *Degenhart*, ZUM 1992, S. 499 (452 f.); *W. Hess*, Verfassungsrechtliche Probleme der Gebührenfinanzierung im dualen Rundfunksystem, S. 84; so auch *Delbrück*, Rundfunkrecht und Wettbewerbsrecht vor dem Forum des europäischen Gemeinschaftsrechts, S. 244 (247), in: Hoffmann-Riem (Hrsg.), Rundfunk im Wettbewerbsrecht.

867 *Everling*, Buchpreisbindung im deutschen Sprachraum und Europäisches Gemeinschaftsrecht, S. 35, 37 f.

868 So auch *Wemmer*, Die neuen Kulturklauseln des EG-Vertrags, S. 218; weitergehend *Ress*, in: Randelzhofer/Scholz/Wilke (Hrsg.), GS für Grabitz, S. 595 (602, 627), der – ungeachtet der mangelnden Justitiabilität durch den EuGH gemäß Art. 46 EUV - durch Art. 6 Abs. 1 EUV und Art. 151 EGV eine Reduzierung des Ermessens der EG-Kommission auf Null indiziert sehen

kennt die aus dem deutschen Verwaltungsrecht entlehnte Figur der Ermessensreduktion gar nicht.[869] Vor dem Hintergrund der auf Abwägung ausgestalteten Normstruktur von Art. 87 Abs. 3 lit. d) EGV ist es deshalb auch wenig hilfreich, formal den Anwendungsvorrang des Europarechts, respektive Art. 87 EGV, vor dem nationalen Verfassungsrecht und damit vor der Rechtsprechung zu Art. 5 Abs. 1 Satz 2 GG herauszuarbeiten.[870] Um einen Anwendungsvorrang geht es bei der Verhältnismäßigkeitsprüfung innerhalb von Art. 87 Abs. 3 lit. d) EGV nicht. Ein grundsätzlicher Bedeutungsvorrang läßt sich weder zugunsten des chancengleichen Wettbewerbs noch zugunsten des Rechtfertigungsgrundes der Kulturförderung postulieren. Hält man jedoch im Hinblick auf die Unschärfe der Kriterien und das an sich weite Ermessen der Kommission die Genehmigung der Beihilfen letztlich für ein politisches Instrument[871], so müssen vor allem das Protokoll des Amsterdamer Vertrages zum öffentlich-rechtlichen Rundfunk in den Mitgliedstaaten sowie die Entschließung des Ministerrates über den öffentlichen Rundfunk von der Kommission besonders gewürdigt werden.[872]

Art. 16 EGV, der eine konkretisierte Form des Rücksichtnahmegebots für Dienste von allgemeinem wirtschaftlichem Interesse darstellt, spricht ebenfalls dafür, die Auswirkungen der Beihilfeentscheidung auf die Erfüllung des klassischen Programmauftrags gesondert zu berücksichtigen. Zwar wurde der Rundfunk nicht als Dienst von allgemeinem wirtschaftlichem Interesse eingestuft. Die Gemeinschaftsorgane werden durch Art. 16 EGV jedoch verpflichtet, Diensten, die den sozialen und territorialen Zusammenhalt fördern, die Erfüllung ihrer Aufgaben nicht unmöglich zu machen. Bereits im Zusammenhang mit Art. 86 Abs. 2 EGV ist darauf hingewiesen worden, daß diese Norm die Bedeutung der wirtschaftlichen Dienste von allgemeinem Interesse bei der Förderung des sozialen und territorialen Zusammenhangs aufwertet. Im Wege des Analogieschlusses läßt sich für die Ermessensbindung der Kommission folgern, daß Diensten, die ohne ein wirtschaftliches Interesse für die Förderung des sozialen und territorialen Zusammenhalts sorgen und eigens zu diesem Zweck geschaffen wurden, ihre Aufgabenerfüllung erst recht nicht unmöglich gemacht werden darf. Daß auch im Rahmen von Art. 16 EGV der soziale und territoriale Zusammenhalt der Mitgliedstaaten gemeint sein muß, ergibt sich daraus, daß die Dienste mit Rücksicht auf das nationale Allgemeininteresse zu bestimmen und diesem zu dienen verpflichtet sind.

---

will.

869 S. dazu *Bleckmann*, Europarecht, § 9 Rn. 880.

870 So aber *Uphoff*, Fernsehmarkt und Grundversorgung, S. 111; *Rambow*, Rundfunk im Spannungsfeld zwischen europäischem Markt und nationalem Interesse, S. 5 f., in: Stern/Rambow/Schwartz/Schiwy/Krumsiek/Magiera/Rupp/Bullinger, Eine Rundfunkordnung für Europa – Chancen und Risiken, in: Schriftenreihe des Instituts für Rundfunkrecht an der Universität zu Köln, Band 54, München 1990

871 So *Schroeder*, ZHR 161 (1997), S. 805 (839) für Art. 87 Abs. 3 lit. c) EGV.

872 Entschließung des Rates und der im Rat vereinigten Vertreter der Regierungen der Mitgliedstaaten vom 25. Januar 1999, ABl. EG Nr. C 30 vom 5.2.1999, S. 1.

dd) Ermessensgrenze durch Art. 6 Abs. 3 EUV

Aus der wenigstens partiellen Anerkennung der staatsrechtlichen Bedeutung der Rundfunkfreiheit durch die Rechtsprechung des Europäischen Gerichtshofs zur Dienstleistungsfreiheit[873] sowie aus dem Umstand, daß die Gemeinschaftsorgane den mitgliedstaatlichen Kulturbegriff bei ihrer Entscheidung zugrunde zu legen haben, läßt sich die Anwendbarkeit von Art. 6 Abs. 3 EUV [alt: F Abs. 1] auf den Rundfunk ableiten. Nach dieser Norm achtet die Europäische Union die nationale Identität ihrer Mitgliedstaaten. Das Kulturgut Rundfunk ist vor allem mit seiner Funktion der Pluralismussicherung ein wesentlicher Teil der nationalen Kultur und damit auch der nationalen Identität. Auch wenn davon auszugehen ist, daß nicht jede gemeinschaftsrechtliche Beeinflussung kultureller Angelegenheit die nationale Identität der Mitgliedstaaten gefährdet, Art. 6 Abs. 3 EUV also nur auf solche kulturellen Güter anwendbar ist, die für den Staatsaufbau und die sich täglich bewährenden Staatsfunktionen essentiell sind[874], so bleibt die Norm für den Rundfunk wegen dessen europarechtlich wie mitgliedstaatlich anerkannten staatsrechtlich bedeutsamen Rolle für die freie Meinungsbildung anwendbar. Denn durch den Meinungsbildungsprozeß wird die Staatsfunktion als Ganzes in Bezug genommen.

Der Schutzzweck der Norm erschließt sich auch durch die Untersuchung des Wortlauts: Kann der Begriff der Nation („*nationale* Identität") nur verstanden werden, wenn man das staatsbildende Willenselement (plébiscite de tous les jours) und den Gedanken der kulturellen Einheit zusammennimmt[875], dann erscheint der öffentlich-rechtliche Rundfunk besonders schützenswert, da er beide identifikatorischen Aufgaben erfüllt.[876] Innerhalb der Darstellung des weiten Kulturbegriffs war die Funktion des öffentlich-rechtlichen Rundfunks deshalb besonders hervorzuheben und wurde seine Bindung wie seine Bedeutung für die Staatsordnung aufgezeigt.[877] Auf Art. 6 Abs. 3 EUV kann im Bereich des Rundfunks also in besonderem Maße zurückgegriffen wer-

---

873 EuGH Slg. 1991, I- 2925 (2964) – ERT -; EuGH Slg. 1993, I-487 (518) – Veronica -; EuGH Slg. 1994, I-4795 (4833) – TV 10 SA -.

874 *Bleckmann*, JZ 1997, S. 265 (266 f.) versteht die Norm zu Recht als Wesensgehaltsgarantie und Unterstützung des Souveränitätsprinzips der Mitgliedstaaten gegenüber der EG; enger dagegen *Doehring*, in: Due/Lutter/Schwarze (Hrsg.), FS für Everling, Bd. I, S. 263 (264), der mit Identität die Eigenstaatlichkeit in Abgrenzung zur nationalen, ethnischen oder kulturellen Identität meint, so auch *Hilf*, in: Randelzhofer/Scholz/Wilke (Hrsg.), GS für Grabitz, S. 157 (164); zu weit wohl *Ress*, DÖV 1992, S. 944 (949) für Art. 151 Abs. 4 EGV; *Ress/Ukrow*, ZEuS Sonderdruck 1/1999, S. 42.

875 So ausdrücklich *Bleckmann*, JZ 1997, S. 265 (266, 268 f.), der insoweit von einer Übereinstimmung mit den „kulturellen Verschiedenheiten" in Art. 148 und Art. 151 EGV ausgeht.

876 *Dörr*, Die Rolle des öffentlich-rechtlichen Rundfunks in Europa, S. 18, 24 sieht ebenfalls die Hauptfunktion der Norm in der Verbindung zum Demokratieprinzip als einem Hauptbestandteil der nationalen Verfassungsordnungen der Mitgliedstaaten.

877 S. oben D) III. 5. a) cc) aaa) (2), S. 198 f.

den. Zugunsten der Gebührenfinanzierung ist somit auch diese Norm bei der Ermessensentscheidung von der Kommission in ihre Überlegungen einzustellen.

ee) Stellungnahme

Neben der angemessenen Würdigung der kulturellen Bedeutung des Rundfunks in den Mitgliedstaaten innerhalb der Ermessensentscheidung der Kommission muß diese auch zwischen den einzelnen Generaldirektionen Einigkeit darüber herstellen, welche Politik sie im audiovisuellen Sektor betreiben will. Die Eigenschaft des Rundfunks als wesentlicher, die nationale Identität der Mitgliedstaaten betreffender Teil der mitgliedstaatlichen Kultur erlaubt der Kommission im Rahmen der „Kulturverträglichkeitsklausel"[878] des Art. 151 EGV nur eine fördernde Tätigkeit. Die jüngsten Stellungnahmen der Gemeinschaftsorgane sprechen dafür, daß über das Ziel der Förderung Einigkeit besteht: Innerhalb der mitgliedstaatlichen Rundfunksysteme ist der Angebots- und Meinungspluralismus zu fördern.[879] „Das öffentlich-rechtliche Fernsehen soll eine wichtige Rolle bei der Förderung der kulturellen Vielfalt jedes Einzelstaates spielen, indem es erzieherische oder bildende Programme anbietet, die Öffentlichkeit auf objektive Weise über Ereignisse oder laufende Debatten informiert, die Meinungsvielfalt sichert und auf demokratische und kostenlose Weise qualitativ hochwertige Beiträge liefert."[880] Auch der Europäische Rat hat in einer Entschließung über den öffentlich-rechtlichen Rundfunk anerkannt, daß die öffentlich-rechtlichen Rundfunkanstalten imstande sein müssen, ein großes Programmspektrum anbieten zu können, um die Gesellschaft *insgesamt* anzusprechen.[881]

Die Analyse der Generaldirektion Bildung und Kultur und die als selbstauferlegte politische Verpflichtung zu verstehende[882] Ratsentschließung füllen die Lücke, die durch die Abwesenheit einer eigenständigen EG-vertraglichen Grundrechtsdogmatik im Bereich des Rundfunks besteht. Ohne der Wettbewerbsfreiheit ihre Legitimität auch im Bereich des Rundfunks absprechen zu wollen, ist durch die Ratsentschließung, die Protokollerklärung und die Kommissionsuntersuchungen letztlich auch auf europäischer Ebene partiell das objektiv-rechtliche Gegengewicht zum subjektiv-rechtlichen Verständnis einer in Art. 49 ff. EGV verankerten Rundfunkunternehmerfreiheit aufgebaut worden, das in Deutschland in Form von Art. 5 Abs. 1 Satz 2 GG von Anfang an bestand.

---

[878] *Geiger*, EG-Vertrag, Art. 128 [neu: 151] Rn. 7; *Klein/Haratsch*, DÖV 1993, S. 785 (794) sprechen von einer „Querschnittsklausel".

[879] So schon *Meyer-Heine*, Dialog 1995, S. 284.

[880] Das Digitale Zeitalter, Europäische Audiovisuelle Politik, Bericht der Hochrangigen Gruppe für Audiovisuelle Politik, 1998, S. 25.

[881] Entschließung des Rates und der im Rat vereinigten Vertreter der Regierungen der Mitgliedstaaten vom 25. Januar 1999, ABl. EG Nr. C 30 vom 5.2.1999, S. 1 Rn. 7.

[882] Zur Rechtsnatur von Entschließungen s. *Oppermann*, Europarecht, Rn. 586.

Das in Art. 10 Abs. 1 Satz 2 EGV und Art. 6 Abs. 1 EUV verankerte Prinzip der wechselseitigen Gemeinschaftstreue fordert aus Sicht der Europäischen Union vor allem die Rücksichtnahme auf die Verfassungsgrundsätze der Mitgliedstaaten, zu denen die aus Art. 5 Abs. 1 Satz 2 GG ableitbare Rundfunkorganisation gehört. Auch umgekehrt erfüllt die Rundfunkordnung Regelungsziele auf europäischer Ebene: Die Finanzierungsmodalität in Gestalt der Rundfunkgebühr verfolgt das gleiche Ziel, wie es die Gemeinschaft auch für das Wettbewerbsrecht in Gestalt des Kartellrechts[883] ausdrücklich anerkannt hat: die Pluralismussicherung. Mit den Mitteln des Kartellrechts allein wird dieses Ziel allerdings nicht zu verfolgen sein. Hier ist ein Ordnungsmodell erforderlich, wie es sich auch beim Streit um die Kabelbelegung in Deutschland bewährt hat.[884] Der Kommission ist daher zuzustimmen, wenn sie die Ansicht vertritt, daß die Organisation des audiovisuellen europäischen Raumes nicht allein dem Willen entspringen darf, die audiovisuelle Industrie zu fördern, sondern auch vom Respekt vor den Erfordernissen einer demokratischen Gesellschaft getragen sein muß.[885] Da die Mitgliedstaaten durch die Gewährung von Beihilfen ihre Kultur fördern, erfüllen sie auf nationaler Ebene auch das, was nach Art. 3 lit. q) EGV Ziel der Gemeinschaft ist. Die stellvertretende Wahrnehmung gemeinschaftsrechtlich anerkannter Aufgaben durch die Mitgliedstaaten ist von der Kommission ebenfalls bei der Ermessensentscheidung zu berücksichtigen.[886]

Nicht haltbar erscheint die wie ein Postulat wirkende Auffassung, wonach die Kommission aufgrund der mitgliedstaatlichen Primärzuständigkeit gemäß Art. 151 und Art. 3 lit. q) EGV gehalten sei, grundsätzlich Kulturbeihilfen als mit dem Gemeinsamen Markt für vereinbar anzusehen.[887] Die mitgliedstaatliche „Einschätzungsprärogative" über das, was innerstaatlich zum kulturellen Bereich zu rechnen ist, begründet auch kein Subordinationsverhältnis zwischen Kultur- und Wettbewerbsrecht. Dem europäischen Wettbewerbsrecht ist durch die Kommission grundsätzlich auch für Kulturförderungen Geltung zu verschaffen. Hinsichtlich der Vereinbarkeit von Kulturbeihilfen mit dem Gemeinsamen Markt hat die Kommission jedoch das Gewicht des mitgliedstaatlichen Kulturgutes zu würdigen und gegen das festgestellte Maß der Wettbe-

---

883 Vgl. KOM(92) 480 endg., S. 15 ff. Dort bekennt sich die Kommission zu dem Ziel, der Öffentlichkeit Informationsvielfalt zu garantieren, auch wenn dadurch die Meinungsfreiheit eingegrenzt werden müsse.

884 S. oben C) III. 2. a), S. 120 f.

885 Mitteilung der Kommission an den Rat und an das Parlament über die Politik im audiovisuellen Bereich, KOM(90), 78 endg., vom 21.2.1990, S. 19.

886 So auch *Wemmer*, Die neuen Kulturklauseln des EG-Vertrags, S. 142.

887 So aber *Wemmer*, Die neuen Kulturklauseln des EG-Vertrags, S. 218; weitergehend *Ress*, in: Randelzhofer/Scholz/Wilke (Hrsg.), GS für Grabitz, S. 595 (602, 627), der – ungeachtet der mangelnden Justitiabilität durch den EuGH gemäß Art. 46 EUV - durch Art. 6 Abs. 1 EUV und Art. 151 EGV eine Reduzierung des Ermessens der EG-Kommission auf Null indiziert sehen will.

werbsbeeinträchtigung abzuwägen. Art. 87 Abs. 3 lit. d) EGV wiederholt deshalb das schon in Abs. 1 der Vorschrift enthaltene Tatbestandsmerkmal, daß die Handels- und Wettbewerbsbedingungen in der Gemeinschaft durch die Kulturbeihilfe nicht in einem Maße beeinträchtigt werden dürfen, das dem gemeinsamen Interesse zuwiderläuft. Dieser Verhältnismäßigkeitsprüfung widerspricht die unhaltbare Annahme, der Querschnittsklausel des Art. 151 Abs. 4 EGV ließe sich der „Grundsatz der bestmöglichen Kulturentfaltung“ entnehmen.[888]

c) Kontrolldichte durch die Rechtsprechung des EuGH

Die beihilferechtlichen Entscheidungen der Kommission unterliegen grundsätzlich der uneingeschränkten Kontrolle durch den Europäischen Gerichtshof. Der Prüfungsrahmen erstreckt sich auf die Einhaltung der Ermessensgrenzen, auf die tatbestandliche Bewertung des Sachverhalts und darauf, ob der Kommission kein offensichtlicher Irrtum unterlaufen ist.[889] Die Überprüfung, ob bei einer das Grundrecht aus Art. 5 Abs. 1 Satz 2 GG verletzenden Entscheidung der Kommission das Ermessen richtig betätigt und der Umfang der Grundrechtsverletzung hinsichtlich des Grades der Wettbewerbsbeeinträchtigung zutreffend beurteilt wurde, obliegt danach dem EuGH.

Die höchstrichterliche europäische Judikatur hält den Umfang der Nachprüfbarkeit jedoch hinsichtlich solcher Tatbestandsmerkmale für beschränkt, die eine Bewertung komplexer wirtschaftlicher Sachverhalte voraussetzen.[890] Der Umfang der Nachprüfbarkeit wird auch dadurch eingeschränkt, daß der EuGH hinsichtlich der Wettbewerbsverfälschung des zwischenstaatlichen Handels von der Kommission keine detaillierten Zahlenangaben oder Berechnungen verlangt, aus denen die Wettbewerbsverfälschung ablesbar ist. Die Kommission hat in ihrer Entscheidungsbegründung lediglich die Umstände zu benennen, aus denen sie die Handelsbeeinträchtigung ableitet.[891] Der Europäische Gerichtshof setzt nicht seine eigene wirtschaftspolitische Beurteilung an die Stelle derjenigen der Kommission.[892] Es verbleibt der Kommission somit ein Beurteilungsspielraum, der sich zumeist auf eine Prognose derjenigen Wettbewerbssituation beziehen wird, die durch die Gewährung der Beihilfe entstünde. Die Kommission

---

888 So aber *Ress/Ukrow*, ZEuS Sonderdruck 1/1999, S. 44.

889 Vgl. EuGH Slg. 1976, S. 19 (30) – Balkan-Import-Export/Hauptzollamt Berlin -.

890 Grundlegend EuGH Slg. 1966, S. 321 (396) - Consten und Grundig -, wo sich die Richter auf die Begründung der Entscheidung konzentrierten; *M. Seidel*, Grundfragen des Beihilfenaufsichtsrechts der Europäischen Gemeinschaften, KSE 32, S. 55 (72); *Hakenberg/Tremmel*, EWS 1997, S. 217 (219).

891 EuGH Slg. 1985, S. 809 (824) - Leeuwarder Papierwarenfabriek -, wo es die Kommission unterlassen hatte, irgendwelche Aussagen über den relevanten Markt, die Marktanteile oder die Handelsströme zu machen.

892 EuGH Slg. 1997, I-135 (161) - Spanien/Kommission -; EuG Slg. 1996, II-2169 (2190) - AIUFFASS - mit Hinweis auf EuGH Slg. 1993, I-3203 (3256) - Matra -.

besitzt für diese Entscheidung eine größere Kompetenz und Erfahrung als die Rechtsprechung.

Die gerichtliche Kontrolle der Kommissionsentscheidung durch den EuGH beschränkt sich wegen der wirtschaftlichen Komplexität vieler Sachverhalte deshalb hauptsächlich auf die Prüfung, ob die Verfahrens- und Begründungsvorschriften eingehalten worden sind, ob der Sachverhalt zutreffend festgestellt und nicht offensichtlich fehlerhaft gewürdigt worden ist und ob kein Ermessensmißbrauch vorliegt.[893] Damit dürfte die Entscheidung der Kommission über die Verhältnismäßigkeit gerichtlich allenfalls insoweit anfechtbar sein, als zu prüfen ist, ob die Kommission alle Gründe, die für und wider eine Ausnahmeerteilung sprechen, in ihre Entscheidung eingestellt hat und keine ermessensmißbräuchlichen Erwägungen einfließen ließ.[894] Die Kommissionsentscheidung über die Beschwerde des Verbandes Privater Rundfunk und Telekommunikation ist daher sowohl bezüglich der fehlerhaften Ausfüllung materieller Rechtsbegriffe in Art. 87 Abs. 3 lit. d) EGV als auch im Hinblick auf die nur kursorische Anwendung der Norm beschwerdefähig.

d) Förderung der Kultur

Die nationale Beihilfe muß gemäß Art. 87 Abs. 3 lit. d) EGV der „Förderung" der Kultur dienen. Zwar wohnt das Förderungselement schon dem Tatbestandsmerkmal der Begünstigung innerhalb des Beihilfebegriffs inne. Denkbar wäre es aber, daß die Förderung eines kulturellen Belangs die Kultur insgesamt eher schädigen als ihr nutzen könnte. Bei der Gebührenfinanzierung des öffentlich-rechtlichen Rundfunks in Deutschland könnte dies dann der Fall sein, wenn diese Finanzierungsmodalität dazu führen würde, daß sich der Pluralismus in den Medien verringerte oder die demokratisch-kulturelle Funktion des Rundfunks schlechter erfüllt werden würde als ohne die Beihilfe. Sofern mit Hilfe dieses Arguments jedoch versucht werden sollte, den binnenpluralen öffentlich-rechtlichen Rundfunk gegenüber dem Konzept einer außenpluralen Vielfalt der privaten Veranstalter geringzuachten, sei auf das 4. Rundfunkurteil

---

893 EuGH, Slg. 1980, S. 3333 (3358) - Roquette Frères -; EuGH Slg. 1985, S. 2545 (2575) - Remia – zu Art. 81 Abs. 1 EGV; EuGH, Slg. 1992, I-1335 (1404) - Ricoh -; EuGH Slg. 1996, I-723 (772) - Belgien/Kommission -; EuGH Slg. 1997, I-135 (159) - Spanien/Kommission -; EuG Slg. 1996, II-2109 (2135) - Air France/Kommission -; vgl. auch Art. 33 Abs. 1 Satz 2 EGKSV, der normiert, daß sich die Nachprüfung durch den EuGH nicht auf die Würdigung der aus den wirtschaftlichen Umständen oder Tatsachen sich ergebenden Gesamtlage erstrecken darf, es sei denn, es handelt sich um einen Ermessensmißbrauch.

894 Vgl. EuGH Slg. 1985, S. 809 (825) - Leeuwarder Papierwarenfabriek -; *Deckert/Schroeder*, EuR 1998, S. 291 (310), die davon ausgehen, daß sich der EuGH „von der Inhaltskontrolle der Beihilfeentscheidungen der Kommission verabschiedet hat." Kritisch auch *W. A. Adam*, Die Kontrolldichte-Konzeption des EuGH und deutscher Gerichte, S. 102 ff., der nur von einer „Offensichtlichkeitskontrolle" ausgeht.

des Bundesverfassungsgerichts[895] und den Zweck der Gebührenfinanzierung verwiesen, der in der größeren programmlichen Freiheit liegt: Von den Rundfunkprogrammen privater Anbieter könne kein in seinem Inhalt breit angelegtes Programm erwartet werden, weil die Anbieter zur Finanzierung ihrer Tätigkeit nahezu ausschließlich auf Wirtschaftswerbung angewiesen sind.[896] Dem Mittel der Gebührenfinanzierung eine gänzliche Ungeeignetheit für die Kulturförderung zu unterstellen, geht deshalb zu weit. Im Gegenteil hat das Bundesverfassungsgericht klargestellt, daß es „im Zeichen der Erweiterung des Rundfunkangebots um privat veranstaltete und europäische Programme" darauf ankomme zu gewährleisten, „daß der klassische Auftrag des Rundfunks erfüllt wird, der neben seiner Rolle für die Meinungs- und Willensbildung [...] seine kulturelle Verantwortung umfaßt. Das gilt namentlich unter dem Gesichtspunkt des sich entwickelnden und an Bedeutung gewinnenden europäischen Rundfunkmarktes."[897] Die Kommission hat zwar erst bei der Erforderlichkeitsprüfung im Rahmen der Verhältnismäßigkeit die Förderungswirkung alternativer Finanzierungsinstrumente zu überprüfen. Dabei hat sie jedoch die Wirkung der Finanzierung auf die Verwirklichung des Ziels der Meinungsvielfalt zu beachten und auch das Argument des Bundesverfassungsgerichts zu würdigen. Denn auch wenn die Gebührenfinanzierung selbst nicht Bestandteil des Kulturbegriffs ist, so steht sie dadurch, daß sie die Funktionserfüllung des öffentlich-rechtlichen Auftrags sichern soll, in einem unlösbaren Zusammenhang mit dem Kulturgut Rundfunk.

e) Beeinträchtigung der Wettbewerbsbedingungen

Art. 87 Abs. 3 lit. d) EGV gestattet die Gewährung von Kulturbeihilfen, soweit sie die Handels- und Wettbewerbsbedingungen in der Gemeinschaft nicht in einem Maße beeinträchtigen, das dem gemeinsamen Interesse zuwiderläuft. Die Tatbestandsmerkmale der Zwischenstaatlichkeit und der Wettbewerbsverfälschung sind jedoch auch in Abs. 1 der Vorschrift enthalten. Eine Subsumtion der begünstigenden Maßnahme hinsichtlich ihrer wettbewerbsverfälschenden Wirkung im einzelnen kann deshalb innerhalb von Art. 87 Abs. 3 lit. d) EGV nicht erneut erforderlich sein. Daß der Schwerpunkt der Prüfung in Abs. 3 ein anderer sein muß, folgt auch daraus, daß die Wiederholung der Tatbestandselemente in einem von Abs. 1 zu unterscheidenden Zusammenhang erfolgt. Während in Abs. 1 allein die Feststellung der Zwischenstaatlichkeit sowie der Wettbewerbsverfälschung kumulativ mit den anderen Tatbestandselementen das Vorliegen einer Beihilfe begründet, kommt es in Abs. 3 auf die Vereinbarkeit der zwischenstaatlichen Wettbewerbsverfälschung mit dem „gemeinsamen Interesse" an.

---

895 BVerfGE 73, 118 ff.

896 BVerfGE 73, 118 (155).

897 BVerfGE 73, 118 (158); 74, 297 (324); s. auch oben B) II. 1. b), S. 31 f.

Erforderlich ist also eine Verhältnismäßigkeitsprüfung der Kulturbeihilfe im Hinblick auf ihre Vereinbarkeit mit den Erfordernissen des gemeinschaftlichen Wettbewerbs.[898]

Fraglich ist, ob dem unterschiedlichen Wortlaut von Art. 87 Abs. 3 lit. c) EGV, der eine Befreiung vom Beihilfeverbot schon dann verwehrt, wenn nur eine „Veränderung der Handelsbedingungen" vorliegt, und Art. 87 Abs. 3 lit. d) EGV, der eine „Beeinträchtigung" fordert, entnommen werden kann, daß bei kulturellen Beihilfen stärkere Handelsbeeinträchtigungen zu tolerieren sind.[899] Gegen eine unterschiedliche Auffassung über das hinnehmbare Maß der Handelsbeeinträchtigung spricht jedoch, daß die Kommission vor der Maastrichter Vertragsrevision auch die Kulturbeihilfen unter Art. 87 Abs. 3 lit. c) EGV subsumiert hat und bei diesen regelmäßig davon auszugehen ist, daß sie aufgrund ihrer nur nationalen Reichweite keine gemeinschaftsweiten Auswirkungen zeitigen. Offenbar wollte die Kommission den Wortlaut in Art. 87 Abs. 3 lit. c) EGV hinsichtlich des Ausmaßes der Handelsbeeinträchtigung bei der Vertragsrevision aber nicht übernehmen. Für den Fall grenzüberschreitender Auswirkungen auf den Markt für Kulturgüter macht eine Klarstellung der Formulierung auch Sinn. Denn nur eine Veränderung der Handels- und Wettbewerbsbedingungen wohnt jeder Beihilfe schon begrifflich inne, während es bei der Abwägung gerade darum geht, diese an einem Verträglichkeitsmaßstab (scil. der Funktionstüchtigkeit i. S. zumutbarer Beeinträchtigung) zu messen, um bestimmte Beeinträchtigungen der Handels- und Wettbewerbsbedingungen auszuschließen. Kommt es also im kulturellen Bereich zu grenzüberschreitenden Auswirkungen auf den Wettbewerb, so ist eine ausgewogene und unvoreingenommene Abwägung des mitgliedstaatlichen und gemeinschaftlichen Interesses vorzunehmen, wie dies bei allen Ausnahmetatbeständen des Art. 87 Abs. 3 EGV gleichermaßen der Fall ist.

f) Verhältnismäßigkeit von Wettbewerbsverfälschung einerseits und kultureller Aufgabe andererseits

Obwohl bereits dargelegt wurde, daß Art. 86 Abs. 2 EGV auf die Finanzierung des öffentlich-rechtlichen Rundfunks nicht anwendbar ist, so ist für die Verhältnismäßigkeitsprüfung beachtenswert, welches Anwendungsprinzip der Europäische Gerichtshof dieser Bestimmung entnommen hat. In der Rechtssache *FFSA* anerkannte die höchstrichterliche Rechtsprechung, daß die Zahlung einer staatlichen Beihilfe gemäß Art. 86 Abs. 2 EGV dann nicht unter das Verbot des Art. 87 EGV falle, wenn die betreffende Beihilfe nur die Mehrkosten ausgleichen soll, die dem mit einer Dienstleistung von allgemeinem wirtschaftlichem Interesse betrauten Unternehmen durch die Erfüllung

---

898 So auch das „Diskussionspapier zur Anwendung der Artikel 90 Absatz 2, 92 und 93 [neu: 86, 87 und 88] EG-Vertrag im Rundfunksektor", S. 2; vgl. zur Beweislast der Kommission in diesem Punkt statt aller *Mederer*, in: Groeben/Thiesing/Ehlermann (Hrsg.), Kommentar zum EG-/EU-Vertrag, 5. Auflage 1999, Art. 92 [neu: 87] Rn. 68.

899 So *Oppermann*, Deutsche Rundfunkgebühren und europäisches Beihilferecht, S. 91 ff.

der ihm übertragenen besonderen Aufgaben entstehen, und wenn die Gewährung der Beihilfe erforderlich ist, um diesem Unternehmen die Erfüllung seiner Verpflichtung als öffentlicher Dienstleistungserbringer unter wirtschaftlich tragbaren Bedingungen zu ermöglichen.[900] Eine Befreiung von den Wettbewerbsregeln des Vertrages und damit eine Bevorzugung von öffentlichen Unternehmen, die mit einer besonderen wirtschaftlichen Aufgabe betraut sind, sei in der Form zulässig, daß privatrechtlichen Unternehmen verboten wird, nur in Bereichen ihrer Wahl in den Wettbewerb mit der öffentlichen Konkurrenz zu treten. Könnten sich die privaten Unternehmen nämlich auf diese lukrativen Bereiche beschränken, ohne sich – wie im Falle der Postzustellung - beispielsweise vollumfänglich am Universaldienst zu beteiligen, könnten sie ihre Produkte in den für sie rentablen Bereichen unter günstigeren Bedingungen anbieten, als dies für die mit unlukrativen Aufgaben betraute öffentliche Konkurrenz möglich ist.[901] Übertragen auf die Gebührenfinanzierung des öffentlich-rechtlichen Rundfunks ließe sich aus diesem Diktum folgern, daß die Erbringung eines meritorischen Guts - für dessen Zurverfügungstellung es wegen insuffizienter Gewinnmöglichkeiten keinen Wettbewerb gibt - es verbietet, den Wettbewerb in genau den Einzelbereichen wieder voll zuzulassen, in denen die Marktgesetzlichkeiten gelten und also auch die privaten Rundfunkveranstalter mit Gewinn arbeiten können. Es entspräche der „Rosinentheorie", wenn sich die privaten Rundfunkveranstalter auf die werbewirksamen Felder der Unterhaltung konzentrieren könnten, der öffentlich-rechtliche Rundfunk aber nur zur Erbringung eines „reduzierten" Programms berufen wäre, dessen Umfang allein davon abhinge, welche Programmsegmente die Privaten als für sich gewinnversprechend einstufen. Es ist deshalb im Rahmen der Verhältnismäßigkeitsprüfung auch der Grund für die Wettbewerbsverfälschung zu berücksichtigen und insoweit mit dem Begriff der Gegenleistung zu operieren.

Wie bereits das Europäische Gericht erster Instanz festgestellt hat[902] und wie sich auch aus dem Diskussionspapier der Generaldirektion Wettbewerb ergibt, bereitet die Prüfung der Verhältnismäßigkeit der Beihilfengewährung große Schwierigkeiten, da ohne eine getrennte Rechnungslegung nur schwer festzustellen ist, wo die Grenze zwischen der Finanzierung des öffentlichen Auftrags und der Quersubventionierung marktabhängiger Programme verläuft. Auch das Bundesverfassungsgericht ist anläßlich der Prüfung der Angemessenheit der Gebührenhöhe im Verhältnis zum Funktionsauftrag des öffentlichen Rundfunks auf das Problem der Quantifizierbarkeit gesto-

---

900 EuGH Slg. 1998, I-1303 (1319) – FFSA -; *Grill*, in: Lenz (Hrsg.), EGV, Art. 86 Rn. 18 sowie für das Kreditwesen *Schmid/Vollmöller*, NJW 1998, S. 716 (718).

901 EuGH Slg. 1993, I-2533 (2569) - Corbeau -.

902 EuG, ZUM-RD 1998, S. 477 (480) Rn. 83: „However, it is apparent from the submissions and pleadings of the parties that the only real difficulty facing the Commission in this case relates to the extent to which the disputed grants made to the Spanish public television companies are intended to compensate them in respect of specific public-service obligations imposed upon them by national legislation."

ßen.[903] Zu prüfen ist, inwieweit die hierzu gefundenen Lösungsansätze auch für die europarechtliche Verhältnismäßigkeitsprüfung zu berücksichtigen sind.

Für Art. 87 Abs. 3 lit. d) EGV gilt die gleiche Prüfungsreihenfolge wie bei der Anwendung des allgemeinen, jetzt in Art. 5 EGV statuierten Verhältnismäßigkeitsprinzips.[904] Neben der Prüfung der Geeignetheit ist deshalb aufzuzeigen, welche Gründe für die Erforderlichkeit der Gebührenfinanzierung sprechen und wie diese im Verhältnis zum Grad der Wettbewerbsverfälschung zu beurteilen sind.

aa) Geeignetheit

Die Gebührenfinanzierung des öffentlich-rechtlichen Rundfunks ist zur Erfüllung des kulturellen Funktionsauftrags geeignet, weil sie den Rundfunkanstalten eine von wirtschaftlichen Zwängen unabhängige, der Meinungsvielfalt verpflichtete Sendetätigkeit erlaubt. Es ist bereits dem Einwand begegnet worden,[905] daß „die Privilegierung des öffentlich-rechtlichen Rundfunks durch den Ausschluß privater Anbieter vom Gebührenaufkommen [...] keinen Beitrag zur Entfaltung des kulturellen Lebens in der Bundesrepublik zu leisten“[906] vermöge und deswegen ungeeignet sei. Diese Einschätzung der Rundfunkfinanzierung verkennt in der Tat die Struktur der dualen Rundfunkordnung und die in ihr bestehende Aufgabenverteilung. Eine Gebührenfinanzierung der privaten Rundfunkveranstalter zum Zwecke der Erfüllung des Funktionsauftrags ist schon deshalb unmöglich, weil mit der damit einhergehenden Pflichtenbindung ein Eingriff in ihre Rundfunkfreiheit erfolgte. Die gesetzliche Aufgabenbestimmung als „Pflicht und Rahmen“ ist jedoch der entscheidende Unterschied zwischen öffentlich-rechtlichem und privatem Rundfunk.[907] Vor allem aber wäre eine Zuteilung von Rundfunkgebühren ohne eine Pflichtenbindung sicherlich nicht zur Erreichung des kulturellen Zwecks im selben Maße geeignet, da insoweit - entgegen *Selmer/Gersdorf* - die Motivation des privaten Engagements, die primär in der Erzielung wirtschaftlichen Profits liegt[908], mitbeachtet werden müßte. Die mit der Gebührenfinanzierung gesicherte Freiheit der öffentlich-rechtlichen Rundfunkanstalten ist dagegen geeignet, die Veranstaltung eines kulturell-funktionsgebundenen Programms zu erreichen.

---

903 BVerfGE 90, 60 (95): „Weder kann genau bestimmt werden, welchen Programmauftrag die Erfüllung der Funktion des öffentlich-rechtlichen Rundfunks erfordert, noch ist exakt festzustellen, welche Mittel zur Finanzierung der erforderlichen Programme wiederum erforderlich sind.“

904 Vgl. dazu EuGH Slg. 1979, S. 713 (722) - Stölting/Hauptzollamt Hamburg Jonas -; EuGH Slg. 1989, S. 2237 (2269) -Schräder/Hauptzollamt Gronau -.

905 Vgl. insbesondere oben B) III. 1. b) ccc), S. 57 f.

906 *Selmer/Gersdorf*, Die Finanzierung des Rundfunks in der Bundesrepublik Deutschland auf dem Prüfstand des EG-Beihilferegimes, S. 77.

907 *Herrmann*, Rundfunkrecht, § 10 Rn. 3.

908 So zuletzt *Vultejus*, in: FAZ Nr. 164 v. 19.7.1999, S. 8.

bb) Erforderlichkeit

Eine Beihilfe ist dann im Sinne von Art. 87 Abs. 3 EGV erforderlich, wenn ohne ihre Gewährung das Vorhaben scheitern müßte.[909] Die Kommission muß demnach zu der Überzeugung gelangen, daß die Marktkräfte alleine nicht in der Lage sein würden, das kulturspezifische Ziel zu erreichen.[910] Dafür, daß die Ausstattung des öffentlich-rechtlichen Rundfunks in Deutschland mit Gebührenmitteln erforderlich ist, spricht neben der systematischen Verknüpfung der Finanzierung mit dem besonderen Auftrag auch die Einordnung als meritorisches Gut.[911] Anläßlich der Prüfung der Wettbewerbsverfälschung ist darüber hinaus festgestellt worden, daß die Rundfunkgebühren eine Grundfinanzierung darstellen, durch die die Existenz der öffentlich-rechtlichen Sender erst möglich wird. Der aus Werbemitteln finanzierte private Rundfunk ist nicht in der Lage, ein an Qualitäts- und Vielfaltsgesichtspunkten ausgerichtetes Programm zu veranstalten. Auch den öffentlich-rechtlichen Sendern wäre dies ohne die Gebührenfinanzierung nicht möglich, so daß die Gebühren als Gegenleistung nicht nur für die inhaltliche Ungebundenheit der privaten Rundfunkveranstalter, sondern auch zum Zwecke der Erfüllung des öffentlichen Auftrags erforderlich sind.[912]

Bedenken hinsichtlich der Erforderlichkeit der Gebührenfinanzierung könnten für Programme bestehen, die von den öffentlich-rechtlichen Rundfunkanstalten veranstaltet werden, wenn auch der Markt in Gestalt der privaten Veranstalter für ihre Existenz sorgen könnte.[913] Die Marktgesetzlichkeiten versagen im Bereich des Rundfunks jedoch und sind auf den öffentlich-rechtlichen Rundfunk nicht anwendbar, weil der Wettbewerb zwischen den Rundfunkveranstaltern nicht automatisch eine Qualitätssteigerung der Programme oder eine an Vielfalt ausgerichtete Meinungsdarstellung bewirkt.[914] Diese Wirkungen müssen künstlich von außen erzeugt werden. Die Gebührenfinanzierung stellt das erforderliche Mittel zur Erreichung dieses Zweckes dar. Der Erforderlichkeit der Gebührenfinanzierung kann auch nicht mit dem Argument begegnet werden, daß eine staatliche Finanzierung der privaten Rundfunksender den gleichen Effekt hätte. Denn mit diesem Argument würde nicht die Notwendigkeit der Beihilfe bestritten, sondern nur die Berechtigung ihrer Empfänger. Als Empfänger wären aber die privaten Veranstalter von Rundfunk – wie gezeigt - ungeeignet, weil die Er-

---

909 Vgl. EuGH Slg. 1980, S. 2671 (2690) - Philip Morris -.

910 *Selmer/Gersdorf*, Die Finanzierung des Rundfunks in der Bundesrepublik Deutschland auf dem Prüfstand des EG-Beihilferegimes, S. 73; *v. Wallenberg*, in: Grabitz/Hilf (Hrsg.), Kommentar zum EWG-Vertrag, Art. 92 [neu: 87] Rn. 43; *Mederer*, in: Groeben/Thiesing/Ehlermann (Hrsg.), Kommentar zum EG-/EU-Vertrag, 5. Auflage 1999, Art. 92 [neu: 87] Rn. 72.

911 S. dazu oben B III. 1. c), S. 63 ff.

912 Vgl. oben B) IV. 1. b), S. 77 ff.

913 So vor allem *Bleckmann*, Öffentlich-rechtliche Spartenprogramme als Bestandteil der Grundversorgung?, S. 121 für die Veranstaltung der Spartenkanäle „Phoenix“ und „Der Kinderkanal“.

914 S. oben B) II. 3., S. 39 ff.

füllung der Grundversorgung dann in das Belieben der Sender gestellt werden müßte. Inhaltliche Bedingungen, die mit einer „Beleihung" des Programmauftrags verbunden wären, wären aber nicht mit der Programmfreiheit aus Art. 5 Abs. 1 Satz 2 GG vereinbar.[915]

Dafür, daß auch verfahrensrechtlich eine Sicherung der Erforderlichkeit gewährleistet sein müßte, also nicht der Begünstigte selbst die Höhe der Beihilfe bestimmen darf, läßt sich Art. 87 Abs. 3 lit. d) EGV dagegen nichts entnehmen.[916] Für die Finanzierung und die Rolle der KEF ist auch gezeigt worden[917], daß verfahrensrechtlich Kontrolldefizite weitestgehend ausgeschlossen wurden und die Bestimmung der Gebührenhöhe nicht allein den öffentlich-rechtlichen Anstalten obliegt. Im Gegenteil ist bei der Prüfung durch die KEF die Erforderlichkeit der wesentliche Prüfungspunkt. Wie eine verfahrensrechtliche Erforderlichkeitsprüfung aussehen sollte und in welchen Punkten sie sich von der materiellen Erforderlichkeitsprüfung unterscheiden soll, ist zudem nicht ersichtlich.

Zweifel an der Notwendigkeit der Gebührenfinanzierung für das Gesamtprogramm der öffentlich-rechtlichen Sender hat der Vorschlag eines „Zerlegungsmodells" ausgelöst, in dem publizistisch hochwertige Programme durch Gebühren, sonstige Programme aber durch Rundfunkwerbung finanziert werden sollen.[918] Auch die Europäische Kommission hat in dem Diskussionspapier der für den Wettbewerb zuständigen Generaldirektion Wettbewerb, diesen Ansatz weiter verfolgt und den Notwendigkeitsmaßstab bis auf einzelne Programme oder Programmsegmente verengt, indem sie für jedes Programm eine Überprüfung der Nachfragesituation forderte. Eine Stütze findet dieser auf eine genaue Rechnungslegung der öffentlich-rechtlichen Anstalten abzielende Vorschlag in der Rechtsprechung des Europäischen Gerichtshofes zu Art. 86 Abs. 2 EGV. Für die Subsumtion von Energieversorgungsunternehmen unter den Ausnahmetatbestand hat der Gerichtshof verlangt, daß zuerst die public-service Funktion sorgfältig beschrieben werden müsse, bevor mit einer Verhältnismäßigkeitsprüfung begonnen werden könne.[919] Der EuGH ist diesem Ansatz auch für die Rolle der Postunternehmen gefolgt. Soweit im Zustellungsverkehr mangels Angeboten von privater Seite für sog. (unlukrative) Universaldienste die Notwendigkeit bestehe, die öffentlichen Unternehmen von den europarechtlichen Wettbewerbsvorschriften zu dispensieren, müßten der öffentliche Auftrag der Universaldienste genau umschrieben und die Kosten hier-

---

915 Vgl. BVerfGE 90, 60 (87).

916 Dafür aber *Uphoff*, Fernsehmarkt und Grundversorgung, S. 161.

917 S. oben B) IV. 1. b) bb), S. 79 ff.

918 *Selmer/Gersdorf*, Die Finanzierung des Rundfunks in der Bundesrepublik Deutschland auf dem Prüfstand des EG-Beihilferegimes, S. 85 ff.

919 So auch für den europäischen Energiemarkt EuGH Slg. 1994, I-1477 (1521) – Almelo -; vgl. auch *Tettinger*, DVBl. 1997, S. 341 (446) mit Hinweis auf die Schlußfolgerungen des Energieministerrates zu einer Elektrizitätsbinnenmarkt-Richtlinie, Bulletin der EU 11-1994, S. 37.

für dargelegt werden.[920] Auf den Rundfunk übertragen bedeutete diese Rechtsprechung, daß eine Ausnahme vom Beihilfeverbot nur dann zulässig ist, wenn für jedes Programm nachgewiesen wäre, daß es nicht auch aus Werbeeinnahmen finanzierbar gewesen wäre, es also ohne die Rundfunkgebühr von keinem Marktteilnehmer erbracht worden wäre.[921]

aaa) Diskussionspapier der Generaldirektion Wettbewerb

Das Diskussionspapier der Generaldirektion Wettbewerb über die Anwendung der Artikel 86 Abs. 2, 87 und 88 EG-Vertrag im Rundfunksektor stellt in erster Linie eine Interpretation des neuen Art. 16 EGV sowie der Protokollerklärung über den öffentlichen Rundfunk aus dem Amsterdamer Vertrag dar. Auf der Grundlage der durch den Amsterdamer Vertrag erfolgten rundfunkpolitischen Weichenstellungen versucht die Kommission, ihre Aufgaben als Wächterin des Wettbewerbsrechts im Hinblick auf den Rundfunk zu präzisieren.

Die Kommission geht in dem Diskussionspapier einleitend davon aus, daß sich im Gefolge der technischen Entwicklung - es werden exemplarisch Digitalisierung und Multimediakonvergenz genannt - „der eigentliche Charakter des Rundfunks wandeln wird“. Daraus leitet die Kommission ab, daß sie einen „einheitlichen Ordnungsrahmen“ für staatliche Beihilfen aufstellen müsse. Dieser „Ordnungsrahmen“ für den Rundfunksektor bewegt sich innerhalb des Rahmens von Art. 88 Abs. 1 Satz 2 EGV, wonach die Kommission den Mitgliedstaaten zweckdienliche Maßnahmen vorschlägt, welche die fortschreitende Entwicklung und das Funktionieren des Gemeinsamen Marktes erfordern. Der Begriff des „Ordnungsrahmens“ darf daher nicht als Kompetenzgrundlage zur Schaffung einer europäischen Rundfunk- bzw. Medienordnung mißverstanden werden. Den Empfehlungen des Berichts der Hochrangigen Gruppe für Audiovisuelle Politik der Generaldirektion Bildung und Kultur zufolge anerkennt auch die Kommission Grenzen für die regelnde Tätigkeit im Rundfunksektor, da sie „die Entscheidung über den Stellenwert der jeweiligen öffentlichen und privatwirtschaftlichen Sektoren in jedem Land vorrangig im Ermessen der einzelnen Mitgliedstaaten“ sieht.[922] Im Anschluß an diese Aussage erscheint es dann aber um so erstaunlicher, daß die Kommission, nachdem sie auch die Befugnis der Mitgliedstaaten zur Definiti-

---

920 EuGH Slg. 1998, I-1303 (1318 ff.) – FFSA -.

921 So *Uphoff*, Fernsehmarkt und Grundversorgung, S. 160 f.; zur Anwendung des „compensatory justification principle“ im Rahmen von Art. 87 Abs. 3 lit. d) EGV und zur parallelen Prüfung bei Art. 86 Abs. 2 vgl. *Slot*, State aids in the cultural sector, S. 22 f. mit Hinweis auf EuGH Slg. 1980, S. 2671 (2691) Philip Morris -.

922 Das digitale Zeitalter, Bericht der Hochrangigen Gruppe für Audiovisuelle Politik, S. 26; den Bericht begrüßend *Simonis*, in: epd medien Nr. 86 vom 4.11.1998, S. 17; vgl. auch den Vortrag von Kommissar *Oreja*, der bekräftigt, „daß die Kommission niemals eine Art Regelungsbehörde in diesem Bereich“ werden dürfe, in: epd medien, Nr. 86 vom 4.11.1998, S. 25.

on des öffentlich-rechtlichen Auftrags anerkannt hat, eine Limitierung des Finanzaufkommens der öffentlich-rechtlichen Rundfunkanstalten auf Gebühreneinnahmen fordert oder alternativ vorschlägt, die Mischfinanzierung mit einer getrennten Buchführung zu koppeln.[923] Nur so könne der Gefahr vorgebeugt werden, die durch die doppelte Finanzierung aus einerseits staatlichen Mitteln und andererseits Werbeeinnahmen die Quersubventionierung von Programmen mit Gebührenmitteln erlaube, die eigentlich über Werbeeinnahmen finanziert werden müßten.

Indem somit auch die Generaldirektion Wettbewerb davon ausgeht, daß eine Zerlegung des öffentlich-rechtlichen Gesamtprogramms hinsichtlich einzelner Sendungen und auch deren Subsumtion unter den öffentlich-rechtlichen Auftrag möglich ist[924], gelangt sie in dasselbe Dilemma, vor dem im deutschen Rundfunkrecht das Bundesverfassungsgericht hinsichtlich des Umfangs der Rundfunkfinanzierung stand. Eigentlich müßte sie Vorgaben liefern, aus denen sich die Zugehörigkeit der Programme zum öffentlichen Auftrag zweifelsfrei ergibt. Die verfassungsrechtliche Dialektik einer unmöglichen „sendungsgenauen“ Bestimmbarkeit des Programmauftrags, die aus der Programmfreiheit der Veranstalter folgt auf der einen Seite und auf der anderen die Notwendigkeit zumindest eines Quantitätsmaßstabs der Gebührenhöhe, den das Interesse der Gebührenzahler verlangt (Sozialverträglichkeit), findet sich im Europarecht als Widerspruch von Finanzierungsvorbehalt zugunsten der Mitgliedstaaten und Überprüfbarkeit der Finanzierung (Proportionalität zwischen Nettokosten und Auftragserfüllung) wieder. Während jedoch insbesondere das Bundesverfassungsgericht nicht versucht hat, den öffentlichen Auftrag der Rundfunkanstalten bis ins einzelne festzulegen, sondern die Rechtfertigung für die Gebührenfinanzierung in der Sicherstellung einer Rundfunkstruktur sieht, mit der den kulturellen Belangen am besten gedient ist, sucht die Kommission eine bis in die einzelne Programmsparte gehende Verhältnismäßigkeit zwischen öffentlichem Auftrag und seiner Finanzierung herauszuarbeiten. Sie knüpft dabei an die offen gehaltene Definition der Amsterdamer Protokollerklärung an, wonach von den öffentlich-rechtlichen Anstalten Dienste angeboten werden dürfen, die „unmittelbar mit den demokratischen, sozialen und kulturellen Bedürfnissen jeder Gesellschaft sowie mit dem Erfordernis verknüpft [sind], den Pluralismus in den Medien zu wahren.“ Indem die Kommission aber von der Anwendbarkeit des Art. 86 Abs. 2 EGV ausgeht, was - wie gezeigt[925] - abzulehnen ist, verlagert sie die Proble-

---

923 So auch *Selmer/Gersdorf*, Die Finanzierung des Rundfunks in der Bundesrepublik Deutschland auf dem Prüfstand des EG-Beihilferegimes, S. 89; vgl. zur Kritik an einer sinnvollen Kostenrechnung für die Verpflichtungen des öffentlich-rechtlichen Rundfunks schon „Grünbuch zur Konvergenz der Branchen Telekommunikation, Medien und Informationstechnologie und ihren ordnungspolitischen Auswirkungen“, KOM(97) 623 endg., S. 34 und zum Problem der Quersubventionierung, S. 35.

924 „Diskussionspapier zur Anwendung der Artikel 90 Absatz 2, 92 und 93 [neu: 86,87 und 88] EG-Vertrag im Rundfunksektor“, S. 7.

925 S. oben D) II. 1. b), cc), S. 138 f.

matik der Bestimmbarkeit des öffentlichen Auftrags zunächst zurück auf die Mitgliedstaaten. Von diesen erwartet sie, mittels eines Rechtsaktes den den Rundfunkanstalten übertragenen öffentlichen Auftrag zu bestimmen.[926] Doch hält die Kommission ihren Ansatz selbst nicht konsequent durch: Zum einen weil sie selbst einen Pflichtenkatalog vorschlägt, mit dessen Hilfe die Mitgliedstaaten „dem Erfordernis der Verhältnismäßigkeit gerecht“ werden würden. Der Bestimmung des Programmauftrags werden somit durch die Kommission selbst Grenzen gesetzt. Eine zweite Unstimmigkeit zeigt sich dann in der Anwendung dieser Grundsätze im Beschwerdeverfahren des Verbands Privater Rundfunk und Telekommunikation gegen die Spartenkanäle von ARD und ZDF. Da es in Deutschland an einem gesetzlich definierten Programmauftrag mangelt, hätte die Kommission Art. 86 Abs. 2 EGV gemäß den Ausführungen im Diskussionspapier gar nicht anwenden dürfen. Eine „Betrauung“ der öffentlich-rechtlichen Rundfunkanstalten durch einen Rechtsakt in europarechtlich vorgeschriebener Weise ist in Deutschland nämlich nicht in ausreichendem Maße erfolgt. Für eine Anwendbarkeit von Art. 86 Abs. 2 EGV fehlte es der Kommission daher eigentlich schon an den tatbestandlichen Voraussetzungen, um überhaupt die Erforderlichkeit der Gebührenfinanzierung beurteilen zu können.

Zu den den öffentlich-rechtlichen Rundfunkanstalten auferlegbaren Pflichten rechnet das Diskussionspapier solche, die mangels privaten Interesses ausschließlich den Anstalten auferlegt werden, und nur begrenzt solche, die ungeachtet der Bereitstellung vergleichbarer Angebote von privaten Veranstaltern gewährleistet werden. Hinsichtlich der ersten Gruppe folgt das Diskussionspapier den Vorgaben des Grünbuchs zur Konvergenz. Dort hatte die Kommission gefordert, daß regelmäßig überprüft werden müsse, „in welchem Ausmaß die erwünschten Ziele bereits durch normale Marktaktivitäten erreicht werden können“ und „ob auch andere als die bisherigen Organisationen mit diesen Verpflichtungen betraut werden dürfen“.[927] Zur Gruppe der parallel anbietbaren Programme werden Informations-, Bildungs- und Kulturdienste gerechnet, da die öffentlichen Anstalten hier bis zu einem gewissen Grad „Maßstäbe setzen und so die Qualität der Programmgestaltung der privaten Sender in puncto Objektivität, Neutralität und Pluralismus in ihrem Informationsangebot erhöhen“ könnten.[928] Hinter letztgenannter Ansicht verbirgt sich nicht nur ein verengter Kulturbegriff, sondern mit der Forderung nach „gleichen Bedingungen“[929] auch eine bewußte Abkehr vom bisheri-

---

926 „Diskussionspapier zur Anwendung der Artikel 90 Absatz 2, 92 und 93 [neu: 86, 87 und 88] EG-Vertrag im Rundfunksektor“, S. 8 f.

927 KOM(97) 623 endg., S. 24.

928 „Diskussionspapier zur Anwendung der Artikel 90 Absatz 2, 92 und 93 [neu: 86, 87 und 88] EG-Vertrag im Rundfunksektor“, S. 10.

929 *Selmer/Gersdorf*, Die Finanzierung des Rundfunks in der Bundesrepublik Deutschland auf dem Prüfstand des EG-Beihilferegimes, S. 85 ff.

gen rundfunkrechtlichen Systemverständnis mit dem Ziel, die privaten Veranstalter am Gebührenaufkommen zu beteiligen.[930]

Ebenfalls bemerkenswert ist in diesem Zusammenhang der Nachsatz, der an das Verständnis der meritorischen Güter und der Vorbildfunktion anknüpft und in dem es heißt: „Im Gegensatz zu anderen Branchen können im Rundfunksektor bestimmte Dienste ohne das Vorhandensein einer Bezugsgröße in Gestalt der öffentlichen Rundfunkveranstalter nicht mit dem gleichen Niveau an Neutralität und Objektivität gewährleistet werden."[931] Dies steht im Einklang zur Feststellung des EU-Kulturministerrats, der es für legitim und mit dem öffentlichen Auftrag vereinbar hält, daß die öffentlich-rechtlichen Anstalten auch das Ziel anstreben, hohe Einschaltquoten zu erzielen.[932] Es bestätigt sich damit die Auffassung, die das Europäische Parlament mit der Entschließung zur Rolle der öffentlichen Fernsehdienste in einer multimedialen Gesellschaft[933] eingenommen und der sich die Kommission explizit angeschlossen hat.[934]

bbb) Rezeption des Diskussionspapiers

Obgleich das Diskussionspapier richtige Ansätze - wie beispielsweise seine Vorbildfunktion - hinsichtlich der Aufgabe des öffentlich-rechtlichen Rundfunks in den Mitgliedstaaten enthält, ist es sowohl von Seiten der Privatveranstalter[935] als auch von Seiten der öffentlich-rechtlichen Rundfunkanstalten vor allem wegen des in ihm enthaltenen „Zerlegungsmodells" heftig kritisiert worden. Im Vordergrund der Kritik steht dabei, daß die Kommission den Versuch unternommen hat, die mittels einer staatlichen Beihilfe zu sendenden Programme zu konkretisieren und zu kategorisieren. Sportveranstaltungen oder Unterhaltungssendungen deklarierte – so die Kritik - die Kommissi-

---

930 Zur Kritik am „Zerlegungsmodell" von Selmer/Gersdorf s. *Oppermann*, Deutsche Rundfunkgebühren und europäisches Beihilferecht, S. 98-106 und die Ausführungen zur Grundversorgung oben B) III. 1. b), aa), S. 59 f.; gegen eine Übertragung der Grundversorgungskonzeption auf den privaten Rundfunk zuletzt auch mit Recht *Hesse*, BayVBl. 1997, S. 132 (138); *Holznagel/Vesting*, Sparten- und Zielgruppenprogramme im öffentlich-rechtlichen Rundfunk, insbesondere im Hörfunk, S. 52.

931 „Diskussionspapier zur Anwendung der Artikel 90 Absatz 2, 92 und 93 [neu: 86, 87 und 88] EG-Vertrag im Rundfunksektor", S. 10.

932 So die Entschließung zum Diskussionspapier der GD Wettbewerb, in: epd medien Nr. 82 vom 21.10.1998, S. 21.

933 ABl. EG Nr. C 320 v. 28.10.1996, S. 180 ff.

934 Antwort von Carel van Miert im Namen der Kommission, ABl. EG Nr. C 319 vom 18.10.1997, S. 46.

935 Kritisch zu den drei vorgeschlagenen Finanzierungsmodellen des Diskussionspapiers hat sich auch der VPRT geäußert, besonders wenn es darum geht, den öffentlich-rechtlichen Anstalten neben ihrer öffentlichen Aufgabenwahrnehmung eine „privat" finanzierte Betätigung zu gestatten, epd medien Nr. 77 vom 3.10.1998, S. 16; Nr. 86 vom 4.11.1998, S. 18.

on als unverhältnismäßige Aufgaben, die nicht mit Rundfunkgebühren, sondern ausschließlich über Werbung zu finanzieren seien.[936] Offenbar erkennt die Kommission aber selbst, daß ihr Vorschlag mit der senderechtlichen Privilegierung von Sportveranstaltungen in Art. 3 a Abs. 1 FsRL kollidiert. Das Prinzip eines freiempfänglichen Mindestangebots ist nämlich nicht an die Finanzierungsmodalität gekoppelt; es setzt vielmehr voraus, daß öffentlich-rechtliche Veranstalter auch in angemessener Breite Sportereignisse einschließlich des Spitzensports und nicht nur Minderheiten interessierende Angebote senden und mittels Gebühren finanzieren dürfen. Die Kommission ist daher gezwungen zuzugestehen, daß die Übertragung national bedeutsamer Ereignisse auch von den öffentlich-rechtlichen Rundfunkanstalten mittels Rundfunkgebühren finanziert werden kann. Damit wird zumindest in Grenzen anerkannt, daß auch der Sport der Grundversorgung unterfällt.[937]

Die von der Kommission beabsichtigte programmliche Beschränkung gebührenfinanzierter Programme übersieht außerdem die grundrechtlich verankerte Programmfreiheit der Anstalten und die Qualität der Grundversorgung als Vollversorgung[938]. Überhaupt erscheint fraglich, ob die Kommission die Wettbewerbssituation im Rundfunksektor insgesamt richtig einschätzt, wenn sie rein aus Rundfunkgebühren finanzierten Programmanbietern deshalb eine generelle Freistellung erteilen würde, weil von diesen mangels Wettbewerbs im Bereich der Werbung keine Verzerrungen des Wettbewerbs im allgemeinen zu erwarten seien.[939] Anstaltslast und Gewährträgerhaftung[940] sprechen jedenfalls dafür, auch bei einem rein gebührenfinanziertem öffentlichen Programmangebot von einer Wettbewerbsbeeinträchtigung auszugehen. Auch bei der Programmbeschaffung und –verwertung würden ausschließlich gebührenfinanzierte Rundfunkanstalten weiterhin eine Wettbewersbeeinträchtigung verursachen, da sie die Einkaufspreise nicht anhand der Werbevermarktung und damit nur bedingt anhand der Publikumsresonanz ausrichten müßten.

---

936 Umgehend warnte der bayerische Ministerpräsident *Edmund Stoiber* die Kommission davor, sich zum Programmdirektor des öffentlich-rechtlichen Rundfunks aufzuschwingen, epd medien Nr. 81 vom 17.10.1998, S. 12; sowie die Replik des ehemaligen Wettbewerbskommissars *van Miert* im Interview mit dem Deutschlandfunk, in: epd medien Nr. 82 vom 21.10.1998, S. 22.

937 Für eine Einordnung von Sportsendungen unter die Grundversorgung etwa *Klimmt*, FAZ Nr. 243 vom 20.10.1998, S. 41; wie auch die Stellungnahmen von DJV und dem Bundesverband Deutscher Filmproduzenten, in: epd medien Nr. 82 vom 21.10.1998, S. 21; vgl. auch *Oppermann*, Deutsche Rundfunkgebühren und europäisches Beihilferecht, S. 97, der zu Recht betont, daß die Berücksichtigung auch nicht-quotenträchtiger Sportarten durch die öffentlich-rechtlichen Anstalten ein Element der Grundversorgung darstellt.

938 *Reiter*, in: edp medien Nr. 77 vom 3.10.1998, S. 15.

939 „Diskussionspapier zur Anwendung der Artikel 90 Absatz 2, 92 und 93 [neu: 86, 87 und 88] EG-Vertrag im Rundfunksektor", S. 10.

940 S. dazu oben D) II. 2. b) aa) bbb) (2), S. 160 f.

(1) Nichtberücksichtigung des öffentlich-rechtlichen Funktionsauftrags

Eine weitere Unzulänglichkeit des Diskussionspapiers liegt darin, daß es sich trotz gegenteiliger Ansätze in seiner Einleitung nicht ausreichend damit beschäftigt, wie sich der öffentliche Auftrag der Rundfunkanstalten in Zukunft wandeln könnte. Für die Wandelbarkeit ist Flexibilität erforderlich, muß ein Freiraum für Programme bestehen, die Mindermeinungen transportieren und von denen nicht mit Sicherheit gesagt werden kann, ob sie schon oder schon nicht mehr zur Erfüllung des public-service-Gedankens erforderlich sind, vor allem, wenn sie sich plötzlich steigenden Interesses erfreuen und zu Programmen der Mehrheit werden.[941] Die Vorbildfunktion des öffentlich-rechtlichen Rundfunks, die eben eine solche Entwicklung anstrebt, kann aber nicht so verstanden werden, daß sich die öffentlich-rechtlichen Sender im Falle ausreichenden Erfolges zurückziehen und der privaten Konkurrenz, die jetzt in der Lage wäre, die Zuschauermehrheit durch Nachahmungen zu versorgen, das Feld überlassen müssen. Der Integrationsauftrag verbietet es, Sendungen, die die Mehrheit der Zuschauer ansprechen, den öffentlich-rechtlichen Anstalten vorzuenthalten. Der Ansatz des Übermaßverbots ist beschränkt auf die Überprüfung offensichtlicher Disproportionalität von Rundfunkfinanzierung und Rundfunkauftrag. Er muß außerdem die Sozialverträglichkeit der Gebührenhöhe beachten. Damit wird das Augenmerk auf das eigentliche Problem der Rundfunkfinanzierung gelenkt, der Definition des klassischen Programm- oder Funktionsauftrags. Einen Faktor, der der bundesverfassungsgerichtlichen Figur der Entwicklungsgarantie entspräche, hat die Kommission nicht entwickelt. Der Europäische Rat dagegen hat im Anschluß an das Diskussionspapier zu Recht gefordert, daß „die Fähigkeit der öffentlich-rechtlichen Rundfunkanstalten, der Öffentlichkeit Programme und Dienste von hoher Qualität anzubieten, [..] gewahrt und ausgebaut werden muß, einschließlich der Entwicklung und Diversifizierung der Tätigkeit im digitalen Zeitalter."[942]

Das Diskussionspapier übersieht ferner, daß niemand - auch nicht die Mitgliedstaaten - verbindlich für jedes Programm und für jede Form der journalistischen Berichterstattung sagen kann, ob es sich um eine „Dienstleistung von allgemeinem wirtschaftlichem Interesse" i. S. v. Art. 86 Abs. 2 EGV handelt.[943] Indem die Kommission den öffentlichen Auftrag mit dem Begriff der „Dienstleistung von allgemeinem wirtschaft-

---

941 So auch *Fromm*, in: epd medien Nr. 55 vom 17.7.1999, S. 6 (8).

942 So Ziff. 7 der Entschließung des Rates und der im Rat vereinigten Vertreter der Regierungen der Mitgliedstaaten vom 25.1.1999 über den öffentlich-rechtlichen Rundfunk, ABl. EG Nr. C 30 vom 5.2.1999, S. 5; Schlußfolgerungen des Rates und der im Rat vereinigten Vertreter der Regierungen der Mitgliedstaaten zur Mitteilung der Kommission über Grundsätze und Leitlinien für die audiovisuelle Politik der Gemeinschaft im digitalen Zeitalter, 8782/00, vom 5. Juni 2000, S. 2 f.

943 So auch die polemische, teilweise überzogene Kritik von *Kammann*, in: epd medien Nr. 77 vom 3.10.1998, S. 3 (4).

lichem Interesse" gleichsetzt, versucht sie über Art. 86 Abs. 2 EGV Kontrolle über die Definition des öffentlichen Auftrags zu gewinnen. Denn eine Kontrollbefugnis steht ihr im Hinblick darauf zu, ob es sich bei dem mitgliedstaatlichen Rundfunksystem tatsächlich um eine Dienstleistung von allgemeinem wirtschaftlichem Interesse handelt. Ein solcher Widerspruch zur Protokollerklärung des Amsterdamer Vertrages[944], in dem den Mitgliedstaaten die alleinige Kompetenz zur Festlegung des öffentlichen Auftrags zugebilligt worden war, würde vermieden, wenn man der hier vertretenen Ansicht folgte und Art. 86 EGV bereits deshalb lediglich für sekundär anwendbar erklärte, weil schon mit der - auch inzidenten - Prüfung des Art. 87 EGV eine Vertragskonformität herstellbar ist. Der Unterschied in der Anwendung der Normen liegt darin, daß bei der Prüfung der Vereinbarkeit der Gebührenfinanzierung mit Art. 87 EGV tatbestandlich die mitgliedstaatliche Definition des öffentlichen Auftrags von der Kommission anzuerkennen ist und selbst keiner Proportionalitätsprüfung unterliegt. Bedenkt man, daß der EuGH sich weigert, Zweckmäßigkeitsgesichtspunkte und Zielvorstellungen eines den Wettbewerbsregeln entzogenen Unternehmens zu überprüfen[945], so könnte es bei einer Anwendung von Art. 86 EGV dazu kommen, daß die Kommission das letzte Wort über den eigentlich von den Mitgliedstaaten zu bestimmenden öffentlichen Auftrag besitzt.

(2) Verfahrensrechtliche Sicherung des öffentlich-rechtlichen Funktionsauftrags

Die Diskussion über den Umfang der Grundversorgung in Deutschland gesteht die mangelnde Spezifizierbarkeit der Grundversorgungsdoktrin ein.[946] So wird einerseits bemängelt, daß unparteiisch-seriöse Information nicht dasselbe sei wie „gleichwertige Vielfalt". Gleichzeitig wird jedoch zugegeben, daß das Erreichen des erwünschten Informationsniveaus immer subjektive Projektion ist, daß das Niveau selbst einer Definition dagegen unzugänglich ist und daß es letztlich von der Qualität und dem Berufsethos der Journalisten abhängt.[947] Überlegenswert ist deshalb, ob auf nationaler Ebene für die Qualität ähnlich wie bei der Finanzierung ein Grundrechtsschutz durch Verfahren angebracht ist.[948] Im Grundsatz ist dies natürlich bereits geschehen, da Haupt-

---

944 Ein Widerspruch besteht auch zu dem Working Document der DG Competition Preparing for the information society, S. 7 f., wenngleich dies von der Kommission zurückgezogen worden ist.

945 Vgl. EuGH Slg. 1998, I-1303 (1321) - FFSA -.

946 *Lerche*, in: Ziemske/Langheid/Wilms/Haverkate (Hrsg.), FS für Kriele, S. 357 (361).

947 *Lerche*, in: Ziemske/Langheid/Wilms/Haverkate (Hrsg.), FS für Kriele, S. 357 (360, 362).

948 So auch *Lerche*, in: Ziemske/Langheid/Wilms/Haverkate (Hrsg.), FS für Kriele, S. 357 (362); vgl. auch *E. R. Huber*, Zur Problematik des Kulturstaates, in: Häberle (Hrsg.), Kulturstaatlichkeit und Kulturverfassungsrecht, S. 122 (133), der hinsichtlich der Förderung der Kultur im allgemeinen vertritt, daß ohne eine Auswahl oder Dringlichkeitsstufung der Kulturbereiche und Bildungseinrichtungen staatliche Kulturpolitik unmöglich sei, daß jedoch auch ein zum Zwecke der Evaluation ausgewähltes Gremium unabhängiger Kulturkenner alsbald in ein Stück Staat umge-

funktion der Rundfunkräte die Repräsentation der Allgemeinheit im Anstaltsbereich ist.[949] Verbesserungen innerhalb dieser Institution könnten als rundfunkorganisatorische und damit den Mitgliedstaaten zu überlassende Maßnahme jedoch dazu führen, den Programm- oder Fernsehrat[950] in seiner Kompetenz zu stärken und ihm ein stärkeres Gewicht bei der Beurteilung der Programmgestaltung sowie der bislang nur teilweise gesetzlich verankerten Programmüberwachung zuzuerkennen.[951] Dafür müßte bei seiner Besetzung stärker darauf geachtet werden, daß nicht eine parteipolitische Quote erfüllt wird[952], sondern das Fachwissen im Bereich des Rundfunks dominiert, wie etwa in der Person erfahrener, eventuell im Ruhestand befindlicher Journalisten oder Wissenschaftler.[953] In diese Richtung geht auch das Zwölfte Hauptgutachten der Monopolkommission. Darin wird gefordert, daß die öffentlich-rechtlichen Anstalten nicht mehr allein über Programmausweitungen in den Bereichen Sport und Unterhaltung entscheiden sollten.[954] Neben der richtigen Zuordnung der Entscheidungskompetenz ist dafür Sorge zu tragen, daß programminhaltliche Vorgaben sich am Funktionsauftrag (Vorbild, Integration, Forum, Ergänzung) ausrichten und wirksam darauf überprüft werden können, daß eine Annäherung des öffentlich-rechtlichen Programmangebots an das der privaten Konkurrenz vermieden wird, der öffentlich-rechtliche Rundfunk also insoweit seinem gesteigerten Innovationsdruck gerecht wird. Die Veröffentlichung und redaktionelle Aufbereitung neuer Ideen und Meinungen im kulturellen wie politischen Spektrum obliegt unter dem Gebot der Meinungsvielfalt besonders den öffentlich-rechtlichen Rundfunkanstalten.

---

wandt werden wird. Die Entscheidung über Schwerpunkte und Rangfolge im staatlichen Dienst an der Kultur hält *Huber* als Akt staatlich-gestaltender Kulturdifferenzierung aber für genauso unabdingbar geboten wie die Entscheidung über die Grenze von Kultur und Nicht-Kultur, S. 134.

949 *Herrmann*, Rundfunkrecht, § 11 Rn. 12, 30.

950 Vgl. zur Rolle der Rundfunk- und Fernsehräte s. BVerfGE 60, 53 (66 f.); 83, 238 (333); sowie die empirische Untersuchung von *Kepplinger*, Der Einfluß der Rundfunkräte auf die Programmgestaltung der öffentlich-rechtlichen Rundfunkanstalten, in: Mestmäcker (Hrsg.), Offene Rundfunkordnung, S. 453 (469, 473 ff.), wonach die Rundfunkräte als ihre wichtigste Aufgabe die Programmkritik im Gegensatz zur Programmplanung angeben.

951 Skeptisch *Bullinger*, Die Aufgaben des öffentlichen Rundfunks, S. 20, 36, der für das ZDF zwar von positiven Beispielen einer wirksamen Aufgabenkontrolle spricht, im übrigen aber in den Rundfunkräten nicht die Garantie dafür erblickt, daß diese sich trotz Publikums- und Werbeverlusten Tätigkeiten der Anstalt entgegenstellen, die zwar ihrem Funktionsauftrag nicht ohne wieteres entspricht, aber im Wettbewerb Vorteile erwarten läßt.

952 *Schulze-Fielitz*, in: Dreier (Hrsg.), Grundgesetz, Bd. I, Art. 5 I, II Rn. 204; s. dazu auch *Koschnick*, Die gesellschaftliche Bedeutung des öffentlich-rechtlichen Rundfunks und seine Bedrohung, S. 5 (9), in: Stern/Koschnick/Schwarz/Vöth/Scholz/Knies, Rundfunk zwischen Bestand und Neuordnung, in: Schriftenreihe des Instituts für Rundfunkrecht an der Universität zu Köln, Band 31, München 1981.

953 So auch *Meier*, ZUM 1997, S. 249 (256), der zu Recht auch eine Verkleinerung der binnenstrukturellen Aufsichts- und Kontrollgremien fordert, um eine zu starke Anbindung an die Intendanz zu verhindern.

954 S. Dokumentation in epd medien, Nr. 71 vom 12. September 1998, S. 14 f.

Zu beachten ist desweiteren, daß die präzisere Definition des Auftrags nicht mit einer genauen Vorgabe von Finanzmargen für die einzelnen Programmsegmente gekoppelt werden darf. Dies würde die privaten Veranstalter in die Lage versetzen, die öffentlich-rechtliche Konkurrenz durch Überbieten der Höchstgrenze gänzlich von den wichtigsten Entwicklungen und Ereignissen auszuschließen.

Das Diskussionspapier und die darin enthaltenen Vorschläge können in Bezug auf die Schaffung einer umfassenden Lösung der Beihilfeproblematik offiziell als obsolet betrachtet werden. Nachdem ein Expertentreffen vom 19./20.10.1998 ergeben hatte, daß die Mehrheit der Mitgliedstaaten mit einer generellen Lösung des Finanzierungsproblems für die öffentlich-rechtlichen Rundfunkanstalten in allen Mitgliedsländern nicht einverstanden war, sondern eine individuelle Lösung der einzelnen bei der Kommission anhängigen Fälle anstrebte[955], wird dieses Vorgehen jetzt auch von der Kommission verfolgt.[956] Das Diskussionspapier ist aber deshalb von Bedeutung, weil es auszugsweise die Position der für den Wettbewerb zuständigen Generaldirektion wiedergibt und diese Ansichten auch bei der Entscheidung der anhängigen Beschwerdefälle zur Anwendung gelangen könnte. Im Detail wird aus dem Diskussionspapier ersichtlich, wie die Kommission Art. 86 und Art. 87 EGV innerhalb der anhängigen Verfahren anzuwenden gedenkt.[957]

ccc) Präzisierung des Funktionsauftrags für die Zukunft

Um nicht bei jeder programmlichen oder technischen Erweiterung des öffentlich-rechtlichen Rundfunks erneut die Vereinbarkeit mit Art. 87 EGV hinterfragen und in eine Verhältnismäßigkeitsprüfung eintreten zu müssen, erscheint es sinnvoll, den Be-

---

955 Vgl. Resolution des ZDF-Fernsehrates vom 5.10.1998, S. 2, 7; Stellungnahme der Bundesrepublik Deutschland zu dem Diskussionspapier der Generaldirektion Wettbewerb der Europäischen Kommission zum Auftrag und zur Finanzierung des öffentlich-rechtlichen Rundfunks in den Mitgliedstaaten (unveröffentlichtes Schreiben des Bundesministeriums für Wirtschaft im Anschluß an die multilaterale Sitzung über die Politik, im Bereich der staatlichen Beihilfen vom 13.11.1998), S. 2, in dem eine Harmonisierung der von Mitgliedstaat zu Mitgliedstaat verschiedenen Aufträge der öffentlich-rechtlichen Rundfunkanstalten als mit dem Amsterdamer Protokoll unvereinbar abgelehnt wird.

956 So die unveröffentlichte Mitteilung der Kommission vom 3.2.1999, IP/99/79, S. 2: „This is what the Commission intends to do (to deal with the cases on an individual basis) and it is now starting with the three cases for which the complaints have been pending longest.

957 Zu bedenken ist vor allem, daß die Kommission eine Änderung der Transparenzrichtlinie dergestalt in Erwägung zieht, eine getrennte Buchhaltung aller durch Art. 86 Abs. 2 EGV vom Wettbewerb ausgenommener Unternehmen zu fordern, sofern diese Unternehmen gleichzeitig auch noch in nicht durch die Ausnahmeregelung reservierten Märkten tätig sind, so *Simon*, Die Finanzierung des öffentlich-rechtlichen Rundfunks und die EG-Wettbewerbspolitik, S. 61 (63), in: Rechtliche und ökonomische Fragen der Finanzierung des öffentlich-rechtlichen Rundfunks im Lichte des europäischen Rechts, Schriftenreihe des Instituts für Rundfunkrecht an der Universität zu Köln, Band 73, 1998.

griff des Funktionsauftrags und somit auch die Entwicklungsgarantie auf europäischer Ebene hinsichtlich der aktuellsten Entwicklungen des Mediums zu präzisieren.[958] Zu prüfen ist deshalb, inwiefern die Beteiligung des öffentlich-rechtlichen Rundfunks an Pay-TV-Angeboten, seine Präsenz im Internet und die Veranstaltung von Spartenprogrammen zur Erfüllung seiner Funktion erforderlich sind. Von dieser Frage wird in Zukunft die Rechtfertigung der Gebührenfinanzierung innerhalb von Art. 87 Abs. 3 lit. d) EGV abhängen. Dafür spricht auch, daß die europarechtliche Erforderlichkeitsprüfung innerhalb von Art. 87 Abs. 3 lit. d) EGV am Funktionsauftrag und damit an der der Meinungsfreiheit dienenden Funktion des gebührenfinanzierten öffentlich-rechtlichen Rundfunks ansetzt sowie der Umstand, daß die Definition der auch europarechtlich entwicklungsoffenen „public-service-obligation“[959] in der Hand der Mitgliedstaaten liegt. Bei der programmlichen Erweiterung wie auch bei der Teilhabe der öffentlich-rechtlichen Sender an den neuen Diensten muß der Funktionsauftrag auf das Gesamtangebot der Rundfunkanstalten bezogen bleiben.[960] Der Begriff des Funktionsauftrags bietet dabei den Vorteil, daß er auch im Europarecht Anerkennung gefunden hat. Er vermeidet mißverständliche Auslegungen, wie es etwa bei der Reduktion der Grundversorgung auf eine Mindestversorgung schon der Fall gewesen ist.[961] Außerdem paßt der Begriff des Funktionsauftrags besser auf die funktionale Begriffsbildung des Grundrechtsverständnisses von Art. 5 Abs. 1 Satz 2 GG und vermag so den Bogen zur Konzeption des nationalen Verfassungsrechts von der Rundfunkfreiheit als ein der Meinungsfreiheit dienendes Grundrecht zu schlagen. Als bisher immanenter Bestandteil des Grundversorgungskonzepts wird der Begriff des Funktionsauftrags damit eigentlich nur in die Selbständigkeit entlassen.[962]

---

958 *Bullinger*, Die Aufgaben des öffentlichen Rundfunks, S. 30 sieht ebenfalls in der Vereinbarkeit mit Art. 87 i.V.m. Art. 86 EGV die Notwendigkeit einer hinreichenden Präzisierung der besonderen Aufgaben des öffentlich-rechtlichen Rundfunks; für eine Präzisierung des öffentlichen Auftrags plädiert auch die Monopolkommission, Zwölftes Hauptgutachten, Zusammenfassung in: epd medien Nr. 71 vom 12.9.1998, S. 15 f.; a. A. *P. Voß* laut FAZ Nr. 36 vom 12.2.1999, S. 14.

959 *Holznagel/Vesting*, Sparten- und Zielgruppenprogramme im öffentlich-rechtlichen Rundfunk, insbesondere im Hörfunk, S. 102, folgern die Entwicklungsoffenheit aus dem Wortlaut des Amsterdamer Protokolls: „[...], sofern die Finanzierung der Rundfunkanstalten dem öffentlich-rechtlichen Auftrag, wie er von den Mitgliedstaaten übertragen, festgelegt und ausgestaltet *wird*.“

960 *Holznagel/Vesting*, Sparten- und Zielgruppenprogramme im öffentlich-rechtlichen Rundfunk, insbesondere im Hörfunk, S. 61.

961 *Bleckmann*, Öffentlich-rechtliche Spartenprogramme als Bestandteil der Grundversorgung?, S. 56 f.

962 Vgl. zum Funktionsmerkmal die Rechtsprechung des Bundesverfassungsgerichts, in: BVerfGE 73, 118 (158) mit Hinweis auf *Bullinger*, AfP 1985, S. 257 (258 ff.); BVerfGE 74, 297 (335); vor allem BVerfGE 83, 238 (299): „Gegenständlich und zeitlich offen und dynamisch ist der Begriff der Grundversorgung allein an die *Funktion* [Hervorhebung auch im Original] gebunden, die der Rundfunk im Rahmen des von Art. 5 Abs. 1 GG geschützten Kommunikationsprozesses zu erfüllen hat“; sowie für die Finanzierung BVerfGE 87, 181 (200, 202); 90, 60 (91, 93).

(1) Entwicklung weiterer öffentlich-rechtlicher Spartenprogramme

Fraglich ist, inwieweit der Funktionsauftrag dem Expansionsdrang der öffentlich-rechtlichen Rundfunkanstalten bei der gebührenfinanzierten Ausweitung der Programmkapazitäten Grenzen setzt. Aus Gebühren darf aus europarechtlicher wie aus nationaler Sicht nur finanziert werden, was zur Erfüllung des Funktionsauftrags erforderlich ist. Aus nationaler Sicht ergibt sich dies aus dem 8. Rundfunkurteil des Bundesverfassungsgerichts, in dem als Grenze des Finanzbedarfs diejenigen Tätigkeiten angesehen werden, die zur Erfüllung des öffentlichen Auftrags erforderlich sind.[963] Das Bundesverfassungsgericht hat desweiteren klargestellt, daß es mit dem Auftrag der öffentlich-rechtlichen Rundfunkanstalten unvereinbar ist, wenn diese sich im Hinblick auf eine mögliche Einnahmesteigerung oder die Konkurrenz privater Veranstalter aus bestimmten, nicht lukrativen Programmsektoren zurückzögen oder diese vernachlässigen würden.[964] Dem ist eine einseitige Förderung ausschließlich rezipientenfreundlicher Programmbereiche als Konkurrenz zu den privaten Veranstaltern gleichzustellen. Zwar sind auch die öffentlich-rechtlichen Rundfunkanstalten darauf angewiesen, sich dem zur Individualisierung und damit zur Diversifizierung neigenden Zuschauerverhalten anzupassen.[965] Die Grenze der Erforderlichkeit wäre bei der Verspartung aber dort überschritten, wo die öffentlich-rechtlichen Anstalten ohne die Abhängigkeit von der Werbung in einem eigenen Kanal nur das kopierten, was die private Konkurrenz bereits vorexerziert hat.[966] Wenn auch nicht unter dem Vorzeichen der exponentiellen Vervielfachung der Sendemöglichkeiten, so fordert das Bundesverfassungsgericht doch von den Spartenprogrammen, daß sie Beiträge enthalten, die von den privaten Veranstaltern nicht zu erwarten seien, auch wenn die Spartenprogramme nicht zur Grundversorgung zählten.[967] Daher wäre zum Beispiel ein reiner Nachrichtenkanal ebensowenig innovativ wie ein reiner Musik- oder Sportsender, auch wenn sie ganz auf Werbung verzichteten. Hier bietet die private Konkurrenz bereits Angebote gleichen Inhalts.

---

963 BVerfGE 90, 60 (92, 95); vgl. aber bereits BVerfGE 74, 297 (342).

964 BVerfGE 83, 238 (301).

965 Einer Analyse des Markt- und Sozialforschungsinstituts *Scopos* zufolge sanken die Marktanteile der fünf großen Fernsehsender ARD, ZDF, RTL SAT 1 und PRO 7 von 66,4 Prozent in 1997 auf 64,8 Prozent in 1998, wobei bis zum Jahr 2006 mit einem Anteil von nur 55 Prozent gerechnet wird, Quelle: FAZ vom 18.1.1999.

966 *Ricker*, AfP 1998, S. 437 (440); kritisch bzgl. der Teilhabe an den Multimedia-Emanationen sogar *Holzer*, ZUM 1996, S. 274 (284 f.), der vor einer durch die Gebühenfinanzierung gedeckten Beteiligung an kostenextensiven Fehlschlägen warnt.

967 BVerfGE 74, 297 (345 f.); a. A. hinsichtlich der Einordnung von Spartenprogrammen unter die Grundversorgung *Libertus*, AfP 1998, S. 149 (151); *Bethge*, Die verfassungsrechtliche Position des öffentlich-rechtlichen Rundfunks in der dualen Rundfunkordnung, S. 57.

Die Finanzierung der bislang von ARD und ZDF veranstalteten Spartenprogramme erfüllt diese Voraussetzungen, da sie in ihrem Format einmalig sind. Sie stellen darüber hinaus auch schon deshalb keine unverhältnismäßige Beeinträchtigung des innergemeinschaftlichen Wettbewerbs dar, weil sie vollständig auf Werbung verzichten. Hinsichtlich des Ereignis- und Dokumentationskanals ist daher zu Recht bemerkt worden, daß eine Konkurrenzsituation auf dem gemeinschaftlichen Markt so gut wie gar nicht besteht.[968] Auch Überlegungen des ZDF, einen Theaterkanal als drittes Spartenprogramm zu installieren[969], dürften den verfassungsgerichtlichen Vorgaben entsprechen, sofern dieser Kanal nicht dem Abzug von kulturell bedeutenden Programmen aus dem Hauptprogramm dienen soll, so daß letztlich zwar ein Mehr an hochkulturellen Angeboten vorläge, jedoch auf einem unbekannten, vielleicht weniger attraktiven Sendeplatz. Mit einem journalistisch aufbereiteten Theaterkanal füllte der öffentliche Rundfunk eine Lücke, die von den privaten Anbietern bislang nicht besetzt worden ist. Damit entspricht der öffentlich-rechtliche Rundfunk der Vorbild- und Komplementärsfunktion in besonderer Weise. Auch der Kinderkanal ist durch seine Werbefreiheit und den Verzicht auf Gewaltdarstellungen einmalig und qualitativ vorbildhaft. Diese Programme sind deshalb für die Erfüllung des Funktionsauftrags erforderlich. Ein Spartenprogramm wie der Theaterkanal wäre sogar nach der strengsten Ansicht, die unter Art. 87 Abs. 3 lit. d) EGV nur Programme der Hochkultur fassen will[970], europarechtlich zu rechtfertigen.

Zum einen ist bei der Programminnovation also auf ein gewisses Maß an Neuwertigkeit zu achten. Die Ausführungen zur Integrationsfunktion haben darüber hinaus gezeigt, daß es wichtig ist, dem Pluralitätsgebot aus inhaltlicher Sicht wie auch unter dem Aspekt des Meinungsproporzes im Gesamtprogramm zu genügen. Indem die öffentlich-rechtlichen Rundfunkanstalten durch die Selbstverspartung das vorwegnehmen, wozu die Digitalisierung sie selbst und die privaten Anbieter ohnedies nötigen wird, dürfen sie jedoch nicht die Position ihrer Vollprogramme als umfassend informierende und unterhaltende Kanäle, die einen Fixpunkt im Spartendickicht darstellen könnten, schwächen.[971] Der Änderung des Nutzungsverhaltens auf Seiten der Rezipienten sollte nur insoweit mit gesteigerter Selbstverspartung entsprochen werden, als sie eine Er-

---

968 *Oppermann*, Zur Finanzierung der öffentlich-rechtlichen Spartenprogramme „Kinderkanal" (KK) und „Phoenix" (PH) durch Rundfunkgebühren im Lichte des Europäischen Beihilferechts, S. 18, wobei die gemeinschaftsrechtliche Wettbewerbsrelevanz jedoch insoweit möglich erscheint, als es um den Rechteerwerb von Ereignissen mit nationalem und zugleich europarechtlichem Bezug geht.

969 Vgl. FAZ Nr. 63 vom 16. März 1999, S. 56; epd medien Nr. 18/19 vom 13. März 1999, S. 10.

970 *Engel*, Europarechtliche Grenzen für öffentlich-rechtliche Spartenprogramme, S. 44.

971 Besonders kritisch *Bleckmann*, Öffentlich-rechtliche Spartenprogramme als Bestandteil der Grundversorgung?, S. 88 f., 121 ff.; dagegen *Braun/Gillert/Hoberg/Hübner/Kamps*, ZUM 1996, S. 201 (205 f.); *Betz*, MP 1997, S. 2 (6 ff.).

gänzung des die „Grundversorgung“ erbringenden Hauptprogramms darstellt.[972] Insoweit gleicht ihre Funktionalität derjenigen, die im folgenden auch für die Beteiligung des öffentlich-rechtlichen Rundfunks an Online-Diensten zu konstatieren ist. Weder den Funktionsauftrag noch die Grundversorgung selbst werden öffentlich-rechtliche Spartenprogramme je alleine erfüllen können, weil die Erreichbarkeit der Zuschauermehrheit über eine Vielzahl an Spartenkanälen nicht mit der Erreichbarkeit durch Vollprogramme gleichzusetzen ist.[973] Denn die Wahrnehmbarkeit von Einzel- oder Mindermeinungen, die für die Darstellung des gesamten Meinungsspektrums und damit für die Erfüllung des Pluralismusgebots unerläßlich ist, würde durch „outsourcing“ erschwert, wenn nicht gar unmöglich gemacht. Zum klassischen Rundfunkauftrag sind Spartenprogramme dennoch zu zählen, wenn sie dem für den öffentlich-rechtlichen Rundfunk typischen Organisationsprinzip folgen, sich nicht am Gewinn zu orientieren und wenn sie eine Bereicherung für das kulturelle Leben in Deutschland darstellen.[974] Mit dieser Ausrichtung des Spartenprogrammangebots wird auch der europarechtlichen Idee des Funktionsauftrags entsprochen und bleibt eine Rechtfertigung der Gebührenfinanzierung innerhalb von Art. 87 Abs. 3 lit. d) EGV möglich.

(2) Öffentlich-rechtliches Bezahlfernsehen

Fraglich ist, ob es mit dem an der Meinungsbildung und -pluralität orientierten Funktionsauftrag der öffentlich-rechtlichen Rundfunkanstalten vereinbar ist, sich an dem durch Exklusivität geprägten Dienst des Bezahlfernsehens zu beteiligen. Im Hinblick auf die Vereinbarkeit mit Art. 87 EGV drohte die Rechtfertigung wegen der Exklusivität des Pay-TV nicht erst am Merkmal der Erforderlichkeit zu scheitern; vielmehr ist schon die Geeignetheit der Kulturförderung durch Pay-TV in Zweifel zu ziehen.[975]

Einigkeit scheint darüber zu bestehen, daß Programme des Bezahlfernsehens keine Bestandteile der Grundversorgung enthalten dürfen.[976] Da aber nur schwer festzulegen

---

972 Der Schlußbericht der Enquete-Kommission des Deutschen Bundestages „Zukunft der Medien in Wirtschaft und Gesellschaft - Deutschlands Weg in die Informationsgesellschaft“, BT.-Drucks. 13/11004, S. 12, will Spartenprogramme des öffentlich-rechtlichen Rundfunks nur insoweit zulassen, „als sie vor allem auf dem Gebiet der Kultur und der Versorgung von Minderheiten mit Rundfunk eine besondere Funktion erfüllen.“

973 So aber *Libertus*, AfP 1998, S. 149 (152), *Stolte*, Bleibt Fernsehen Fernsehen?, S. 24 f. und *Hoffmann-Riem*, MP 1996, S. 73 (75), der hauptsächlich darauf abstellt, daß Rezeptionschancen in ausreichendem Maße bestehen bleiben.

974 Vgl. BVerfGE 74, 297 (346); *Betz*, MP 1997, S. 2 (7).

975 BVerfGE 97, 228 (256) - Kurzberichterstattung - sieht im (privaten) Pay-TV die Gefahr der Entstehung von Informationsmonopolen.

976 So auch *Stettner*, ZUM 1995, S. 293 (299); *Oppermann/Kilian*, Rechtsgrundsätze der Finanzierung öffentlich-rechtlichen Rundfunks in der dualen Rundfunkverfassung der Bundesrepublik Deutschland, S. 104; *Braun/Gillert/Hoberg/Hübner/Kamps*, ZUM 1996, S. 201 (207 f.); dagegen nur *Libertus*, AfP 1998, S. 149 (152 f.), der Pay-TV dann als zulässig bezeichnet, wenn diese

ist, was genau unter diesem Begriff zu verstehen ist, eine programmliche Spezifizierung dieser Figur in dieser Arbeit sogar für unmöglich erachtet wurde, bestehen schon aus diesem Grunde erhebliche Zweifel an einem Engagement des öffentlich-rechtlichen Rundfunks im Bereich des Pay-TV.[977] Programminhaltlich wäre ein öffentlich-rechtliches Pay-TV-Angebot zur Förderung der Kultur im Sinne von Art. 87 Abs. 3 lit. d) EGV in Deutschland nicht einmal geeignet. Denn mit einem auf unbegrenzte Vermittlung setzenden Prozeß der Meinungs- und Staatswillensbildung verträgt sich ein exklusives Programm nicht, das von der Erfüllung des Programmauftrags dispensiert ist. Auch der Funktionsauftrag könnte nicht länger zum Zwecke der Rechtfertigung herangezogen werden. Mit dem vom individuellen Wunsch der Rezipienten abhängigen und eine Zuschauermehrheit von vornherein ausschließenden[978] Pay-TV könnte der öffentlich-rechtliche Rundfunk weder die Forums- noch die Komplementär- oder Integrationsfunktion[979] erfüllen. Der Zweck des Bezahlfernsehens wäre ohne den Funktionsauftrag auch nicht mehr sozialstaatlich ausgerichtet, er diente rein kommerziellen Interessen, so daß europarechtlich das Gebot der wettbewerbsrechtlichen Chancengleichheit in Gestalt von Art. 87 Abs. 1 EGV eine Gebührenfinanzierung ausschlösse.[980]

Das Bundesverfassungsgericht hat im 5. Rundfunkurteil zwar nicht generell ausgeschlossen, daß eine gesonderte, auf einem Entgelt basierende Finanzierung öffentlich-rechtlicher Spartenprogramme künftig notwendig werden könnte. Gleichzeitig aber

---

Angebote weder über die Rundfunkgebühr noch über die Werbung finanziert werden können, wobei fraglich bleibt, wer diese Angebote dann wahrnehmen will. Unhaltbar erscheint auch seine These, wonach entgeltliche Zusatzangebote in die Grundversorgung hineinwachsen können, da dem die Überlegung zu Grunde liegt, die Grundversorgung auf eine – unexklusive – Mindestversorgung zu beschränken.

977 So auch *Kresse*, ZUM 1995, S. 178 (184 f.); *Oppermann/Kilian*, Rechtsgrundsätze der Finanzierung öffentlich-rechtlichen Rundfunks in der dualen Rundfunkverfassung der Bundesrepublik Deutschland, S. 104; *Bullinger/Gödel*, Landesmediengesetz Baden-Württemberg, § 13 Rn. 12 zählen Pay-TV ebenfalls nicht einmal zur „Rundfunkversorgung“; vgl. auch die Ausführungen zur wesensgemäßen Finanzierung des Rundfunks oben B) IV. 1. a), S. 76 ff.

978 Laut FAZ Nr. 244, S. 31 vom 20.10.1999 sind laut einer Umfrage der Infratest Burke InCom im Auftrag der DVB Multimedia Bayern 56 % der befragten Bürger gegen eine Abschaffung der Rundfunkgebühren zugunsten einer Abonnementlösung, wobei im Falle einer solchen Lösung jedoch 41 Prozent der Befragten bereit wären, einen höheren Betrag als die derzeitigen Rundfunkgebühren zu bezahlen und weitere 41 Prozent bis zu 30,- DM für die öffentlich-rechtlichen Programme ausgeben würden.

979 *Beucher/Leyendecker/v. Rosenberg*, Mediengesetze, § 11 Rn. 8; *Kresse*, ZUM 1995, S. 178 (184).

980 Daß hinter der Idee der Veranstaltung von Bezahlfernsehen die Generierung neuer Einnahmen steht, vermutet auch *Stettner*, ZUM 1995, S. 293 (293, 299), der außerdem zu Recht auf den daraus folgenden Zwang zur Massenattraktivität und das Entstehen eines Zweiklassenfernsehprogramms hinweist. Bezeichnend ist, daß *Hoffmann-Riem*, MP 1996, S. 73 (78) in seinem Gutachten über Pay-TV auch gezwungen ist, von einem verbleibenden „Kernprogramm“ und eben dem Bezahlprogramm zu sprechen.

gaben die Richter zu bedenken, daß jede andere Finanzierung (als die durch Rundfunkgebühren) eine grundlegende strukturelle Änderung bedeute.[981] Daraus kann nur folgen, daß die öffentlich-rechtlichen Rundfunkanstalten rechtlich und tatsächlich der privaten Konkurrenz völlig gleichzustellen wären. Der öffentlich-rechtliche Rundfunk verhielte sich nicht länger wirtschaftsfremd, sondern wäre als gleichberechtigter Wettbewerber zu betrachten.[982] Ohne eine verfassungsrechtliche Sonderstellung müßte dann auch der Gefahr begegnet werden, daß Programmrechte innerhalb des öffentlich-rechtlichen Rundfunks gegen zusätzliches Entgelt der Zuschauer mehrfach verwertet werden.[983] Dagegen kann auch nicht vorgebracht werden, daß es schon nach bisheriger Praxis möglich ist, im Hauptprogramm gesendete Produktionen des öffentlich-rechtlichen Rundfunks auf andere Weise einer Zweitverwertung zuzuführen und dadurch Kosten zu sparen.[984] Die Einsparungen kommen in diesem Fall nämlich tatsächlich dem Zuschauer zugute. Bei einer Zweitverwertung über den Zuschauer im Falle des Pay-TV spart dieser aber keinerlei Kosten, da er erneut zur Kasse gebeten wird. Allenfalls durch rechtlich und finanziell selbständige privatrechtliche Tochterunternehmen, die einer von der Muttergesellschaft getrennten Buchführung und der unterschiedslosen Anwendung des EG-Wettbewerbsrechts unterliegen, erschiene unter diesen Umständen eine Beteiligung des öffentlich-rechtlichen Rundfunks am Bezahlfernsehmarkt denkbar. Auf das Verbot jeglicher Quersubventionierung durch die Muttergesellschaft wäre bei dieser Lösung von der Kommission sorgsam zu achten. Das wettbewerbsrechtliche Gebot der Chancengleichheit träfe das öffentlich-rechtliche Bezahlfernsehen dann in gleichem Maße wie private Anbieter.

(3) Beteiligung der öffentlich-rechtlichen Rundfunkanstalten an neuen Medien

Die Entwicklung neuer Medien und ihre Konvergenz mit dem Rundfunk läßt auch in diesem Bereich eine Überprüfung des Funktionsauftrags der öffentlich-rechtlichen Rundfunkanstalten angebracht erscheinen. Um den Umfang des Funktionsauftrags der öffentlich-rechtlichen Rundfunkanstalten innerhalb der neuen Medien zu bestimmen, ist darauf zu achten, in welchem Maße eine Beteiligung gerade des öffentlich-

---

981 BVerfGE 74, 297 (345).

982 Dafür, daß einzelentgeltlich finanzierte Programme der öffentlich-rechtlichen Anstalten zu vollständig gleichen Bedingungen gegen die private Konkurrenz antreten müssen, s. vor allem *Engel*, Multimedia und das deutsche Verfassungsrecht, S. 155 (160), in: Hoffmann-Riem/Vesting (Hrsg.), Perspektiven der Informationsgesellschaft.

983 Der Schlußbericht der Enquete-Kommission des Deutschen Bundestages Zukunft der Medien in Wirtschaft und Gesellschaft - Deutschlands Weg in die Informationsgesellschaft zum Thema „Deutschland auf dem Weg in die Informationsgesellschaft" vom 22.6.1998, BT.-Drucks. 13/11004, S. 12, 99 hält eine Doppelbelastung des Gebührenzahlers für widersprüchlich und das Bezahlfernshen aus Finanzierungsgesichtspunkten explizit für nicht erforderlich.

984 So *A. Hesse*, BayVBl. 1997, S. 132 (140); ders., Rundfunkrecht, S. 189 Rn. 146.

rechtlichen Rundfunks erforderlich ist, um eine ausgewogene und plurale Darstellung der Meinungen innerhalb der verschiedenen Medien zu gewährleisten.

Zwar schied nach Auffassung des Bundesverfassungsgerichts bei den sog. neuen Diensten die Notwendigkeit einer Grundversorgung vorerst (1987) noch aus. Doch erkannte die höchstrichterliche Rechtsprechung, daß sich eine solche Notwendigkeit dann ergeben könne, wenn die zukünftige Entwicklung dazu führen sollte, daß rundfunkähnliche Kommunikationsdienste in erheblichem Umfang an die Stelle des herkömmlichen Rundfunks treten.[985] Diese 1987 für möglich erachtete Situation hat sich heute dergestalt verwirklicht, daß *neben* den klassischen Rundfunk Dienste getreten sind, mit denen der Umfang der Informationsvermittlung nachhaltig gesteigert werden kann. Nach Einschätzungen des ZDF zählen programmbegleitende Online-Dienste heute zu den unverzichtbaren Kommunikationsmitteln moderner Medienunternehmen.[986] Nach der ARD/ZDF-Online-Studie ist für 88 Prozent der Zuschauer entscheidend[987], daß sie via Internet Zugang zu interessanten (zusätzlichen) Informationen erhalten. Das Onlineangebot unterstützt den öffentlichen Auftrag also medienübergreifend. Die Aufrechterhaltung der public-service-Funktion läßt eine Teilnahme des öffentlich-rechtlichen Rundfunks an den Online-Formaten erforderlich erscheinen.[988] Die Vielfalt der beispielsweise im Internet vertretenen Meinungen macht eine Beteiligung der öffentlich-rechtlichen Anstalten auch nicht von vornherein entbehrlich. Abgesehen davon, daß eine Vermittlung von Informationen im Rundfunk ohne Online erfolgende Begleitung und Vertiefung schon heute nicht mehr zeitgemäß erscheint, kommt dem öffentlichen Rundfunk im Falle einer Programm- und Angebotsüberflutung eine Orientierungsfunktion zu, die aus der Integrationsfunktion ableitbar ist.[989] Der öffentlich-rechtlich Rundfunk kann auch nur dann als Forum der Meinungen wahrgenommen werden und integrierend wirken, wenn er Zugriff auf alle Vermittlungsmöglichkeiten besitzt, die von der Allgemeinheit benutzt werden können. Die Beteiligung der öffentlich-rechtlichen Rundfunkanstalten an Internetdiensten ergänzt somit den klassischen Rundfunkauftrag vor allem in einem seiner wesentlichsten Punkte, nämlich dem der Informationsvermittlung zum Zwecke freier Meinungsbildung.

---

985 BVerfGE 74, 297 (353); so auch *Hoffmann-Riem*, AfP 1996, S. 9 (15).

986 *Eberle*, AfP 1998, S. 272 (273).

987 *Ewald/Gscheidle/Schröter*, MP 1998, S. 508 (508, 511 ff.).

988 *Schoch*, AfP 1998, S. 253 (225 f.); *Trute*, VVDStRL 57 (1998), S. 216 (235) hält die öffentlich-rechtlichen Rundfunkanstalten als „nicht-kommerzielles Widerlager einer Informationsmarktordnung" für unentbehrlich; *Biedenkopf/Glotz/Groebel/Gross/Lahnstein/Mestmäcker/Mohn/Stolte/Wössner*, Kommunikationsordnung 2000, Grundsatzpapier der Bertelsmann Stiftung zu Leitlinien der zukünftigen Kommunikationsordnung, S. 24 f.; *Hesse*, BayVBl. 1997, S.132 (140); a. A. *Meier*, ZUM 1997, S. 249 (254).

989 Vgl. oben B) III. 1. b) bb), S. 61 f.

Da das Medium Internet potentiell an die Allgemeinheit gerichtet und redaktionell aufbereitet ist[990], läßt sich eine gebührenfinanzierte und damit auftragsgebundene Beteiligung der öffentlich-rechtlichen Anstalten auch damit begründen, daß dadurch den privaten Anbietern größere inhaltliche Freiräume gewährt werden können. Das Systemverständnis der dualen Rundfunkordnung findet hier seine Fortsetzung in der Pflichtenbindung der öffentlich-rechtlichen Anstalten für Onlinedienste, die das klassische Rundfunkprogramm begleiten. Nicht die privaten Anbieter, sondern der öffentlich-rechtliche Rundfunk ist durch die Gebührenfinanzierung auch im Onlinebereich mit der ganzen Bandbreite des Funktionsauftrags inklusive der Pluralismussicherung zu betrauen.[991] Je mehr Medien- und Teledienste, aber auch digitale Angebote durch einen Bezug zur Rundfunktätigkeit zur Meinungsbildung beitragen, desto notwendiger wird die auf die Meinungsbildung bezogene Funktionserfüllung der öffentlich-rechtlichen Rundfunkanstalten auf diesem Gebiet durch über das Programm hinausgehende Informationen.[992] Mit Hilfe der Figur der Grundversorgung ließe sich dieses Ergebnis auch aus der Entwicklungsgarantie herleiten.[993] Eine Finanzierung von Onlineangeboten der öffentlich-rechtlichen Anstalten aus Rundfunkgebühren ist damit auch europarechtlich zulässig, da die Tätigkeit dem System einer der Meinungsfreiheit dienenden Funktionalität entspricht und zur Erfüllung des Funktionsauftrags in besonderem Maße geeignet und erforderlich ist.

Auf europäischer Ebene scheinen die Bedenken gegen eine Beteiligung der öffentlich-rechtlichen Rundfunkanstalten an den neuen Medien im übrigen weit geringer als im innerstaatlichen Raum auszufallen. So fordert die Europäische Kommission in ihrer Mitteilung „Die Konvergenz der Branchen Telekommunikation, Medien und Informationstechnologie und ihre ordnungspolitischen Auswirkungen" dazu auf, Anstalten mit öffentlichem Sendeauftrag dazu zu ermutigen, neue Technologien und Wege zum Erreichen ihres Publikums zu nutzen.[994] Sie folgt damit einer Entschließung des Europäischen Parlaments, in der es die Überzeugung äußerte, „daß die Entwicklung neuer

990 Auf diese definitorische Nähe zum verfassungsrechtlichen Rundfunkbegriff weist *Michel*, ZUM 1998, S. 350 (351 f.) hin, die auch Onlineangebote ohne rein komplementäre, programmbegleitenden Inhalte für zum Rundfunk gehörig hält; für eine phänotypische Einordnung der Onlinedienste als Medien der Massenkommunikation auch *Scherer*, AfP 1996, S. 213 (218); differenzierend *Jarass*, AfP 1998, S. 133 (138 f.).

991 *Dörr*, Die Rolle des öffentlich-rechtlichen Rundfunks in Europa, S. 58, 59; für eine Teilnahme im Hinblick auf die damit verbundene Servicefunktion auch *Bullinger*, Die Aufgaben des öffentlichen Rundfunks, S. 51 f.

992 *Stolte*, Bleibt Fernsehen Fernsehen?, S. 21 hat dies treffend auf einen Nenner gebracht: „Wenn Fernsehen im ganzen nicht bleibt, was es war, dann kann auch das öffentlich-rechtliche Fernsehen im besonderen – freilich im Rahmen seiner rechtlichen Möglichkeiten und gesellschaftlichen Notwendigkeiten – nicht bleiben, was es war"; zu eng *Degenhart*, Online-Angebote öffentlich-rechtlicher Rundfunkanstalten, Rechtsgutachten, 1997, S. 48 ff., 90.

993 Vgl. auch *Hoffmann-Riem*, MP 1996, S. 73 (76); a. A. *Ricker*, AfP 1998, S. 437 (446).

994 KOM(1999), 108 endg., vom 9.3.1999, S. 10 f.

Dienste ein Instrument zur Erweiterung kultureller Äußerungen und echter Wahlmöglichkeiten für die Verbraucher darstellen muß und daß deshalb die öffentlichen Sendeanstalten bei der Entwicklung der neuen Dienste bei vollem Einsatz aller neuen Technologien eine Vorreiterfunktion übernehmen müssen".[995] Dies entspricht der Vorbildfunktion der öffentlich-rechtlichen Rundfunkanstalten.

Im Gegensatz zur Beteiligung am Pay-TV steht bei der Partizipation der öffentlich-rechtlichen Sender im Bereich der neuen Dienste die Sorge im Vordergrund, chancengleiche Meinungsbildung zu gewährleisten. Sie erscheint auch deswegen zulässig, weil nicht von vornherein Rezipienten ausgeschlossen werden sollen, sondern weil deren veränderten Informationsbedürfnissen Rechnung getragen wird. Eine Antwort darauf, ob es sich bei der Bereitstellung von Onlinediensten letztlich um Rundfunk in seiner bisher bekannten, einfachgesetzlichen Ausprägung oder lediglich um eine „Hilfstätigkeit" zur Erfüllung der Rundfunktätigkeit handelt, ist aus nationaler Sicht allenfalls bedeutsam, wenn es um die Frage geht, ob die öffentlich-rechtlichen Rundfunkanstalten sich auch ohne ausdrückliche gesetzliche Grundlage der neuen Dienste bedienen dürfen.[996] Selbst wenn es sich bei den Onlineangeboten der öffentlich-rechtlichen Rundfunkanstalten aber um Annextätigkeiten zum eigentlichen Sendebetrieb handelte, muß schon - um dem Parlamentsvorbehalt zu genügen - vom Gesetzgeber eine rechtliche Grundlage geschaffen werden. Dies ist mit Art. 2 und 3 des Vierten Rundfunkänderungsstaatsvertrages geschehen, wonach die öffentlich-rechtlichen Anstalten „im Rahmen ihrer Aufgabenerfüllung Mediendienste im Sinne von § 2 Abs. 2 Nr. 4 MDStV mit vorwiegend programmbezogenem Inhalt" anbieten dürfen.[997] Werbung und Sponsoring sollen in diesen Diensten nicht stattfinden. Nach der Amtlichen Begründung zum MDStV, § 2, gehören zu diesen Mediendiensten im Sinne der Nr. 4 breitbandige Abrufdienste wie „Video-on Demand" und schmalbandige Onlinedienste.[998]

Das Bundesverfassungsgericht hat bereits frühzeitig ausgeführt, daß der verfassungsrechtliche Begriff des Rundfunks sich nicht abschließend definieren läßt. „Sein Gehalt kann sich vielmehr bei tatsächlichen Veränderungen in dem von Art. 5 Abs. 1 Satz 2 GG geschützten Sozialbereich wandeln. Soll die Rundfunkfreiheit unter den Bedingungen des raschen Wandels ihre normative Kraft bewahren, dann darf bei der Be-

---

995 Ziff. 7 der Entschließung des Europäischen Parlaments zur Rolle der öffentlichen Fernsehdienste in der multimedialen Gesellschaft v. 19.9.1996, ABl. EG Nr. C 320 v. 28.10.1996, S. 180 (184).

996 Für eine generelle Nutzung ohne gesetzliche Grundlage: *Michel*, ZUM 1998, S. 350 (354); entbehrlich halten eine gesetzliche Grundlage nur für Hilfstätigkeiten *Jarass*, Online-Dienste und Funktionsbereich des Zweiten Deutschen Fernsehens – Rechtswissenschaftliches Gutachten, 1997, S. 19 ff., 27; ders., AfP 1998, S. 133 (138 f.) und *Degenhart*, ZUM 1998, S. 333 (335).

997 Vgl. Entwurf des Vierten Rundfunkänderungsstaatsvertrags, dokumentiert in: epd Nr. 36 vom 12.5.1999, S. 3 (18).

998 *Beucher/Leyendecker/v. Rosenberg*, Mediengesetze, § 2 MDStV Rn. 6.

stimmung von Rundfunk nicht nur an eine bereits eingeführte Technik angeknüpft werden. Andernfalls könnte sich die grundrechtliche Gewährleistung nicht auf jene Bereiche erstrecken, in denen gleichfalls die Funktion des Rundfunks, wenn auch mit neuen Mitteln, erfüllt würde."[999] Damit hebt das Bundesverfassungsgericht zu Recht hervor, was systematisch für die Auslegung des Rundfunkbegriffs entscheidend ist, nämlich die Orientierung an der Funktion des Rundfunks. Die Verfassungshüter sehen den zu schützenden Sozialbereich in der Gewährleistung und Förderung freier individueller und öffentlicher Meinungsbildung.[1000] Dieses schon aus der Darstellung der Grundrechtsdogmatik von Art. 5 Abs. 1 Satz 2 GG bekannte Konzept einer an der Bedeutung für die Meinungsfreiheit abgestuften individualrechtlichen Freiheitsgewährung muß bei der Aufspaltung und Konkretisierung des verfassungsrechtlichen Rundfunkbegriffs immer mitgedacht werden[1001]. Es ist auch bei der Frage der gebührenfinanzierten Onlinebeteiligung berücksichtigt worden. Nur auf diese Weise kann überhaupt der rasanten technischen Entwicklung, die definitorische Grenzen in immer kürzeren Abständen neu zieht, Rechnung getragen werden.[1002] Durch eine apriorische Festlegung des Tätigkeitsbereichs der öffentlich-rechtlichen Rundfunkanstalten bestünde nicht nur die Gefahr, in Konflikt mit der Programmfreiheit aus Art. 5 Abs. 1 Satz 2 GG zu geraten, sondern auch das Problem, den öffentlich-rechtlichen Rundfunk auf Gebieten der technischen und damit publizistischen Entwicklung abzukoppeln, auf dem er in Zukunft verstärkt gebraucht werden könnte.[1003]

---

999 BVerfGE 83, 238 (302); ähnlich BVerfGE 74, 297 (350) unter Hinweis auf BVerfGE 73, 118 (154); 83, 238 (302). *Wieland*, Der Staat (20) 1981, S. 97 (104), gibt zu bedenken, daß fraglich sei, ob die Verfassungsrechtsprechung oder die Verfassungswissenschaft in einer parlamentarischen Demokratie dazu berufen sind, die Verfassung durch Interpretation an jede Veränderung der tatsächlichen Gegebenheiten anzupassen.

1000 *Schulze-Fielitz*, in. Dreier (Hrsg.), Grundgesetz, Bd. I, Art. 5 I, II Rn. 79; *Kresse/Heinze*, AfP 1995, S. 574 (576); *Jarass*, Onlinedienste und Funktionsbereich des Zweiten Deutschen Fernsehens, S. 7, ders., AfP 1998, S. 133; *Scholz*, Diskussionsbeitrag, S. 40 (45), in: Stern/Koschnick/Schwarz/Vöth/Scholz/Knies, Rundfunk zwischen Bestand und Neuordnung, in: Schriftenreihe des Instituts für Rundfunkrecht an der Universität zu Köln, Band 31, München 1981; a. A. *Bullinger/Mestmäcker*, Multimediadienste, S. 27 ff., 185 mit einer funktionalen Umdeutung von Art. 87 f GG.

1001 So auch *Hochstein*, NJW 1997, S. 2977 (2978); *Scherer*, AfP 1996, S. 213 (218), für eine Aufgabe der rundfunkzentrierten Betrachtungsweise *Bullinger*, AfP 1996, S. 1 (2 f.).

1002 Vgl. BVerfGE 73, 118 (154); 74, 297 (350); 83, 238 (299).

1003 *Eifert*, ZUM 1999, S. 595 (598) hält ebenfalls einen strukturellen, vom öffentlich-rechtlichen Rundfunk zu bildenden Widerpart im Bereich der meinungsbildungsrelevanten „neuen Medien" für erforderlich, „soweit dort eine Gefährdungslage vorliegt, die in ihrer Auswirkung auf den gesellschaftlichen Kommunikationshaushalt mit der bei Einführung des dualen Rundfunksystems bestehenden Gefahr der Vielfaltseinbuße durch ein vom ökonomischen Markt getriebende Rundfunksystem vergleichbar ist."

(4) Zusammenfassung

Angesichts der zum Regelfall gewordenen Grenzüberschreitung nicht nur der Satelliten- sondern auch der terrestrisch empfangbaren Programme ist schon früh die Schaffung eines „code de commerce" gefordert worden, um den Aktionsradius der öffentlich-rechtlichen Rundfunkanstalten im europäischen Fernsehmarkt einzugrenzen.[1004] Gerade hinsichtlich der Verbreitung regionaler öffentlich-rechtlicher Rundfunkprogramme über Satellit und der damit einhergehenden Gefahr, ihren regional begrenzten Programmauftrag der gesteigerten Verbreitung anzupassen, hat *Bullinger* zu Recht gefordert, den Programminhalt aufgabenge-recht stärker auf das eigentliche Sendegebiet zu fixieren.[1005] Es ist seiner Expertise, die den Untertitel „Wege zu einem Funktionsauftrag" trägt, zu danken, daß das Augenmerk über die geforderte inhaltliche Spezifizierung des programmlich-inhaltlichen Rahmens wieder auf die Ebene der Mitgliedstaaten und die Bedeutung des Rundfunks in diesen und für diese zurückgelenkt worden ist. *Bullinger* schlägt in Anlehnung an das Modell der BBC eine Kombinationslösung aus anstaltlicher Selbstregulierung und einem Flexibilität erlaubenden Rahmengesetz vor, dessen Umfang vor allem hinsichtlich der quantitativen und sendezeitlichen Vorgaben diskussionswürdig ist.[1006] Eine auch verfahrensrechtlich verbesserte Dokumentation, mit welchen Sendungen die öffentlich-rechtlichen Programme ihre Vorbild-, Integrations-, Forums- und vielfaltssichernde Funktion zu erfüllen gedenken, hätte vor allem den Vorteil einer breiteren öffentlichen Diskussion, in die die Gebührenzahler stärker einzubinden wären.[1007] Hierdurch könnte der Innovationsdruck, unter dem die Rundfunkveranstalter stehen, nicht nur in die richtige Richtung gelenkt werden; er könnte auch unter dem Gesichtspunkt der Geeignetheit und Erforderlichkeit innerhalb des Art. 87 Abs. 3 EGV weiteren Beschwerden die Grundlage entzogen werden. Eine auch als Selbstverpflichtung bestehende ständige Beobachtung, in welchem Maße die Sender dem hier dargestellten vierfach dimensionierten Funktionsauftrag gerecht werden, und die Präzisierung der Programmstandards könnte die Kommission sogar als „Betrauung" im Sinne des Art. 86 Abs. 2 EGV akzeptieren. Wie das Gutachten von

---

1004 Vgl. *W. Hilf*, Rundfunkpolitische, rechtliche und ökonomische Aspekte grenzüberschreitender Fernsehprogramme, S. 113 (115), in: Arbeitskreis Werbefernsehen der deutschen Wirtschaft (Hrsg.), Europafernsehen und Werbung.

1005 *Bullinger*, Die Aufgaben des öffentlichen Rundfunks, S. 80 ff.; zu der dafür relevanten Definitions- und Dispositionsbefugnis des Gesetzgebers vgl. *Bethge*, Die erfassungsrechtliche Position des öffentlich-rechtlichen Rundfunks in der dualen Rundfunkordnung, S. 67 ff.

1006 *Bullinger*, Die Aufgaben des öffentlichen Rundfunks, S. 94 ff.; skeptisch *Fromm*, in: epd medien Nr. 55 vom 17.7.1999, S. 6 (9).

1007 Dabei dürfte die Berücksichtigung der Zuschauerinteressen kaum in anderer Form möglich sein, als über die Programmquote, da - wie gezeigt - es eine Eigenschaft des Wirtschaftsgutes Rundfunk ist, daß der Rezipient kaum in der Lage ist, ein Qualitätsurteil abzugeben, geschweige denn erläutern kann, welche Produkteigenschaften er eigentlich gerne hätte.

Holznagel[1008] zeigt, der im übrigen von acht Dimensionen des Funktionsauftrags spricht, hat das ZDF diesen Weg bereits eingeschlagen.[1009]

Die Frage nach der Beteiligung, bzw. nach dem Umfang der Beteiligung der öffentlich-rechtlichen Rundfunkanstalten an den neuen Medien leitet auch die Diskussion um die Vereinbarkeit der Gebührenfinanzierung mit Art. 87 EGV hinsichtlich der Verhältnismäßigkeit (Erforderlichkeit) in die richtige Richtung. National- wie europarechtlich ist die Ausrichtung jeglicher Programmtätigkeit an einem Funktionsauftrag entscheidend, mit dem nur der öffentlich-rechtliche Rundfunk betraut werden darf und der ihn der Meinungsbildungs- und Informationsfreiheit verpflichtet. Diese einseitige Entwicklungsrichtung läßt sich durch den Begriff des Funktionsauftrags präziser fassen; in seiner Bedeutung vereinen sich die bisher vom Bundesverfassungsgericht verwendeten Begrifflichkeiten der Grundversorgung mitsamt der sie umfassenden Entwicklungsgarantie sowie der klassische Programmauftrag, so daß die dazu angestellten Ausführungen nicht obsolet werden. Das Bundesverfassungsgericht selbst befand in seinem 6. Rundfunkurteil: „Gegenständlich und zeitlich offen und dynamisch ist der Begriff der Grundversorgung allein an die *Funktion* gebunden, die der Rundfunk im Rahmen des von Art. 5 Abs. 1 GG beschützten Kommunikationsprozesses zu erfüllen hat.“[1010] Eine Konkretisierung des Funktionsauftrags muß auch weiterhin zum Ziel haben, die Dialektik handhabbar zu machen, wonach der öffentlich-rechtliche Rundfunk einerseits im Wettbewerb erfolgreich bestehen können muß, um seine Integrations-, Vorbild-, Komplementär- und Forumsfunktion ausfüllen zu können, ohne dabei andererseits wegen seiner demokratisch-kulturellen Aufgabe uneingeschränkt den Gesetzmäßigkeiten des Marktes („Marktrundfunk“) unterworfen zu werden.

Daß ein rein aus Gebühren finanzierter öffentlich-rechtlicher Rundfunk für die Kulturförderung noch geeigneter wäre und darüber hinaus auch in geringerem Maße in den Wettbewerb eingriffe, unterliegt berechtigtem Zweifel. Hier gilt es zu verhindern, daß der öffentlich-rechtliche Rundfunk in eine Nische abgedrängt wird, in der er von jeder Marktentwicklung abgekoppelt ist und ohne Rücksicht auf die Mehrheit der Zuschauer beliebig agieren könnte. In einem nächsten Schritt könnte den öffentlich-rechtlichen Rundfunkanstalten dann von den privaten Veranstaltern vorgeworfen werden, daß die Höhe der Gebühren für einen „Nischenrundfunk“ viel zu hoch seien. Denn die Gebührenfinanzierung würde dann mit einer Beschränkung der Programmwahl verknüpft werden können, die nur die Minderheit anspräche, die von den Privaten nicht versorgt

---

1008 Der spezifische Funktionsauftrag des Zweiten Deutschen Fernsehens, S. 48 ff., 129 ff.

1009 *Holznagel*, Der spezifische Funktionsauftrag des Zweiten Deutschen Fernsehens (ZDF), S. 37 ff. entnimmt den Funktionskanon entweder der Rechtsprechung des BVerfGs oder aber in oft nur schwer nachvollziehbarer Weise der Deutung der §§ 5, 6 und 7 ZDF-StV, sowie im Hinblick auf einen Auftrag zur föderalen, europäischen und internationalen Integration §§ 1 Abs. 4, § 3 Satz 4 sowie erneut § 5 ZDF-StV.

1010 BVerfGE 83, 238 (299), Hervorhebung auch im Original.

würde.[1011] Daß mit Hilfe einer reinen Gebührenfinanzierung jegliche wettbewerbsverfälschende Einflußnahme entfallen würde, wie es die Generaldirektion Wettbewerb in ihrem Diskussionspapier annimmt, scheint ob der Vielfältigkeit der Wettbewerbsverhältnisse im Rundfunksektor unwahrscheinlich. Auch bei einem „Nischenrundfunk" müßte gefordert werden, daß um die Gunst der Zuschauer trotz reiner Gebührenfinanzierung gewetteifert wird, weshalb auch hier die Mittel, mit denen der öffentlich-rechtliche Rundfunk den Wettbewerb bestreitet, wie etwa die Auswahl der Programme, weiterhin von den privaten Veranstaltern angreifbar wären.

cc) Verhältnismäßigkeit im engeren Sinne

Es wurde festgestellt, daß die Gebührenfinanzierung des öffentlich-rechtlichen Rundfunks zum Zwecke einer funktionsgerechten Aufgabenerfüllung, die auch die Beteiligung an Spartenprogrammen und Onlinediensten umfaßt, für die Förderung der mitgliedstaatlichen Kultur geeignet und erforderlich ist. Die Handels- und Wettbewerbsbedingungen in der Gemeinschaft dürfen durch die Kulturbeihilfen aber nicht in einem Maß beeinträchtigt werden, das dem gemeinsamen Interesse zuwiderläuft. Diese Abwägung entspricht im deutschen Recht der Verhältnismäßigkeitsprüfung im engeren Sinne; ihre Kontrollfunktion wurde in der Protokollerklärung zum Amsterdamer Vertrag durch wortgleiche Übernahme des letzten Teils von Art. 87 Abs. 3 lit. d) EGV nochmals unterstrichen. Der Prüfungspunkt ist innerhalb des Art. 87 Abs. 3 lit. d) EGV von zentraler Bedeutung, weil hier die im „gemeinsamen Interesse" sich widerspiegelnde innergemeinschaftliche Wettbewerbsfreiheit einerseits und die nationale Kulturinstitution andererseits zueinander in ein Verhältnis praktischer Konkordanz gesetzt werden müssen.

Der rein innerstaatliche Wettbewerb und die dort auftretenden Verwerfungen sind für die Beeinträchtigung des gemeinsamen Interesses außer Betracht zu lassen. Damit fällt ein Großteil der Beeinträchtigungen aus der Abwägung heraus, da der Schwerpunkt des Wettbewerbsverhältnisses der öffentlich-rechtlichen Rundfunkanstalten zur privaten Konkurrenz allein auf dem nationalen Markt liegt. Schon die Sprache, in der die Programme gesendet werden, läßt den Zuschauermarkt nur zu einem geringen Anteil dem innergemeinschaftlichen Wettbewerbsrecht unterfallen. Der gemeinschaftliche Wettbewerb ist zwar auf dem Programmbeschaffungs- und Programmverwertungsmarkt tangiert; das Hauptaugenmerk der ausländischen Rundfunkveranstalter gilt jedoch eher den Bedingungen, die die Einspeisung ins deutsche Kabelnetz betreffen.[1012] Als weiterer Grund für das nur geringe Maß der gemeinschaftlichen Wettbewerbsver-

---

1011 Zur aktuellen Diskussion in Deutschland s. auch FAZ Nr. 20 vom 25.1.1999, S. 28, Werbung in ARD und ZDF soll bleiben, Markenverband kritisiert Initiative zum Werbeverbot; *M. Hanfeld*, in: FAZ Nr. 47 v. 25.2.1999, S. 49; für ein generelles Werbeverbot *Reinhard Klimmt* laut FAZ v. 18.1.1999.

1012 S. dazu oben C) III. 2., S. 120 ff.

fälschung wird die Befrachtung der öffentlich-rechtlichen Rundfunkanstalten mit dem Grundversorgungsauftrag angesehen. Diese Bindung an einen bestimmten Programmstandard schränkt die Wettbewerbsfähigkeit der öffentlich-rechtlichen Anstalten tatsächlich in einem schwer spezifizierbaren Maße ein, weshalb die Rundfunkgebühr insoweit richtigerweise als Nachteilsausgleich angesehen wird.[1013] An dieser Stelle und nicht bei der Frage der Begünstigung hat diese Überlegung ihren Platz, wie auch die mit der Gebührenfinanzierung verbundenen Werberestriktionen erst hier als Wettbewerbsvorteile für die privaten Veranstalter aufzuführen sind. Für den öffentlich-rechtlichen Rundfunk bedeutet dies: Es ist zu berücksichtigen, daß die Gewährung eines festen Finanzierungsbeitrags in Gestalt der Rundfunkgebühr nur indirekt dessen Stärkung für den Wettbewerb bezweckt, ihn jedoch primär aus dem Wettbewerb (scil. den Zwängen des Wettbewerbs) heraushalten und ihn wettbewerbsresistent machen soll. Aus dem nur geringen Ausmaß der innergemeinschaftlichen Wettbewerbsverfälschung folgt, daß auch das „gemeinsame Interesse" nur unwesentlich tangiert sein kann.

Diesem geringen Ausmaß des gemeinschaftlichen Interessenwiderspruchs sind diejenigen Gründe gegenüberzustellen, die die Gebührenfinanzierung des öffentlich-rechtlichen Rundfunks in Deutschland notwendig erscheinen lassen, in erster Linie also die Konzeption der Grundversorgung und die daraus abzuleitende demokratisch-kulturelle Funktion des öffentlich-rechtlichen Rundfunks.[1014] Diese Pflichtenbindung ist aus deutscher Sicht nicht nur grundrechtlich fundiert; sie hat auch auf europäischer Ebene insoweit Anerkennung gefunden, als der mit dem public-service-Modell verbundene öffentlich-rechtliche Rundfunk in den Mitgliedstaaten eine besondere Stellung einnimmt. Dies haben zuerst das Working Document der Generaldirektion Wettbewerb, dann aber auch die Protokollerklärung im Amsterdamer Vertrag[1015], der Bericht der Hochrangigen Gruppe für audiovisuelle Politik sowie schließlich das Diskussionspapier der Generaldirektion Wettbewerb und die Ratsentschließung[1016] über den öffentlich-rechtlichen Rundfunk gezeigt. In all diesen Dokumenten wurde anerkannt, daß die duale Rundfunkordnung ein unverkennbares Merkmal der Rundfunklandschaft Euro-

---

1013 *Oppermann*, Deutsche Rundfunkgebühren und europäisches Beihilferecht, S. 108; *Bethge*, Die verfassungsrechtliche Position des öffentlich-rechtlichen Rundfunks in der dualen Rundfunkordnung, S. 45 ff.

1014 Auch *Brohm*, in: Mestmäcker (Hrsg.), Kommunikation ohne Monopole II, S. 253 (277, 281) ist für die Anwendung des (deutschen) Kartellrechts auf öffentlich-rechtliche Einrichtungen; er weist aber darauf hin, daß die lückenlos privatrechtliche Beurteilung hoheitlicher Tätigkeit das öffentliche Recht in wesentlichen Teilen seiner Funktion beraubte, die Wahrnehmung staatlicher Aufgabenkompetenzen gegenüber partikularen und individuellen Interessen zu gewährleisten.

1015 Dort wurde festgelegt, daß „den Erfordernissen der Erfüllung des öffentlich-rechtlichen Auftrags Rechnung zu tragen ist."

1016 Entschließung des Rates und der im Rat Vereinigten Vertreter der Regierungen der Mitgliedstaaten vom 25.1.1999 über den öffentlich-rechtlichen Rundfunk, ABl. EG Nr. C 30, vom 5.2.1999, S. 1.

pas ist, welches nicht in Frage gestellt werden sollte, und daß der Stellenwert des öffentlich-rechtlichen Rundfunks von besonderer Relevanz ist. Auch wurde das der bundesverfassungsgerichtlichen Grundversorgungskonzeption inhärente Prinzip bestätigt, wonach der öffentlich-rechtliche Rundfunk unmittelbar mit den demokratischen, sozialen und kulturellen Bedürfnissen jeder Gesellschaft sowie mit dem Erfordernis verknüpft ist, den Pluralismus in den Medien zu wahren. Wägt man demnach das geringe Maß der Wettbewerbsverfälschung auf europäischer Ebene einerseits ab mit dem überragenden kulturellen Interesse, das alle Mitgliedstaaten der Europäischen Union an einem funktionsfähigen öffentlich-rechtlichen Rundfunk haben, und berücksichtigte die Kommission bei ihrer Ermessensentscheidung auch die Wertungen des EG-Vertrages aus Art. 6 Abs. 1 EUV, Art. 151 EGV, so stellt sich die Gebührenfinanzierung des öffentlich-rechtlichen Rundfunks als verhältnismäßige Beeinträchtigung des innergemeinschaftlichen Wettbewerbs dar.

dd) Ergebnis

Es hat sich gezeigt, daß die Verhältnismäßigkeitsprüfung innerhalb von Art. 87 Abs. 3 lit. d) EGV mit der Prüfung des Umfangs des der Meinungsfreiheit dienenden Funktionsauftrags in Deutschland weitgehend vergleichbar ist. Der europäischen Medienpolitik unterliegt ebenfalls das die deutsche Rundfunkordnung prägende Gebot der Pluralismusförderung. Der Europäische Gerichtshof hat diese Auffassung zuerst übernommen; der Europäische Rat, das Europäische Parlament und einzelne Generaldirektionen der Europäischen Kommission sind dem gefolgt. Politisch wie auch de lege lata ist darauf hinzuwirken, daß die Generaldirektion Wettbewerb dieses Ziel bei der Anwendung des Art. 87 EGV im Auge behält, da die nationalen Medien europarechtlich als Mittel der Integration anzuerkennen und zu nutzen sind,[1017] um die Bürger Europas einander näherzubringen und ein europäisches Kultur- und Identitätsverständnis zu fördern. Dabei ist darauf zu achten, daß in die Rundfunk- und Integrationspolitik der Mitgliedstaaten weder durch die Schaffung neuer noch durch die unverhältnismäßige Anwendung bestehender europäischer Rechtsnormen eingegriffen wird. Es wäre ein Paradoxon besonderer Art, wenn das „Exekutivorgan" Kommission sich über die Vorgaben des Europäischen Parlaments[1018] hinwegsetzte und mit wettbewerbsrechtlichen Mittel eine Rundfunkpolitik betriebe, die auf eine Schwächung der Meinungsvielfalt und damit auf die Schwächung der demokratischen Strukturen in den Mitgliedstaaten hinausliefe. Die Kommission muß im Rahmen ihrer Kontrollfunktion bei der Abwägung des Ausnahmetatbestandes von Art. 87 Abs. 3 lit. d) EGV vielmehr auf die mitgliedstaatlichen Rundfunkordnungen Rücksicht nehmen[1019] und ein Verhältnis zwi-

---

1017 *Thorn*, in: Everling/Narjes/Sedemund (Hrsg.), FS für Deringer, S. 585 (600 f.).

1018 Entschließung des Europäischen Parlaments zur Rolle der öffentlichen Fernsehdienste in einer multimedialen Gesellschaft, ABl. EG Nr. C 320 vom 28.10.1996, S. 180 (184 f.), Rz. 2.

1019 Ähnlich *Dörr*, MP 1996, S. 87 (92), der die Beachtung der „schlechthin konstituierenden Bedeutung" des Rundfunks für alle westeuropäischen Demokratien bei der Novellierung des FsRL

schen Wettbewerbs- und Rundfunkrecht zu schaffen, das die Fundamente der nationalen Rundfunkordnungen unangetastet läßt. Unverhältnismäßig vor allem im Hinblick auf das Gebot der Gemeinschaftstreue wäre es, den Gebrauch des Beihilferechts überzustrapazieren, um damit eine europaweit einheitliche Finanzierung vorzuschreiben.[1020] Kann das aus der Gemeinschaftstreue fließende Rücksichtnahmegebot nur zur Wahrung von Rechtspositionen bemüht werden, die sich auch mit einem Gemeinschaftsziel decken[1021], so ist dieses Ziel mit der Einführung von Art. 3 lit. q) und Art. 151 EGV sogar ausdrücklich statuiert worden. Würde dem uneingeschränkten Wettbewerb der Vorzug gegeben, folgte daraus, daß die funktionale Bedeutung des Rundfunks völlig außer Betracht bliebe. Umgekehrt bedeutet die angemessene Einstellung der kulturellen Bedeutung des öffentlich-rechtlichen Rundfunks in die Ermessensentscheidung, daß der Wettbewerb im Rundfunksektor zwar partiell eingeschränkt würde, aber grundsätzlich bestehen bleiben kann. Betrachtet man die Entscheidung der Kommission zur Vereinbarkeit der Spartenprogramme mit Art. 87 Abs. 1 EGV, so scheint der notwendige Grad an Verständnis allenfalls im Ergebnis erreicht zu sein. Entgegen der Ankündigung im „Ersten Bericht über die Berücksichtigung der kulturellen Aspekte in der Tätigkeit der Europäischen Gemeinschaft“ bei den staatlichen Beihilfen, „die neuen Möglichkeiten, die Artikel 87 Abs. 3 lit. d) EGV bietet, voll auszuschöpfen“[1022], erfolgt jedoch weder eine sorgfältige Subsumtion noch eine Analyse des Kulturbegriffs.

In Gestalt der Art. 81 und 82 EGV [alt: 85, 86] für die Begrenzung der Medienkonzentration und Art. 49 ff. EGV für die Sicherung des freien Zugangs zu den Übertragungswegen sind der Kommission probate Mittel zur Förderung der gemeinschaftlichen Integration gemäß dem 11. Erwägungsgrund des EUV an die Hand gegeben. Die Öffnung der Distributionswege wie auch die Verwirklichung des Rechts auf Niederlassungsfreiheit für Rundfunkveranstalter sind geeignete Instrumente, um den Grundfreiheiten Geltung zu verschaffen und dem Integrationsziel näher zu kommen. Lösungen in diesen Bereichen können von den Nationalstaaten allein auch oftmals nicht mehr gefunden werden.

---

vermißte, S. 88.

1020 So *Schroeder*, ZHR 161 (1997), S. 805 (842 ff.) für eine Verpflichtung der EG zur schonenden Deregulierung öffentlicher Unternehmen, der zu Recht darauf hinweist, daß umgekehrt die Pflicht des Mitgliedstaates dazugehört, umfassend mit der Kommission zu kooperieren und die Beihilfe gem. Art. 88 Abs. 3 EGV zu notifizieren.

1021 *V. Bogdandy*, in: Grabitz/Hilf (Hrsg.), Kommentar zum EWG-Vertrag, Art. 5 [neu: 10] Rn. 13.

1022 KOM(96) 160 endg., vom 17.4.1996, S. 93.

6. Rechtfertigung gemäß Art. 87 Abs. 3 lit. e), Art. 88 Abs. 2 UAbs. 2 EGV

Fraglich ist, ob eine Rechtfertigung der Beihilfe Rundfunkgebühr auch über Art. 87 Abs. 3 lit. e) EGV oder Art. 88 Abs. 2 UAbs. 2 EGV möglich ist. Art. 87 Abs. 3 lit. e) EGV statuiert, daß als mit dem Gemeinsamen Markt vereinbar sonstige Arten von Beihilfen angesehen werden können, die der Rat durch eine Entscheidung mit qualifizierter Mehrheit auf Vorschlag der Kommission bestimmt. Nach Art. 88 Abs. 2 UAbs. 2 EGV kann der Rat einstimmig auf Antrag eines Mitgliedstaates entscheiden, daß eine von diesem Staat gewährte oder geplante Beihilfe in Abweichung von Artikel 87 oder von den nach Art. 89 EGV erlassenen Verordnungen als mit dem Gemeinsamen Markt vereinbar gilt, wenn außergewöhnliche Umstände eine solche Entscheidung rechtfertigen. Generalanwalt *Cosmas* zufolge entscheidet der Rat selbst, ob die „außergewöhnlichen Umstände" vorliegen, die unerläßliche Voraussetzung für seine Entscheidung sind. Die Ratsentscheidung ist selbst dann möglich, wenn die Kommission in einem Verfahren nach Art. 88 Abs. 3 EGV entschieden hat, daß die Beihilfe nicht mit dem Gemeinsamen Markt vereinbar ist.[1023]

Für eine Entscheidung des Europäischen Rates, mit der einer vertragswidrigen Beihilfe zur europarechtlichen Bestandskraft verholfen wird, fehlt es bislang an Präzedenzfällen. Eine solche Ausnahmeentscheidung ist für die Finanzierung des öffentlich-rechtlichen Rundfunks nach dem hier gefundenen Ergebnis der Vertragskonformität der Gebührenfinanzierung auch nicht notwendig. Nicht nur unnötig, sondern sogar unmöglich ist desweiteren, die Protokollnotiz zum öffentlich-rechtlichen Rundfunk im Amsterdamer Vertrag als die Rundfunkgebühr legitimierende Ausnahmeentscheidung des Rates umzudeuten. Dagegen spricht, daß es sich um zwei grundsätzlich verschiedene Rechtsakte handelt und daß das Protokoll als Ausnahmebestimmung zu verstehen sein müßte. Die Protokollerklärung der Staats- und Regierungschefs wurde jedoch als „auslegende Bestimmung" verfaßt, um die Anwendung der Wettbewerbsvorschriften für den öffentlich-rechtlichen Rundfunk unberührt zu lassen.

7. Rechtfertigung gemäß Art. 89 EGV

Gemäß Art. 89 EGV kann der Rat auf Vorschlag der Kommission diejenigen Arten von Beihilfen festlegen, die vom Verfahren nach Art. 88 Abs. 3 EGV ausgenommen sind. Der Rat kann mit dieser Ausnahme von der Notifizierungspflicht über Art. 89 EGV aber weder den Inhalt des Beihilfebegriffs ändern, noch in die bestehenden Kompetenzen der Kommission eingreifen, da eine Durchführungsverordnung die Art. 87 und 88 EGV lediglich konkretisieren und eben nur auf Initiative der Kommission vorgenommen werden kann.[1024] Von der Möglichkeit aus Art. 89 EGV hat der

---

1023 Schlußanträge von GA *Cosmas*, in: EuGH Slg. 1998, I-655 (666) - Tafelwein -.

1024 *V. Wallenberg*, in: Grabitz/Hilf (Hrsg.), Kommentar zum EWG-Vertrag, Art. 94 [neu: 89]

Rat zwar nicht in Bezug auf die Gebührenfinanzierung, dafür aber in allgemeiner Weise Gebrauch gemacht.[1025] Weder in den von ihm erlassenen Verordnungen selbst, noch in dem vorhergehenden Vorschlag der Kommission[1026] werden jedoch Ausnahmen von Art. 87 EGV benannt.

IV. Rechtsfolgen

Die Überprüfung der Vereinbarkeit der Gebührenfinanzierung des öffentlich-rechtlichen Rundfunks mit dem europarechtlichen Beihilferegime hat ergeben, daß es sich bei den Rundfunkgebühren um eine tatbestandsmäßige Beihilfe im Sinne von Art. 87 Abs. 1 EGV handelt. Dies wird auch von der Kommission so gesehen.[1027] Weiter hat sich gezeigt, daß die Gewährung der Beihilfe nach Art. 87 Abs. 3 lit. d) EGV gerechtfertigt ist. Von der Kommission selbst wurde im Falle der VPRT-Beschwerde nur die Vereinbarkeit der Gebührenfinanzierung der Spartenkanäle überprüft, nicht aber die Vereinbarkeit der Finanzierung des gesamten öffentlich-rechtlichen Rundfunks. Hinsichtlich der in dieser Arbeit untersuchten Frage steht ein Diktum der Kommission wie auch der europäischen Judikative also noch aus. Auch eine Notifikation der Rundfunkgebühren durch den Mitgliedstaat Deutschland ist noch nicht erfolgt. Zu prüfen bleibt, welche Rechtsfolgen sich daraus ergeben, daß eine EG-vertraglich gerechtfertigte Beihilfe durch einen Mitgliedstaat nicht notifiziert worden ist, bzw. nicht notifiziert wird.

1. Notifizierungspflicht

Fraglich ist, ob die Bundesrepublik Deutschland überhaupt eine Pflicht trifft, die Rundfunkgebühren als staatliche Beihilfe bei der Europäischen Kommission zu notifizieren. Dagegen könnte zum einen sprechen, daß es sich bei der Rundfunkgebühr um eine Beihilfe handelt, die schon vor dem Inkrafttreten des EG-Vertrages bestand. Eine Notifizierungspflicht entfiele somit, und es gelangte die Sonderregelung des Art. 88 Abs. 1 EGV zur Anwendung. Außerdem ließe sich gegen eine Notifizierungspflicht vorbringen, daß die Kommission, die gemäß Art. 88 Abs. 1 Satz 1 EGV fortlaufend in

---

Rn. 4, die deshalb zu Recht auch gegen eine Definition von Tatbestandsmerkmalen des Art. 87 EGV durch die Ratsentscheidung ist; *Schroeder*, ZHR 161 (1997), S. 805 (840).

[1025] Verordnung (EG) Nr. 659/1999 des Rates vom 22.3.1999 über besondere Vorschriften für die Anwendung von Artikel 93 [neu: 88] des EG-Vertrages, ABl. EG Nr. L 83 vom 27.3.1999, S. 1 ff.; zuvor schon Verordnung (EG) Nr. 994/98 des Rates vom 7. Mai 1998 über die Anwendung der Artikel 92 und 93 [neu: 87 und 88] des Vertrages zur Gründung der Europäischen Gemeinschaft auf bestimmte Gruppen horizontaler Beihilfen, ABl. EG Nr. L 142 v. 14.5.1998, S. 1 ff.

[1026] Vorschlag für eine Verordnung (EG) des Rates über Vorschriften für die Anwendung von Art. 93 [neu 88] des EG-Vertrages vom 24.2.1998, ABl. EG Nr. C 116 vom 16.4.1998, S. 13 ff.

[1027] Unveröffentlichte Entscheidung der Kommission über die Beschwerde des VPRT gegen die Veranstaltung der Spartenkanäle „Der Kinderkanal“ und „Phoenix“, S. 7 f.

Zusammenarbeit mit den Mitgliedstaaten die in diesen *bestehenden* Beihilfen prüft, hinsichtlich eines Teils dieser Vorschriften, nämlich der überprüften Rundfunkgebühren zur Finanzierung der Spartenkanäle, bereits von einer Vereinbarkeit mit dem Gemeinsamen Markt ausgegangen ist und daß die Kommission folgerichtig von ihrem Recht nach Art. 88 Abs. 1 Satz 2 EGV, zweckdienliche Maßnahmen vorzuschlagen, welche die fortschreitende Entwicklung und das Funktionieren des Gemeinsamen Marktes erfordern, keinen Gebrauch gemacht hat. Es wäre widersprüchlich, wenn die Kommission sich in Zukunft auf die Notifizierungspflicht für diejenigen Programme beriefe, die sie schon auf eine Vereinbarkeit mit den EG-vertraglichen Wettbewerbsregeln überprüft hat.

Für eine Notifizierungspflicht sprechen dagegen folgende Gründe: Zum ersten trifft die Kommission nicht die Pflicht, die Mitgliedstaaten dazu anzuhalten, ihrer Notifizierungspflicht nachzukommen. Grundsätzlich müssen alle Beihilfen, also auch solche, die mit Art. 87 EGV vereinbar sind, weil sie keine Wettbewerbsverfälschung oder keine unverhältnismäßige Handelsbeeinträchtigung bewirken, notifiziert werden. Art. 88 Abs. 3 EGV knüpft nämlich nicht an das Beihilfeverbot, sondern an den Beihilfebegriff an.[1028] Eine Ausnahme von der Benachrichtigungspflicht käme daher allenfalls für solche Sachverhalte in Betracht, die den Tatbestand von Art. 87 Abs. 1 EGV etwa wegen mangelnder grenzüberschreitender Wirkung offensichtlich nicht erfüllen[1029], wovon bei der Gebührenfinanzierung des öffentlich-rechtlichen Rundfunks in Deutschland aber nicht auszugehen ist.

a) Prüfungsverfahren bei bestehenden Beihilfen

Eine Zusammenarbeit mit den Mitgliedstaaten und der Vorschlag zweckdienlicher Maßnahmen durch die Kommission erfolgt nur im Rahmen von Art. 88 Abs. 1 EGV, also in den Fällen schon bestehender Beihilfen. Zu den bestehenden Beihilfen gehören Altbeihilfen wie auch solche, die von der Kommission im Verfahren nach Art. 88 EGV als vereinbar mit dem Gemeinsamen Markt angesehen wurden.[1030] Nur bezüglich dieser Beihilfen gibt es eine Zusammenarbeit von Kommission und Mitgliedstaat, die darin besteht, einen Modus zu finden, der es erlaubt, die Beihilfegewährung weiter zu führen. Innerhalb des Inhibitoriums ist es deshalb auch ausnahmsweise statthaft, daß der Mitgliedstaat mit der Gewährung der Beihilfen fortfährt[1031]. Eine solche Sonder-

---

1028 *Götz*, in: Dauses (Hrsg.), Handbuch des EU-Wirtschaftsrechts, H. III 4. a) Rn. 20.

1029 *Schroeder*, ZIP 1996, S. 2097 (2100); für eine lückenlose Aufsicht dagegen: *Wenig*, in: Groeben/Thiesing/ Ehlermann (Hrsg.), Kommentar zum EU/EG-Vertrag, 4. Auflage 1991, Art. 93 [neu: 88] Rn. 40; *v. Wallenberg*, in: Grabitz/Hilf (Hrsg.), Kommentar zum EWG-Vertrag, Art. 93 [neu: 88] Rn. 52; so auch nach Erlaß der VO 659/1999 *Mederer*, in: Groeben/Thiesing/Ehlermann (Hrsg.), Kommentar zum EG-/EU-Vertrag, 5. Auflage 1999, Art. 93 [neu: 88] Rn. 3.

1030 Vgl. Art. 1 lit. a) und b) der VO (EG) 659/1999.

1031 *Schroeder*, ZIP 1996, S. 2097 (2098).

regelung vom grundsätzlich viel strenger ausgestalteten Notifizierungsverfahren erscheint wegen des anders gelagerten Vertrauensschutzes sinnvoll: Während bei Neubeihilfen der Empfänger keinerlei Vertrauen im Hinblick sowohl auf die formell als auch auf die materiell korrekte Gewährung der Beihilfe verdient, sondern ihn sogar eine diesbezügliche Erkundigungspflicht trifft[1032], kann eine solche Pflicht demjenigen nicht auferlegt werden, dem die Rechtmäßigkeit der Beihilfegewährung bereits einmal attestiert worden ist. Er ist im Hinblick auf sein Vertrauen, mit den ihm zugewendeten Mitteln wirtschaften zu können, schutzwürdiger als derjenige, dessen Beihilfegewährung noch gar nicht geprüft worden ist oder der erst im Begriff ist, geprüft zu werden. Der Empfänger einer Neubeihilfe hat nach dem Sinn und Zweck des europäischen Beihilferechts (präventives Verbot mit Erlaubnisvorbehalt) keinerlei Anlaß davon auszugehen, daß die Verfälschung des Wettbewerbs zu Recht erfolgt.

aa) Rundfunkgebühren als Altbeihilfen

Fraglich ist, ob es sich bei der schon vor Inkrafttreten des EG-Vertrages bestehenden Gebührenfinanzierung zumindest für die ARD-Anstalten um Altbeihilfen handelt, die grundsätzlich nicht notifiziert werden müßten. Um als Altbeihilfen behandelt zu werden, müßten die öffentlich-rechtlichen Rundfunkanstalten schon vor dem Inkrafttreten des EG-Vertrags durch Gebühren finanziert worden sein. Beim ZDF scheidet eine Einordnung als Altbeihilfe daher von vornherein aus, da die Rundfunkanstalt am 6. Juni 1961 gegründet wurde und damit zeitlich später am Gebührenaufkommen beteiligt wurde, als der am 1. Januar 1958 inkraftgetretene EWG-Vertrag datiert. Bei den ARD-Anstalten kommt eine Einordnung als Altbeihilfe aus zeitlichen Gründen grundsätzlich in Betracht, da schon in den Besatzungszonen gebührenfinanzierte Sender wie beispielsweise der NWDR, der SWF oder der BR entstanden sind und mit der Gründung der ARD 1950 sechs Rundfunkanstalten (die erstgenannten sowie HR, RB und SDR) bereits vor Inkrafttreten des EWG-Vertrages existierten und aus Gebührenmitteln finanziert wurden. Auch der WDR und der SR erlangten noch vor Inkrafttreten des EWG-Vertrages ihre rechtliche Selbständigkeit.[1033]

Weitere Voraussetzung für das Vorliegen einer Altbeihilfe ist jedoch, daß die Beihilfe nicht wesentlich umgestaltet worden ist. „Um als bestehende Beihilfe behandelt zu werden, muß ein solches System nicht nur bereits vor Inkrafttreten des Vertrages oder dem Beitrittstermin bestanden haben, sondern darf auch nach diesem Termin keine größeren rechtlichen oder wirtschaftlichen Änderungen erfahren haben, die ihm den

---

1032 Dazu EuGH Slg. 1997, I-135 (163) - Spanien/Kommission -; EuGH Slg. 1997, I-1591 (1622) – Land Rheinland-Pfalz/Alcan Deutschland GmbH -; zur Kritik an der Einschränkung des Vertrauensschutzes auch nach § 48 VwVfG vgl. *Kokott*, DVBl. 1993, S. 1235 f., 1239; *Ress*, in: Randelzhofer/Scholz/Wilke (Hrsg.), GS für Grabitz, S. 595 (605).

1033 Vgl. dazu *Herrmann*, Rundfunkrecht, § 4 Rn. 27 ff.

Charakter einer neuen Beihilfe verleihen würden."[1034] Die Gebühren müßten seit ihrer Einführung also gleich geblieben sein. Bereits die turnusgemäß erfolgende Festlegung der Gebührenhöhe wie auch die Einführung der dualen Rundfunkordnung könnten jedoch wirtschaftliche Veränderungen darstellen. Handelte es sich schon aufgrund dieser Maßnahmen bei der Rundfunkgebühr insgesamt um eine Neubeihilfe, so müßte sie insgesamt notifiziert werden. Gegen eine Notifizierungspflicht in diesem Fall sprechen aber Sinn und Zweck des Art. 88 Abs. 1 EGV, weil sonst die öffentlich-rechtlichen Rundfunkanstalten hinsichtlich ihres Vertrauensschutzes trotz der notwendigen und systemimmanenten Anpassung der Gebührenhöhe auf eine Stufe mit denjenigen gestellt würden, die zum ersten Mal eine finanzielle Zuwendung durch den Mitgliedstaat erfahren. Für den vorliegenden Fall der sich regelmäßig aus Anpassungsgründen erhöhenden Altbeihilfe wäre es aus Vertrauensschutzgesichtspunkten angebrachter, daß die Kommission im Rahmen der Prüfung dieser Beihilfeform gemäß Art. 88 Abs. 1 EGV zuerst den Kontakt mit den Mitgliedstaaten suchte.

Geradezu paradox wäre es außerdem, die gesetzgeberische Entscheidung für die Zulassung privater Rundfunkveranstalter und damit eine Entscheidung zugunsten des Wettbewerbs nachträglich gegen die öffentlich-rechtlichen Anstalten zu kehren, weil sich dadurch der Finanzierungsrahmen insgesamt wirtschaftlich geändert habe.[1035] Im Falle der Rundfunkgebühren wäre es dann auch aus Vertrauensschutzgesichtspunkten angemessen, von bestehenden Beihilfen auszugehen. Eine Notifikationspflicht wäre daher solange nicht zu verlangen, bis die Kommission in Zusammenarbeit mit dem Mitgliedstaat gemäß Art. 88 Abs. 1 EGV die Beihilfebestimmungen überprüft hat.[1036] Auch die Kommission geht in ihrem Diskussionspapier ersichtlich nicht davon aus, daß die Beihilfen sofort zurückgezahlt werden müssen, sondern tendiert dazu, die Bestimmung von Art. 88 Abs. 1 EGV anzuwenden[1037] und geeignete Maßnahmen vorzuschlagen, wie etwa die Einführung analytischer Buchführungssysteme.

bb) Rundfunkgebühren als Neubeihilfen

Dafür, daß eine Umgestaltung der Rundfunkgebühren im Sinne von Art. 88 Abs. 3 Satz 1, 2. Alt. EGV stattgefunden hat, gibt es neben der Anpassung der Gebührenhöhe und der Einführung der dualen Rundfunkordnung weitere Gründe. Als Umgestaltung

---

1034 „Diskussionspapier zur Anwendung der Artikel 90 Absatz 2, 92 und 93 [neu: 86, 87 und 88] EG-Vertrag im Rundfunksektor", S. 17.

1035 So aber offenbar *Engel*, Europarechtliche Grenzen für öffentlich-rechtliche Spartenprogramme, S. 59 f., der in Anlehnung an einen polizeirechtlichen Gefahrenbegriff von einer „latenten Beihilfe" spricht.

1036 Für eine Aufforderungspflicht der Kommission bei Kulturbeihilfen auch *Berggreen-Merkel*, Die rechtlichen Aspekte der Kulturpolitik nach dem Maastrichter Vertrag, S. 31.

1037 „Diskussionspapier zur Anwendung der Artikel 90 Absatz 2, 92 und 93 [neu: 86, 87 und 88] EG-Vertrag im Rundfunksektor", S. 7, 18.

sind nämlich dem Sinn und Zweck der europarechtlichen Beihilferegeln entsprechend vor allem solche Maßnahmen anzusehen, die sich auf den Wettbewerb und den innergemeinschaftlichen Handel auswirken.[1038] Solche Auswirkungen sind insbesondere dann gegeben, wenn die Beihilfenhöhe, der Begünstigtenkreis oder die Dauer der Gewähr geändert wird.[1039] Mag ersteres Kriterium auch bei der turnusgemäß erfolgenden Anpassung der Beihilfe noch fraglich sein, da diese von vornherein absehbar war, sollte nicht später ihr Zweck insgesamt in Frage gestellt werden, so wäre jedoch eine Änderung des Begünstigtenkreises nach Inkrafttreten des EG-Vertrages als Umgestaltung der Beihilfe aufzufassen. Diese erweiternde Umgestaltung des Begünstigtenkreises hat nach dem 1. Januar 1958 zum einen durch die Gründung des ZDF und seiner Teilhabe am Gebührenaufkommen stattgefunden. Auch ist eine maßgebliche Änderung des wirtschaftlichen Ausmaßes der Beihilfe durch diese Quasi-Verdoppelung der öffentlich-rechtlichen Rundfunksender kaum zu bestreiten. Doch auch die ARD besteht nicht mehr in ihrer Gründungsform. Durch die Wiedervereinigung kam es neben dem Anschluß der Rundfunkeinrichtungen der DDR[1040] an bestehende öffentlich-rechtliche Anstalten auch zur Neugründung zweier Anstalten. Hinsichtlich der ARD-Anstalten in den neuen Bundesländern ist für die Wirkung der Vertragsregeln der Beitritt zum Bundesgebiet, also der 3.10.1990, maßgeblich. Erst nach diesem Datum finden sich durch den ORB und den MDR im Jahre 1991 aber die beiden Neugründungen[1041], die es verbieten, die Rundfunkgebühr pauschal als Altbeihilfe zu qualifizieren.[1042]

Als weitere Umgestaltung könnte zudem die Beteiligung der öffentlich-rechtlichen Rundfunkanstalten an neuen Spartenprogrammen und rundfunkähnlichen Medien angesehen werden, da auch hierdurch zusätzliche Kosten verursacht werden und sich Veränderungen im Wettbewerb mit den privaten Veranstaltern ergeben.

b) Ergebnis

Im Ergebnis ist somit bei der Rundfunkgebühr grundsätzlich vom Vorliegen einer Neubeihilfe auszugehen, auf die die Vorschrift des Art. 88 Abs. 1 EGV keine Anwendung findet. Um eine „Altbeihilfe" handelt es sich lediglich bei den Spartenprogrammen „Kinderkanal" und „Phoenix", da die Kommission hier die Vereinbarkeit mit dem Europarecht bereits festgestellt hat und es sich insoweit um bestehende Beihilfen im

---

1038 *Klingbeil*, Das Beihilfeverfahren nach Art. 93 [neu: 88] EG-Vertrag, S. 64 f.

1039 *V. Wallenberg*, in: Grabitz/Hilf (Hrsg.), Kommentar zum EWG-Vertrag, Art. 93 [neu: 88] Rn. 50.

1040 Übersicht über die Rundfunk- und Fernsehsender der DDR bei *Hartstein/Ring/Kreile/Dörr/Stettner*, Kommentar zum RStV, Medienrecht, RStV Kommentar, C-0.3 Rn. 99.

1041 Vgl. dazu *Herrmann*, Rundfunkrecht, § 4 Rn. 124, 125; *Ricker/Schiwy*, Rundfunkverfassungsrecht, S. 21 Rn. 38 ff.

1042 So auch *Uphoff*, Fernsehmarkt und Grundversorgung, S. 174.

Sinne von Art. 88 Abs. 1 Satz 1 EGV handelt, was zu einer Gleichstellung mit Altbeihilfen führt. Die Bundesregierung ist somit aufgefordert, die Rundfunkgebühren bei der Kommission gemäß Art. 88 Abs. 3 EGV für alle übrigen Programme zu notifizieren, auch wenn sie bislang über die Ausfüllung des Tatbestands von Art. 87 Abs. 1 EGV begründete Zweifel gehabt haben mag, bzw. dessen Einschlägigkeit überhaupt nicht für möglich hielt.[1043] Aus politischen Gründen ist es aber unwahrscheinlich, daß es zu einer Notifizierung kommt, insbesondere nicht bevor die Kommission über die anhängigen Verfahren aus Italien, Spanien, Portugal und Frankreich entschieden hat. Sollte die Kommission hier von einer auch nur teilweisen Unvereinbarkeit der Finanzierung der öffentlich-rechtlichen Rundfunksysteme mit Art. 87 EGV ausgehen, ist aufgrund der bislang auf politischer Ebene unternommenen Anstrengungen zu vermuten, daß sich die politischen Kräfte auf eine vertragliche Ergänzung oder eine zusätzliche Ausnahmemöglichkeit nach Art. 87 Abs. 3 lit. e) oder Art. 88 Abs. 2 UAbs. 3 EGV konzentrieren werden. Im Falle einer erteilten Ausnahmegenehmigung durch den Rat wäre eine Notifizierung dann nicht länger erforderlich.

2. Folgen der fehlenden Notifizierung

Fraglich ist, ob der Verstoß der Bundesrepublik Deutschland gegen die Notifizierungspflicht der Rundfunkgebühren die Kommission berechtigt, die Rückzahlung der nur formell rechtswidrigen Beihilfe anzuordnen. Die Kommission ging trotz gegenteiliger Rechtsprechung[1044] bislang davon aus, zur besseren Befolgung der Notifizierungspflicht bereits dann eine Unvereinbarkeit mit Art. 87 EGV annehmen und Beträge zurückfordern zu können, wenn nur in formeller Hinsicht die Rechtswidrigkeit der Beihilfe festgestellt wurde.[1045] Dagegen wendete sich das rechtswissenschaftliche Schrifttum fast geschlossen.[1046] Tatsächlich scheint das Anknüpfen nur an die for-

---

1043 *V. Wallenberg*, in: Grabitz/Hilf (Hrsg.), Kommentar zum EWG-Vertrag, Art. 93 [neu: 88] Rn. 52; sowie *Matthies*, ZHR 152 (1988), S. 442 (452).

1044 Ausdrücklich zwischen den Handlungsmöglichkeiten der Kommission und denen der nationalen Gerichte unterscheidend EuGH Slg. 1996, I-3547 (2591) - SFEI/La Poste -; sowie zuvor EuGH Slg. 1991, I-5505 (5528) - Fédération nationale du commerce extérieur/Frankreich -; zur unklaren Rechtslage zuvor vgl. *A. Randelzhofer*, Das Kontrollverfahren über staatliche Beihilfen im EG-Vertrag, S. 47 ff.

1045 Vgl. Sechzehnter Bericht über die Wettbewerbspolitik 1987, S. 129 Rn. 203; sowie die Erwägungsgründe 10-12 des Vorschlags der Kommission für eine Verordnung (EG) des Rates über Vorschriften für die Anwendung von Art. 93 des EG-Vertrages vom 24.2.1998, ABl. EG Nr. C 116 vom 16.4.1998, S. 13 (14), die weiterhin nur allgemein von rechtswidrigen Beihilfen sprechen und die Anwendung auch einstweiliger Maßnahmen verlangen, vor allem aber die Einschränkung in Art. 11 Abs. 2 der VO 659/1999 nicht enthalten; zuvor auch Stellungnahme der Kommission in: EuGH Slg. 1990, I-307 (354) - Boussac -.

1046 Gegen die Rückforderung bei nur formeller Rechtswidrigkeit EuGH Slg. 1990, I-307 (356) - Boussac -; EuGH Slg. 1990, I- 959 (1009) - Tubemeuse -; *Magiera*, in: Hailbronner/Klein/Magiera/Müller-Graff, Handkommentar zum Vertrag über die Europäische Union, Art. 93 [neu 88] Rn. 32; ders., in: Baur/Müller-Graff/Zuleeg (Hrsg.), FS für Börner, S. 213 (221); *Schneider*,

melle Rechtswidrigkeit untragbar.[1047] Da letztlich von der Vereinbarkeit der gesamten Rundfunkfinanzierung in Deutschland mit dem europäischen Beihilferecht auszugehen ist, müßte nach einer nur vorläufigen Entscheidung der Kommission, mit der dem Staat die Rückforderung aufgegeben würde, nach einer Notifizierung die Auszahlung doch bewilligt werden. Ein solch widersprüchliches[1048] Verfahren ist, ohne daß die Kommission in das Vorprüfungsverfahren eingetreten wäre[1049] und versucht hätte, die Kooperationsbereitschaft des betreffenden Mitgliedstaates in Anspruch zu nehmen, nur schwer mit dem Rücksichtnahmegebot des Art. 10 EGV zu vereinbaren. Da die Kommission im Falle der VPRT-Beschwerde gegen eine Teilmenge des Gebührenfinanzierungssystems auch keine Einwände erhoben hat und vor allem die nicht erfolgte Notifizierung der Gebührenfinanzierung der Spartenprogramme unbemängelt ließ, käme es einem venire contra factum proprium gleich, wenn sich die Kommission hinsichtlich der Rundfunkgebührenfinanzierung insgesamt nun auf die formelle Rechtswidrigkeit beriefe und die Rückzahlung oder vorübergehende Zahlungseinstellung anordnete. Desweiteren ist nach dem hier zu Art. 87 EGV gefundenen Ergebnis der Vereinbarkeit der Gebührenfinanzierung mit dem EG-Beihilferecht eine nur vorübergehende Rückzahlungspflicht unverhältnismäßig, weil der öffentlich-rechtliche Rundfunk damit seine Sendetätigkeit auf unbestimmte Zeit einstellen müßte.

Der Streit um die Rechtsfolgen nur formell rechtswidriger Beihilfen ist durch die Verordnung des Rates Nr. 659/1999[1050] entschärft worden. Dem Urteil in der Rechtssache *Boussac* folgend normiert Art. 11 Abs. 1 der Verordnung, daß die Kommission, nachdem sie dem betreffenden Mitgliedstaat Gelegenheit zur Äußerung gegeben hat, eine Entscheidung erlassen kann, mit der dem Mitgliedstaat aufgegeben wird, alle rechtswidrigen Beihilfen so lange *auszusetzen*, bis die Kommission eine Entscheidung über die Vereinbarkeit der Beihilfe mit dem Gemeinamen Markt erlassen hat (sog. Aussetzungsanordnung). Erst in einem zweiten Schritt wird in Art. 11 Abs. 2 der Verordnung die Kommission ermächtigt, eine Entscheidung zu erlassen, mit der den Mitgliedstaaten aufgegeben wird, alle rechtswidrigen Beihilfen einstweilig *zurückzufor-*

NJW 1992, S. 1197; *Triantafyllou*, NVwZ 1992, S. 436 (439); *Klingbeil*, Das Beihilfeverfahren nach Art. 93 [neu: 88] EG-Vertrag, S. 133 mit Zweifeln an der Rechtsgrundlage für eine Rückforderungsanordnung; *v. Wallenberg*, in: Grabitz/Hilf (Hrsg.), Kommentar zum EWG-Vertrag, Art. 93 [neu: 88] Rn. 76; einschränkend: *Jestaedt*, EuZW 1993, S. 49 (51); *Wenig*, in: Groeben/ Thiesing/ Ehlermann (Hrsg.), Kommentar zum EU/EG-Vertrag, 4. Auflage 1991, Art. 93 [neu: 88] Rn. 53 unter Berufung auf den Vertrauensschutz.

1047 Auch der EuGH hat klargestellt, daß die Kommission die Rückerstattung einer Beihilfe nicht allein deshalb verlangen kann, weil sie nicht von der Einführung unterrichtet worden ist, vgl. EuGH Slg. 1996, I-3547 (3591) m. w. N.

1048 *Kokott*, DVBl. 1993, S. 1235 (1239) geht sogar von der dolo-petit-Einrede aus.

1049 Diese Einschränkung macht auch *Jestaedt*, EuZW 1993, S. 49 (50).

1050 Verordnung (EG) Nr. 659/1999 des Rates vom 22.3.1999 über besondere Vorschriften für die Anwendung von Artikel 93 [neu: 88] des EG-Vertrages, ABl. EG Nr. L 83 vom 27.3.1999, S. 1 ff.

dern. Dafür aber müssen bestimmte Kriterien erfüllt sein. So dürfte nach geltender Praxis hinsichtlich des Beihilfecharakters der betreffenden Maßnahme keinerlei Zweifel bestehen, ferner müßte ein Tätigwerden dringend geboten und ein erheblicher, nicht wiedergutzumachender Schaden für einen Konkurrenten ernsthaft zu befürchten sein. Vor allem die beiden letztgenannten Punkte hinderten die Kommission im Falle der Gebührenfinanzierung des öffentlich-rechtlichen Rundfunks in Deutschland daran, die Mittel allein wegen unterlassener Notifizierung zurückzufordern. Bedenkt man, daß mit dem betroffenen Konkurrenten nach Sinn und Zweck der den gemeinschaftlichen Freihandel schützenden Vorschrift nur ein solcher eines anderen Mitgliedstaates gemeint sein kann, so wird angesichts der nur marginalen Wettbewerbsbeeinträchtigung durch die Rundfunkgebühr auf andere europäische Programmanbieter auch aus diesem Grund eine Rückforderung auszuschließen sein. Die teilweise heftige Diskussion um die Verwirklichung einzelner Tatbestandsmerkmale des Art. 87 EGV präkludiert schließlich auch die erste Voraussetzung für eine Rückforderungsentscheidung. Zwar mag in Ausnahmefällen für eine vorübergehende Rückforderung sprechen, daß dem Beihilfeempfänger so lediglich der Vorteil genommen wird, den er durch die zu früh erfolgende Gewährung erhalten hat, weshalb die rückzahlbaren Mittel auch zu verzinsen sind.[1051] Um eine verfrühte Gewährung geht es jedoch bei der Rundfunkfinanzierung durch Teilnehmerentgelte nicht, sondern darum, ob das auf die Dauerbeihilfe Rundfunkgebühr gestützte duale deutsche Rundfunksystem mit dem Gemeinsamen Markt vereinbar ist oder nicht. Da die Bundesrepublik jedoch die Pflicht zur Notifizierung trifft, muß sie im Falle des andauernden Unterlassens mit einer Klage der Kommission wegen Verletzung des EG-Vertrages gemäß Art. 226 [alt: 169] EGV rechnen.

1051 So zutreffend *Schroeder*, ZIP 1996, S. 2097 (2101).

V. Gesamtergebnis

Als Gesamtergebnis ist festzuhalten, daß die Finanzierung der öffentlich-rechtlichen Rundfunkanstalten in Deutschland durch „Gebühren“ den Tatbestand des Art. 87 Abs. 1 EGV erfüllt und damit europarechtlich eine Beihilfe darstellt. Die Finanzierung des öffentlich-rechtlichen Rundfunks aus staatlichen Mitteln ist jedoch gemäß Art. 87 Abs. 3 lit. d) EGV gerechtfertigt, weil es sich um eine verhältnismäßige Kulturbeihilfe handelt:

1. Die Interpretation der Rundfunkfreiheit muß von einem mediumsimmanenten Ansatz aus erfolgen. Dazu ist es notwendig, die Eigenschaften des Kommunikationsmittels zu betrachten und anzuerkennen, daß der Rundfunk – besonders in Form des Fernsehens - zu einer Mediatisierung der Wirklichkeit führt, in der die Grenzen von ästhetischem Schein und empirischer Realität fließend werden. Weiter gehört zur Medienwirkung, daß der Rundfunk einen bedeutenden Einfluß sowohl auf die individuelle Bewußtseins- und Verhaltenswelt erlangt hat als auch auf das gesamtgesellschaftliche Denken und Verstehen von Welt. Die Vermittlung von Meinungen und Lebensbildern und die damit einhergehende normative Orientierung und Beeinflussung durch den Rundfunk sind Teil eines politisch und staatsrechtlich bedeutsamen Sozialisationsprozesses. Die wirtschaftliche Bedeutung des Rundfunks gehört dagegen nicht zur „publizistischen Sondersituation“ des Rundfunks. Sie ist lediglich ein Reflex der möglichen Vermarktbarkeit.

2. Die Struktur der Rundfunkfreiheit aus Art. 5 Abs. 1 Satz 2 GG ist abhängig vom Sozialbereich des Grundrechts. Mit der liberalen Grundrechtsinterpretation alleine können grundrechtliche Freiheiten nicht auf ein normatives Ziel hin ausgerichtet werden und gelingt es nicht, menschliche Freiheit als gesellschaftliche Freiheit zu verwirklichen. Bereits die Erfassung des Normbereichs der Rundfunkfreiheit fordert daher – neben der Betonung des abwehrrechtlichen Charakters - eine Wertung. Sie liegt für Art. 5 GG insgesamt in der Bedeutung der Meinungsfreiheit für die Freiheit des Einzelnen und für die Demokratie im Ganzen. In diesem Lichte dient die Rundfunkfreiheit dem Prozeß der freien, wandelbaren und vielfältigen Meinungsbildung; Rundfunkfreiheit ist – ebenso wie die Pressefreiheit – nur denkbar in einem auf Kommunikation zielenden Prozeß, in dem die Rolle der Vermittelnden nur auf Wenige beschränkt ist. Der Gesetzgeber hat dem durch die Schaffung einer positiven dualen Rundfunkordnung Rechnung zu tragen.

3. Innerhalb der dualen Rundfunkordnung ist der öffentlich-rechtliche Rundfunk in besonderem Maße einer Pflichtenbindung unterworfen. In Gestalt der nicht detailscharf spezifizierbaren Grundversorgung hat das Bundesverfassungsgericht die der Meinungsfreiheit dienende Funktion des Mediums für die Rundfunkanstalten konkretisiert und so im dualen System eine eindeutige Legitimationsbasis für das Be-

stehen der öffentlichen Anstalten geschaffen. Während das Ziel des privat veranstalteten Rundfunks die Gewinnerzielung ist, muß das Ziel für den öffentlich-rechtlichen Rundfunk das Programm sein und zwar ein funktionsgerechtes Programm. Um diese Pflichtaufgabe zu erfüllen und der Einbindung in das Verfassungsganze zu genügen, ist es erforderlich, dass die Rundfunkanstalten die Gesamtheit der Bevölkerung mit Angeboten versorgen, welche umfassend und in der vollen Breite informieren. Das Programm muß integrierend wirken, also Minderheiten die Möglichkeit geben, sich im Ganzen des Meinungsspektrums wiederzufinden oder aber zumindest wiederfinden zu können. Die soziale und kulturelle Wirkung des Mediums könnte nicht gewürdigt werden, wenn einzig Vermarktungschancen für die Rundfunkveranstalter von Interesse wären.

4. Der mit einem Funktionsauftrag betraute öffentlich-rechtliche Rundfunk stellt finanzwissenschaftlich betrachtet ein meritorisches Gut dar. Er ist damit ein *auch* ökonomisches Phänomen, das Aufgaben der öffentlichen Daseinsvorsorge erfüllt, derer sich bei Orientierung am Gewinnstreben die Privatwirtschaft überhaupt nicht oder nicht in ausreichendem Maße annehmen würde. Wettbewerb findet auf dem „Meinungsmarkt“ nur eingeschränkt statt; die Marktgesetzlichkeiten sind nicht unterschiedslos anwendbar. Dies ist auch dadurch bedingt, daß der Rundfunk als Erfahrungs- und Vertrauensgut über keine ausreichende Qualitätstransparenz verfügt: Die Einschaltquote allein ist kein Faktor zur Berechnung der in einer Demokratie erforderlichen Meinungsvielfalt.

   Auf ein wertendes Moment wird auch in der finanzwissenschaftlich-ökonomischen Betrachtung nicht verzichtet: Der demokratisch legitimierte Gesetzgeber steht hier in der Verantwortung, das meritorische Gut zu bestimmen und es in einen staatszielkonformen Regelungszusammenhang zu stellen, der sich wiederum an demokratischen Bedürfnissen ausrichtet. Die eine breite öffentliche Meinungsbildung fördernde Institution der öffentlich-rechtlichen Rundfunkanstalten wird diesen Erfordernissen gerecht.

5. Auch die zunehmenden Auswahlmöglichkeiten bei der Rundfunknutzung machen die Grundversorgung durch den öffentlich-rechtlichen Rundfunk nicht verzichtbar, da die Ausweitung des Programm- und Medienangebots nicht per se vor der Gefahr der Meinungsmacht einzelner Anbieter schützt. Die Funktionalität des öffentlichen Programmangebots wird mit zunehmender Programmvielfalt sogar bedeutsamer, da es in gesteigertem Maße Orientierungsmöglichkeiten bieten und Qualitätsmaßstäbe setzen muß. Insbesondere der öffentlich-rechtliche Rundfunk muß sich neben der Vielfältigkeit seines Programms deshalb verstärkt an inhaltlichen Standards messen lassen. Innerhalb des demokratischen Kommunikationssystems sind auch weiterhin massenmediale Anbieter erforderlich, die auf die Einhaltung eines kulturellen und verfassungsrechtlichen Kriterien folgenden Programmauftrags verpflichtet und des-

halb von den Zwängen der Marktgesetzlichkeiten befreit sind. Die Entfaltungsinteressen besonders der öffentlich-rechtlichen Anstalten unterliegen deshalb einer „treuhänderischen Bindung“.

6. Die Finanzierung der Rundfunkanstalten erfolgt aus Rundfunkgebühren, die eine Sonderabgabe darstellen. Auf ihre Rechtsnatur kommt es aber weniger an, als auf ihre inhaltlich-systematische Zweckgebundenheit. Durch die staatsferne Form der Finanzierung bleiben die öffentlich-rechtlichen Rundfunkanstalten in ihrer Programmgestaltung frei. Dem hat der Gesetzgeber bei der Schaffung der positiven Rundfunkordnung Rechnung getragen: Die zum Zwecke der Ermittlung des Finanzbedarfs der Rundfunkanstalten eingesetzte KEF gewährleistet, daß der öffentlich-rechtliche Rundfunk die zur Funktionserfüllung erforderlichen Mittel erhält. Verfahrensrechtlich wird durch die Vorfeldkontrolle dieses unabhängigen Organs ein schonender Ausgleich zwischen der Funktionsbindung einerseits und der Programmfreiheit der Anstalten andererseits hergestellt. Sache der Rundfunkanstalten bleibt es, aufgrund ihrer professionellen Maßstäbe zu bestimmen, was der Rundfunkauftrag in publizistischer Weise verlangt. Unter Berücksichtigung der dienenden Freiheitsgewährleistung ist die verhältnismäßige Mischfinanzierung durch Gebühren einerseits und Werbung andererseits am besten geeignet, einseitige Abhängigkeiten zu lockern und die Programmfreiheit der öffentlichen Rundfunkanstalten zu stärken.

7. In der Europäischen Union wird der Rundfunk in erster Linie von seinen wirtschaftlichen Auswirkungen her erfaßt. Rundfunk ist eine Dienstleistung im Sinne von Art. 49 ff. EGV. Eine Modifikation des deutschen Grundrechtsverständnisses wird dadurch aber nicht erforderlich, da der Europäische Gerichtshof in ständiger Rechtsprechung auch Teile des objektiv-rechtlichen Grundrechtsverständnisses anerkannt hat: In Anlehnung an die Rechtsprechung des Europäischen Gerichtshofs für Menschenrechte hat der Europäische Gerichtshof für die Rechtfertigung von Eingriffen in die Dienstleistungsfreiheit Wertungen des Art. 10 EMRK herangezogen. Indem das dort enthaltene Pluralismuskonzept als Rechtfertigungsgrund anerkannt wurde, hat die höchstrichterliche europäische Rechtsprechung ein erstes objektiv-rechtliches Element der Grundrechtsdogmatik in ihre Rechtsprechung übernommen. Auch die europäische Judikative anerkennt damit, daß die Aufrechterhaltung des Pluralismus die Wahrung der Meinungsvielfalt bezweckt und die freie Meinungsäußerung gewährleistet.

8. Die Art und Weise der Pluralismussicherung bleibt den Mitgliedstaaten überlassen. Eine Kompetenz zur Schaffung einer europäischen Rundfunkordnung besteht für die Europäische Union nicht, weder aus Art. 151 EGV, noch aus Art. 3 lit. q) EGV. Überhaupt dürfen Regelungen europäischer Organe mit Rundfunkbezug nur zum Zwecke der Vereinheitlichung der Dienstleistungsfreiheit gemäß Art. 55 i. V. m.

Art. 47 Abs. 2 Satz 1 EGV erfolgen, wie es in Form der Fernsehrichtlinie bereits geschehen ist. Weitere Einflüsse – wenn auch nicht normativer Natur - auf die deutsche Rundfunkordnung entstehen durch die Aufsichtstätigkeit der Europäischen Kommission für die Bereiche der Dienstleistungs- und Wettbewerbsfreiheit.

9. Für den öffentlich-rechtlichen Rundfunk in Deutschland gibt es keine Bereichsausnahme vom europäischen Beihilferecht. Weder die Protokollerklärung über den öffentlich-rechtlichen Rundfunk im Amsterdamer Vertrag noch die Tatsache, daß es sich beim Rundfunk vor allem um eine kulturelle Einrichtung handelt, führen zu einem Tatbestandsausschluß von Art. 87 Abs. 1 EGV.

   Art. 86 Abs. 2 EGV, der Ausnahmen für Unternehmen vorsieht, die mit Dienstleistungen von allgemeinem wirtschaftlichem Interesse betraut sind, ist auf die öffentlich-rechtlichen Rundfunkanstalten nicht anwendbar: Als kulturelle Institution, die lediglich *auch* eine wirtschaftliche Dimension zeitigt, ist das meritorische Gut des öffentlich-rechtlichen Rundfunks nicht mit den Unternehmen der wirtschaftlichen Daseinsvorsorge zu vergleichen, für die Art. 86 Abs. 2 EGV gedacht ist. Im übrigen stellt Art. 87 EGV die speziellere Norm im Vergleich zu Art. 86 Abs. 2 EGV dar, da Art. 87 Abs. 3 zumindest inzident in Art. 86 Abs. 2 EGV mitzuprüfen wäre. Die Kommissionsentscheidung über die Beschwerde des VPRT in Sachen „Kinderkanal“ und „Phoenix“ ist daher auf der falschen Rechtsgrundlage ergangen.

10. Die Gebührenfinanzierung des öffentlich-rechtlichen Rundfunks in Deutschland ist unter den weiten Beihilfebegriff des Art. 87 Abs. 1 EGV zu subsumieren:

   a) Das Tatbestandsmerkmal der Begünstigung ist nicht dadurch zu relativieren, daß Gegenleistungen des Leistungsempfängers berücksichtigt werden. Die Angemessenheit der Gegenleistung läßt sich ohne einen Kontrollmaßstab (Verhältnismäßigkeit der Wettbewerbsverfälschung) auf dieser Prüfungsebene gar nicht feststellen. Die europäische Judikative greift daher für die Feststellung der Begünstigung zu Recht auf die Theorie der marktrelativen Günstigkeit zurück. Da auch bei entgeltlichen Geschäften mit der öffentlichen Hand Einnahmen zu erzielen sind und die Kostenlage zu verbessern ist, wird darauf abgestellt, ob es dem Leistungsempfänger zum Maßnahmezeitpunkt möglich gewesen wäre, das Empfangene zu gleichen Bedingungen am Markt zu realisieren. Der Staat muß sich dazu dem Vergleich mit einem privaten Kapitalgeber unterziehen. Hinsichtlich der Gebührenfinanzierung ergibt sich daraus, daß es nicht wirtschaftliche, sondern Zweckmäßigkeitserwägungen sind, die den Staat zur Gebührenfinanzierung veranlassen. Der Funktionsauftrag der Rundfunkanstalten bleibt hier außer Betracht.

   b) Die Gebührenfinanzierung ist mit sogenannten parafiskalischen Abgaben zu vergleichen und dem Staat zurechenbar. Die staatsferne Ausgestaltung des Feststellungsverfahrens zur Gebührenhöhe ändert daran nichts, da allein an den staatlich verordneten Gebührenzwang anzuknüpfen ist. Auch wird durch die Gebührenfinanzierung der Staatshaushalt belastet. Dieses ungeschriebene Tatbestandsmerkmal von Art. 87 Abs. 1 EGV, mit dessen Hilfe wirtschaftslenkende Maßnahmen genereller Art aus dem Beihilfebegriff herausgenommen werden sollen, ist erfüllt, weil die Gebührenfinanzierung einem marktwidrigen Einnahmeverzicht vergleichbar ist. Durch die Inanspruchnahme der Rezipienten wird eine Belastung des Staatshaushalts nur vermieden, wie sie in anderen europäischen Staaten zugunsten des öffentlich-rechtlichen Rundfunks üblich ist. Doch reicht auch eine nur potentielle Maßnahme mit Umverteilungscharakter aus. Nach deutschem Verfassungsverständnis ist die Gebührenfinanzierung Finanzierungsmittel und keine Gegenleistung der Rezipienten.

c) Die verfassungsrechtliche Verpflichtung des Staates, für die angemessene Finanzierung der öffentlich-rechtlichen Rundfunkanstalten zu sorgen, ändert nichts daran, daß die Gebührenpflicht den Rezipienten vom Gesetzgeber freiwillig auferlegt worden ist. Mit dem Tatbestandsmerkmal der Freiwilligkeit sollen nur jene Sachverhalte aus dem Beihilfebegriff des Art. 87 Abs. 1 EGV herausgenommen werden, bei denen die staatliche Leistung einen kondiktionsrechtlichen oder staatshaftungsrechtlichen Hintergrund hat, was bei der Gebührenfinanzierung nicht der Fall ist.

d) Wenn auch das Tatbestandsmerkmal der Wettbewerbsverfälschung neben dem weiten Begünstigungsbegriff keine eigenständige Bedeutung mehr besitzt, so ist auf dieser Ebene dennoch festzustellen, welche gemeinschaftlich relevanten Märkte von der Beihilfe betroffen werden. Bei der Gebührenfinanzierung sind besonders der Programmbeschaffungs-, Verwertungs- und Zuschauermarkt tangiert und zwar gemessen am Gesamtprogramm der Anstalten und nicht nur für den Zeitpunkt, in dem auch der öffentliche Rundfunk Werbung ausstrahlt. Auch an dieser Stelle sind Gegenleistungen der Rundfunkanstalten in programmlicher Hinsicht noch nicht zu berücksichtigen. Die Wettbewerbsverfälschung tritt dagegen nicht deshalb ein, weil der private Rundfunk vom Gebührenaufkommen ausgenommen wird und nicht in die Grundversorgungsaufgabe hineinwachsen kann. Die Grundversorgung ist nicht disponibel und stellt als pflichtige Aufgabe allenfalls eine Benachteiligung dar, da sie die Erwirtschaftung von Profiten nicht zuläßt.

Die so verstandenen Tatbestandsmerkmale von Art. 87 Abs. 1 EGV führen nicht nur zu dem Ergebnis, daß die Gebührenfinanzierung des öffentlich-rechtlichen Rundfunks den innergemeinschaftlichen Wettbewerb verfälscht, sondern machen es weiterhin erforderlich, auch die den Rundfunkanstalten gewährte Anstaltslast und Gewährträgerhaftung unter den Begriff der Beihilfe zu fassen.

11. Die Rundfunkfinanzierung ist als Teil der mitgliedstaatlichen Kulturen gemäß Art. 87 Abs. 3 lit. d) EGV gerechtfertigt.

a) Der Begriff der Kultur in Art. 87 Abs. 3 lit. d) EGV ist zwar ein Begriff des Gemeinschaftsrechts. Er ist aber aus der Sicht der Mitgliedstaaten zu bestimmen. Dafür spricht, daß das Primärrecht in Art. 3 lit. q) und Art. 151 Abs. 1 EGV von den „Kulturen" im Plural spricht und sich somit auf die mitgliedstaatlichen Auffassungen in diesem Bereich stützt. Desweiteren folgt der mitgliedstaatliche Bezug daraus, daß sich Art. 87 EGV in seiner Gesamtheit an die Mitgliedstaaten und eben nicht an die Gemeinschaft wendet. Staatliche Beihilfen fördern allein nationalstaatlich bedeutsame Kultur. Da anders als in einem souveränen Staat für den föderativen Zusammenschluß der Mitgliedstaaten in der Europäischen Union nicht von einem deckungsgleichen allgemein-europäischen Kulturverständnis ausgegangen werden kann, ist den Mitgliedstaaten für die Auslegung des auf sie bezogenen Kulturbegriffs in Art. 87 Abs. 3 lit. d) EGV eine Einschätzungsprärogative einzuräumen.

b) In Deutschland ist von einem weiten Kulturverständnis auszugehen. Auch wenn eine abschließende Definition des Kulturbegriffs unmöglich erscheint, so wird aus dem Wortstamm „cultus" und der etymologischen Entwicklung hin zur „cultura animi", der „Erziehung zum geselligen Leben, zur Kenntnis der freien Künste und zum ehrbaren Leben" deutlich, daß dem Begriff ein Sinnbezug innewohnt, der persönlichkeits- und gemeinwohlbezogen ist. Indem die Kultur nicht nur die Lebenswelt des Individuums konstituiert, sondern auch eine Art kollektiver Identität schafft, ist sie für das Staatswesen und das Staatsvolk vor allem in erzieherischer Hinsicht von großer Bedeutung. Kultur im weiten Sinne ist demnach Lebensumfeld und Lebensvorbild. Die Kulturidee wird somit vom Grundpfeiler der Pluralität getragen. Ein enges Kulturverständnis, das die Bereiche der Wissenschaft und Bildung ausklammert, trägt dagegen ebensowenig zur Begriffs- und Bedeutungserklärung bei wie die Verengung der Kultur auf die „Hochkultur". Letztere Auffassung muß sogar den ständigen Prozeß kultureller Entwicklung leugnen.

c) Der Rundfunk und insbesondere der funktionale öffentlich-rechtliche Rundfunk ist das Exempel einer kulturellen Institution. Die Wahrung der aus dem Grundrechtsgehalt abgeleiteten Funktionen des Rundfunks für die Sicherung des Meinungspluralismus sowie die Aufgabe von Grundversorgung, Integration und Vorbild in qualitativer Hinsicht beruhen auf dem Gedanken der kulturellen Gewährleistungspflicht des Staates. Es ist demnach der These *Oppermanns* zuzustimmen, wonach im Grundversorgungsauftrag der politisch-demokratische und der kulturelle Auftrag des Rundfunks eine Symbiose eingehen.

d) Im europäischen Recht ist eine Definition des Kulturbegriffs bislang nicht erfolgt. Die Europäische Gemeinschaft hat sich aber den weiten Kulturbegriff der UNESCO zu eigen gemacht und hat damit auch einen staatlichen Kulturauftrag anerkannt. In der Protokollerklärung zum öffentlichen Rundfunk wie auch in der Rechtsprechung durch den Europäischen Gerichtshof mit Bezug auf Art. 10 EMRK ist die Bedeutung des Pluralismus in den Medien – und damit ein kulturelles Element - für die demokratischen Bedürfnisse in den Mitgliedstaaten anerkannt worden.

e) Die Europäische Kommission ist im Rahmen ihrer Ermessensentscheidung nach Art. 87 Abs. 3 lit. d) EGV verpflichtet, das mitgliedstaatliche wie auch das weite europäische Kulturverständnisses zu Grunde zu legen. Ihrem Ermessen bei der Beurteilung der kulturellen Eigenschaft des Rundfunks in den Mitgliedstaaten sind durch die erforderliche Berücksichtigung der Gemeinschaftsgrundrechte nach Art. 6 Abs. 2 EUV Grenzen gezogen, da hierbei auch auf die Verfassungsüberlieferungen der Mitgliedstaaten und damit auf das deutsche Verständnis von Art. 5 Abs. 1 Satz 2 GG Rücksicht zu nehmen ist. Als weitere Ermessensgrenzen, die eine Beachtung des nationalen Verständnisses vom Kulturgut Rundfunk erfordern, sind Art. 151, Art. 3 lit. q) EGV sowie das Rücksichtnahmegebot aus Art. 10 Abs. 1 Satz 2 EGV und das Gebot zur Achtung der mitgliedstaatlichen Identität aus Art. 6 Abs. 3 EUV zu nennen.

12. Der kulturellen Eigenschaft der Gebührenfinanzierung steht bezogen auf die gemeinschaftlichen Märkte im Rundfunksektor eine nur geringfügige Wettbewerbsverfälschung gegenüber. Hauptsächlich findet die Verzerrung der wettbewerblichen Chancengleichheit schon wegen der sprachlichen Gestaltung der Programme auf dem innerstaatlichen Programm- und Zuschauermarkt statt. Europäische Rundfunkunternehmen sind insoweit nur betroffen, als es um die Verteilung knapper Distributionswege oder den Handel mit Senderechten geht.

13. Diesem nur geringfügigen Widerspruch zum „gemeinsamen Interesse“ aus Art. 87 Abs. 3 lit. d) EGV, das in der Aufrechterhaltung eines chancengleichen Wettbewerbs besteht, stünde im Falle eines Verbots der Gebührenfinanzierung entgegen, daß der öffentlich-rechtliche Rundfunk seinen Funktionsauftrag überhaupt nicht mehr wahrnehmen könnte. Vor allem Programme, die nur eine Minderheit interessieren oder von denen man noch nicht sicher weiß, wie sie angenommen werden, könnten nicht länger produziert werden. Auch wäre eine Übergewichtung bestimmter Programmsegmente zu erwarten, wie es bei den privaten Sendern vor allem durch die Konzentration auf die Unterhaltung durch Spielfilme, Comedy oder Talkshows einerseits oder die Sportberichterstattung andererseits zu beobachten ist.

14. Die Gebührenfinanzierung ist als Mittel zur Erreichung der Kulturförderung verhältnismäßig:

a) Die Gebührenfinanzierung des öffentlich-rechtlichen Rundfunks ist zur Erfüllung des kulturellen Funktionsauftrags geeignet, weil sie den Rundfunkanstalten eine von wirtschaftlichen Zwängen unabhängige und der Meinungsvielfalt verpflichtete Sendetätigkeit erlaubt. Eine pflichtige Beteiligung der privaten Sender an dieser Aufgabe ist nicht möglich; eine freiwillige wäre nicht geeignet, da sie unter dem Vorbehalt der Gewinnmaximierung stünde.

b) Da die Marktkräfte nicht in der Lage sind, das kulturspezifische Ziel in gleicher Weise zu erreichen (vgl. oben unter Nr. 4), ist die Gebührenfinanzierung auch erforderlich.
Die Erforderlichkeit anhand der gesellschaftlichen Funktion der Gebührenfinanzierung ist auch europarechtlich nicht für jede einzelne Sendung oder einzelne Programmsegmente, wie beispielsweise die Unterhaltung oder Sportberichterstattung nachzuweisen. Die Subsumtion unter das von den Mitgliedstaaten zu bestimmende Tatbestandsmerkmal der „Kultur“ im Sinne von Art. 87 Abs. 3 lit. d) EGV gründet vielmehr in der dem öffentlich-rechtlichen Rundfunk eigenen demokratisch-funktionalen Ausrichtung im Hinblick auf die Struktur der Rundfunkordnung insgesamt. Dies wird auch zu berücksichtigen sein, soweit die Europäische Union Art. 86 Abs. 2 EGV für anwendbar auf die Rundfunkanstalten erklärt und eine gesetzliche Festlegung des Funktionsauftrags fordert. Die Notwendigkeit der Gebührenfinanzierung läßt sich mit einem „Zerlegungsmodell“ jedenfalls nicht in Frage stellen. Es entspräche einer „Rosinentheorie“, wenn sich die privaten Rundfunkveranstalter auf die werbewirksamen Felder konzentrieren könnten, der öffentliche Rundfunk aber nur zur Erbringung eines reduzierten Programms in Bereichen berufen wäre, in denen es wegen insuffizienter Gewinnmöglichkeiten keinen Wettbewerb gibt. Im Rahmen der Verhältnismäßigkeitsprüfung ist deshalb der Grund für die Wettbewerbsverfälschung der Gebührenfinanzierung voll zu berücksichtigen.

c) Die Verhältnismäßigkeit im engeren Sinne wird zum einen durch die Bindung des öffentlich-rechtlichen Rundfunks an einen programmbezogenen Funktionsauftrag und zum anderen durch das Verfahren zur Festsetzung der Gebührenhöhe und damit dadurch gewährleistet, daß die Finanzierung von einem anstaltsunabhängigen Gremium daran gemessen wird, ob sie zur Funktionserfüllung erforderlich ist. An diesem Punkt ist die Gegenleistung der Beihilfeempfänger in Form des Funktionsauftrags voll zu berücksichtigen.
Danach ist sowohl die Teilnahme der Anstalten an den neuen Medien als auch die Veranstaltung von Spartenprogrammen vom Funktionsauftrag und dem Willen des Europäischen Rates gedeckt, die künftige Entwicklung des öffentlich-

rechtlichen Rundfunks zu sichern. Unverhältnismäßig im Sinne von Art. 87 Abs. 3 lit. d) EGV, weil nicht vom Funktionsauftrag umfaßt, ist dagegen die Partizipation der öffentlich-rechtlichen Sendeanstalten am Pay-TV. Hier besteht die Gefahr, daß Programmrechte innerhalb des öffentlich-rechtlichen Rundfunks gegen zusätzliches Entgelt mehrfach verwertet werden, und es somit zu einer wettbewerbswidrigen Quersubventionierung kommt.

15. Da es sich bei der Rundfunkgebühr größtenteils um eine umgestaltete, verhältnismäßige Altbeihilfe, im Falle des ZDF aber sogar um eine Neubeihilfe handelt, muß die Bundesregierung die Rundfunkfinanzierung bei der EG-Kommission notifizieren. Die bisherige wie auch die künftige Unterlassung der Notifikation kann zwar nicht dazu führen, daß die Kommission die Rückzahlung der Beihilfen verlangt, da diese nur formell rechtswidrig sind und darüber hinaus nicht die für eine Rückforderung erforderlichen Voraussetzungen aus Art. 11 Abs. 2 der Verordnung Nr. 659/1999 erfüllen. Die Bundesregierung muß in diesem Fall jedoch mit der Anstrengung eines Vertragsverletzungsverfahrens gemäß Art. 226 EGV durch die Kommission rechnen.

Literaturverzeichnis

Adam, Winfried Anselm, Die Kontrolldichte-Konzeption des EuGH und deutscher Gerichte. Eine vergleichende Untersuchung der gerichtlichen Kontrolle im Dienst-, Außen- und Binnenwirtschaftsrecht, Baden-Baden 1993.

Adelt, Ursula, Grundversorgungsauftrag als Expansionsgarantie? – Verfassungsrechtliche Vorgaben und aktuelle Rechtsprechung, S. 69-76, in: VPRT (Hrsg.), Privater Hörfunk in Deutschland - Zur Situation des dualen Rundfunksystems und den Rahmenbedingungen des Wettbewerbs, Berlin 1996.

Adorno, Theodor W./Horkheimer, Max, Das Schema der Massenkultur, Kulturindustrie, S. 299-335, aus: Dialektik der Aufklärung, Philosophische Fragmente, in: Adorno, Theodor W., Gesammelte Schriften, Band 3, 1. Auflage 1981.

AK, Alternativkommentar zum Grundgesetz für die Bundesrepublik Deutschland, hrsg. von Wassermann, Rudolf, 2. Auflage, Neuwied 1989, (zitiert: Bearbeiter, in: AK-GG, Art. Rn.).

Alexy, Robert, Theorie der Grundrechte, Baden-Baden, 2. Auflage 1994.

Alexy, Robert, Theorie der juristischen Argumentation. Die Theorie des rationalen Diskurses als Theorie der juristischen Begründung, 2. Auflage, Frankfurt a. M. 1991.

Andel, Norbert, Zum Konzept der meritorischen Güter, in: Finanzarchiv, Neue Folge, Band 42, 1984, S. 630-648.

Andel, Norbert, Probleme der Subventionskontrolle in der EG, S. 109-125, in: Ress, Georg/Will, Michael R. (Hrsg.), Die Europäische Wirtschaftsgemeinschaft auf dem Weg zum einheitlichen Binnenmarkt und zur Steuergemeinschaft im Jahr 1992, Wissenschaftliches Kolloquium aus Anlaß des 70. Geburtstages von Henning v. Arnim, Vorträge, Reden und Berichte aus dem Europa-Institut/Nr. 146, Saarbrücken 1988.

Arndt, Adolf, Das Werbefernsehen als Kompetenzfrage, in: JZ 1965, S. 337-341.

Astheimer, Sabine, Rundfunkfreiheit - Ein europäisches Grundrecht. Eine Untersuchung zu Art. 10 EMRK, in: UFITA, Band 88, Baden-Baden 1990.

Astheimer, Sabine, Artikel 10 der Europäischen Menschenrechtskonvention. Basis einer Europäischen Rundfunkordnung, in: EWS 1991, S. 275-278.

Astheimer, Sabine/Moosmayer, Klaus, Europäische Rundfunkordnung - Chance oder Risiko?, in: ZUM 1994, S. 395-404.

Badura, Peter, Verfassungsrechtliche Bindungen der Rundfunkgesetzgebung - Die Freiheit des Rundfunks und die saarländische Gesetzgebung über private Veranstalter von Rundfunksendungen, in: Beiträge zum Rundfunkrecht, Heft 24, Frankfurt a. M. 1980.

Badura, Peter, Rundfunkfreiheit und Finanzautonomie, in: Beiträge zum Rundfunkrecht, Heft 35, Frankfurt a.M. 1986.

Badura, Peter, Zur Frage der Zulässigkeit von Fördermaßnahmen zugunsten privater Anbieter, die aus dem Aufkommen der Rundfunkgebühr finanziert werden, in: ZUM 1988, S.155-164.

Badura, Peter, Das öffentliche Unternehmen im europäischen Binnenmarkt, in: ZGR 1997 (26), S. 291-305.

Bala, Andreas, Art. 90 Abs. 2 EGV im System unverfälschten Wettbewerbs - unter besonderer Berücksichtigung der Elektrizitätsversorgungswirtschaft -, Dissertation Münster 1997.

Balda, Volker/Schmits, Volker, Fernsehen ohne Grenzen auf dem Weg zur Konvergenz, in: CR 1998, S. 421-424.

Bartosch, Andreas, Das Grünbuch über Konvergenz, in: ZUM 1998, S. 209-220.

Bechtold, Rainer, GWB, Kartellgesetz, Gesetz gegen Wettbewerbsbeschränkungen, Kommentar, München 1993.

Benda, Ernst/Maihofer, Werner/Vogel, Hans-Jochen (Hrsg.), Handbuch des Verfassungsrechts, 2. Auflage, Berlin, New York 1994, (zitiert: Bearbeiter, in: Benda/Maihofer/Vogel (Hrsg.), HdbdVerfR, § Rn.).

Berekoven, Ludwig, Europa-Fernsehen - Ein Kommunikationsinstrument des internationalen Marketings, S. 53-60, in: Arbeitskreis Werbefernsehen der deutschen Wirtschaft (Hrsg.), Europa-Fernsehen und Werbung, Fachtagung am 24./25. September 1986, Baden-Baden 1987.

Berggreen-Merkel, Ingeborg, Die rechtlichen Aspekte der Kulturpolitik nach dem Maastrichter Vertrag, in: Ress, Georg/Stein, Torsten (Hrsg.), Vorträge, Reden und Berichte aus dem Europa-Institut - Sektion Rechtswissenschaft Nr. 329, Saarbrücken 1995.

Bethge, Herbert, Grundrechtsverwirklichung und Grundrechtssicherung durch Organisation und Verfahren, in: NJW 1982, S. 1-7.

Bethge, Herbert, Freiheit und Gebundenheit der Massenmedien, in: DVBl. 1983, S. 369-377.

Bethge, Herbert, Rundfunkfreiheit und privater Rundfunk, in: Beiträge zum Rundfunkrecht, Heft 32, Frankfurt a. M. 1985.

Bethge, Herbert, Der verfassungsrechtliche Standort des öffentlich-rechtlichen Rundfunks, in: Beiträge zum Rundfunkrecht, Heft 36, Frankfurt a. M. 1986.

Bethge, Herbert, Zur Existenz und Relevanz eines Finanzgewährleistungsanspruchs einer Rundfunkanstalt gegen den Staat, in: DÖV 1988, S. 97-102.

Bethge, Herbert, Landesrundfunkordnung und Bundeskartellrecht, in: Beiträge zum Rundfunkrecht, Band 45, Baden-Baden 1991.

Bethge, Herbert, Stand und Entwicklung des öffentlich-rechtlichen Rundfunks, in: ZUM 1991, S. 337-344.

Bethge, Herbert, Funktionsgerechte Finanzierung der Rundfunkanstalten durch den Staat, in: AöR 116 (1991), S. 521-536.

Bethge, Herbert, Die verfassungsrechtliche Position des öffentlich-rechtlichen Rundfunks in der dualen Rundfunkordnung, in: Beiträge zum Rundfunkrecht, Band 47, Baden-Baden 1996.

Bethge, Herbert, Der Grundversorgungsauftrag des öffentlich-rechtlichen Rundfunks in der dualen Rundfunkordnung, in: MP 1996, S. 66-72.

Bethge, Herbert, Der Grundrechtsstatus privater Rundfunkveranstalter, in: NVwZ 1997, S. 1-6.

Bettermann, Karl-August, Rundfunkfreiheit und Rundfunkorganisation. Kritische Be-Merkungen zum Fernsehurteil des Bundesverfassungsgerichts, in: DVBl. 1963, S. 41-44.

Betz, Jürgen, Spartenkanäle bei ARD und ZDF - eine juristische Bewertung, in: MP 1997, S. 2-15.

Beucher, Klaus, Grundversorgung ohne Ende?, S. 87-95, in: VPRT (Hrsg.), Privater Hörfunk in Deutschland - Zur Situation des dualen Rundfunksystems und den Rahmenbedingungen des Wettbewerbs, Berlin 1996.

Beucher, Klaus/Leyendecker, Ludwig/v. Rosenberg, Oliver, Mediengesetze, Rundfunk - Mediendienste - Teledienste, Kommentar, München 1999.

Beutler, Bengt/Bieber, Roland/Pipkorn, Jörn/Streil, Jochen, Die Europäische Union – Rechtsordnung und Politik -, 4. Auflage, Baden-Baden 1993.

Biedenkopf, Kurt/Glotz, Peter/Groebel, Jo/Gross, Johannes/Lahnstein, Manfred/Mestmäcker, ErnstJoachim/Mohn, Manfred/Stolte, Dieter/Wössner, Mark, Kommunikationsordnung 2000, Grundsatzpapier der Bertelsmann Stiftung zu Leitlinien der zukünftigen Kommunikationsordnung, Gütersloh 1997.

Bismark, Hans, Neue Medientechnologien und grundgesetzliche Kommunikationsverfassung, in: Schriften zum Öffentlichen Recht, Band 418, Berlin 1982.

Blanke, Hermann-Josef, Europa auf dem Weg zu einer Bildungs- und Kulturgemeinschaft, in: Kölner Schriften zum Europarecht, Band 41, Köln, Berlin, Bonn, München 1994.

Bleckmann, Albert, Öffentlich-rechtliche Spartenprogramme als Bestandteil der Grundversorgung?, hrsg. vom VPRT, Berlin 1996.

Bleckmann, Albert, Die Wahrung der „nationalen Identität" im Unions-Vertrag, in: JZ 1997, S. 265-269.

Bleckmann, Albert, Europarecht, Das Recht der Europäischen Union und der Europäischen Gemeinschaften, 6. Auflage, Köln, Berlin, Bonn, München 1997.

Blumler, Jay G./Hoffmann-Riem, Neue Funktionen für öffentlich-rechtliches Fernsehen in Westeuropa: Herausforderungen und Perspektiven, in: MP 1992, S. 402-415.

Böckenförde, Ernst-Wolfgang, Grundrechtstheorie und Grundrechtsinterpretation, in: NJW 1974, S. 1529-1535.

Böckenförde, Ernst-Wolfgang, Die Methode der Verfassungsinterpretation – Bestandsaufnahme und Kritik, in: NJW 1976, S. 2089-2099.

Böckenförde, Ernst-Wolfgang, Grundrechte als Grundsatznormen. Zur gegenwärtigen Lage der Grundrechtsdogmatik, in: Der Staat 29 (1990), S. 1-30.

Böckenförde, Ernst-Wolfgnag/Wieland, Joachim, Die „Rundfunkfreiheit" - ein Grundrecht? Überlegungen zu den verfassungsrechtlichen Vorgaben in Art. 5 Abs. 1 GG für die Organisation des Rundfunks, in: AfP 1982, S. 77-85.

Börner, Bodo, Kompetenz der EG zur Regelung einer Rundfunkordnung, in: ZUM 1985, S. 577-587.

Börner, Bodo, Gemeinsamer Markt und nationale Subventionen, S. 83-94, in: Magiera, Siegfried (Hrsg.), Entwicklungsperspektiven der Europäischen Gemeinschaft, in: Schriftenreihe der Hochschule Speyer, Band 100, Berlin 1985.

Bohr, Kurt/Albert, Helmut, Die Europäische Union - das Ende der eigenständigen Kulturpolitik der deutschen Bundesländer?, in: ZRP 1993, S. 61-66.

Bonfadelli, Heinz, Die Wissenskluftforschung, in: Schenk, Michael (Hrsg.), S. 305-323, Medienwirkungsforschung, Tübingen 1985.

Bonner Kommentar, Kommentar zum Grundgesetz, hrsg. von Dolzer, Rudolf/Vogel, Klaus, 1. Ordner, Einl. - Art. 5 GG, Stand: 85. Lieferung, Heidelberg, August 1998, (zitiert: Bearbeiter, in: Dolzer/Vogel, BK, Art. Rn.).

Braun, Matthias/Gillert, Olaf/Hoberg, Dominik/Hübner, Eva-Maria/Kamps, Michael, Spartenkanäle: Grenzen einer Zukunftsperspektive für den öffentlich-rechtlichen Rundfunk, in: ZUM 1996, S. 201-213.

Bremer, Eckhard, Freiheit durch Organisation? "Ausgestaltung" der Rundfunkfreiheit als Problem von Grundrechtsinterpretation, Grundrechtstheorie und Ordnungstheorie, S. 311-348, in: Mestmäcker, Ernst-Joachim (Hrsg.), Kommunikation ohne Monopole II, in: Wirtschaftsrecht der internationalen Telekommunikation, Band 23, Baden-Baden 1995.

Bremer, Eckhard/Esser, Michael/Hoffmann, Martin, Der Rundfunk in der Verfassungs- und Wirtschaftsordnung in Deutschland, in: Wirtschaftsrecht der internationalen Telekommunikation, Band 17, Baden-Baden 1992.

Brettschneider, Frank/Vetter, Angelika, Mediennutzung, politisches Selbstbewußtsein und politische Entfremdung, in: RuF, 46. Jahrgang 1998, S. 463-479.

Bröhmer, Jürgen, Die innerstaatliche und europarechtliche Bedeutung von Art. 10 EMRK für die Medienordnung, S. 79-93, in: Europäisches Medienrecht: Fernsehen und seine gemeinschaftsrechtliche Regelung, in: Schriftenreihe des Instituts für Europäisches Medienrecht, Band. 18, München, Berlin 1998.

Brohm, Winfried, Das Verhältnis von mittelbarer Staatsverwaltung und Staatsaufsicht im Wirtschaftsrecht, S. 253-289, in: Mestmäcker, Ernst-Joachim (Hrsg.), Kommunikation ohne Monopole II, in: Wirtschaftsrecht der internationalen Telekommunikation, Band 23, Baden-Baden 1995.

Brugger, Winfried, Rundfunkfreiheit und Verfassungsinterpretation, in: Forum Rechtswissenschaft, Beiträge zu neueren Entwicklungen in der Rechtswissenschaft, Band 25, Heidelberg 1991.

Bucher, Peter (Bearbeiter), Der Verfassungskonvent von Herrenchiemsee, Akten und Protokolle, hrsg. vom Deutschen Bundestag und vom Bundesarchiv, Boppard am Rhein 1981.

Bueckling, Adrian, Im Begriffsdschungel des satellitischen Rundfunkrechts, in: ZUM 1988, S. 164-171.

Bullinger, Martin, Kommunikationsfreiheit im Strukturwandel der Telekommunikation, Baden-Baden 1980.

Bullinger, Martin, Elektronische Medien als Marktplatz der Meinungen - Abschied vom Modell harmonisierender Meinungspflege durch gewaltenteilende Presse- und Rundfunkunternehmer, in: AöR 1983 (Band 108), S. 161-215.

Bullinger, Martin, Rundfunkordnung im Bundesstaat und in der Europäischen Gemeinschaft - Aktuelle rechtliche Probleme -, in: AfP 1985, S. 257-265.

Bullinger, Martin, Freiheit und Gleichheit in den Medien – Zur Rechtsprechung der Verfassungsgerichte -, in: JZ 1987, S. 257-265.

Bullinger, Martin, Das Verhältnis von deutschem und europäischem Rundfunkrecht, in: VBlBW. 1989, S. 161-168.

Bullinger, Martin, Der Rundfunkbegriff in der Differenzierung kommunikativer Dienste, in: AfP 1996, S. 1-8.

Bullinger, Martin, Die Aufgaben des öffentlichen Rundfunks, Wege zu einem Funktionsauftrag, Studie im Auftrag der Bertelsmann Stiftung, Gütersloh 1999.

Bullinger, Martin/Gödel, Christoph, Landesmediengesetz Baden-Württemberg (LMedienG), Kommentar, Baden-Baden 1986.

Bullinger, Martin/Mestmäcker, Ernst-Joachim, Multimediadienste - Aufgabe und Zuständigkeit von Bund und Ländern -, Rechtsgutachten erstattet im Auftrag des Bundesministeriums für Bildung, Wissenschaft, Forschung und Technologie, hektographierte Fassung, April 1996.

Burgi, Martin, Die öffentlichen Unternehmen im Gefüge des primären Gemeinschaftsrechts, in: EuR 1997, S. 261-290.

Burmeister, Joachim, „Dienende“ Freiheitsgewährleistungen - Struktur und Gehalt eines besonderen Grundrechtstypus, S. 835-873, in: Burmeister, Joachim (Hrsg.), Verfassungsstaatlichkeit, Festschrift für Klaus Stern, München 1997, (zitiert: Burmeister, FS für Stern).

Buttler, Friedrich, Explikative und normative Theorie der meritorischen Güter, in: Zeitschrift für Wirtschafts- und Sozialwissenschaften 93 (1973), S. 129-146.

Bux, Udo, EG-Kompetenzen für den Rundfunk, in: Europäische Hochschulschriften, Reihe II, Band 1298, Frankfurt a.M. 1992.

Caliess, Christian/Ruffert, Matthias, Kommentar zu EU-Vertrag und EG-Vertrag, Neuwied, Kriftel 1999, (zitiert: Bearbeiter, in: Calliess/Ruffert, Kommentar zu EU-Vertrag und EG-Vertrag, Art Rn.).

Castendyk, Oliver, Die Rangfolge im Kabel, in: ZUM 1993, S. 464-475.

Cremer, Wolfram, Das Verhältnis der Beihilferegeln gemäß Art. 92 f. EGV zur Warenverkehrsfreiheit, in: EuR 1996, S. 225-234.

Darschin, Wolfgang/Frank, Bernward, Tendenzen im Zuschauerverhalten, in: MP 1997, S. 174-185, sowie MP 1998, S. 154-166.

Dauses, Manfred A., Handbuch des EU-Wirtschaftsrecht, Band 2, Stand: 6. Ergänzungslieferung, Dezember 1997, München 1998, (zitiert: Bearbeiter, in: Dauses (Hrsg.)).

Deckert, Martina R./Schroeder, Werner, Öffentliche Unternehmen und EG-Beihilferecht - Gemeinschaftsrechtliche und zivilrechtliche Implikationen -, in: EuR 1998, S. 291-323.

Degenhart, Christoph, Anmerkung zum Urteil des Bundesverfassungsgerichts vom 16.6.1981, 1 BvL 89/78, in: DÖV 1981, S. 960-963.

Degenhart, Christoph, Rundfunkordnung im europäischen Rahmen, in: ZUM 1992, S. 449-456.

Degenhart, Christoph, Online-Angebote öffentlich-rechtlicher Rundfunkanstalten, Rechtsgutachten, hektographierte Fassung, Leipzig 1997.

Degenhart, Christoph, Rundfunk und Internet, in: ZUM 1998, S. 333-349.

Delbrück, Jost, Die Rundfunkhoheit der deutschen Bundesländer im Spannungsfeld zwischen Regelungsanspruch der EG und nationalem Verfassungsrecht, in: Beiträge zum Rundfunkrecht, Heft 37, Frankfurt a. M. 1986.

Delbrück, Jost, Rundfunkrecht und Wettbewerbsrecht vor dem Forum des europäischen Gemeinschaftsrechts, S. 244-251, in: Hoffmann-Riem, Wolfgang (Hrsg.), Rundfunk im Wettbewerbsrecht: der öffentlich-rechtliche Rundfunk im Spannungsfeld zwischen Wirtschaftsrecht und Rundfunkrecht, Baden-Baden 1988.

Depenheuer, Otto, Informationsordnung durch Informationsmacht, Rechtliche Rahmenbedingungen einer Informationsordnung, in: AfP 1997, S. 669-675.

Deringer, Arved, Europäisches Gemeinschaftsrecht und nationale Rundfunkordnung, in: ZUM 1986, S. 627-638.

Deringer, Arved, Pyrrhussieg der Länder, Anmerkung zum Urteil des Bundesverfassungsgerichts vom 22.3.1995, Rs. 2 BvG 1/89, in: ZUM 1995, S. 316-318.

Dittmers, Manfred, Medienökonomische Aspekte des Wettbewerbs im dualen Rund funksystem, in: MP 1990, S. 390-403.

Doehring, Karl, Die nationale "Identität" der Mitgliedstaaten der Europäischen Union, S. 263-271, in: Due, Ole/Lutter, Marcus/Schwarze, Jürgen (Hrsg.), Festschrift für Ulrich Everling, Band I, Baden-Baden 1995, (zitiert: Doehring, FS für Everling, S.).

Dörr, Dieter, Der deutsche Föderalismus und die entstehende Medienordnung, in: EWS 1991, S. 259-267.

Dörr, Dieter, Die Maastricht-Entscheidung des Bundesverfassungsgerichts und ihre Auswirkung auf die Medienpolitik, in: ZUM 1995, S. 14-20.

Dörr, Dieter, Die Entwicklungen des Medienrechts, in: NJW 1995, S. 2263-2271 und NJW 1997, S. 1341-1346.

Dörr, Dieter, Vielfaltssicherung durch die EU, in: MP 1996, S. 87-92.

Dörr, Dieter, Die Rolle des öffentlich-rechtlichen Rundfunks in Europa, in: Beiträge zum Rundfunkrecht, Band 48, Baden-Baden, Hamburg 1997.

Dörr, Dieter, Multimedia und die Rundfunkfreiheit des Art. 10 EMRK, S. 1417-1430, in: Ziemske, Burkhardt/Langheid, Theo/Wilms, Heinrich/Haverkate, Görg (Hrsg.), Staatsphilosophie und Rechtspolitik, Festschrift für Martin Kriele, München 1997, (zitiert: Dörr, FS für Kriele, S.).

Dörr, Dieter, Die Spartenkanäle von ARD/ZDF und das Europarecht. Rechtsgutachten im Auftrag der Arbeitsgemeinschaft der öffentlich-rechtlichen Rundfunkanstalten der Bundesrepublik Deutschland (ARD) und des Zweiten Deutschen Fernsehens (ZDF), hektographierte Fassung, September 1997.

Dörr, Dieter, Die öffentlich-rechtliche Rundfunkfinanzierung und die Vorgaben des EG-Vertrages, S. 5-40, in: Rechtliche und ökonomische Fragen der Finanzierung des öffentlich-rechtlichen Rundfunks im Lichte des europäischen Rechts, Schriftenreihe des Instituts für Rundfunkrecht an der Universität zu Köln, Band 73, München 1998.

Dörr, Dieter/Cloß, Wolfgang, Die Vereinbarkeit der Gebührenfinanzierung des österreichischen Rundfunks mit dem EG-Beihiferecht, in: ZUM 1996, S. 105-118.

Dreher, Meinrad, Die staatliche Eigenkapitalzufuhr an Gesellschaften als Beihilfe im Sinne des EG-Vertrags, S. 583-606, in: Schön, Wolfgang (Hrsg.), Gedächtnisschrift für Brigitte Knobbe-Keuk, Köln 1997, (zitiert: Dreher, FS für Knobbe-Keuk, S.).

Dreier, Horst (Hrsg.), Grundgesetz Kommentar, Band I, Artikel 1-19 GG, Tübingen 1996, (zitiert: Bearbeiter, in: Dreier (Hrsg.), Grundgesetz, Bd. I, Art. Rn.).

Eberle, Carl-Eugen, Das europäische Recht und die Medien am Beispiel des Rundfunkrechts, in: AfP 1993, S. 422-429.

Eberle, Carl-Eugen, Das Fernsehen im Zugriff des europäischen Rechts, S. 939-961, in: Becker, Bernd/Bull, Hans Peter/Seewald, Otfried (Hrsg.), Festschrift für Werner Thieme, Köln, Berlin, Bonn, München 1993, (zitiert: Eberle, FS für Thieme, S.).

Eberle, Carl-Eugen, Die Rundfunkgebühr – Verfassungsrechtlicher Anspruch und gesellschaftspolitische Funktion, in: AfP 1995, S. 559-565.

Eberle, Carl-Eugen, Aktivitäten der Europäischen Union auf dem Gebiet der Medien und ihre Auswirkungen auf den öffentlich-rechtlichen Rundfunk, in: ZUM 1995, S. 763-769.

Eberle, Carl-Eugen, Zerschlägt die europäische Informationsgesellschaft bestehende Rundfunkordnungen?, S. 80-107, in: Europäische Gespräche 2/96, Medien in der Europäischen Informationsgesellschaft, hrsg. von der Europäischen Kommission in der Bundesrepublik Deutschland.

Eberle, Carl-Eugen, Die Rundfunkgebühr - Verfassungsrechtlicher Anspruch und gesellschaftliche Funktion, S. 15-32, in: Die Finanzierung des Rundfunks nach dem Gebührenurteil des Bundesverfassungsgerichts, Schriftenreihe des Institut für Rundfunkrecht an der Universität zu Köln, Band 64, München 1996.

Eberle, Carl-Eugen, Public service broadasting in the European policy context, in: EBU diffusion 1997, S. 49-52.

Eberle, Carl-Eugen, Die Betätigung des ZDF im Online-Bereich, in: AfP 1998, S. 272-274.

Eberle, Carl-Eugen/Gersdorf, Hubertus, Der grenzüberschreitende Rundfunk im deutschen Recht, in: Wirtschaftsrecht der internationalen Telekommunikation, Band 20, Baden-Baden 1993.

Ehlermann, Claus-Dieter, State Aids under European community competition law, in: Fordham International Law Review (18,1), 1994/95, S. 410-436.

Ehrike, Ulrich, Der Art. 90 EWGV - Eine Neubetrachtung, in: EuZW 1993, S. 211-216.

Eifert, Martin, Die Zuordnung der Säulen des Dualen Rundfunksystems, in: ZUM 1999, S. 595-603.

Emmerich, Volker/Steiner, Udo, Möglichkeiten und Grenzen der wirtschaftlichen Betätigung der öffentlich-rechtlichen Rundfunkanstalten, in: Schriften zu Kommunikationsfragen, Band 6, Berlin 1986.

Engel, Christoph, Privater Rundfunk vor der Europäischen Menschenrechtskonvention, in: Wirtschaftsrecht der internationalen Telekommunikation, Band 19, Baden-Baden 1993.

Engel, Christoph, Einwirkungen des europäischen Menschenrechtsschutzes auf Meinungsäußerungsfreiheit und Pressefreiheit - insbesondere auf die Einführung von innerer Pressefreiheit, in: AfP 1994, S. 1-9.

Engel, Christoph, Rundfunk in Freiheit, in: AfP 1994, S. 185-191.

Engel, Christoph, Multimedia und das deutsche Verfassungsrecht, S. 155-171, in: Hoffmann-Riem, Wolfgang/Vesting, Thomas (Hrsg.), Perspektiven der Informationsgesellschaft, Baden-Baden, Hamburg 1995.

Engel, Christoph, Europarechtliche Grenzen für öffentlich-rechtliche Spartenprogramme. Beihilfeaufsicht, Wettbewerbsregeln, Grundfreiheiten, hrsg. vom VPRT, Berlin 1996.

Engelke, Heinrich J., Die Interpretation der Rundfunkfreiheit des Grundgesetzes: Eine Analyse aus ökonomischer Sicht, Dissertation Berlin 1991.

Everling, Ulrich, Brauchen wir "Solange III" ? - Zu den Forderungen nach Revision der Rechtsprechung des Bundesverfassungsgerichts, in: EuR 1990, S. 195-227.

Everling, Ulrich, Buchpreisbindung im deutschen Sprachraum und Europäisches Gemeinschaftsrecht, Rechtsgutachten, Baden-Baden 1997.

Ewald, Karl/Gscheidle, Christoph/Schröter, Christian, Professionalisierung und Spezialisierung im Onlinemedium, in: MP 1998, S. 508-516.

Faul, Erwin, Europäische Staatswesen und "Neue Medien" - Neuorientierung oder Desorientierung der Fernsehpolitik?, in: ZfK 1990, S. 139-153.

Fischer, Hans Georg, Europarecht, 2. Auflage 1997.

Frey, Dieter, Fernsehen und audiovisueller Pluralismus im Binnenmarkt der EG, Baden-Baden 1999.

Fröhlinger, Margot, EG-Wettbewerbsrecht und Fernsehen, in RuF, 41. Jahrgang 1993, S. 59-65.

Frohne, Ronald, Die Quotenregelung im nationalen und im europäischen Recht, in: ZUM 1989, S. 390-396.

Fromm, Michael, Jedenfalls. Zum Funktionsauftrag der Öffentlich-Rechtlichen, in: epd medien Nr. 55 vom 17.7.1999.

Frowein, Jochen Abr./Peukert, Wolfgang, Europäische Menschenrechtskonvention, EMRK-Kommentar, 2. Auflage, Kehl, Straßburg, Arlington 1996.

Fuhr, Ernst U./Rudolf, Walter/Wasserburg, Klaus (Hrsg.), Recht der Neuen Medien, Heidelberg 1989.

Gabriel-Bräutigam, Karin, Rundfunkkompetenz und Rundfunkfreiheit - Eine Untersuchung über das Verhältnis der Rundfunkhoheit der Länder zu den Gesetzgebungszuständigkeiten des Bundes -, in: Wirtschaftsrecht der internationalen Telekommunikation, Band 12, Baden-Baden 1990.

Gall, Andreas, Die Rundfunkgebühr - Garant der dualen Rundfunkordnung, in: ZUM 1991, S. 167-174.

Geiger, Rudolf, EG-Vertrag, Kommentar, 2. Auflage, München 1995.

Geis, Max-Emanuel, Die "Kulturhoheit der Länder" - Historische und verfassungsrechtliche Aspekte des Kulturföderalismus am Beispiel der Bundesrepublik Deutschland -, in: DÖV 1992, S. 522-529.

Gersdorf, Hubertus, Funktionen der Gemeinschaftsgrundrechte im Lichte des Solange II-Beschlusses des Bundesverfassungsgerichts, in: AöR (119) 1994, S. 400-426.

Gersdorf, Hubertus, Regelungskompetenzen bei der Belegung digitaler Kabelnetze. Eine verfassungsrechtliche Untersuchung zur Abgrenzung von Bundes- und Länderzuständigkeiten und zu den Rechten der Netzbetreiber bei der Zuweisung von Kabelkapazitäten für multimediale Dienste, in: Schriftenreihe der HAM, Band 15, Berlin 1996.

Giehl, Christoph, Der Wettbewerb zwischen öffentlich-rechtlichen und privaten Rund funkveranstaltern - Wirtschaftliche, verfassungsrechtliche und gesetzliche Rahmenbedingungen -, UFITA, Band 102, Baden-Baden 1993.

Goerlich, Helmut, Zur "Finanzbedarfseinschätzungsprärogative" der ARD-Anstalten als Element der Garantie freier Berichterstattung durch Rundfunk gemäß Art. 5 Abs. 1 Satz 2 GG, in: ZUM 1996, S. 390-394.

Goerlich, Helmut/Radeck, Bernd, Neugründung und Grundversorgung - die Rundfunkordnung in einer dritten Phase?, in: JZ 1989, S. 53-61.

Goerlich, Helmut/Radeck, Bernd, Rundfunk und Empfänger - zur Mediatisierung subjektiver Rechte, in: NJW 1990, S. 302-304.

Gornig, Gilbert-Hanno, Äußerungsfreiheit und Informationsfreiheit als Menschenrechte, Berlin 1988.

Grabitz, Eberhard, Gemeinsamer Markt und nationale Subventionen, S. 95-112, in: Magiera, Siegfried (Hrsg.), Entwicklungsperspektiven der Europäischen Gemeinschaft, in: Schriftenreihe der Hochschule Speyer, Band 100, Berlin 1985.

Grabitz, Eberhard/Hilf, Meinhard, EUV, EGV - Kommentar zum EWG-Vertrag -,
Band I, EUV, Art. 1-99 EGV,
Band II, Art. 100-248 EGV, Stand: 12. Ergänzungslieferung Mai 1998, München, (zitiert: Bearbeiter, in: Grabitz/Hilf (Hrsg.), Kommentar zum EWG-Vertrag, Art. Rn.).

Gräßle, Inge, Fernsehpolitik und ihre Bewertung. Ein deutsch-französischer Vergleich, S. 43-47, in: Dokumente. Zeitschrift für den deutsch-französischen Dialog, Heft 1/1994.

Grimm, Dieter, Kulturauftrag im staatlichen Gemeinwesen, in: VVDStRL 42 (1984), S. 46-79.

Grundmann, Birgit, Die öffentlich-rechtlichen Rundfunkanstalten im Wettbewerb, in: Wirtschaftsrecht der internationalen Telekommunikation, Band 13, Baden-Baden 1990.

Habersack, Mathias, Staatsbürgschaften und EG-vertragliches Beihilfeverbot, in: ZHR 159 (1995), S. 663-685.

Häberle, Peter, Die Wesensgehaltsgarantie des Art. 19 Abs. 2 Grundgesetz. Zugleich ein Beitrag zum institutionellen Verständnis der Grundrechte und zur Lehre vom Gesetzesvorbehalt, in: Freiburger Rechts- und Staatswissenschaftliche Abhandlungen, Band 21, 3. Auflage, Heidelberg 1983.

Häberle, Peter, Verfassungsrechtliche Fragen im Prozeß der europäischen Einigung, in: EuGRZ 1992, S. 429-437.

Hailbronner, Kay, Die Einschränkung von Grundrechten in einer demokratischen Gesellschaft. Zu den Schrankenvorbehalten der Europäischen Menschenrechtskonvention, S. 359-385, in: Bernhardt, Rudolf/ Geck, Wilhelm Karl/ Jaenicke, Günther/ Steinberger, Helmut (Hrsg.), Völkerrecht als Rechtsordnung. Internationale Ge richtsbarkeit. Menschenrechte, Festschrift für Herrmann Mosler, Berlin, Heidelberg, New York 1983, (zitiert, Hailbronner, in: FS für Mosler, S.).

Hailbronner, Kay, Die deutschen Bundesländer in der EG, in: JZ 1990, S. 149-158.

Hailbronner, Kay/Weber, Claus, Möglichkeiten zur Förderung der europäischen Kultur in Rundfunk und Fernsehen anhand der Fernsehrichtlinie der Europäischen Gemeinschaft, in: DÖV 1997, S. 561-570.

Hailbronner, Kay/Klein, Eckart/Magiera, Siegfried/Müller-Graff, Peter-Christian, Handkommentar zum Vertrag über die Europäische Union (EUV/EGV), Stand: 7. Lieferung, Köln, Berlin, Bonn, München, November 1998, (zitiert: Bearbeiter, in: Hailbronner/Klein/Magiera/Müller-Graff, Handkommentar zum Vertrag über die Europäische Union, Art Rn.).

Hakenberg, Waltraud/Tremmel, Ernst, Die Rechtsprechung des EuGH auf dem Gebiet der staatlichen Beihilfen im Jahre 1996, in: EWS 1997, S. 217-225.

Hallermann, Kristiane/Hufnagel, Ariane/Schatz, Kurt/Schatz, Roland, Grundversorgung – Pflichten und Rechte: Eine Langzeit-Inhaltsanalyse zum Informationsangebot von ARD und ZDF, Bonn, Dover, Fribourg, Leipzig, Ostrava 1998.

Hansmeyer, Karl-Heinrich, Der Wandel des öffentlich-rechtlichen Rundfunks vom gruppenspezifischen zum kollektiven Gut, S. 33-50, in: Die Finanzierung des Rundfunks nach dem Gebührenurteil des Bundesverfassungsgerichts, Schriftenreihe des Institut für Rundfunkrecht an der Universität zu Köln, Band 64, München 1996.

Harms, Wolfgang, Rundfunkmonopol und Marktkonkurrenz - Auswirkungen auf Medienstruktur und Medienwirtschaft, in: AfP 1981, S. 244-249.

Hartstein, Reinhard/Ring, Wolf-Dieter/Kreile, Johannes/Dörr, Dieter/Stettner, Rupert, Kommentar zum Rundfunkstaatsvertrag, in: Ring, Wolf-Dieter (Hrsg.), Medienrecht - Rundfunk, Neue Medien, Presse, Technische Grundlagen, Internationales Recht, Ordner II, Stand: 58. EL Nov. 1998.

Hartwig, Karl-Hans/Schröder, Guido, Bei uns zahlen Sie in der ersten Reihe, in: FAZ Nr. 265 vom 14.11.1998, S. 15.

Heinrich, Jürgen, Medienökonomie, Band 1: Mediensystem, Zeitung, Zeitschrift, Anzeigenblatt, Opladen 1994.

Herrmann, Günter, Fernsehen und Hörfunk in der Verfassung der Bundesrepublik Deutschland, Tübingen 1975.

Herrmann, Günter, Rundfunkfreiheit und Rundfunkordnung im internationalen und europäischen Recht, in: EWS 1991, S. 269-274.

Herrmann, Günter, Rundfunkrecht - Fernsehen und Hörfunk mit neuen Medien -, München 1994.

Hess, Wolfgang, Die EG-Rundfunkrichtlinie vor dem Bundesverfassungsgericht. Anmerkungen zum Verfahren 2 BvG 1/89, in: AfP 1990, S. 95-100.

Hess, Wolfgang, Verfassungsrechtliche Probleme der Gebührenfinanzierung im dualen Rundfunksystem, Dissertation Köln 1996.

Hesse, Albrecht, Rundfunk zwischen demokratischer Willensbildung und dem Zugriff der EG, in: JZ 1993, S. 545-551.

Hesse, Albrecht, Zur aktuellen Entwicklung des Rundfunkrechts, in: BayVBl. 1997, Teil 1: S. 132-143, Teil 2: S. 165-175.

Hesse, Albrecht, Rundfunkrecht. Die Organisation des Rundfunks in der Bundesrepublik Deutschland, 2. Auflage, München 1999.

Hesse, Konrad, Bestand und Bedeutung der Grundrechte in der Bundesrepublik Deutschland, in: EuGRZ 1978, S. 427-438.

Hilf, Meinhard, Europäische Union und nationale Identität der Mitgliedstaaten, S. 157-170, in: Randelzhofer, Albrecht/Scholz, Rupert/Wilke, Dieter, (Hrsg.), Gedächtnisschrift für Eberhard Grabitz, München 1995, (zitiert: Hilf, GS für Grabitz, S.).

Hilf, Willibald, Rundfunkpolitische, rechtliche und ökonomische Aspekte grenzüberschreitender Fernsehprogramme, S. 113-119, in: Arbeitskreis Werbefernsehen der deutschen Wirtschaft (Hrsg.), Europa-Fernsehen und Werbung, Baden-Baden 1987.

Hirsch, Günter, Kompetenzverteilung zwischen EuGH und nationaler Gerichtsbarkeit, in: NVwZ 1998, S. 907-910.

Hochbaum, Ingo, Der Begriff der Kultur im Maastrichter und Amsterdamer Vertrag, in: BayVBl. 1997, S. 641-654.

Hochstein, Reiner, Teledienste, Mediendienste und Rundfunkbegriff - Anmerkungen zur praktischen Abgrenzung multimedialer Erscheinungsformen, in: NJW 1997, S. 2977-2981.

Hoffmann-Riem, Wolfgang, Sozialstaatliche Wende der Medienverantwortung?, in: JZ 1975, S. 469-476.

Hoffmann-Riem, Wolfgang, Medienfreiheit und der außenplurale Rundfunk, in: AöR 1984 (Band 109), S. 304-368.

Hoffmann-Riem, Wolfgang, Europäisierung des Rundfunks - aber ohne Kommunikationsverfassung?, S. 201-223, in: ders. (Hrsg.), Rundfunk im Wettbewerbsrecht: der öffentlich-rechtliche Rundfunk im Spannungsfeld zwischen Wirtschaftsrecht und Rundfunkrecht, Baden-Baden 1988.

Hoffmann-Riem, Wolfgang, Erosionen des Rundfunkrechts, in: Schriftenreihe des Instituts für Rundfunkrecht an der Universität zu Köln, Band 53, München 1990.

Hoffmann-Riem, Wolfgang, Der Rundfunkbegriff in der Differenzierung kommunikativer Dienste, in: AfP 1996, S. 9-15.

Hoffmann-Riem, Wolfgang, Pay TV im öffentlich-rechtlichen Rundfunk, in: MP 1996, S. 73-79.

Hoffmann-Riem, Wolfgang, Rundfunkrecht neben Wirtschaftsrecht. Zur Anwendbarkeit des GWB und des EWG-V auf das Wettbewerbsverhalten öffentlich-rechtlichen Rundfunks in der dualen Rundfunkordnung, in: Beiträge zum Rundfunkrecht, Band 43, Baden-Baden 1991.

Hoischen, Stefan, Die Beihilferegelung in Artikel 92 EWGV, Köln, Berlin, Bonn, München 1989.

Holzer, Norbert, Deutsche Rundfunkgebühr als unzulässige Beihilfe im Sinne des europäischen Rechts, in: ZUM 1996, S. 274-285.

Holznagel, Bernd, Rundfunkrecht in Europa: auf dem Weg zu einem Gemeinrecht europäischer Rundfunkordnungen, Tübingen 1996.

Holznagel, Bernd, Der spezifische Funktionsauftrag des Zweiten Deutschen Fernsehens (ZDF), Bedeutung, Anforderungen und Unverzichtbarkeit unter Berücksichtigung der Digitalisierung, der europäischen Einigung und der Globalisierung der Informationsgesellschaft, in: ZDF Schriftenreihe 55, Mainz, April 1999.

Holznagel, Bernd/Vesting, Thomas, Sparten- und Zielgruppenprogramme im öffentlich-rechtlichen Rundfunk, insbesondere im Höfunk, in: Beiträge zum Rundfunkrecht, Band 49, Baden-Baden, Hamburg 1999.

Hopt, Klaus J./Mestmäcker, Ernst-Joachim, Die Rückforderung staatlicher Beihilfen nach europäischem und deutschem Recht - am Beispiel staatlich verbürgter Kredite - Teil I, in: WM 1996, S. 753-762.

Huber, Ernst Rudolf, Zur Problematik des Kulturstaats, in Häberle, Peter (Hrsg.), Kulturstaatlichkeit und Kulturverfassungsrecht, S. 122-145, Darmstadt 1982.

Huber, Peter M., Wirtschaft und Recht: 29. Tagung der wissenschaftlichen Mitarbeiter der Fachrichtung „Öffentliches Recht“, in: DÖV 1990, S. 22-26.

Hümmerich, Klaus/Beucher, Klaus, Rundfunkfinanzierung auf dem Prüfstand – Parameter anstehender Rundfunkurteile des Bundesverfassungsgerichts -, in: AfP 1989, S. 708-716.

Hümmerich, Klaus/Heinze, Matthias, Vom politischen Brotpreis zur fachlichen Bedarfsfeststellung - das 8. Rundfunkurteil und die KEF, in: ZUM 1994, S. 488-494.

Immenga, Ulrich/Mestmäcker, Ernst-Joachim, GWB Kommentar zum Kartellgesetz, 2. Auflage, München 1992, (zitiert: Bearbeiter, in: Immenga/Mestmäcker, GWB, § Rn.).

Ipsen, Hans-Peter, Die Rundfunkgebühr. Ein Rechtsbeitrag zur Rundfunkdiskussion, 2. Auflage, Hamburg 1958.

Ipsen, Hans-Peter, Schlechthin konstituierend für die freiheitlich-demokratische Grundordnung, in: EuR 1982, S. 205-212.

Ipsen, Hans-Peter, Rundfunk im Europäischen Gemeinschaftsrecht, in: Beiträge zum Rundfunkrecht, Band 28, Frankfurt a.M. 1983.

Isensee, Josef, Die verdrängten Grundpflichten des Bürgers - Ein grundrechtliches Interpretationsvakuum -, in: DÖV 1982, S. 609-618.

Isensee, Josef, Das Grundrecht auf Sicherheit. Zu den Schutzpflichten des freiheitlichen Verfassungsstaates, Berlin, New York 1983.

Jarass, Hans D., Die Freiheit der Massenmedien. Zur staatlichen Einwirkung auf Presse, Rundfunk, Film und andere Medien, in: Materialien zur interdisziplinären Medienforschung, Band 8, Baden-Baden 1978.

Jarass, Hans D., In welcher Weise empfiehlt es sich, die Ordnung des Rundfunks und sein Verhältnis zu anderen Medien - auch unter dem Gesichtspunkt der Harmonisierung - zu regeln?, in: Verhandlungen des Sechsundfünfzigsten Deutschen Juristentages, hrsg. von der Ständigen Deputation des Deutschen Juristentages, Band I (Gutachten), Teil G, München 1986.

Jarass, Hans D., Kartellrecht und Landesrundfunkrecht, in: Schriftenreihe Recht-Technik-Wirtschaft, Band 62, Köln, Berlin, Bonn, München 1991.

Jarass, Hans D., Reichweite der Rechnungsprüfung bei Rundfunkanstalten, in: ZDF Schriftenreihe, Heft 42, Mainz 1992.

Jarass, Hans D., Online-Dienste und Funktionsbereich des Zweiten Deutschen Fernsehens, Rechtswissenschaftliches Gutachten, hektographierte Fassung, Bochum August 1997.

Jarass, Hans D., Rundfunkbegriffe im Zeitalter des Internet, in: AfP 1998, S. 133-141.

Jarass, Hans D./Pieroth, Bodo, Grundgesetz für die Bundesrepublik Deutschland, Kommentar, 4. Auflage, München 1997 (zitiert: Jarass/Pieroth, GG, Art. Rn.).

Jestaedt, Thomas, Das Rückzahlungsrisiko bei "formell rechtswidrigen" Beihilfen, in: EuZW 1993, S. 49-52.

Kahl, Wolfgang, Das öffentliche Unternehmen im Gegenwind des europäischen Beihilferegimes, in: NVwZ 1996, S. 1082-1088.

Kammann, Uwe, Brüsseler Ungeist. Zum neuen Rundfunk-„Diskussionspapier" der Kommission, in: epd medien Nr. 77 vom 3.10.1998, S. 3-5.

Karl, Joachim, Zur Rechtswirkung von Protokollerklärungen in der Europäischen Gemeinschaft, in: JZ 1991, S. 593-599.

KEF, 11. Bericht der Kommission zur Ermittlung des Finanzbedarfs der Rundfunkanstalten, Mainz, März 1998.

Kepplinger, Hans Mathias, Der Einfluß der Rundfunkräte auf die Programmgestaltung der öffentlich-rechtlichen Rundfunkanstalten, S. 453-493, in: Mestmäcker, Ernst-Joachim (Hrsg.), Offene Rundfunkordnung. Prinzipien für den Wettbewerb im grenzüberschreitenden Rundfunk, Gütersloh 1988.

Keßler, Werner, Zur Auslegung des Art. 92 Abs. 1 EWG-Vertrag, in: DÖV 1977, S. 619-622.

Kiefer, Marie-Luise, Unverzichtbar oder überflüssig ? Öffentlich-rechtlicher Rundfunk in der Multimedia-Welt, in: RuF 1996, S. 7-26.

Klein, Bodo, Konkurrenz auf dem Markt der geistigen Freiheiten. Verfassungsfragen des Wettbewerbs im Pressewesen, in: Schriftenreihe zu Kommunikationsfragen, Band 14, Berlin 1990.

Klein, Eckart, Der Verfassungsstaat als Glied einer Europäischen Gemeinschaft, in: VVDStRL 50 (1991), S. 56-96.

Klein, Eckart, Einwirkungen des europäischen Menschenrechtsschutzes auf Meinungsäußerungsfreiheit und Pressefreiheit, in: AfP 1994, S. 9-18.

Klein, Eckart/Haratsch, Andreas, Neuere Entwicklungen des Rechts der Europäischen Gemeinschaften - 1. Teil -, in: DÖV 1993, S. 785-798.

Klein, Hans H., Die Rundfunkfreiheit, in: Schriftenreihe des Instituts für Rundfunkrecht an der Universität zu Köln, Band 24, München 1978.

Klein, Hans H., Die grundrechtliche Schutzpflicht, in: DVBl. 1994, S. 489-497.

Klingbeil, Thilo F., Das Beihilfeverfahren nach Art. 93 EG-Vertrag. Verfahrensablauf - Rechte der Beteiligten - Rechtsschutzmöglichkeiten, in: Nomos Universitätsschriften, Band 282, Baden-Baden 1998.

Kluge, Friedrich, Etymologisches Wörterbuch der deutschen Sprache, 23. Auflage, Berlin, New York, 1999.

Klär, Karl-Heinz, Stier-Hörner im Ländergriff. Das EU-Protokoll zum öffentlich-rechtlichen Rundfunk, in: epd medien Nr. 52 v. 9.7.1997, S. 11-13.

Kluth, Thomas-Sönke, Telekommunikation als Regelungsgegenstand des Europäischen Gemeinschaftsrechts, in: Europäische Hochschulschriften, Reihe II, Band 1446, Frankfurt a. M. 1993.

Knothe, Matthias/Bashayan, Hassan, Die Revision der EG-Fernsehrichtlinie. Ein europäischer Entscheidungsprozeß im Lichte nationaler Kompetenzen, in: AfP 1997, S. 849-857.

Knothe, Matthias/Wanckel, Endress, Europäische Rundfunkpolitik als Aufgabe der Länder, in: ZUM 1995, S. 20-29.

Koenig, Christian, Öffentlich-rechtliche Anstaltslast und Gewährträgerhaftung als staatliche Beihilfen gem. Art. 92 EGV?, in: EuZW 1995, S. 595-602.

Koenig, Christian/Kühling, Jürgen, Reform des EG-Beihilfenrechts aus der Perspektive des mitgliedstaatlichen Systemwettbewerbs, in: EuZW, S. 517-523.

Kokott, Juliane, Nationales Subventionsrecht im Schatten der EG - Das Beispiel der Rückforderung von Subventionen, in: DVBl. 1993, S. 1235-1240.

Kopp, Reinhold, Geistiges Eigentum und Kultur im Spannungsfeld von nationaler Regelungskompetenz und europäischem Wirtschafts- und Wettbewerbsrecht aus Sicht des öffentlich-rechtlichen Rundfunk, S. 83-93, in: Schwarze, Jürgen (Hrsg.), Geistiges Eigentum und Kultur im Spannungsfeld von nationaler Regelungskompetenz und europäischem Wirtschafts- und Wettbewerbsrecht, Baden-Baden 1998.

Kresse, Hermann, Grundversorgung und integrative Pluralismussicherung. Zu den Eckpunkten des klassischen Rundfunkauftrags, in: ZUM 1995, S. 178-189.

Kresse, Hermann, Grundversorgung und noch viel mehr? - Eckpunkte zu einer Balance zwischen öffentlich-rechtlichem Integrationsauftrag und der Entwicklung privater Programme, in: ZUM 1996, S. 59-68.

Kresse, Hermann/Heinze, Matthias, Rundfunk-Dynamik am Morgen des digitalen Zeitalters. Ein Beitrag zur funktionalen Entwicklung des Rundfunkbegriffs, in: AfP 1995, S. 574-580.

Kresse, Hermann/Heinze, Matthias, Der Rundfunk: Das „jedenfalls auch kulturelle Phänomen", in: ZUM 1995, S. 394-397.

Kröger, Klaus, Vor dem Ende des Rundfunkmonopols der öffentlichrechtlichen Rundfunkanstalten, in: NJW 1979, S. 2537-2543.

Kruse, Eberhard, Das gemeinschaftsrechtliche Beihilfenverbot und die für die „Kultur" und „kulturelles Erbe" bestehende Befreiungsmöglichkeit, in: EWS 1996, S. 113-119.

Kübler, Friedrich, Kommunikation und Verantwortung, in: Konstanzer Universitätsreden, Band 63, Konstanz 1973.

Kühling, Jürgen, Grundrechtskontrolle durch den EuGH: Kommunikationsfreiheit und Pluralismussicherung im Gemeinschaftsrecht, in: EuGRZ 1997, S. 296-303.

Kugelmann, Dieter, Der Rundfunk und die Dienstleistungsfreiheit des EWG-Vertrages, in: Schriften zum Europäischen Recht, Band 10, Berlin 1991.

Kulka, Michael, Programmkoordinierung und Kartellrecht. Zur Anwendbarkeit des GWB auf die Programmtätigkeit der öffentlich-rechtlichen Rundfunkanstalten, in: AfP 1985, S. 177-186.

Kull, Edgar, Rundfunkgleichheit statt Rundfunkfreiheit, in: AfP 1981, S. 378-385.

Kull, Edgar, Rundfunk-Grundversorgung - Kontext, Begriff, Bedeutung -, in: AfP 1987, S. 462-466.

Ladeur, Karl-Heinz, Grundrechtskonflikte in der "dualen Rundfunkordnung", in: AfP 1998, S. 141-149.

Lenz, Carl Otto, EG-Vertrag, Kommentar, 2. Auflage, Köln 1999, (zitiert: Bearbeiter, in: Lenz (Hrsg.), EG-Vertrag, Art. Rn.).

Lerche, Peter, Rundfunkmonopol. Zur Zulassung privater Fernsehveranstaltungen, in: Beiträge zum Rundfunkrecht, Heft 11, Frankfurt a.M., Berlin 1970.

Lerche, Peter, Beteiligung Privater im Rundfunkbereich und Vielfaltstandards, in: NJW 1982, S. 1676-1682.

Lerche, Peter, Grundrechtlicher Schutzbereich, Grundrechtsprägung und Grundrechtseingriff, in: Isensee, Josef/Kirchhof, Paul (Hrsg.), Handbuch des Staatsrechts der Bundesrepublik Deutschland, Band V, Allgemeine Grundrechtslehren, § 121, Heidelberg 1992.

Lerche, Peter, Konsequenzen aus der Entscheidung des Bundesverfassungsgerichts zur EG-Fernsehrichtlinie, in: AfP 1995, S. 632-638.

Lerche, Peter, Bemerkungen zur Auseinandersetzung um die rundfunkmäßige Grundversorgung, S. 357-366, in: Ziemske, Burkhardt/Langheid, Theo/Wilms, Heinrich/ Haverkate, Görg (Hrsg.), Staatsphilosophie und Rechtspolitik, Festschrift für Martin Kriele, München 1997, (zitiert: Lerche, FS für Kriele, S.).

Libertus, Michael, Grundversorgungsauftrag und Funktiontsgarantie, in: Schriftenreihe des Instituts für Rundfunkrecht an der Universität zu Köln, Band 56, München 1991.

Libertus, Michael, Die Grundsätze von Wirtschaftlichkeit und Sparsamkeit im neuen Rundfunkgebührenfestsetzungsverfahren zwischen verfassungsrechtlichen Vorgaben und staatsvertraglicher Realität, in: ZUM 1996, S. 947-952.

Libertus, Michael, Grenzen entgeltfinanzierter öffentlich-rechtlicher Fernsehangebote, in: AfP 1998, S. 149-155.

Libertus, Michael/Hans, Christoph/Marci, Markus, Unmittelbare oder inzidente Justitiabilität der Rundfunkgebührenvorschläge in den Berichten der Kommission zur Ermittlung des Finanzbedarfs der Rundfunkanstalten (KEF), in: ZUM 1998, S. 961-973.

Lück, Peter, Der Begriff der Grundversorgung aus Sicht eines privaten Veranstalters, S. 5-14, in: Die Finanzierung des Rundfunks nach dem Gebührenurteil des Bundesverfassungsgerichts, Schriftenreihe des Institut für Rundfunkrecht an der Universität zu Köln, Band 64, München 1996.

Luhmann, Niklas, Die Realität der Massenmedien, Opladen 1995.

Magiera, Siegfried, Rückforderung gemeinschaftsrechtswidriger staatlicher Beihilfen, S. 213-232, in: Baur, Jürgen F./Müller-Graff, Peter-Christian/Zuleeg, Manfred (Hrsg.), Europarecht, Energierecht, Wirtschaftsrecht, Festschrift für Bodo Börner, Köln, Berlin, Bonn, München 1992.

Mahrenholz, Ernst-Gottfried, Die gesellschaftliche Bedeutung des öffentlich-rechtlichen Rundfunks, in: ZUM Sonderheft 1995, S. 508-513.

Martín-Pérez de Nanclares, José, Die EG-Fernsehrichtlinie: Rechtsgrundlage, Kommentierung und Umsetzung in das Recht der EG-Mitgliedstaaten sowie Österreichs und der Schweiz, in: Europäische Hochschulschriften, Reihe II, Band 1682, Frankfurt a. M., Berlin 1995.

Matthies, Heinrich, Grundlagen des Subventionsrechts und Kompetenzen aus EG-rechtlicher Sicht, in: ZHR 152 (1988), S. 442-454.

Maunz, Theodor/Dürig, Günter, Grundgesetz Kommentar, Stand: 33. Ergänzungslieferung, November 1997, München, (zitiert: Bearbeiter, in: Maunz/Dürig, Grundgesetz, Art. Rn.).

Maurer, Hartmut, Allgemeines Verwaltungsrecht, 12. Auflage, München 1999.

Meier, Christoph F., Vom öffentlich-rechtlichen Monopol zum globalen Kiosk – Gedankenskizze zur Medienpolitik 2001 -, in: ZUM 1997, S. 249-258.

Meinel, Wulf, Grenzen europäischer Rundfunkrechtsetzung, in: Europäische Hochschulschriften, Reihe II, Band 1346, Frankfurt a. M. 1993.

Merkle, Hans, Europafernsehen aus Sicht der Werbungtreibenden, S. 61-69, in: Arbeitskreis der deutschen Wirtschaft (Hrsg.), Europafernsehen und Werbung, Baden-Baden 1987.

Mestmäcker, Ernst-Joachim, Offene Märkte im System unverfälschten Wettbewerbs in der europäischen Wirtschaftsgemeinschaft, S. 345-391, in: Coing, Helmut/Kronstein, Heinrich/ Mestmäcker, Ernst-Joachim (Hrsg.), Festschrift für Franz Böhm, Karlsruhe 1965, (zitiert: Mestmäcker, FS für Böhm, S.).

Mestmäcker, Ernst-Joachim, Referat auf dem 56. Deutschen Juristentag, O 9-37, in: Verhandlungen des Sechsundfünfzigsten Deutschen Juristentages, hrsg. von der Ständigen Deputation des Deutschen Juristentages, Band II, München 1986.

Mestmäcker, Ernst-Joachim, Meinungsfreiheit und Medienwettbewerb, in: ZUM 1986, S. 63-68.

Mestmäcker, Ernst-Joachim, Staat und Unternehmen im europäischen Gemeinschaftsrecht. Zur Bedeutung von Art. 90 EWGV, in: RabelsZ (1988) 52, S. 526-586.

Mestmäcker, Ernst-Joachim, Wege zur Rundfunkfreiheit in Europa, S. 9-43, in: ders. (Hrsg.), Offene Rundfunkordnung. Prinzipien für den Wettbewerb im grenzüberschreitenden Rundfunk, Güterloh 1988.

Mestmäcker, Ernst-Joachim, Die Wirtschaftsverfassung in der Europäischen Union, in: Zentrum für Europäisches Wirtschaftsrecht an der Rheinischen Friedrich-Wilhelms Universität, Vorträge und Berichte Nr. 28, Bonn 1993.

Meyer-Heine, Anne, Audiovision. Instrument der kulturellen Einheit Europas, in: Dokumente. Zeitschrift für den deutsch-französischen Dialog, Heft Nr. 4/1995, S. 284-289.

Michel, Eva-Maria, Rundfunk und Internet. Die Zulässigkeit von Internet-Aktivitäten der öffentlich-rechtlichen Rundfunkanstalten, in: ZUM 1998, S. 350-355.

Möwes, Bernd/Schmitt-Vockenhausen, Monika, Europäische Medienordnung im Lichte des Fernsehübereinkommens des Europarats und der EG-Fernsehrichtlinie 1989, in: EuGRZ 1990, S. 121-129.

Morhart, Claus, Helmut Kohl, synchronisiert. Unfug aus Brüssel: Die EU attackiert deutsches Kabelrecht, in: epd medien Nr. 22 vom 25.3.1998, S. 3.

Müller-Graff, Peter-Christian, Die Erscheinungsformen der Leistungssubventionstatbestände aus wirtschaftlicher Sicht, in: ZHR 152 (1988), S. 403-438.

Müller-Graff, Peter-Christian, Eigenkapitalerhöhung öffentlicher Banken durch Fusion in den beihilferechtlichen Wettbewerbsregeln des EG-Vertrages, S. 661-676, in: Bauer, Jürgen F./Jacobs,Rainer/Lieb, Manfred/Müller-Graff, Peter-Christian (Hrsg.), Festschrift für Ralf Vieregge, Berlin, New York 1995, (zitiert: Müller-Graff, FS für Vieregge, S.).

Musgrave, Richard A., A Multiple Theory of Budget Determination, in: Finanzarchiv, Neue Folge, Band 17, 1957, S. 333-343.

Musgrave, Richard A./Musgrave, Peggy B./Kullmer, Lore, Die öffentlichen Finanzen in Theorie und Praxis, 1. Band, 5. Auflage, Tübingen 1990.

Nicolaysen, Gert, Europarecht II. Das Wirtschaftsrecht im Binnenmarkt, Baden-Baden 1996.

Niedobitek, Matthias, Kultur und Europäisches Gemeinschaftsrecht, in: Schriftenreihe zum Europäischen Recht, Band 14, Berlin 1992.

Niedobitek, Matthias, Die kulturelle Dimension im Vertrag über die Europäische Union, in: EuR 1995, S. 349-376.

Niewiarra, Manfred, Einforderung der Rundfunkfreiheit, in: ZUM 1991, S. 351-358.

Noelle-Neumann, Elisabeth, Medienwirkung und Medienpolitik, S. 495-504, in: Mestmäcker, Ernst-Joachim (Hrsg.), Offene Rundfunkordnung. Prinzipien für den Wettbewerb im grenzüberschreitenden Rundfunk, Gütersloh 1988.

Oppermann, Thomas, Kulturverwaltungsrecht, Bildung - Wissenschaft - Kultur, Tübingen 1969.

Oppermann, Thomas, Auf dem Wege zur gemischten Rundfunkverfassung in der Bundesrepublik Deutschland?, in: JZ 1981, S. 721-730.

Oppermann, Thomas, Zukunftsperspektiven der Finanzierung des öffentlichen Rundfunks, S. 51-62, in: Die Finanzierung des Rundfunks nach dem Gebührenurteil des Bundesverfassungsgerichts, Schriftenreihe des Instituts für Rundfunkrecht an der Universität zu Köln, Band 64, München 1996

Oppermann, Thomas, Deutsche Rundfunkgebühren und europäisches Beihilferecht, in: Tübinger Schriften zum internationalen und europäischen Recht, Band 41, Berlin 1996.

Oppermann, Thomas, Zur Finanzierung der öffentlich-rechtlichen Spartenprogramme „Kinderkanal" und „Phoenix" durch Rundfunkgebühren im Lichte des Europäischen Beihilferechts, Rechtsgutachten für ARD und ZDF vom 31.05.1997, hektographierte Fassung.

Oppermann, Thomas, Europarecht, 2. Auflage, München 1999.

Oppermann, Thomas/Kilian, Michael, Rechtsgrundsätze der Finanzierung öffentlich-rechtlichen Rundfunks in der dualen Rundfunkverfassung der Bundesrepublik Deutschland, in: Beiträge zum Rundfunkrecht, Heft 41, Frankfurt a. M. 1989.

Ory, Stephan, Grundversorgung und Programmsegmentierung: die Vorgaben des Bundesverfassungsgerichts, S. 77-87, in: VPRT (Hrsg.), Privater Hörfunk in Deutschland - Zur Situation des dualen Rundfunksystems und den Rahmenbedingungen des Wettbewerbs -, Berlin 1996.

Ory, Stephan, Programmveranstalter sind Träger der subjektiven Rundfunkfreiheit, in: ZUM 1998, S. 484-486.

Ossenbühl, Fritz, Rundfunkprogramm - Leistung in treuhänderischer Freiheit, in: DÖV 1977, S. 381-389.

Ossenbühl, Fritz, Rundfunk zwischen nationalem Verfassungsrecht und europäischem Gemeinschaftsrecht, in: Beiträge zum Rundfunkrecht, Heft 34, Frankfurt a. M., Berlin 1986.

Otten, Ralf Gerhard, Die Gebührenfinanzierung der öffentlich-rechtlichen Rundfunkanstalten im Rahmen des Art. 92 EGV, in: ZUM 1997, S. 790-800.

Palme, Christoph, Das Bosman-Urteil des EuGH: Ein Schlag gegen die Sportautonomie? Kurzbeitrag, in: JZ 1996, S. 238-241.

Pape, Hans-Christoph, Staatliche Kapitalbeteiligungen an Unternehmen und das Beihilfeverbot gem. Art. 92 EG-V, in: Europäische Hochschulschriften, Reihe II, Band 1973, Frankfurt a. M. 1996.

Pechstein, Matthias, Die Bedeutung von Protokollerklärungen zu Rechtsakten der EG, in: EuR 1990, S. 249-268.

Pechstein, Matthias/Koenig, Christian, Die Europäische Union - Die Verträge von Maastricht und Amsterdam, 2. Auflage, Tübingen 1998.

Pestalozza, Christian, Der Schutz vor der Rundfunkfreiheit in der Bundesrepublik Deutschland, in: NJW 1981, S. 2158-2166.

Petersen, Nikolaus, Rundfunkfreiheit und EG-Vertrag. Die Einwirkungen des Europäischen Rechts auf die Ausgestaltung der nationalen Rundfunkordnungen, in: Materialien zur interdisziplinären Medienforschung, Band 25, Baden-Baden 1994.

Pieper, Karin, Die Anforderungen an die Werbesendungen im grenzüberschreitenden Rundfunk, in: ZUM 1989, S. 396-407.

Pieper, Stefan Ulrich/Schollmeier, Andreas, Europarecht - Ein Casebook, Köln, Berlin, Bonn, München 1991.

Priddat, Birger P., Zur Ökonomie der Gemeinschaftsbedürfnisse: Neuere Versuche einer ethischen Begründung der Theorie meritorischer Güter, in: Zeitschrift für Wirtschafts-und Sozialwissenschaften 112 (1992), S. 239-259.

Putnam Report, Report on public television financing and obligations in the European Union, September 1995, erstellt von Sturgess, Brian/ Aubel, Monique/ Pistre, Ste phanie/ Argimon, Laurence.

Quigley, Conor, The notion of a state aid in the EEC, in: ELR (Vol. 13) 1988, S. 242-256.

Rambow, Gerhard, Rundfunk im Spannungsfeld zwischen Europäischem Markt und nationalem Interesse, in: Eine Rundfunkordnung für Europa - Chancen und Risiken, Tagung des Instituts für Rundfunkrecht an der Universität zu Köln, in: AfP 1990, S. 111-114.

Rambow, Gerhard, Rundfunk im Spannungsfeld zwischen europäischem Markt und nationalem Interesse, S. 5-10, in: Stern, Klaus/Rambow, Gerhard/Schwartz, Ivo E./ Schiwy, Peter/Krumsiek, Rolf/Magiera, Siegfried/ Rupp, Hans H./Bullinger, Martin, Eine Rundfunkordnung für Europa - Chancen und Risiken, in: Schriftenreihe des Instituts für Rundfunkrecht an der Universität zu Köln, Band 54, München 1990, (zitiert: Rambow, in: Stern/u.a.).

Randelzhofer, Albrecht Alexander, Das Kontrollverfahren über staatliche Beihilfen im EG-Vertrag, Dissertation, Bonn 1997.

Reich, Norbert, Rundfunkrecht und Wettbewerbsrecht vor dem Forum des europäischen Gemeinschaftsrechts, S. 224-243, in: Hoffmann-Riem, Wolfgang, (Hrsg.), Rundfunk im Wettbewerbsrecht, der öffentlich-rechtliche Rundfunk im Spannungsfeld zwischen Wirtschaftsrecht und Rundfunkrecht, Baden-Baden 1988.

Reiter, Udo, Die Strategie der ARD im digitalen Zeitalter, in: MP 1997, S. 410-413.

Ress, Georg, Kultur und Europäischer Binnenmarkt. Rechtliche Auswirkungen des Europäischen Binnenmarktes auf die Kulturpolitik in der Bundesrepublik Deutschland, Rechtsgutachten, in: Schriftenreihe des Bundesministeriums des Innern, Band 22, Stuttgart, Berlin, Köln 1991.

Ress, Georg, Die neue Kulturkompetenz der EG, in: DÖV 1992, S. 944-955.

Ress, Georg, Die Zulässigkeit von Kulturbeihilfen in der europäischen Union, S. 595-629, in: Randelzhofer, Albrecht/Scholz, Rupert/Wilke, Dieter, (Hrsg.), Gedächtnisschrift für Eberhard Grabitz, München 1995, (zitiert: Ress, GS für Grabitz, S.).

Ress, Georg/Ukrow, Jörg, Auswirkungen von Art. 128 Abs. 4 EGV auf die wettbewerbsrechtliche Beurteilung von Buchpreisbindungssystemen, in: ZEuS Sonderdruck Heft 1/1999, S. 1-74.

Rengeling, Hans-Werner, Grundlagen des Subventionsrechts und Kompetenzen aus Sicht von Bund und Ländern, in: ZHR 152 (1988), S. 455-471.

Ricker, Reinhart, Die gesetzliche Regelung des Kabelpilotprojekts Ludwigshafen, in: NJW 1981, S. 849-852.

Ricker, Reinhart, Privatrundfunk-Gesetze im Bundesstaat, München 1985.

Ricker, Reinhart, Kriterien der Einspeisung von Rundfunkprogrammen bei Kapazitätsengpässen in Kabelanlagen, in: ZUM 1992, S. 521-526.

Ricker, Reinhart, Zur Rangfolge der Kabeleinspeisung des „Kinderkanals" und des „Ereignis- und Dokumentationskanals", in: ZUM 1997, S. 1-6.

Ricker, Reinhart, Fragen zur Rechtmäßigkeit der Veranstaltung und Verbreitung Dritter Fernsehprogramme öffentlich-rechtlicher Rundfunkanstalten, in: ZUM 1998, S. 181-195.

Ricker, Reinhart, Digitalisierung und interaktive Medienangebote - Grenzen für ARD und ZDF?, in: AfP 1998, S. 437-446.

Ricker, Reinhart/Schiwy, Peter, Rundfunkverfassungsrecht, München 1997.

Rittner, Fritz, Wieviel Europa braucht Europa?, in: EuR 1998, S. 3-19.

Rodríguez Iglesias, Gil Carlos, Zur „Verfassung" der Europäischen Gemeinschaft, in: EuGRZ 1996, S. 125-131.

Rodríguez Iglesias, Gil Carlos, Zur Stellung der Europäischen Menschenrechtskonvention im europäischen Gemeinschaftsrecht, S. 1269-1281, in: Beyerlin, Ulrich/ Bothe, Michael/Hofmann, Rainer/Petersmann, Ernst-Ulrich (Hrsg.), Recht zwischen Umbruch und Bewahrung, Festschrift für Rudolf Bernhardt, Berlin, Heidelberg, New York 1993, (zitiert: Rodríguez Iglesias, FS für Bernhardt, S.).

Rossen, Helge, Freie Meinungsbildung durch den Rundfunk. Die Rundfunkfreiheit im Gewährleistungsgefüge des Art. 5 Abs. 1 GG, in: Materialien zur interdisziplinären Medienforschung, Band 19, Baden-Baden 1988.

Roth, Wulf-Henning, Grenzüberschreitender Rundfunk und Dienstleistungsfreiheit, in: ZHR 149 (1985), S. 679-692.

Roth, Wulf-Henning, Rundfunk und Kartellrecht, in: AfP 1986, S. 287-297.

Roth, Wulf-Henning, Grundfreiheiten des Gemeinsamen Marktes für kulturschaffende Tätigkeiten und kulturelle Leistungsträger, in ZUM 1989, S. 101-110.

Rüggeberg, Jörg, Rundfunk als Wirtschaftsgut. Die Europäische Wirtschaftsgemeinschaft im Zugriff auf den öffentlich-rechtlichen Rundfunk, in: Verwaltungsarchiv, Band 83 (1992), S. 330-349.

Rupp, Hans-Heinrich, Maastricht - eine neue Verfassung?, in: ZRP 1993, S. 211-213.

Schardt, Andreas, Die Sichtweise des privaten Rundfunks, S. 95-106, in: Schwarze, Jürgen (Hrsg.), Geistiges Eigentum und Kultur im Spannungsfeld von nationaler Regelungskompetenz und europäischem Wirtschafts- und Wettbewerbsrecht, Baden-Baden 1998.

Schellenberg, Martin, Pluralismus: Zu einem medienrechtlichen Leitmotiv in Deutschland, Frankreich und Italien, in: AöR (119) 1994, S. 427-449.

Schellhaass, Horst-Manfred, Ist die Rundfunkgebühr eine unzulässige Beihilfe? - Eine ökonomische Analyse, S. 41-54, in: Rechtliche und ökonomische Fragen der Finanzierung des öffentlich-rechtlichen Rundfunks im Lichte des europäischen Rechts, Schriftenreihe des Instituts für Rundfunkrecht an der Universität zu Köln, Band 73, München 1998.

Scherer, Joachim, „Online" zwischen Telekommunikations- und Medienrecht – Regulierungsprobleme von Online-Systemen im Internet und außerhalb -, in: AfP 1996, S. 213-221.

Scheuner, Ulrich, Das Grundrecht der Rundfunkfreiheit, in: Veröffentlichungen des Instituts für Internationales Recht an der Universität Kiel, Berlin 1982.

Schiwy, Peter, Das duale Rundfunksystem der Bundesrepublik Deutschland im Lichte der europäischen Rahmenbedingungen für den Rundfunk, in: Eine Rundfunkordnung für Europa - Chancen und Risiken. Tagung des Instituts für Rundfunkrecht an der Universität zu Köln, in: AfP 1990, S. 111-114.

Schmidt, Kathrin/Vollmöller, Thomas, Öffentlichrechtliche Kreditinstitute und EU-Beihilfenrecht, in: NJW 1998, S. 716-721.

Schmidt, Kurt, Mehr zur Meritorik. Kritisches und Alternatives zu der Lehre von den öffentlichen Gütern, in: Zeitschrift für Wirtschafts- und Sozialwissenschaften 108 (1988), S. 383-403.

Schmidt, Reiner, Öffentliches Wirtschaftsrecht, Besonderer Teil 1, in: Enzyklopädie der Rechts- und Staatswissenschaft, hrsg. Von Albach, H./Helmstädter, E./Honsell H./Lerche, P./Nörr, D., Heidelberg 1995 (zitiert: Bearbeiter, in: R. Schmidt (Hrsg.), Öffentliches Wirtschaftsrecht, BT 1, S.).

Schmidt, Walter, Die Rundfunkgewährleistung, in: Beiträge zum Rundfunkrecht, Heft 22, Frankfurt a. M., Berlin 1980.

Schmidt, Walter, Anmerkung zum Urteil des Bundesverfassungsgerichts vom 16.6.1981, in: DVBl. 1981, S. 920-922.

Schmidt, Walter, Die Rundfunkgebühr in der dualen Rundfunkordnung, in: Beiträge zum Rundfunkrecht, Heft 40, Frankfurt am Main, 1989.

Schmidt, Walter, „Kultureller Auftrag“ und „kulturelle Verantwortung“ des Rundfunks, in: ZUM 1989, S. 263-267.

Schmitt, Carl, Verfassungsrechtliche Aufsätze aus den Jahren 1924-1954. Materialien zu einer Verfassungslehre, Berlin 1958.

Schmitt, Carl, Verfassungslehre, 5. Auflage, Berlin 1970.

Schmitt Glaeser, Walter, Art. 5 Abs. 1 S. 2 GG als "Ewigkeitsgarantie" des öffentlich-rechtlichen Rundfunks, in: DÖV 1987, S. 837-844.

Schmittmann, Michael, Öffentlich-rechtliche Programmexpansion jenseits der Grundversorgung?, in: K&R 1998, S. 393-397.

Schmittmann, Michael/de Vries, Inge, Blick nach Brüssel, in: AfP 1997, S. 690-692.

Schmittmann, Michael/Stolz, Dirk, Grünbuch-Konvergenz (Blick nach Brüssel), in: AfP 1998, S. 40-43.

Schmitt-Vockenhausen, Monika, Revision der EG-Fernsehrichtlinie, in: ZUM 1998, S. 377-381.

Schneider, Hannes/Busch, Torsten, Anstaltslast und Gewährträgerhaftung als Beihilfen im Sinne von Art. 92 EGV?, in: EuZW 1995, S. 602-608.

Schneider, Jens-Peter, Vertragliche Subventionsverhältnisse im Spannungsfeld zwischen europäischem Beihilferecht und nationalem Verwaltungsrecht, in: NJW 1992, S. 1197-1202.

Schoch, Friedrich, Betätigung öffentlich-rechtlicher Anstalten und Körperschaften im Online-Bereich, in: AfP 1998, S. 253-261.

Schoch, Friedrich, Öffentlich-rechtliche Rahmenbedingungen einer Informationsordnung, in: VVDStRL 57 (1998), S. 158-215.

Scholz, Rupert, Private Rundfunkfreiheit und öffentlicher Rundfunkvorbehalt - BVerwGE 39, 159 -, in: JuS 1974, S. 299-307.

Scholz, Rupert, Das dritte Fernsehurteil des Bundesverfassungsgerichts, in: JZ 1981, S. 560-568.

Scholz, Rupert, Zukunft von Rundfunk und Fernsehen: Freiheit der Nachfrage oder reglementiertes Angebot?, in: AfP 1995, S. 357-363.

Schroeder, Werner, Rechtsprobleme der Beihilfekontrolle durch die EU-Kommission, in: ZIP 1996, S. 2097-2104.

Schroeder, Werner, Vernünftige Investition oder Beihilfe? Gemeinschaftsrechtliche Optionen zur Finanzierung öffentlicher Unternehmen, in: ZHR 161 (1997), S. 805-845.

Schwartz, Ivo E., EG-Rechtsetzungsbefugnis für das Fernsehen, in: ZUM 1989, S. 381-389.

Schwartz, Ivo E., Rundfunk und EWG-Vertrag, S. 45-120, in: Schwarze, Jürgen (Hrsg.), Fernsehen ohne Grenzen, Baden-Baden 1985.

Schwartz, Ivo E., Subsidiarität und EG-Kompetenzen. Der neue Titel „Kultur". Medienvielfalt und Binnenmarkt, in: AfP 1993, S. 409-421.

Schwarze, Jürgen, Rundfunk und Fernsehen in der Europäischen Gemeinschaft, S. 11-44, in: Schwarze, Jürgen (Hrsg.), Fernsehen ohne Grenzen, Baden-Baden 1985.

Schweitzer, Michael/Hummer, Waldemar, Europarecht. Das Recht der Europäischen Union - Das Recht der Europäischen Gemeinschaften (EGKS, EG, EAG) - mit Schwerpunkt EG, 5. Auflage, Neuwied, Kriftel, Berlin 1996.

Seemann, Klaus, Das 4. Rundfunkurteil des Bundesverfassungsgerichts im Lichte der Rechtsauffassung der Bundesregierung, in: DÖV 1987, S. 129-138.

Seelmann-Eggebert, Sebastian, Die Dogmatik der Rundfunkfreiheit gem. Art. 5 Abs. 1 Satz 2 GG aus Sicht des Bundesverfassungsgerichts, in: ZUM 1992, S. 79-87.

Seidel, Lore, Fernsehen ohne Grenzen. Zum Erlaß der EG-Rundfunkrichtlinie, in: NVwZ 1991, S. 120-125.

Seidel, Martin, Grundfragen des Beihilfenaufsichtsrechts der Europäischen Gemeinschaften, S. 55-82, in: Börner, Bodo/Neundörfer, Konrad (Hrsg.), Recht und Praxis der Beihilfen im Gemeinsamen Markt, KSE, Band 32, Köln, Berlin, Bonn, München 1984.

Seidel, Martin, Europa und die Medien, S. 121-152, in: Schwarze, Jürgen (Hrsg.), Fernsehen ohne Grenzen, Baden-Baden 1985.

Seidel, Martin, Zur Verfassung der Europäischen Gemeinschaft nach Maastricht, in: EuR 1992, S. 125-144.

Selmer, Peter, Bestands- und Entwicklungsgarantien für den öffentlich-rechtlichen Rundfunk in einer dualen Rundfunkordnung. Eine verfassungsrechtliche Untersuchung ihrer Zulässigkeit und Reichweite, in: Schriften zu Kommunikationsfragen, Band 10, Berlin 1988.

Selmer, Peter/Gersdorf, Hubertus, Die Finanzierung des Rundfunks in der Bundesrepublik Deutschland auf dem Prüfstand des EG-Beihilferegimes, in: Schriften zu Kommunikationsfragen, Band 20, Berlin 1994.

Simon, Stephan, Die Finanzierung des öffentlich-rechtlichen Rundfunks und die EG-Wettbewerbspolitik, S. 61-71, in: Rechtliche und ökonomische Fragen der Finanzierung des öffentlich-rechtlichen Rundfunks im Lichte des europäischen Rechts, Schriftenreihe des Instituts für Rundfunkrecht an der Universität zu Köln, Band 73, München 1998.

Slot, Jan Piet, State aids in the cultural sector, in: Zentrum für Europäisches Wirtschaftsrecht der Rheinischen Freidrich-Wilhelms Universität, Vorträge und Berichte Nr. 40, Bonn 1994.

Slot, Jan Piet, Annotation to the joint cases C-72/91 and C-73/91, Sloman Neptun Schiffahrts AG v. Seebetriebsrat Bodo Ziesemer, in: CMLR (31,1) 1994, S. 137-146.

Slotbom, Marco M., State aid in community law: a broad or narrow definition?, in: ELR Vol. 20/1995, S. 289-301.

Smend, Rudolf, Verfassung und Verfassungsrecht, München, Leipzig 1928.

Smend, Rudolf, Integrationslehre, in: Smend, Rudolf (Hrsg.), Staatsrechtliche Abhandlungen und andere Aufsätze, 3. Auflage, Berlin 1994, S. 475-481.

Soltész, Ulrich, Die "Belastung des Staatshaushalts" als Tatbestandsmerkmal einer Beihilfe i.S.des Art. 92 I EGV, in: EuZW 1998, S. 747-753.

Sommer, Heinz-Dieter, Öffentlich-rechtliche Programmstrategien im digitalen Hörfunk, in: MP 1997, S. 418-426.

Sparr, Jürgen, Kulturhoheit und EWG-Vertrag, in: Schriftenreihe Europäisches Recht, Politik und Wissenschaft, Band 151, Baden-Baden 1991.

Stammler, Dieter, Bestandsschutz der Presse, in: AfP 1987, S. 659-669.

Stammler, Dieter, Paradigmenwechsel im Medienrecht, in: ZUM 1995, S. 104-114.

Starck, Christian, Zur notwendigen Neuordnung des Rundfunks, in: NJW 1980, S. 1359-1363.

Starck, Christian, Grundversorgung und Rundfunkfreiheit, in: NJW 1992, S. 3257-3263.

Stauffenberg, Franz Ludwig Graf/Langenfeld, Christine, Maastricht - ein Fortschritt für Europa?, in: ZRP 1992, S. 252-259.

Steindorff, Ernst, Nichtigkeitsrisiko bei Staatsbürgschaften, in: EuZW 1997, S. 7-12.

Steiner, Udo, Kulturauftrag im staatlichen Gemeinwesen, in: VVDStRL 42 (1984), S. 7-45.

Stern, Klaus, Funktionsgerechte Finanzierung der Rundfunkanstalten durch den Staat, in: Schriftenreihe des Instituts für Rundfunkrecht an der Universität zu Köln, Band 1, München 1968.

Stern, Klaus, Neue Medien - neue Aufgaben des Rechts? Verfassungsrechtliche Grundfragen, in: DVBl. 1982, S. 1109-1118.

Stern, Klaus, Das Staatsrecht der Bundesrepublik Deutschland, Band I, Grundbegriffe und Grundlagen des Staatsrechts, Strukturprinzipien der Verfassung, 2. Auflage, München 1984.

Stern, Klaus, Das Staatsrecht der Bundesrepublik Deutschland, Band III/1, Allgemeine Lehren der Grundrechte, München 1988.

Stern, Klaus/Bethge, Herbert, Öffentlich-rechtlicher und privatrechtlicher Rundfunk, in: Beiträge zum Rundfunkrecht, Heft 13, Frankfurt a. M., Berlin 1971.

Stern, Klaus/Koschnick, Hans/Schwarz, Henning/Vöth, Reinhold/Scholz, Rupert/Knies, Wolfgang, Rundfunk zwischen Bestand und Neuordnung, in: Schriftenreihe des Instituts für Rundfunkrecht an der Universität zu Köln, Band 31, München 1981, (zitiert: Verfasser, Diskussionsbeitrag, in: Stern/u.a., Rundfunk zwischen Bestand und Neuordnung).

Stettner, Rupert, Ist es öffentlich-rechtlichen Rundfunkanstalten, insbesondere dem Zweiten Deutschen Fernsehen (ZDF), gestattet, Pay-TV zu veranstalten?, in: ZUM 1995, S. 293-306.

Stock, Martin, Allgemeine Kommunikationsfreiheit durch Medienfreiheit, S. 59-81, in: Schwartländer, Johannes/ Riedel, Eibe (Hrsg.), Neue Medien und Meinungsfreiheit im nationalen und internationalen Kontext, in: Tübinger Universitätsschriften, Forschungsgruppe Menschenrechte, Band 3, Kehl am Rhein, Straßburg 1990.

Stolte, Dieter, Bleibt Fernsehen Fernsehen?, Ein Diskussionsbeitrag zu den Veränderungen des Fernsehens in einem sich verschärfenden multimedialen Wettbewerb, in: ZDF Schriftenreihe, Heft 52, Mainz 1997.

Stolte, Dieter, Fernsehen ist ein Kulturgut eigener Art. Im dualen Rundfunksystem ist Wettbewerb nicht alles, in: FAZ Nr. 274 vom 25.11.1998, S. 18.

Streinz, Rudolf, Europarecht, 4. Auflage, Heidelberg 1999.

Tettenborn, Alexander, Europäische Union: Rechtsrahmen für die Informationsgesellschaft, in: MMR 1998, S. 18-23.

Tettinger, Peter J., Maastricht II - Vertragsergänzung zur Sicherung der Daseinsvorsorge in Europa? -, in: DVBl. 1997, S. 341-346.

Thoma, Helmut, Zerschlägt die europäische Informationsgesellschaft bestehende Rundfunkordnungen?, S. 80-107, in: Europäische Gespräche 2/96, Medien in der Europäischen Informationsgesellschaft, hrsg. von der Europäischen Kommission in der Bundesrepublik Deutschland.

Thorn, Gaston, Fernsehen ohne Grenzen - Plädoyer für eine europäische Rundfunkordnung, S. 585-601, in: Everling, Ulrich/Narjes, Karl-Heinz/Sedemund, Joachim (Hrsg.), Europarecht, Kartellrecht, Wirtschaftsrecht, Festschrift für Arved Deringer, Baden-Baden 1993, (zitiert: Thorn, FS für Deringer, S.).

Tietje, Christian, Kurzberichterstattung im Fernsehen als Verfassungsproblem – BVerfGE 97, 228, in: JuS 1999, S. 644-651.

Trautwein, Thomas, Grenzen der Dienstleistungsfreiheit im Fernsehbereich. Anmerkung zum Urteil des EuGH vom 5.10.1994, Rs. C-23/93, TV 10 SA, in: ZUM 1995, S. 324-326.

Triantafyllou, Dimitris, Zur "Europäisierung"des Vertrauensschutzes (insbesondere § 48 VwVfG) - am Beispiel der Rückforderung staatlicher Beihilfen, in: NVwZ 1992, S. 436-442.

Tridimas, Takis, The role of the advocate general in the develpoment of community law: Some reflections, in: CMLR (34,2) 1997, S. 1349-1387.

Trute, Hans-Heinrich, Öffentlich-rechtliche Rahmenbedingungen einer Informationsordnung, in: VVDStRL 57 (1998), S. 216-273.

Ungerer, Herbert, EC competition law in the telecommunications, media and information technology sectors, in: Fordham International Law Journal (19,2) 1995/96, S. 1111-1177.

Uphoff, Boris, Fernsehmarkt und Grundversorgung. Zu den tatsächlichen und rechtlichen Voraussetzungen der Sonderbehandlung öffentlich-rechtlicher Rundfunkanstalten und ihrer Vereinbarkeit mit dem Beihilferecht der Europäischen Gemeinschaft, in: konstanzer schriften zur rechtswissenschaft, Band 110, Konstanz 1996.

von Bogdandy, Arnim, Europäischer Protektionismus im Medienbereich. Zu Inhalt und Rechtmäßigkeit der Quotenregelungen in der Fernsehrichtlinie, in: EuZW 1992, S. 9-17.

Von der Horst, Rutger, Europäisches Rundfunkrecht - Abschied vom public-service Modell des Rundfunks oder Überleben im gewandelten Kleid, Dissertation Münster 1995.

Von der Groeben, Hans/Thiesing, Jochen/Ehlermann, Claus-Dieter, Kommentar zum EU-/EG-Vertrag,
Band 1, Artikel A-F EUV, Artikel 1-84 EGV, 5. Auflage, Baden-Baden 1997;
Band 2, Artikel 85-109 EGV, 4. Auflage, Baden-Baden 1991;
Band 2/I, Artikel 85-87 EGV, 5. Auflage, Baden-Baden 1999;
Band 2/II, Artikel 88-102 EGV, 5. Auflage, Baden-Baden 1999;
Band 3, Artikel 102 a-136 a EGV, 5. Auflage, Baden-Baden 1999;
Band 4, Artikel 137-209 a EGV, 5. Auflage, Baden-Baden 1997,
(zitiert: Bearbeiter, in: Groeben/Thiesing/Ehlermann (Hrsg.), Kommentar zum EU-/EG-Vertrag, Art. Rn.).

Von Mangoldt, Hermann/Klein, Friedrich/Starck, Christian, Das Bonner Grundgesetz, Band 1: Präambel, Artikel 1 bis 19, 4. Auflage, München 1999.

Von Wallenberg, Gabriela, Die Vereinbarkeit der staatlichen Finanzierung öffentlich-rechtlicher Fernsehanstalten mit Art. 92 EGV, in: Randelzhofer, Albrecht/Scholz, Rupert/Wilke, Dieter (Hrsg.), Gedächtnisschrift für Eberhard Grabitz, München 1995, (zitiert: v. Wallenberg, GS für Grabitz, S.).

Von Wilmowsky, Peter, Mit besonderen Aufgaben betraute Unternehmen unter dem EWG-Vertrag. Ein Beitrag zu Art. 90 Abs. 2 EWGV, in: ZHR 155 (1991), S. 545-572.

Vultejus, Ulrich, Zwei wären genug. Die Zukunft der Landesmedienanstalten, in: FAZ Nr. 164 vom 19.7.1999, S. 8.

Wagner, Michael, Public funding finally secure?, in: EBU Yearbook 1997, S. 10-11.

Waldenberger, Arthur, Electronic Commerce: der Richtlinienvorschlag der EG-Kommission, in: EuZW 1999, S. 296-303.

Wemmer, Benedikt, Die neuen Kulturklauseln des EG-Vertrages, in: Europäische Hochschulschriften, Reihe II, Band 1874, Frankfurt a.M. 1996.

Wenzel, Frank, Fernsehgebühren - Äquivalenz- oder Alimentationsprinzip?, in: ZUM 1990, S. 497-501.

Wieland, Joachim, Die Freiheit der Berichterstattung durch Rundfunk, in: Der Staat 20 (1981), S. 97-118.

Wieland, Joachim, Markt oder Staat als Garanten der Freiheit, in: Der Staat 23 (1984), S. 245-272.

Wilms, Günter, Das Europäische Gemeinschaftsrecht und die öffentlichen Unternehmen. Die Kompetenz der Kommission aus Art. 90 Abs. 3 EG-Vertrag und ihre Anwendung auf die Elektrizitätswirtschaft, in: Schriften zum Europäischen Recht, Band 28, Berlin 1996.

Wittig-Terhardt, Margret, Rundfunk und Kartellrecht, in: AfP 1986, S. 298-306.

Zuleeg, Manfred, Die Medienfreiheit und ihre Grenzen in Europa, in: ZUM 1997, S. 778-783.

Studien und Materialien zum Öffentlichen Recht

Herausgegeben von Herbert Bethge

Band 1 Hans-Georg Kamann: Die Mitwirkung der Parlamente der Mitgliedstaaten an der europäischen Gesetzgebung. National-parlamentarische Beeinflussung und Kontrolle der Regierungsvertreter im Rat der Europäischen Union im Spannungsfeld von Demokratie und Funktionsfähigkeit des gemeinschaftlichen Entscheidungsverfahrens. 1997.

Band 2 Gerhard Spieß: Der Grundrechtsverzicht. 1997.

Band 3 Stefan Hepach: Der Grundrechtsstatus der Landesmedienanstalten. 1997.

Band 4 Michael Fraas: Sicherheitsrat der Vereinten Nationen und Internationaler Gerichtshof. Die Rechtmäßigkeitsprüfung von Beschlüssen des Sicherheitsrats der Vereinten Nationen im Rahmen des VII. Kapitels der Charta durch den Internationalen Gerichtshof. 1998.

Band 5 Friedrich Loschelder: Die Durchsetzbarkeit von Weisungen in der Bundesauftragsverwaltung. 1998.

Band 6 Gunila Dieterich: Rechtsschutz der deutschen Bundesländer vor dem Bundesverfassungsgericht in Angelegenheiten der Europäischen Union. 1998.

Band 7 Wolfgang Weiß: Die Personenverkehrsfreiheiten von Staatsangehörigen assoziierter Staaten in der EU. Eine vergleichende Analyse der Assoziationsabkommen. 1998.

Band 8 Christian Bamberger: Verfassungswerte als Schranken vorbehaltloser Freiheitsgrundrechte. Vom Verfassungs- zum Gegenseitigkeitsvorbehalt. 1999.

Band 9 Andreas Rohde: Freier Kapitalverkehr in der Europäischen Gemeinschaft. 1999.

Band 10 Herbert Bethge: Rechtsberatung im privaten Rundfunk. Rechtsgutachten, erstattet auf Ansuchen von SAT 1, unter Mitwirkung von Christian von Coelln. 2000.

Band 11 Marcel Vachek: Das Religionsrecht der Europäischen Union im Spannungsfeld zwischen mitgliedstaatlichen Kompetenzreservaten und Art. 9 EMRK. 2000.

Band 12 Kerstin Ebock: Der Schutz grundlegender Menschenrechte durch kollektive Zwangsmaßnahmen der Staatengemeinschaft. Vom Interventionsverbot zur Pflicht zur humanitären Intervention? 2000.

Band 13 Christiane Gucht: Das Zensurverbot im Gefüge der grundrechtlichen Eingriffskautelen. 2000.

Band 14 Markus Ruttig: Der Einfluß des EG-Beihilferechts auf die Gebührenfinanzierung der öffentlich-rechtlichen Rundfunkanstalten. 2001.

FSC
www.fsc.org
MIX
Papier | Fördert gute Waldnutzung
FSC® C083411

Kolibri 360 GmbH
Ferdinand-Jühlke-Straße 7
99095 Erfurt, Deutschland
produktsicherheit@kolibri360.de

Druck:
CPI Druckdienstleistungen GmbH
im Auftrag der
Kolibri 360 GmbH
Ferdinand-Jühlke-Str. 7
99095 Erfurt